中世地方寺院の交流と表象

岡 野 浩 二 著

塙 書 房 刊

目次

目次

図表写真一覧

凡例

1　出典史料および史料引用の典拠については、本文中に（　）で挿入したり、略号で示したものがある。表示方法は、章ごとに統一を図った。

・『新訂増補国史大系』からの史料引用は、原則として出典・頁数を略した。

・『養老律令』の条文番号・条文名は、井上光貞ほか編『日本思想大系　律令』（岩波書店、一九七六年）に、『延喜式』の条文番号・条文名は、虎尾俊哉編『訳注日本史料　延喜式』上中下（集英社、二〇〇〇～一七年）に従った。

・『平安遺文』（金石文・題跋編を含む）・『鎌倉遺文』は、本文中に（　）で文書番号で示した。第三章では、頻出するため（平四九〇〇）（鎌一八四四二）のように、略号と文書番号で示した。

・『大日本古文書　正倉院編年文書』は、二巻一三四頁を、（正二―一三四）のように略号と頁数で表記した。

・『天台座主記』は渋谷慈鎧編『校訂増補天台座主記』（第一書房、一九七三年）による。

・『大日本仏教全書』は、仏書刊行会本に依拠し、名著普及会が覆刻時に付した冊数を表示した。

2　引用史料の傍点・返点・人名比定は、筆者が付したものである。

3　年号については、出典史料の表記に従い、改元のある年であっても旧年号で記した場合が多い。

4　固有名詞のなかには、異体字・旧字体を用いて表記したものもある。

5　研究者名については、「あとがき」を除き、敬称を略した。

中世地方寺院の交流と表象

序論

一　古代の地方寺院を俯瞰する

日本の前近代社会において仏教が果たした役割は大きい。従って仏事・僧尼・寺院の歴史を理解しておく必要がある。とりわけ、古代の国家や地方豪族によって中央・地方に建てられた寺院が、中世・近世においてどのように変遷したかは、不可欠な研究テーマである。古代寺院の中世的展開という視点から、東大寺・興福寺・東寺の組織・経営や、僧綱制の歴史的変遷が解明された。それを受けて、筆者は『平安時代の国家と寺院』（二〇〇九年）において、国家機構中枢部が直接管理した寺院と、僧侶集団上層部が所属する寺院群の実態を検討した[1]。それらを「中央主要寺院」と呼ぶならば、その対極にあるのが「地方寺院」である。

しかし、「地方寺院」は、定義や類型化がしにくい一般名詞である[2]。ここでは、古代国家が設定した寺格や寺院制度、全国的な視野をもって書かれた説話集・往生伝・今様集を素材として、地方寺院とは何かの大枠を説明しておきたい。なお、中央主要寺院についても再確認しておく。

（1）中央主要寺院

古代国家は、国大寺・有封寺・諸寺の寺格を設定した[3]。すなわち『日本書紀』天武天皇九年（六八〇）四月是月条に、「国大寺」と「国大寺」以外で食封（封戸）を有する寺が登場し、また『日本三代実録』貞観十二年（八七〇）十二月二十五日条や、『延喜式』（巻二十一・玄蕃寮57）に「諸大寺」「有封寺」「諸寺」の寺格がみえる。「国大寺」と「有封寺」の具体名は、天武天皇二年から天平勝宝二年（六七三〜七五〇）までに封戸を受けた大安寺・飛鳥寺・川原寺・薬師寺・観世音寺・四天王寺・角院寺・興福寺・法隆寺・法華寺・東大寺が該当し、また延暦二十五年（八〇六）四月二十五日官符（『類聚三代格』巻二）や、『延喜式』（巻二十一・玄蕃寮4安居条）に、十五大寺（東大・興福・元興・大安・薬師・西大・法隆・新薬師・本元興・唐招提・西・四天王・崇福・弘福・東）が記されている。

十世紀には、それとは異なる寺格が成立した。それは、公卿や弁官が主要寺院の別当を兼務し、僧尼・伽藍・仏事の政務を分掌する「俗別当制」に伴うものである。そこでは摂関が別当を兼務する延暦寺・円宗寺・法勝寺・尊勝寺・最勝寺・成勝寺・延勝寺、左大臣が別当を兼務する東大寺・東寺・西寺・元興寺・崇福寺、右大臣兼務の西大寺・極楽寺・法性寺、内大臣兼務の薬師寺・醍醐寺・梵釈寺、大納言兼務の貞観寺・四天王寺・一乗寺・大安寺・仁和寺・円乗寺・円融寺、中納言兼務の嘉祥寺・観空寺・雲林院・元慶寺・唐招提寺・円教寺・新薬師寺・檀林寺、参議兼務の海印三昧寺・大覚寺・常住寺・天安寺といったように、俗別当の本官の上下が主要寺院の寺格を示すことになったのである。

また十一・十二世紀には、東大寺・興福寺・延暦寺・園城寺の「四箇大寺」が登場した。四箇大寺に属する「僧綱」（僧正・僧都・律師）や「有職」（阿闍梨・内供奉・已講）が公的な法会に出仕し、あるいは強訴の先頭に立った。『玉葉』治承四年（一一八〇）十二月二十九日条には、四箇大寺こそが日本の主要寺院であると記されている。

さらに十二世紀には、四箇大寺とともに東寺・仁和寺が、中央主要寺院の地位を確立した。東寺は、「法務」

が執務する寺院である。法務は僧綱のうち僧都以上の構成員から二名が選ばれその執務責任者となる制度で、天台座主・東寺長者・園城寺長吏・興福寺別当の僧が兼務していたが、平安末期には専ら東寺長者がそれを名乗り、東寺が僧綱所と認識されるようになった。仁和寺は「法親王」が所属する寺院である。白河院政期に始まる法親王は、出家の身でありながら親王の待遇を受ける貴種で、仁和寺・延暦寺・園城寺に所属した。延暦寺・園城寺の法親王は僧正などの僧綱位に就いたが、仁和寺の法親王だけは親王の品位で身分を表示した卓越した存在であった。

（2）地方寺院

A朝廷・国司による保護・統制

古代国家は「定額寺」の寺格を設定している。その史料上の初見は、『続日本紀』天平勝宝元年（七四九）七月乙巳（十三日）条で、墾田の所有制限について、大寺・国分寺とともに「定額寺」がみえる。そして天平宝字四年（七六〇）の大和国普光寺（『東大寺要録』巻六・末寺章第九）をはじめ、十世紀までに畿内・畿外に約六〇箇寺が定額寺に指定されている。畿外では東海道（尾張・遠江・駿河・伊豆・相模・常陸）、東山道（近江・美濃・信濃・上野・陸奥・出羽）、北陸道（越前・加賀・能登）、山陰道（但馬・伯耆）、南海道（紀伊・伊予）、西海道（筑前・肥前・肥後・壱岐）に及び、承和・貞観年間（八三四〜七七）の指定が特に多く、定額寺が国分寺に転用された事例も知られている。定額寺の指定には、灯分稲や修理料稲の施入、一定数の年分度者や住僧の設置を伴うことが多く、寺額が賜与されたり寺号が公認されたりした例も知られる。つまり定額寺に指定されることは、僧侶常住、伽藍整備、財源確保を意味したのである。そして九世紀には、定額寺に別当・三綱を設置して運営責任者とし、資財

表1 『延喜式』にみえる地方寺院・仏事財源

五畿七道	国名と寺院名
畿内	山城国嘉祥寺・海印寺・元慶寺・円覚寺・東光寺（主税寮上5）、大和国豊山寺・壺坂寺・松尾寺・霊安寺・八島寺・子島寺（主税寮上5）、和泉国巻尾寺観音堂（主税寮上5）・安楽寺（玄蕃寮21）、摂津国堀江寺（民部省上75）・大日寺（主税寮上5）・混陽院（雑式15）
東海道	伊勢国多度神宮寺（玄蕃寮24）、伊豆国三神寺（主税寮上5）・山興寺（玄蕃寮21）、下野国薬師寺（玄蕃寮73・民部省下37）
東山道	近江国国興寺＊（主税寮上5）、出羽国神宮寺・五大尊常灯料・四天王修法僧供養并法服料（主税寮上5）
北陸道	越後国神宮寺観音院（主税寮上5）、加賀国勝興寺（玄蕃寮21）、能登国大興寺（玄蕃寮21）
山陰道	丹波国鶏園寺＊（主税寮上5）、伯耆国四王寺（主税寮上64）、出雲国四王寺（主税寮上65）
山陽道	播磨国平等寺＊（主税寮上5）、備中国蓮厳寺＊（主税寮上5）、長門国四王寺（主税寮上66）
南海道	紀伊国金剛峯寺（主税寮上5・69）・祐河寺（主税寮上5）、讃岐国弥勒帰敬寺＊・五大菩薩供養料＊（主税寮上5）
西海道	筑前国観世音寺（主税寮上5・玄蕃寮73）、大宰弥勒寺〔宇佐八幡宮弥勒寺〕（主税寮上70）、壱岐島直氏寺〔壱岐島分寺〕（玄蕃寮21・主税寮上71）

（註）各国国分寺および大安寺・薬師寺・浄福寺のような中央寺院の財源を地方に負担させた例は除外した。また中央寺院の可能性の残るものには＊を付した。条文番号は虎尾俊哉編『訳注日本史料　延喜式』中下（集英社、二〇〇七・二〇一七年）による。

帳を提出させて、寺院資財を監督するといった政策が打ち出されており、読経を命じる対象寺院が畿内の定額寺まで及ぶようになっている。(4)

また『延喜式』（巻二十六・主税寮上5）には、国府の財政支出に与かる寺院が記載されている。これは、国分寺と国内のおもな寺院であり、後者には定額寺に指定された寺院と重なるものもある。その他『延喜式』（巻二十一・玄蕃寮、巻二十二・民部省上、巻五十・雑式）に載る地方寺院を表1として列挙することができる。

年分度者は、一定数の得度者を毎年出家させる制度で、『類聚三代格』（巻二・年分度者事）によると、延暦二十五年（八〇六）に天台宗、承和二年（八三五）に真言宗に年分度者が置かれ、延暦寺や金剛峯寺・神護寺・東寺に宗単位の年分度者が設置された。(5) また天長元年から延喜五年（八二四〜九〇五）の間に、神護寺・海印三昧寺・嘉祥寺・安祥寺・貞観寺・元慶寺・仁和寺・円成寺・浄福寺・勧修寺など、山城国の真言天台の寺院に寺院単位の年分度者が設置されている。地方寺院については、豊前国宇佐八幡宮弥勒寺が天平勝宝元年（七四九）六月二十六日、常陸国鹿島神宮寺が嘉祥三年（八五〇）八月五日に設置されており、また肥前国松浦郡弥勒知識寺の僧五人や、能登国気多大神宮寺、越前国気比大神宮寺・御子神宮寺についての定額僧が、『類聚三代格』（巻三）承和二年（八三五）八月十五日官符や『日本文徳天皇実録』斉衡二年（八五五）五月辛亥（四日）条・壬子（五日）条にみえる。『延喜式』に登場したり、年分度者が設置された地方寺院は、定額寺に指定された寺院と一致するものが多い。

B中央主要寺院の別院・末寺

九世紀には、天台別院（一二箇寺）・真言別院（五箇寺）が地方に設定されている（第一編第一章表2参照）。また『東大寺要録』（巻六・末寺章第九）が十二世前半の三四の末寺を列記している。国別に示すと次の通りである。大和国＝新薬師寺・笠置寺・普光寺・長谷寺・崇敬寺・永隆寺・虚空蔵寺・河原寺・柿本寺・願興寺・安福寺。山城国＝東寺・海印寺・禅定寺・光明寺・仁和寺・醍醐寺・勧修寺・頭陀寺・東流寺・法広寺。河内国＝日輪寺・月輪寺。伊賀国＝財良寺。伊勢国＝薬師寺・観音寺・安楽寺。尾張国＝法生寺。下野国＝薬師寺。近江国＝石山寺。紀伊国＝金剛峯寺。筑紫国＝観世音寺・宝浄寺。肥前国＝弥勒知識寺。このうち大和国長谷寺の項には、仁和寺真永・興福寺平伝の父子によって奪われたという記事も含まれている。

C全国的視野を持つ説話集・往生伝・今様集に登場する地方寺院[6]

『日本霊異記』は、薬師寺僧の景戒が延暦年間（七八二〜八〇六）に編纂した仏教説話集である。それには、約六〇箇寺が載り、畿内近国が多いが、遠江・信濃・加賀や伊予・豊前・肥後の寺院もみられる。「寺」「堂」のほか山岳が登場している。

『日本往生極楽記』は、慶滋保胤が永観元年（九八三）から寛和元年（九八五）ごろに記した日本最初の往生伝である。約二〇箇寺が載り、畿内近国が多いが、陸奥や阿波、土佐の湯島も載っている。寺院のほか、箕面滝・湯島といった滝・島を舞台とした話が載る。

『大日本国法華経験記』は、比叡山横川の鎮源が長久四年（一〇四三）ごろに記したもので、陸奥・出羽・下野・武蔵から伯耆・紀伊・豊前までの約七〇の寺院が載る。葛河伽藍・比良山峰・二荒山・鍬取山・国上山などの山岳（寺院）、志摩国の岩洞、熊野那智山のような滝・巌谷も含まれている。

『続本朝往生伝』は、大江匡房が康和三年（一一〇一）ごろに記したもので、約二〇箇寺がみえる。比叡山と京都周辺が多いが、極楽寺・清水寺（観世音寺）・安楽寺など筑前国の寺院が多い。それは編者が承徳二年（一〇九八）から康和四年（一一〇二）まで大宰権帥として現地に赴任したことによるものである。

『梁塵秘抄』は、後白河上皇が編纂した今様集で、日本各地の寺院や霊場が列記されている。すなわち①「聖の住所」は、箕面、勝尾、播磨書写山、出雲鰐淵寺、日の御崎、熊野那智、②「聖の住所」は、大峯、葛城、石の鎚、箕面、勝尾、播磨書写山、熊野那智新宮、③「四方の霊験」は、伊豆の走湯、信濃の戸隠、駿河の富士山、伯耆の大山、丹後の成相、土佐の室戸、讃岐の志度の道場、④「観音の験を見る寺」は、清水、石山、長谷の御山、粉河、近江なる彦根山、六角堂、⑤「験仏の尊き」は、東の立山、美濃なる谷汲、彦根寺、志賀、石山、清水、六角堂である。

以上を踏まえて、地方寺院の特質を指摘するならば、住僧・伽藍・財源の整った「寺院」が当初から存在したわけではない、ということである。「定額寺」成立の前提として、『続日本紀』霊亀二年（七一六）五月庚寅（十

五日）条の記事が注目される。そこには、

> 今聞、諸国寺家、多不レ如レ法、或草堂始闢、争求二額題一、幢幡僅施、即訴二田畝一、或房舎不レ修、（中略）遂使下無上尊像永蒙二塵穢一、甚深法蔵、不上レ免二風雨一、（中略）今故併二兼数寺一、合成二一区一、（中略）又聞、諸国寺家、堂塔雖レ成、僧尼莫レ住、礼仏無レ聞、檀越子孫、惣二摂田畝一、専養二妻子一、不レ供二衆僧一、（中略）其所レ有財物・田園、並須二国師・衆僧及国司・檀越等、相対検校、分明案記、充用之日、共判出付一、

とあり、（一）房舎を整備せずに寺額・寺田を求める動きに対して、そのようなものは数箇寺を併合する。（二）堂塔があっても僧尼がおらず仏事が行われず、檀越が寺田を私有している現状に対して、国師・衆僧・国司・檀越が寺院資財・寺田を点検する、といった政策が打ち出されている。つまり伽藍の整備と寺僧の常住とが、寺院の必要条件とみなされているのである。また『入唐求法巡礼行記』開成三年（八三八）十一月十八日条に、日本の寺院数が三七〇〇であったとの記事があり、[7]何らかの公認基準や台帳が存在したことが考えられる。しかし、『日本霊異記』以下の説話や往生伝には、「寺」「堂」とともに、山岳・滝・岩窟といった自然景観が修行の場として登場していた。さらに院政期の「別所」は、空閑地を開発した場所を指した。[8]このように、「地方寺院」は住僧・伽藍・財源の整備状態が一様ではなく、「寺院」という呼称がふさわしくないものも含んでいる。本書では、文献史料に登場する地方寺院とそれに関連する僧侶の動向を対象とするが、こうした特質を認識しておく必要がある。

二　地方寺院に関する研究動向

（1）古代史・中世史研究における地方寺院

地方寺院が古代史・中世史研究においてどのように取り扱われてきたかを概観しておく。

平岡定海『日本寺院史の研究』（一九八一年）は、四天王寺・東大寺・御願寺・四円寺・六勝寺といった主要寺院に加えて、国分寺・定額寺の成立や制度を扱っている。また同『日本寺院史の研究　中世・近世編』（一九八八年）では、東大寺など主要寺院の中近世の歴史に加え、筑前国観世音寺、周防国阿弥陀寺、出雲国鰐淵寺といった古代・中世の地方寺院が取り上げられている。(9) いずれも政治と寺院との関係、寺院組織の変遷、本寺・末寺の関係を重視しているが、中近世については観世音寺・阿弥陀寺・鰐淵寺のような特徴的な寺院を取り上げている。また中央主要寺院と地方寺院との考察の基軸は本末関係である。

奈良時代以前の地方寺院の成立を検討した研究としては、三舟隆之『日本古代地方寺院の成立』（二〇〇三年）が、「律令制国家の地方寺院政策」「古代地方寺院の諸様相」「古代地方寺院成立の要因」の三部構成で、文献史料と考古資料とを素材として、地方寺院を論じている。王権と地方豪族との関係が仏教を媒介として再編成されたことや、仏教が祖先信仰として受容されたことを指摘し、また寺院建立をめぐる東国と出雲との様相の相違や、古墳が存在しない地域に寺院が建立されたことの意味を考察している。また同『『日本霊異記』説話の地域史的研究』（二〇一六年）は、『日本霊異記』に載る日本各地の説話に関連して、地方出身僧や国師として各地に赴任する僧侶、遊行する僧侶の活動に触れている。(10) 藤本誠『古代国家仏教と在地社会』（二〇一六年）は、大安寺僧戒明が筑紫大国師として赴任し、肥前国佐賀郡司が主催する安居で『華厳経』を講説したという『日本霊異記』

(下巻十九)の記事や、中央から赴任した僧が豪族建立の寺・堂で執り行った法会の式次第としての『東大寺諷誦文稿』に着目している。つまり、官大寺僧が諸国国師として地方に赴き、在地豪族の主催する法会の講師をつとめたことをもって、国家の政策と地方豪族の仏教受容とが連携していたと藤本は主張しているのである。[11]

三舟・藤本の研究に共通するのは、律令国家と地方豪族の二者を議論の基軸とし、両者の政治的関係から寺院や僧侶を位置づけていることである。また「国家仏教」がキーワードとして登場し、六世紀から九世紀までの国家の政策が議論の核をなしている。全体として国家に従属する地方という歴史像が印象深い。中央・地方を結ぶのは、諸国国師(諸国講読師)に補任されて地方に赴任する官大寺僧である。

平安時代の地方寺院・地方仏教を論じた研究としては、舟ヶ崎正孝『日本庶民宗教史の研究』(一九六二年)の「仏教史編」「平安時代の地方と仏教」が、「定額寺制と地方の仏教」「平安時代中末期の地方仏教」「末法世相と地方仏教」で構成され、定額寺の制度的展開、金石文や往生伝にみえる地方仏教、埋経・説話集に載る造像を検討している。[12] 高木豊『平安時代法華仏教史研究』(一九七三年)のうち第一章「法華教団の成立と展開」が天台僧の講読師補任、天台宗別院の設定、延暦寺末寺の形成、第六章「院政期における別所の成立と活動」が別所の成立と活動、別所成立の要件、別所における宗教活動、第七章「持経者の宗教活動」が持経者の呼称、持経者と聖、『法華験記』の持経者、院政期の持経者、持経信仰の様相で構成されている。[13] 菅原征子『日本古代の民間宗教』(二〇〇三年)には、「会津における古代仏教」「古代東国における観音像の造立」「両毛地方の仏教と最澄」「東国仏教と最澄そして空海」「僧妙達の蘇生譚に見る十世紀の東国の仏教」などの論考が収録されている。最澄の東国伝道、天台教団の東国への広がり、信仰の状況を説話・往生伝・仏像・金石文から探っている。文献史料では『新編会津風土記』など近世の地誌も利用している。[14] 西口順子『平安時代の寺院と民衆』(二〇〇四年)の「I

定額寺と御願寺」「Ⅱ　地方霊場の登場」が地方寺院に関係する。Ⅰの「定額寺について」で平安初期の定額寺を、「いわゆる「国衙の寺」」で平安後期に国衙の在庁官人の信仰を得た地方寺院を、それぞれ取り上げている。Ⅱの「平安初期における大和国諸寺の動向」で「官寺の私寺化」を指摘している。「九・十世紀における地方豪族の私寺」では、近長谷寺の経営（土地の管理権、役僧の人事権）が檀越氏族から本末関係の本寺に移ることを指摘している。「紀伊国粉河寺とその縁起」では、「大伴氏の在地支配の衰退」「聖たちの復興した寺院」といったように、国家・地方豪族の寺院経営が衰退し、勧進僧による寺院復興を指摘している。「磯長太子廟とその周辺」では、河内国磯長の聖徳太子廟で、参詣すれば往生が確約されるという廟崛偈が喧伝されたことに注目している。(15)

これらの研究は、次のように纏めることができる。第一に、地方寺院を個別に取り上げるに留まらず、定額寺、天台別院、別所、国衙の寺などの制度や類型から、平安時代の地方寺院を構造的に把握しようとしている。第二に、天台宗の地方展開が主要なテーマとされており、それに絡む南都・真言の勢力にも言及している。第三に、聖・勧進僧・持経者などを、次の時代を担うものとして捉えている。第四に、聖徳太子信仰、兜率天浄土など、地方霊場のシンボルとなるものを取り上げている。第五に、経塚の経筒銘文やその他の金石文、往生伝・説話集・寺院縁起のほか、現存の仏像、近世の地誌も、資・史料として用いている。全体的にみると、朝廷・貴族・国司などの俗人と、天台宗・真言宗などの教団が、寺院を構成するものとして設定されている。また中央と地方を結ぶ宗教者は、「国司随身の僧」や、聖・勧進僧・持経者であるといえる。

鎌倉時代以降については、多様な研究が存在する。①南都仏教や幕府・朝廷と結びついた地方寺院に関しては、追塩千尋『国分寺の中世的展開』（一九九六年）が、国分寺の経営・再建修造・法会祈祷などの盛衰を戦国期までを対象として解明し、鎌倉後期から南北朝期における西大寺流の僧侶による国分寺再興の動向を特筆している。(16)

湯之上隆「関東祈祷寺の成立と分布」（一九七八年）が、鎌倉幕府のために祈祷する天台・真言・臨済・律の約一〇〇箇寺を指摘し、元寇を契機として律宗寺院が多くそれに指定されたことを論じた[17]。また上野進「鎌倉時代の御願寺」（一九九八年）も、鎌倉時代に天皇・上皇・朝廷の勅願寺に指定された天台・真言・律など約五〇の寺院を検出してその性格を論じている[18]。松尾剛次『勧進と破戒の中世史』（一九九五年）は、鎌倉・南北朝期まで存続した筑前国観世音寺・下野国薬師寺の授戒制を解明し、同『中世叡尊教団の全国的展開』（二〇一七年）が叡尊・忍性ら律宗僧が活動した寺院を全国的視野で紹介している[19]。井原今朝男『増補中世寺院と民衆』（二〇〇九年、初版二〇〇四年）は、国衙による国内寺社の経営や、天皇・上皇の御願寺の荘園、公家権門寺院とその末寺、鎌倉将軍家祈祷所の全国展開、仁王会・太元帥法の諸国一宮・総社での勤修などを取り上げて、その存在意義を論じている[20]。

②宗派・寺院の地方展開については、小此木輝之『中世寺院と関東武士』（二〇〇二年）が上野国の長楽寺・鑁阿寺と新田氏・足利氏といった寺院と檀越を取り上げ、天台宗・真言宗・禅宗・浄土宗の展開を検討している[21]。本末関係については、大石雅章「天台聖護院末粉河寺と聖の別院誓度院」（二〇〇四年）、永村眞「中世延暦寺と若狭神宮寺」（二〇〇四年）が本末関係の実相と問題点を明らかにしている[22]。天台宗については、成菩提院史料研究会『天台談義所成菩提院の歴史』（二〇一八年）が、近江国や東国に成立した談義所の実態解明を進めている[23]。

③地域社会における寺院・神社の果たした機能を重視した研究としては、苅米一志『荘園社会における宗教構造』（二〇〇四年）が播磨国伊川上荘の大山寺や、重源の勧進活動に関係した別所などを検討している[24]。このほか、「中世の都市」「中世の聖地・霊場」のテーマで、考古学・文献史学が集ったシンポジウムの報告書も発表されている[25]。

（2）地方寺院史の論点

古代・中世に関する主要な研究を取り上げて紹介した。次に地方寺院の歴史を系統的に理解するうえで特に重要と考えられる事項を、先行研究のなかから探ってみたい。

A本末関係

地方寺院が他の寺院や地域とどのような関係・交流を持ったかについては、まず本末関係が重要な研究素材である。黒田俊雄『寺社勢力』（一九八〇年）は、本末関係は、本寺が末寺の人事・財産の管理権を持つことであり、法系と本末関係とは別のことであったとし、本末関係が所属宗派を意味する今日の慣習は江戸時代になってでき上がったものである、と説明している。[26] これを念頭に置いて、平安・鎌倉時代の本末関係を扱った先行研究を挙げてみよう。

竹内理三「筑前国観世音寺史」（一九五五年）には「東大寺末寺となるまで」の副題があり、[27] 古代寺院としての観世音寺が保安元年（一一二〇）に東大寺の末寺になったことをもって、同寺の歴史が一段落したように記されている。しかし、平岡定海「筑前国観世音寺の成立とその性格」（一九八四・八七年）は、末寺化の前後に天台宗も観世音寺に接近していたことや、寺領からの運上米によって観世音寺が衰退したなどの矛盾点を指摘している。[28] 竹森靖「中世白山宮の成立と支配構造」（一九八二年）は、延暦寺と白山宮の本末関係を取り上げ、本寺による長吏・大先達・神主の補任権、朝廷・幕府への末寺からの訴訟は本寺を介して行うなどの秩序を指摘し、そのうえで長吏・大先達・神主人事の主体性の保持や、加賀国一宮としての地位の活用など、鎌倉時代における本寺・末寺の緊張関係を解明している。[29] また大石雅章「天台聖護院末粉河寺と聖の別院誓度院」（二〇〇四年）は聖護院の末寺であった粉河寺と、粉河寺から離脱して律宗に転じた誓度院の実情を整理し、永村眞「中世延暦寺と若狭神宮寺」（二〇〇四年）は延暦寺と若狭神宮寺の本末関係が末寺への負荷や寺職補任を伴わない礼節を基調としたものであったことを論じている[30]。

以上から、古代・中世の本末関係は、近世・近現代のそれとは異なる複雑さを有していたことを認識しなければならないといえる。

B都鄙間・寺院間・僧俗間を結ぶ僧侶

地方寺院と他寺院・他地域との交流を考えるには、中央と地方、地方と地方とを結ぶ僧侶について検討する必要がある。

奈良・平安時代にそれを担ったのが諸国国師（諸国講読師）である。諸国国師は、『続日本紀』大宝二年（七〇二）二月丁巳（二十日）条に「任㆓諸国国師㆒」とあるように、大宝二年に設置された地方僧官で、官大寺僧が選任されて各国に赴任し、僧尼を教導する役割を担った。諸国国師は、延暦十四年（七九五）八月十三日太政官符（『類聚三代格』巻三）によって「諸国講師」と改称し、その後、読師が補佐役として設置され、国分寺・定額寺の伽藍維持も任務となった。承和二年（八三五）・四年から天台宗・真言宗の僧が諸国講読師に補任されるようになり、それらは地方僧官から宗派勢力拡大の足場へと変質した。追塩千尋「平安中後期の国分寺」（一九八三年）が、平安時代の諸国講読師の補任例（一一人）を検出しているが、十世紀以降の実態は不明な点が多い[31]。

平安中後期の「国司随身の僧」に着目したのが、西口順子「いわゆる「国衙の寺」」（一九八一年）である。『朝野群載』（巻二十二）所収「国務条々」に国司が随身すべき智僧・験者の記事があり、『大日本国法華経験記』（中巻五十二）の国司に従って遠い国に赴いた比叡山仁慶、『日本高僧伝要文抄』（第二）の伊予・丹波で国司のために祈祷した皇慶、さらに父親が大隅国司として在任中の寛治元年（一〇八七）に下向し、正八幡宮を復興して同宮

執印僧となり、台明寺不断大念仏に料物を施入した行賢（『平安遺文』二二〇五・二四七九号）の活動を紹介している。(32)

平安中後期に中央・地方を往来したのが「聖」や「勧進僧」であった、と一般的に理解されている。それは井上光貞『日本浄土教成立史の研究』（一九五六年）、同『日本古代の国家と仏教』（一九七一年）が、私寺禁止、僧尼の寺院定住、度牒制など、民間仏教の発達を抑制していた規制が、律令制の解体、武士階級の興起、地方社会の発達によって崩れていき、既成教団から独立した民間布教者の活動が自由になったと説明したことによるところが大きい。(33)菊地勇次郎「聖と在俗の現世利益」（一九七〇年）や、伊藤唯真『聖仏教史の研究　上』（一九九五年）も、(34)聖の類型や変遷を整理しているが、国家の仏教統制から解放された民間宗教者の展開が鎌倉新仏教に結実するという大枠は、井上光貞の史観を踏襲している。しかし、それらの「聖」は、『大日本国法華経験記』、『撰集抄』、往生伝、和歌集など、文学性を伴った史料に断片的に登場したものばかりで、「聖」が既成教団から独立したものであったのかなどの実態は不明である。そして、民間宗教者の活動こそ古代仏教から中世仏教への移行を示すものである、という構図が固定化してしまったために、僧侶の都鄙間往来を別の観点から考察する作業が十分になされていないのである。

一方で勧進僧については、中ノ堂一信「中世的「勧進」の形成過程」（一九七〇年）が、十一世紀後半に讃岐国善通寺の再建を主導した善芳や、十二世紀末に東大寺再建を担った重源の活動を解明した。(35)善通寺の善芳は、本来の所属寺院は不明であるが、讃岐国司や東寺と交渉し、安芸国から材木を買い求める能力を有していたのである。また久野修義「中世法隆寺の成立と別所」（一九八四年）が、法隆寺西別所が同寺五師という寺内上層の学侶によって経営されたことや、十二世紀前半の一切経書写の「勧進聖勝賢」も五師であったことを指摘している。(36)

さらに追塩千尋「平安・鎌倉期における大安寺の動向」（二〇〇二年）が、大安寺別当安奝が同寺焼失後の再建事業のなかで、治安三年（一〇二三）・万寿二年（一〇二五）に「田原観音」（現在の宇治市）に住んで泥塔を製作した「平恒聖」を従えて右大臣藤原実資を訪ねたことに着目し、安奝が潜在的に勧進性・修験性を有していたと推定している。同「勧進僧としての栄西」（二〇〇五年）では、栄西の東大寺勧進職就任の背景を、栄西の人脈や関係寺院から検討し、天台僧のネットワークを想定している。(37)

つまり、中央・地方の各地を結んだり、寺院・別所の経営や写経活動を担う僧侶は、「聖」「勧進僧」と呼ばれていても、既成教団の外部に位置する民間布教者とは限らず、中央主要寺院の構成員やそこで修学した僧であることが多いのである。そうした観点からの歴史像の見直しが必要である。

C　地方寺院の表象

地方寺院には、開祖、仏菩薩、創建・変遷にまつわる神秘的な言説を伴うことが多い。例えば、小此木輝之『中世寺院と関東武士』（二〇〇二年）は上野国の天台宗寺院について、最澄・円仁・円珍による創建伝説に触れている。(38)また西口順子「磯長太子廟とその周辺」（一九八一年）では、河内国磯長の聖徳太子廟が大乗相応の地で、参詣すれば往生が確約されるとの廟崛偈が登場したことや、金剛山が兜率天浄土であるとみられたように、葛城・金剛山系、二上山系が山の浄土と認識されたことを紹介している。(39)

著名な宗教者（高僧）や貴人を寺院の創建者としたり、それに絡めて寺院縁起に登場させた事例が幾つか知られている。法道仙人は、『元亨釈書』（巻十八）に大化元年（六四五）にインドから日本に渡来したとあり、『峰相記』が伝える播磨国内寺院のうち約二〇が法道の創建と記されている。(40)泰澄は『本朝神仙伝』に加賀国・白山に関係する人物として登場し、平泉寺白山神社蔵『泰澄和尚伝』では、およそ奈良時代に活動した白山の開闢者として扱われている。[41]報恩大師は『本朝神仙伝』に大和国子島寺に住み、清水寺を来訪した人物として登場する。備前国金山寺『金山観音寺縁起』に、天平勝宝元年（七四九）に同寺を建立したとの記事があり、備前国に報恩大師建立伝説が分布している。[42]人聞菩薩は、『八幡宇佐宮御託宣集』に、八幡菩薩が人聞菩薩として斉衡二年（八五五）に豊後国六郷山で修行したと記されている。[43]

こうした特定地域の寺院創建伝承について、難波俊成「報恩大師と備前四十八ヵ寺伝承」（一九八一年）が、中世末期の社会状況を踏まえて、報恩大師像が増幅していった様相を解明している。[44]また久野修義「中世寺院と社会・国家」（一九九三年）は、播磨国と法道仙人の事例を念頭に置いて、十二世紀の荘園公領制と呼ばれる地域編成との関係に着目すべきであると主張している。[45]

寺院縁起における古代の宗教者・寺院の記事は、史実・虚構が峻別されなければならないが、その史料批判が不十分なことが多い。また史実でないとすれば、どの時代に、いかなる理由でそうした言説が登場・拡散していったのかを論じなければならないのである。

三　本書の分析視角と課題

地方寺院について、次のような分析視角と課題を提示しておく。

第一に、地方寺院が他者とどのような「交流」を持ったのかということである。それは中央主要寺院との本末関係であったり、僧侶の布教活動であったり、寺院間・地域間の移動・往来であったりする。中央主要寺院が地方に別院を設定したり、地方寺院を末寺に編成することが平安時代から始まった。その実態を解明する際に、特定の教団（宗派）・寺院を主語に据えた発展史に終始するのではなく、諸勢力の「競合関係」や、本末関係が抱えた「矛盾」こそ、重要な検討課題と考える。また、聖・持経者・勧進僧・修験者が、各地・各階層を結ぶ存在であると考えられてきたが、それらは必ずしも既成教団の枠外に位置する遊行者とは限らない。そうした観点から、山岳修行者や、各地を巡りながら仏典を書写した僧侶を取り上げて、その実態や社会的位置づけを探る作業が必要である。

第二に、古代の僧侶や宗教者をいわば開祖と位置づけて、自己の歴史を説明した寺院縁起が、平安時代から作成されるようになった。地方寺院の「表象」（シンボル）としての祖師譚について、史料批判による史実の確定だけでなく、その生成・拡大過程を地域史の観点から論じなければならない。

本書の第一編「地方仏教の競合関係と僧侶の往来」では、上記課題の第一点「交流」のうち、地方に展開する勢力の競合関係と僧侶の往来を扱う。第一章「天台宗の地方展開と南都・真言宗」では、九・十世紀の天台宗の発展過程において、南都や真言宗とどのような競合関係が生じたのか、天台宗を優勢とみなすことの有効性と限界、天台宗の展開と東国・西海道の地域差を論じる。第二章「聖教奥書からみた僧侶の往来」では、聖教の奥書を素材として密教の伝授が地方でなされたり、特定の僧が各地を巡った様相を解明する。「国司随身の僧」「遊行僧」といった術語を再検討し、また各地を巡った皇慶に端を発する台密の展開に言及する。

第二編「寺院経営をめぐる地方・中央の矛盾」では、上記課題の第一点「交流」のうち、地方寺院と中央主要寺院との関係、とりわけ中央・地方の矛盾を論じる。第三章「筑前国観世音寺の組織と経営」では、西海道の授戒を執行する戒壇を有し、九国二島の仏事を統轄する観世音寺の講師や寺院組織の変遷を考察する。十二世紀に東大寺の末寺となるまでではなく、その後の寺院経営や授戒に関する諸事項を整理し、授戒が南北朝期まで存続した理由や、北九州における観世音寺の位置づけを論じる。第四章「勝尾寺と摂津国の山岳寺院」では、修験道が発達した山岳寺院として知られる勝尾寺の十〜十四世紀の実情を、伽藍再建と寺院縁起、妙香院・浄土寺との関係、摂津国北部の山岳寺院の特色から探る。

第三編「山岳修行者と観念世界」では、上記課題の第二点「表象」のうち、修験道形成の必要事項を整理し、山岳修行者の実態だけでなく、観念世界の生成を論じる。山岳修行者は各地を巡る存在でもあり、また大寺の学僧とは異なる呪術性・神秘性を伴う宗教者とみなされているが、その実態解明が遅れている状況を打開する必要があると考えるからである。第五章「平安時代の山岳修行者」では、奈良時代・平安時代の山岳修行者の呼称・修行方法・社会的地位を検討し、それとともに霊山への神秘性の付与などの問題を取り上げる。第六章「七高山薬師悔過と七高山阿闍梨」では、畿内近国を囲む七高山に九世紀に阿闍梨が設置されたとする『釈家官班記』の記事を検証し、山岳修験の形成に関する認識を再検討する。

第四編「中近世における古代的権威の創出」において、上記課題の第二点「表象」の問題に取り組む。第七章「常陸国東城寺と最仙・広智」では、茨城県土浦市の東城寺について、その古代史・中世史・近世史と、九世紀に最仙・広智が創建したという説を取り上げて検証する。第八章「備前国児島の五流修験」では、岡山県倉敷市の児島修験（五流修験）について、平安時代から上皇の熊野参詣の先達をつとめたという説や、公卿山伏など独自の組織の形成過程を検討する。

本書の編・章に着目すると、次の点に気付くであろう。①時代順に配列されていない。②平安・鎌倉時代を主な時代範囲としながらも、奈良時代・室町時代・江戸時代をも対象にしている。③天台宗の発展史のようでありながら、それに徹していない。④修験道成立史の要素を含みながらも、そうなっていない。⑤大寺の観世音寺と、山寺に端を発した勝尾寺とを比較するように並べている。違和感を持って接する読者もあるかもしれない。しかし、各編のタイトルに含めた「競合関係と僧侶の往来」「経営をめぐる地方・中央の矛盾」「観念世界」「古代的権威の創出」こそ、地方寺院の歴史を考察するうえで不可欠な観点と考えて、このような構成とした。

本書の題名『中世地方寺院の交流と表象』の「中世」は、単なる中世史ではなく、古代・中世・近世を代表させる語として用いた。中世を中心として前後に視野を広げて考えることの必要性を強調しておきたい。

地方寺院の歴史をいかに描くかという課題に対して、「交流」と「表象」という観点から、中世とその前後の時代を考察することにしたい。

註

(1) 拙著『平安時代の国家と寺院』(塙書房、二〇〇九年)。

(2) 地方寺院の類型について、黒田俊雄「中世寺社勢力論」(著作集三『顕密仏教と寺社勢力』法藏館、一九九五年、初出一九七五年)は、聖・上人の住処である草庵ないし別所、在村の寺社、地方有力寺社の三類型で説明し、同『寺社勢力』(岩波新書、一九八〇年)は、地方寺院を、有力寺院、氏寺、村堂、町堂、別所・草庵の五類型で説明している。しかし、それらはいずれも概説的な記述で、類型化の基準が示されていない。

(3) 中央主要寺院の理解は、中井真孝「大寺制の成立と背景」(『日本古代仏教制度史の研究』法藏館、一九九一年、初出一九七〇年)および拙著『平安時代の国家と寺院』(前掲註(1))に依拠している。

(4) 定額寺については、荒井秀規「国分寺と定額寺」(須田勉・佐藤信編『国分寺の創建　組織・技術編』吉川弘文館、二〇一三年)を参照。

(5) 尾上寛仲「年分度者に見られる課試制度」(塩入良道ほか編『日本名僧論集　第二巻　最澄』吉川弘文館、一九八二年、初出一九六〇年)。

（6）　各史料に登場する寺院は次の通りである。

『日本霊異記』　大和国＝薬師寺・元興寺・高宮寺（葛木）・豊浦堂〔豊浦寺〕・比蘇寺（吉野）・禅院寺・法器山寺（高市郡）・吉野山・吉野金峯・富尼寺・生馬山寺・服部堂（諸楽左京）・岡本尼寺（平群郡鵤）・東大寺〔金鷲〕（諸楽京東山）・葛木尼寺（諸楽京）・大安寺・岡堂（吉野郡越部村）・殖槻寺（諸楽右京）・下毛野寺（奈良京）・馬庭山寺（諸楽京）・穴穂寺・興福寺〔山階寺〕（諸楽左京）・泊瀬上山寺・吉野山山寺〔海部峯〕・真木原山寺（菟田郡）・蓼原堂（諸楽京越田池南蓼原里）・法花寺・西大寺・豊浦寺・野寺（平城宮）。山背（山城）国＝深長寺（紀伊郡）・高麗寺（相楽郡）。河内国＝八多寺（石川郡）・平群山寺（若江郡）・鋤田寺（安宿郡）・信天原山寺（安宿郡）・野中堂（丹治比郡）。摂津国＝百済寺（難波）・春米寺（島下郡）。那天堂（東生郡撫凹村）。和泉国＝血渟山寺〔珍努上山寺〕（泉郡）・尽恵寺（日根郡）・井上寺（河内市辺）。紀伊国＝私部寺（安諦郡）・狭屋寺（伊刀郡桑原）・薬王寺〔勢多寺〕・某寺（牟婁郡熊野村）・弥気山室堂（那賀郡弥気里）・貴志寺（名草郡貴志里）・弥勒寺〔能応寺〕（名草郡能応村）・別寺（日高郡別里）・大谷堂（名草郡埴生里）。遠江国＝磐田寺（磐田郡）・鵜田堂（榛原郡）。近江国＝山寺（坂田郡）・陁我大神社辺堂（野州郡御上嶺）。信濃国＝某寺（小県郡嬢里）。加賀国＝加賀郡部内山。播磨国＝濃於寺（飾磨郡）。備後国＝三谷寺（三谷郡）。淡路国＝国分寺。讃岐国＝三木寺（美貴郡）。阿波国＝苑山寺（麻殖郡）。伊予国＝某寺（越知郡）・石鎚山（神野郡）。豊前国＝大神寺（宇佐郡矢羽田）。肥後国＝国分寺（託磨郡）。所在国不明＝延興寺。

『日本往生極楽記』　大和国＝夢殿〔法隆寺〕・東大寺・梵福山・薬師寺・元興寺。山城国＝極楽寺・貞観寺・如意寺。和泉国＝松尾山寺。摂津国＝大日寺・勝尾寺（島下郡）・箕面滝下（豊島郡）。所在国不明畿内＝法広寺。伊勢国＝郡中仏寺（飯高郡）。陸奥国＝小松寺（新田郡）。近江国＝延暦寺〔楞厳院・唐院・定心院・千光院〕・無動寺・梵釈寺・石山寺。信濃国＝如法寺（高井郡中津村）。播磨国＝峰合寺。阿波国・土佐国＝湯島。

『大日本国法華経験記』　大和国＝夢殿・橘寺・法隆寺・海部峰寺・吉野奥山・金峯山・牟田寺・堂原寺・竜門寺・東大寺・興福寺〔山階寺〕・長谷寺・大安寺・元興寺・竜海寺・竜天寺・竜王寺・多武峰・高尾寺・葛木山。山城国＝愛太子山・神明寺・法性寺・定法寺・清水寺・六波羅蜜寺・神奈井寺・醍醐寺・徳大寺・石蔵寺・嵯峨・行願寺・東寺・香隆寺・安祥寺・法輪寺・蟹満多寺〔紙幡寺〕。河内国＝小松寺。摂津国＝多々院（豊島郡）・箕面〔箕面滝〕・天王寺・大日寺。志摩国＝岩洞。武蔵国＝慈光寺。下野国＝二荒山。陸奥国＝小松寺（新田郡）。近江国＝延暦寺〔天台山・比叡山・叡山・根本中堂・法華三昧堂・中道院・中堂・東塔千手院・総持院・無動寺・西塔平等坊・千光院・釈迦堂・西塔・宝幢院・首楞厳院・安楽院・黒谷〕・葛河・比良山峰・金勝寺・志賀・石山寺・園城寺〔三井寺〕。信濃国＝桑田寺。加賀・越前・美濃＝白山。越中国＝立山。越後国＝鍬取山・国上山（古志郡）・乙寺（三島郡）。出羽国＝布山竜華寺（田川郡）。丹波国＝大江山。但馬国＝一山寺。丹後国＝棚波滝（船井郡）。伯耆国＝大山。播磨国＝書写山・雪彦山。周防国＝三井山寺〔三井寺〕（玖珂郡）。紀伊国＝熊野〔熊野奈智山・熊野山・熊野宍背山〕・道成寺。豊前国＝宇佐大神宮寺。『続本朝往生伝』大和国＝興福寺・多武峰・金峯山石窟。山城国＝円宗寺・栖霞観・大原山・法性寺・愛宕山月輪寺・石清水・大雲寺・随心院・鞍馬寺・東山如意輪寺・宝寺。摂津国＝天王寺。伊豆国＝温泉権現。近江国＝延暦寺〔楞厳院・飯室・壇那院・安楽谷・無動寺・東塔〕・園城寺。播磨国＝書写山。美作国＝真島山。筑前国＝極楽寺（観世音寺傍）・大山寺・六角堂・清水寺〔観世音寺〕・安楽寺。

（7）　追塩千尋「中世前期の寺院数に関する覚書」（大隅和雄編『仏法の文化史』吉川弘文館、二〇〇三年）。

（8）　一例を挙げると、備前国滝山別所は、承安三年（一一七三）に在庁官人とみられる安倍頼広が私領に無縁僧弁海を招いて「別所」としたもので、その妙見宝殿において供僧に『仁王経』を講説させると国衙に申請し（『平安遺文』三六五〇号）、その滝山別所がのちに滝山寺と呼ばれたのである（高木豊「院政期における別所の成立と活動」『平安時代法華仏教史研究』平楽寺書店、一九七三年、初出一九六七年、久野修義「中世成立期の地域開発と聖」『日本中世の寺院と社会』塙書房、一九九九年、初出一九九七年）。

（9）　平岡定海『日本寺院史の研究』（吉川弘文館、一九八一年）、同『日本寺院史の研究　中世・近世編』（吉川弘文館、一九八八年）。

（10）　三舟隆之『日本古代地方寺院の成立』（吉川弘文館、二〇〇三年）、同『『日本霊異記』説話の地域史的研究』（法藏館、二〇一六年）。

(11)藤本誠『古代国家仏教と在地社会』（吉川弘文館、二〇一六年）。
(12)舟ヶ崎正孝『日本庶民宗教史の研究』（同文書院、一九六二年）。
(13)高木豊『平安時代法華仏教史研究』（平楽寺書店、一九七三年）。
(14)菅原征子『日本古代の民間宗教』（吉川弘文館、二〇〇三年）。
(15)西口順子『平安時代の寺院と民衆』（法藏館、二〇〇四年）。
(16)追塩千尋『国分寺の中世的展開』（吉川弘文館、一九九六年）。
(17)湯之上隆「関東祈祷寺の成立と分布」（『日本中世の政治権力と仏教』思文閣出版、二〇〇一年、初出一九七八年）。
(18)上野進「鎌倉時代の御願寺」（大阪大学文学部日本史研究室編『古代中世の社会と国家』清文堂出版、一九九八年）。
(19)松尾剛次『勧進と破戒の中世史』（吉川弘文館、一九九五年）、同『中世叡尊教団の全国的展開』（法藏館、二〇一七年）。
(20)井原今朝男『増補中世寺院と民衆』（臨川書店、二〇〇九年、初版二〇〇四年）。
(21)小此木輝之『中世寺院と関東武士』（青史出版、二〇〇二年）。
(22)大石雅章「天台聖護院末粉河寺と聖の別院誓度院」、永村眞「中世延暦寺と若狭神宮寺」（河音能平・福田榮次郎編『延暦寺と中世社会』法藏館、二〇〇四年）。
(23)成菩提院史料研究会『天台談義所成菩提院の歴史』（法藏館、二〇一八年）。
(24)苅米一志『荘園社会における宗教構造』（校倉書房、二〇〇四年）。
(25)吉井敏幸ほか編『中世の都市と寺院』（高志書院、二〇〇五年）、東北中世考古学会編『中世の聖地・霊場』（高志書院、二〇〇六年）。
(26)黒田俊雄『寺社勢力』（前掲註(2)）。
(27)竹内理三「筑前国観世音寺史」（著作集一『奈良時代に於ける寺院経済の研究』角川書店、一九九八年、初出一九五五年）。

(28) 平岡定海「筑前国観世音寺の成立とその性格」(前掲註(9)『日本寺院史の研究　中世・近世編』、初出一九八四・八七年)。
(29) 竹森靖「中世白山宮の成立と支配構造」(『北陸史学』三二号、一九八二年)。
(30) 註(22)に同じ。
(31) 追塩千尋「平安中後期の国分寺」(前掲註(16)書、初出一九八三年)。
(32) 西口順子「いわゆる「国衙の寺」」(前掲註(15)書、初出一九八一年)。
(33) 井上光貞『日本浄土教成立史の研究』(著作集七、岩波書店、一九八五年、初版一九五六年)、同『日本古代の国家と仏教』(著作集八、岩波書店、一九八六年、初版一九七一年)。
(34) 菊地勇次郎「聖と在俗の現世利益」(『浄土信仰の展開』勉誠出版、二〇一四年、初出一九七〇年)、伊藤唯真『聖仏教史の研究　上』(著作集一、法藏館、一九九五年)。なお、菊地勇次郎『浄土信仰の展開』には、常陸・能登・越後など地方仏教の論考も収録されている。浄土教を中心に据えた仏教史の大枠と、地方仏教の個別研究とが整理・統合できておらず、その整理・統合が今後の研究課題であろう。
(35) 中ノ堂一信「中世的「勧進」の形成過程」(『中世勧進の研究』法藏館、二〇一二年、初出一九七〇年)。
(36) 久野修義「中世法隆寺の成立と別所」(前掲註(8)書、初出一九八四年)。
(37) 追塩千尋「平安・鎌倉期における大安寺の動向」(『中世南都の僧侶と寺院』吉川弘文館、二〇〇六年、初出二〇〇二年)、同「勧進僧としての栄西」(『中世南都仏教の展開』吉川弘文館、二〇一一年、初出二〇〇五年)。
(38) 小此木輝之『中世寺院と関東武士』(前掲註(21))。
(39) 西口順子「磯長太子廟とその周辺」(前掲註(15)書、初出一九八一年)。
(40) 薗田香融「法道仙人考」(『平安仏教の研究』法藏館、一九八一年、初出一九七六年)、牧伸行「法道と一乗寺」(サムエル・C・モース・根本誠二編『奈良・南都仏教の伝統と革新』勉誠出版、二〇一〇年)。
(41) 浅香年木「泰澄和尚伝試考」(『中世北陸の社会と信仰』法政大学出版局、一九八八年、初出一九八四年)、東四柳史明「泰澄と白山開山伝承」（勝山市編『白山平泉寺』吉川弘文館、二〇一七年）。

(42) 難波俊成「報恩大師と備前四十八ヵ寺伝承」（岡山民俗学会編『岡山民俗文化論集』、一九八一年）、小林崇仁「吉野山の報恩法師」（『現代密教』一七号、二〇〇四年）。

(43) 飯沼賢司「人聞菩薩論」（『国東六郷山の信仰と地域社会』同成社、二〇一五年）。なお、堀一郎「山岳仏教の展開と修験者山臥の遊行的機能および形態」（著作集七『民間信仰の形態と機能』未来社、二〇〇二年、初出一九五三年）には、その他に上野の勝道上人、近江の金粛菩薩、羽黒の能除大師、摂津の開成皇子、朝護孫子寺の明練上人、鳳来寺の利修仙人、熊野の裸形仙人、英山の善正大師などが、霊山開創伝説の人物として挙がっている。

(44) 難波俊成「報恩大師と備前四十八ヵ寺伝承」（前掲註(42)）。

(45) 久野修義「中世寺院と社会・国家」（前掲註(8)書、初出一九九三年）。

第一編　地方仏教の競合関係と僧侶の往来

第一章　天台宗の地方展開と南都・真言宗

はじめに

平安時代の地方仏教（僧尼・寺院・仏事）をどのような素材や観点から論じるか。地方で活動した僧侶、地方寺院、国分寺・定額寺・天下三戒壇など古代国家が設定した寺格や制度、天台宗・真言宗・南都の地方展開、寺院址・経塚などの考古資料、説話集や文学作品、等々さまざまな素材や研究方法が考えられよう。

ここでは、天台宗の動向に着目することにしたい。最澄の弟子の多くは東国出身者であり、最澄は『山家学生式』において弟子が諸国講読師として活動することを計画し、その没後の承和二年（八三五）に天台僧の諸国講読師補任が認可された。また承和年間から各地に天台別院が登場し、平安中後期になると延暦寺の末寺や別所が全国的に展開したのである。(1)こうした天台宗の動きを軸に据えれば、個々の僧伝・寺院研究もそれとの関係で論じることになり、系統的な理解につながると考える。

しかし、それには天台教団の発展史や仏教史概説に終始しかねないという危惧が伴う。それを避けるために、論点を絞っておきたい。第一に、天台宗が地方に展開するに当たって、どのような矛盾や諸勢力との競合関係に直面したのか、第二に、地方展開する場所によってどのような格差がみられたのかということである。第一点についていえば、例えば伊勢国多度神宮寺は天台別院に指定されたが、のちに真言別院に転じている。そうした真言宗や南都との競合関係が、いかなる問題について、どのように発生・展開・決着したのかという観点を重視したいのである。第二点については、最澄が歴訪した筑前・豊前、上野・下野に着目したい。また最澄の弟子の徳円・安恵が講師をつとめた下野国・出羽国も重要と考える。天台宗が勢力を伸ばした東国と西海道にいかなる相違があったのかを考えることにしたい。

具体的な分析作業は次の通りである。第一に、最澄が東国出身の弟子を擁して天台教団を形成した事情と、その歴史的前提として南都僧による都鄙間の往来について概観する。第二に、天台宗の地方展開をめぐる真言宗・南都仏教との競合関係を、諸国講読師補任、別院と定額寺、地方救療施設、写経、下野薬師寺、四天王法と五壇法を素材として論じる。第三に、『僧妙達蘇生注記』を素材として、十世紀の東国の仏教信仰を探る。第四に、宇佐八幡宮・竈門山寺を素材として、西海道の仏教の諸様相を探る。

第一節　東国化主道忠と天台教団の成立

一　南都僧の都鄙間交流

最澄は「東国化主」道忠と連携し、その影響下にあった東国出身者を弟子として抱え、天台宗を組織化していった。その前提として、まず八世紀後半から九世紀前半の南都僧の都鄙間往来や布教活動を概観しておきたい。奈良時代の僧侶の都鄙間交通について、三舟隆之は『日本霊異記』などを素材として、①地方出身者が出家して都や畿内の寺院で活動する「地方から中央へ」の類型、②官大寺僧が国師や国分寺僧として地方へ赴任する「中央から地方へ」の類型、③地方を遊行し托鉢や布教を行う「遊行する僧」の類型があったと指摘している。[2] ここでは三舟が取り上げなかった僧も含めて、都鄙間を往来した南都僧の活動を確認しておこう。

（1）満願と伊勢国・常陸国

延暦二十年（八〇一）の『多度神宮寺伽藍縁起資財帳』（『平安遺文』二〇号）によると、天平宝字七年（七六三）に満願が伊勢国の多度神の託宣によって小堂・神像を造り、郡司が銅鐘を鋳造、美濃国近士県主新麿や大僧都賢璟が三重塔を造立し、天応元年（七八一）に私度沙弥法教が知識を引導して僧坊・大衆湯屋を整えたという。[3] 多度神宮寺は、『延喜式』（巻二十一・玄蕃寮）に「凡伊勢国多度神宮寺僧十口、度縁・戒牒、准二国分寺僧一、勘二納国庫一、補替之日、副二解文一進レ官」（24多度神宮寺条）と、一〇僧は国分寺僧に準じてその度縁・戒牒を国庫で管理すると規定されている。また嘉祥三年（八五〇）八月五日太政官符（『類聚三代格』巻二）によると、常陸国の鹿島神宮寺は、天平勝宝年中（七四九〜五七）に「修行僧満願」が到来し、神のために同寺を建て、『大般若経』を写し、仏像を図画したが、住持八年で満願は去ってしまったという。常陸国鹿島神宮寺について、嘉祥三年八月五日の太政官符に、その五僧の度縁・戒牒は国分寺僧に準じると記されている。満願は、一人の僧が各地を廻り、複数の場所で活動したケースである。

（2）玄賓と伯耆国・備中国

玄賓の事績を伝える史料は次の通りである。[4] 延暦二十四年（八〇五）三月、伯耆国に使者を派遣し玄賓を都に招請（『日本後紀』）。大同元年（八〇六）四月、玄賓（法相宗・興福寺）が大僧都に任じられる（『僧綱補任』）。弘仁二年（八一一）十一月、嵯峨天皇から玄賓に親書と綿一〇〇屯・布三〇端が贈られ、玄賓が上表してその恩に謝す（『日本後紀』）。弘仁五年、玄賓が「遁去」し、備中国湯川山寺に住む（『僧綱補任』）。弘仁七年八月、備中国哲多郡に住む玄賓を褒章し、在世中に哲多郡の庸を米から鉄に変更し民費を省く（『類聚国史』巻一八五・仏道一二・高僧）。弘仁の末に玄賓が伯耆国会見郡に阿弥陀寺を建立（『日本三代実録』貞観七年（八六五）八月二十四日条）。弘仁九年（八一八）六月に伝灯大法師玄賓が八十有余歳で卒去（『日本紀略』）、河内国の人で俗姓は弓削連、八十五歳（『僧綱補任』）。つまり玄賓は、河内国弓削氏の出身の興福寺僧で、伯耆国にいたが召還されて大僧都となり、のちに備中国哲多郡の湯川山寺に住み、晩年に伯耆国会見郡に阿弥陀寺を建立したのである。河内国弓削氏の出身ということからすると、道鏡の一族で、道鏡の失脚が原因で南都から伯耆に移住したが、桓武天皇の病気平癒を祈るために都に召還されたと考えられる。地方での布教活動は記されていないが、寺院の建立は注目すべき事績である。玄賓は、南都僧が地方に移住したケースである。

（3）聴福と紀伊国

聴福の事績は『日本後紀』に記されている。すなわち延暦二十四年（八〇五）二月、修行大法師位栄興に度者一人、修行伝灯法師位聴福に度者二人が与えられ、同年五月、桓武天皇の病気平癒のために聴福を紀伊国伊都郡に遣わし三重塔を建てさせている。そして弘仁二年（八一一）十一月、嵯峨天皇から聴福に親書と綿一〇〇屯・布三〇端が贈られているのである。この聴福について、小林崇仁は次のように論じている。[5]聴福が延暦二十四年五月に紀伊国伊都郡に三重塔の建立を命じられたのは、桓武天皇の病気平癒を目的としていた。伊都郡は、河内国・大和国に接する紀伊国の北東部に位置し、紀ノ川や高野山を含む地域である。『日本紀略』『日本後紀』によると、延暦十五年（七九六）に南海道が山城（平安京）↓河内↓紀伊↓淡路の経路に変更されたことで、伊都郡が南海道の入口と位置づけられている。一方で朝廷は延暦二十四年正月には、崇道天皇（早良親王）のために淡路国に寺を建てさせ、さらに四月になってその怨霊を鎮める目的で諸国に小倉を建てさせている。聴福や玄賓は病気平癒の呪力を期待された僧であった。桓武の病気は早良親王の怨霊によるものと考えられ、淡路国の早良親王墓所につながる南海道の入口＝紀伊国伊都郡に三重塔の建立が命じられたのである。聴福は、朝廷の命令を受けて南都僧が特定の場所に塔を建立したケースである。

（4）徳一と陸奥国・常陸国

徳一は、最澄との三一権実論争で知られる。(6) すなわち、最澄の『照権実鏡』に「弘仁八年歳次丁酉二月日依下陸奥仏性抄判二法華一為上レ権」、『守護国界章』（巻上之上）に「有二奥州会津県溢和上一、執二法相鏡二」と記されている（『伝教大師全集　巻二』一一頁、一五二頁）。また『高野雑筆集』（巻上）には、空海から徳一に宛てた弘仁六年（八一五）ごろの書状が含まれており、それは「陸州徳一菩薩」のもとに弟子の康守を遣わして密教経典を送るという内容である。さらに『今昔物語集』（十七巻二十九）に「陸奥国恵日寺」「得一」がみえる。嘉保元年（一〇九四）ごろ成立の『東域伝灯目録』に「東大寺徳一」の『唯識論同異補闕章』などの著作が載っている。徳一の所在地については、天長二年（八二五）八月の参議右大弁伴国道の義真・円澄宛の書状に「常陸僧借位伝灯大法師位徳溢」と記されており、(7) 陸奥国から常陸国に移ったとみることができる。また正嘉元年（一二五七）成立の『私聚百因縁集』（巻七・伝教大師ノ事）には、徳一が藤原仲麻呂の第四男と記されている。徳一は、南都僧が地方に移住したケースである。移住の理由は不明といわざるをえない。

以上の四人について、Ａ「菩薩」（民衆救済を志す修行者）「知識」（信仰を同じくする集団や、その指導者）[8]などの文言がみられるか、Ｂ建立した寺塔がどのように位置づけられたかに着目しよう。Ａについては、満願の多度神宮寺の創建に、私度沙弥法教が「知識」を引導したとの記事がある。また徳一は空海から「菩薩」と呼ばれている。Ｂについては、満願が建立に関わった常陸国鹿島神宮寺・伊勢国多度神宮寺は、いずれも国分寺に準じた処遇を受けている。玄賓が伯耆国会見郡に建てた阿弥陀寺、聴福が紀伊国伊都郡に建てた三重塔のその後の様子は不明である。なお小林崇仁は、聴福に三重塔を建てさせたことが前提となって、空海が同郡に金剛峯寺を創建したと解釈している。

Ａ・Ｂの二点を取り上げたのは、都鄙間を往来した僧侶の活動が、信仰集団の形成や弟子の養成、すなわち、教団化への方向性がみられたのか否かを量るためである。四僧とも次項で取り上げる道忠・広智に比べれば、その傾向は薄いが、満願は留意すべき存在である。第一に、伊勢国多度神宮寺の創建が満願だけでなく、郡司・美濃国近士県主新磨・大僧都賢璟・沙弥法教の協力によってなされていることである。このうち三重塔を建立し資財帳に大僧都として署判を加えた賢璟は尾張国の出身であった[9]。第二に、多度神宮寺に一〇僧、鹿島神宮寺に五僧が設置され、その処遇が国分寺に準じるものであったことである。満願の企てに賛同する「知識」グループが誕生し、また建立した寺院が国家によって公認されているのである。

二　道忠・広智と天台教団

最澄は、延暦十六年（七九七）に一切経の書写を志し、道忠の協力を得ている。『叡山大師伝』に、

又有二東国化主道忠禅師者一、是此大唐鑑真和上持戒第一弟子也、伝法利生、常自為レ事、知識遠志、助二写大

小経律論二千余巻一、纔及レ満二部帙一、設二万僧斎一、同日供養、今安二置叡山蔵一斯其経也、

（『伝教大師全集　巻五』附録七頁）

とあり、道忠は鑑真の弟子で、「東国化主」と呼ばれている。また『叡山大師伝』に、弘仁八年（八一七）ごろの最澄の東国伝道について、

上野国浄土院一乗仏子教興・道応・真静、下野国大慈院一乗仏子広智・基徳・鸞鏡・徳念等、本是故道忠禅師弟子也、

（『伝教大師全集　巻五』附録三一頁）

とあり、上野国浄土院・下野国大慈院で最澄を迎えた僧が道忠の弟子であったと伝えている。

下野国薬師寺の戒壇院設置に伴って鑑真の弟子が下向し、その一員に道忠がいたと考えられる。(10) また鑑真は、唐の江淮において「化主」と呼ばれ、無捨大会を設けたり、四万人余に授戒したと、『続日本紀』（天平宝字七年（七六三）五月戊申（六日）条）や『唐大和上東征伝』に記されている。道忠が「東国化主」と呼ばれているのも、鑑真が民衆への布教に長けた僧であったのを継承しているのであろう。

道忠・広智の系譜に連なり、最澄の天台教団を構成した僧侶に円仁・安恵（三世・四世天台座主）がいる。円仁は『慈覚大師伝』(11)に、

慈覚大師、諱円仁、俗姓壬生氏、下野国都賀郡人也、（中略）延暦十三年、大師誕生、是日紫雲覆二屋上一、家人無二見者一、時同郡大慈寺有レ僧、名曰二広智一、是唐僧鑑真和尚第三代弟子也、徳行該博、戒定具足、虚レ己利レ他、国人号二広智菩薩一、（中略）広智知二其意一、携二将大師一、乃登二叡山一、付二嘱先師（最澄）一、時年十有五、今年大同三（五カ）年也、

と記されており、また安恵は、尊経閣文庫蔵『類聚国史』抄出紙片（『日本三代実録』逸文）(12)に、

四月三日（貞観十年）丁卯、延暦寺座主内供奉十禅寺（師）伝灯大法師位安恵卒、（中略）乃於二七歳一、師二事当時名僧広知（智）一、々々住二彼土（下野国）小野山寺（大慈寺）一、国人号為二菩薩一、（中略）付二属延暦寺座主最澄大師一、

とみえる。いずれも下野国の出身で、幼少時に広智に従い、広智に連れられて比叡山に登り最澄の弟子になった経歴が確認できる。広智は「菩薩」と呼ばれており、下野国で布教活動を行っていたことがわかる。広智が円仁や安恵を比叡山に連れて行った年代については、承和九年（八四二）五月十五日の徳円付嘱円珍印信に「澄阿遮（闍）梨去大同五年五月十四日、比叡山止観院妙徳道場、伝二授広智阿闍梨一」（『園城寺文書』三七）[13]とあり、大同五年（八一〇）のことであったことがわかる。[14]

徳円も、広智と関係する天台僧で、下総国の出身である。[15]弘仁三年（八一二）八月十六日の度縁案に、「沙弥徳円年廿六」に続けて「下総国猿島郡余戸倉欅郷戸主刑部福主、同姓稲麿」と本貫と俗名が記されており、師主として円澄が署判を加えている（『園城寺文書』三六―七）。また園城寺文書には、次の弘仁八年（八一七）の大乗戒の戒牒が収録されている（『園城寺文書』三六―一二）。

一乗仏子徳円稽二首和三南　諸仏足下一、夫以金□□（剛宝）戒、如来円□（心）、仏性種子、凡夫性得、今仏子徳円、弊身多□、得レ遇二勝縁一、謹於二下野州都賀県大慈山寺遮那仏前一、受二□（如）来金剛宝戒一、伏願二慈悲施与一、謹疏、

弘仁八年三月六□一乗仏子徳円　謹疏

現在伝戒師前入唐求法沙門興福寺伝灯法師位最澄

すなわち最澄が下野国大慈寺において徳円に大乗戒を授けた際のもので、大乗戒壇設立運動の端緒に位置するものである。また承和九年五月十五日の徳円付嘱円珍印信（『園城寺文書』三七）に、徳円は弘仁八年三月六日に最澄から密教を伝受されたが、印信を伴うものではなかったために、あらためて天長七年（八三〇）閏十二月十六

日に下野国大慈寺で広智から受法したと記されている。

以上のように、最澄は「東国化主」と呼ばれた道忠と協力関係を持ち、道忠門下の広智が円仁・安恵を最澄のもとに入門させ、徳円も広智の影響下にあったといえる。

なお、最澄の後継者で一世天台座主の義真については、『伝述一心戒文』（巻下）に「弘仁四年、義真法師、従二相模国一来二於叡嶺一寄在」（『伝教大師全集　巻一』六四〇頁）とあり、相模国の出身であったことがわかる。また二世座主の円澄も、『伝述一心戒文』（巻下）に、

大法師円澄功能、略録在二伝述一心戒文中一、彼功能事、在二彼此人一、法師為レ行二初戒一不犯堅持、武蔵之国道忠法師、菩薩戒寄二天台宗一、最初之時、城邑之中、在二於高座一、演二説宗義一、登二到叡嶺一、共二先之師一、写二一切経一、収二於経蔵一、従二先師後一、供二一切経一、　（『伝教大師全集　巻一』六三八頁）

とあり、武蔵国で道忠に従って一切経の書写に従事していたことがわかる。初期天台教団の主要僧が東国出身者であったことは特筆すべきことである。

最初に取り上げた南都僧は、都鄙間を往来し、寺院を建立することはあったが、弟子を養成して教団を組織することはしなかった。一方、道忠は「東国化主」、広智は「菩薩」と呼ばれている。そして最澄は、延暦十六年

図1　東国出身の最澄の弟子

（七九七）に東国の道忠と連携し、延暦二十五年（八〇六）に年分度者二人を確保したのちに広智から円仁・安恵を弟子として受け入れ、弘仁八年（八一七）には自ら上野国・下野国に出向いて布教活動を行い、広智と再会している。つまり、最澄と「東国化主」道忠が連携し、道忠の弟子の広智が最澄のもとに託した円仁・安恵らの東国出身僧によって天台教団が成立したのである（図1参照）。

第二節　南都・真言宗との競合関係

一　諸国講読師補任

諸国の「講師」は、各国の僧尼・寺院・仏事を統轄するために中央から赴任する地方僧官で、大宝二年（七〇二）二月に設置された「諸国国師」に端を発する（『続日本紀』同月丁巳〈二十日〉条）。延暦十四年（七九五）八月十三日太政官符で「講師」と改称し、また講師を輔佐する「読師」も設置され、延暦二十四年十二月二十五日官符で諸国講読師は任期を設けて交替する僧職と位置づけられた（『類聚三代格』巻三）[16]。

最澄は、弘仁九年（八一八）五月十三日の「天台法華宗年分学生式」（六条式）において、「凡国師・国用、依二官符旨一、差二任伝法及国講師一、其国講師一任之内、毎年安居法服施料、即便収二納当国官舎一、国司郡司相対検校、将レ用下国裏修レ池修レ溝耕レ荒理レ崩造レ橋造レ船殖レ樹殖レ苧蒔レ麻蒔レ草穿レ井引レ水利レ国利上人、講レ経修レ心、不レ用二農商一、然則道心之人、天下相続、君子之道、永代不レ断」（『伝教大師全集　巻一』一三頁）と、弟子が諸国講師として赴任した際は、安居の布施料を池溝橋船の整備や植樹などの社会事業に充てることを企画している。そして、天台僧が諸国講師に補任されることは、承和二年（八三五）十月十五日の太政官符「応レ令三天台宗伝二弘諸国一事」（『類聚三代格』巻三）において認可された。

しかし、それより先の天長二年（八二五）に徳円が下野国講師に補任されたことが、左記の園城寺文書（『園城寺文書』三六―一〇）から知られる。円珍が走り書きで書写したために原形が損なわれており、復元案を左記に記す（弁官位署書の復元は最小限に留める）。「安琳死闕替」の文言が示すように、徳円の下野国講師補任は特例というべきである。なお死亡した前任者の安琳は、『伝述一心戒文』（巻上）によると、光定が弘仁三年（八一二）に東大寺で受戒した際の戒壇院十師の一人である（『伝教大師全集　巻一』五三一頁）。

　太政官符　治部省
　　延暦寺伝灯住位僧徳円年卅九臈十二
右、左大臣（藤原冬嗣）宣偁、奉レ勅、宜三件僧特補二任下野国講師一、
伝灯大法師位安琳死闕替者、省宜二承知、依レ宣行一レ之、
符到奉行、
　右大弁伴国道　　　□□史安道嗣雄
　　天長二年九月十三日

この時期の東国布教について付言すれば、『慈覚大師伝』に円仁が天長五年（八二八）・六年に法隆寺・天王寺で安居講師をつとめた記事に続けて、「自後遥向二北土一、弘二暢妙典一、更帰二叡岳一」と記されている。[17]その「北土」は三千院本『慈覚大師伝』には「北狄」[18]と記されており、円仁が東北地方に出向いて布教したことが考えられる。

承和十一年（八四四）には天台僧の安恵が出羽国講師に補任されている。すなわち尊経閣文庫蔵『類聚国史』

抄出紙片[19]に、

　四月(貞観十年)三日丁卯、延暦寺座主内供奉十禅寺(師)伝灯大法師位安恵卒、(中略)承和十一年為㆓出羽国講師㆒出赴山(山赴)任、是時内(国脱カ)道俗、一学㆓法相宗㆒、不㆑知㆓天台円教㆒、安恵入境之後、為㆓法相宗上首㆒者数十人、咸改㆓旧執㆒、帰㆓依天台㆒、教化所㆑陶、于㆑今无㆑絶、

とあり、出羽国では法相宗の僧を天台宗に改宗させたと記されている。

天台僧が諸国講師をつとめた事例として、肥前国講師の澄愷が知られる。仁寿二年（八五二）十一月十五日の肥前国講師の澄愷（『平安遺文』四四六四号、『園城寺文書』一―二）に、次のように記されている。入唐のため筑紫に滞在していた円珍が、仁寿二年正月一日から帰朝までの間、文徳天皇のために沙弥二人を四王寺に居住させて『法華経』などの経典と真言を読ませることにしたので、その日料支給の申請を肥前国講師澄愷が勾当し、それを上京する筑前国権介紀愛宕麻呂に付して言上する、と。円珍は帰朝後、貞観元年（八五九）正月に比叡山に戻り、中堂以下の諸院と最澄以下の墳墓を拝しており、そのなかで、「西塔肥前前講(師脱)澄愷和上ノ院」に至ったと『行歴抄』に記している[20]。西塔は円澄の創建した比叡山内の区域であり、その名からも、澄愷は円澄の弟子であったとみられる。

そのほか、天台僧の諸国講師を示す史料として、円珍の『山王院蔵書目録[21]』がある。そこに登場する「丹後和尚（丹後和上）」「加賀昌遠」「増欽上野講師」らも講師と考えられる。

諸国講読師は、国分寺・国分尼寺および管内の僧尼・寺院を管轄する職であり、南都僧の既存権益と、それを侵食する天台・真言僧との対立関係を象徴するものとなった。元慶五年（八八一）九月十六日太政官符「応㆔天台真言両宗定㆑次擬㆓補諸国講読師㆒事」（『類聚三代格』巻三）で、天台宗・真言宗が講読師補任をめぐって対立して

おり、両者を交互に補任することが決まっている。『延喜式』（巻二十一・玄蕃寮46講読師条）では、僧綱と玄蕃寮がこれを簡定し、治部省を通して太政官に申上し、官符によって任命すると規定されているが、一方で49安祥寺条・51最初闕条・53延暦寺三綱条にはそれとは別に天台・真言両宗の僧が講読師に補任される昇進経路が規定されている。『西宮記』（臨時一・官奏）の「永祚元年（九八九）十二月廿八日、奏報、延暦寺申二諸国講師文三枚一」の記事も[22]それに関係するものであろう。また天禄三年（九七二）五月の『天台座主良源遺言』（『平安遺文』三〇五号）の「武蔵講師暦璆任料」、長保二年（一〇〇〇）十二月の『造東寺年終帳』（『平安遺文』四〇五号）の「三河講師中勝任料」の記事は、武蔵や三河の講師が売官の対象になり、その任料が延暦寺や東寺に納められたことを示している。

二　別院と定額寺

天台宗の地方展開は、別院の設置からも指摘できる。『続日本後紀』『日本文徳天皇実録』『日本三代実録』といった国史や、その他の史料から、九世紀における天台・真言の別院設置記事を検出すると、表2のようになる。これによると、指定件数やその年代範囲において、天台別院が真言別院よりも多い。地理的な広がりでは、天台別院が伊予・播磨から上野・陸奥に及び、どちらかといえば東国に展開しているのに対して、真言別院は丹波・山城・摂津・加賀・伊勢と範囲が狭い。天台・真言以外では、八坂寺別院の八坂東院、西寺別院の慈恩院は檀越氏族（菅野氏・滋野氏）の意向によるものである。また南都元興寺の禅院は、道昭が飛鳥寺の脇に禅院を建立した歴史を踏まえたものである。いずれも地方寺院を別院に組み込んだ天台宗・真言宗とは性格を異にしている。

しかし、伊勢国の多度神宮寺については、『続日本後紀』承和六年（八三九）正月己卯（二十六日）条に「以二伊

表2　天台・真言・南都寺院の別院

西暦	年月日（指定・初見）	別院名	所在地・寺院名	出典
八三六	承和3・3・26	真言別院	山城国願安寺	『続日本後紀』
八三七	承和4・2・27	八坂寺別院	山城国愛宕郡八坂東院	『続日本後紀』
八三九	承和6・正・26	天台別院	伊勢国多度大神宮寺	『続日本後紀』
八三九	承和6・3・29	真言別院	加賀国高雄山寺	『続日本後紀』
八四〇	承和7・7・5	天台別院	播磨国揖保郡大道寺、賀茂郡清妙寺・観音寺	『続日本後紀』
八四〇	承和7・9・8	天台別院	伊予国温泉郡定額寺	『続日本後紀』
八四四	承和11・4・30	西寺別院	山城国慈恩院	『続日本後紀』
八四九	嘉祥2・正・26	真言別院	伊勢国多度大神宮寺法雲寺	『続日本後紀』『平安遺文』一六六三号
八五〇	嘉祥3・4・29	天台別院	上野国聖隆寺	『日本文徳天皇実録』
八五五	斉衡2・9・28	海印寺別院	伊豆国大興寺	『日本文徳天皇実録』
八六〇	貞観2・9・20	真言別院	摂津国島下郡忍頂寺	『日本三代実録』
八六三	貞観5・6・3	真言別院	丹波国何鹿郡仏南寺	『日本三代実録』
八六三	貞観5	天台別院	摂津国島上郡悉檀寺	『日本三代実録』貞観16・12・25条
八六六	貞観8・10・11	天台別院	近江国園城寺	『平安遺文』四四九七号
八七七	元慶元・12・16	元興寺別院	大和国禅院	『日本三代実録』
八七八	元慶2・8・13	天台別院	加賀国石川郡止観寺	『日本三代実録』
八八一	元慶5・10・17	天台別院	信濃国伊那郡観音寺	『日本三代実録』
八八一	元慶5・11・9	天台別院	陸奥国安積郡弘隆寺	『日本三代実録』
八八二	元慶6・12・10	天台別院	近江国延祥寺	『日本三代実録』
八八二	元慶6	天台別院	近江国無動寺	『天台南山無動寺建立和尚伝』

勢国桑名郡多度大神宮寺」為二天台一院一」、同書承和七年十二月己酉（七日）条に「先レ是、伊勢国桑名郡多度神宮寺為二天台別院一、今停レ之」、嘉祥二年（八四九）正月辛巳（二十六日）条に「伝灯大法師位寿寵言、以二伊勢国多

度大神宮法雲寺一、為二真言別院一、即為レ護二国家一、兼奉レ飾二大神一者、依レ請許レ之」とある。つまり多度神宮寺は、承和六年に天台別院に指定され、同七年にそれが停止され、嘉祥二年に真言別院に指定し直されているのである。天台別院を停止したのが国家の政策であることや、『延喜式』（巻二十一・玄蕃寮24）に、多度神宮寺の僧一〇人の度縁・戒牒は国分寺僧に準じて国庫に勘納すると規定されていることからすると、国家の思惑とさらにそれを踏まえたうえでの真言宗の働きかけが存在したと考えられる。

一方、九世紀には畿内・畿外の約六五の寺院を定額寺に指定した記事が国史に登場しており[23]、そのうち、東国は二七箇寺が確認できる（表3）。ここでは出羽国・陸奥国に着目しよう。出羽国六寺・陸奥国二寺のうち出羽国では五箇寺が貞観年間に指定されている。これらは、東北地方が律令国家に服属し、地方豪族が建てた寺院が、僧尼在住、伽藍整備などの条件を備えていったことを示しているのであろう[24]。

このうち陸奥国信夫郡の菩提寺は、『類聚国史』（巻一八〇・仏道七・諸寺）天長七年（八三〇）十月己未（十九日）条に「山階《（興福寺）》寺僧智興造二建陸奥信夫郡寺一区一、名二菩提寺一、預二定額寺例一」とあり、興福寺僧智興が建立した寺院である。また陸奥国極楽寺については、『日本文徳天皇実録』天安元年（八五七）六月戊辰（三日）条に「在二陸奥国一極楽寺預二定額寺一、充二灯分并修理料稲千束、墾田十町一」とあり、同寺に灯分料・墾田が施入されており、地方の定額寺にはない厚遇を受けている。岩手県北上市の国見山廃寺がそれに当たると考えられ、また現存の極楽寺には青銅竜頭や青銅錫杖頭など平安時代の仏具が伝わっている。この極楽寺について、『台密血脈譜』（『師資相承』乾）にみえる増全（尊意の師）「極楽寺初座主」の記事から、増全を陸奥国極楽寺の初代座主と考える説がある[25]。しかし、その極楽寺は藤原基経が京都の深草に建てた同名の氏寺と考えるべきである。藤原忠平の日記『貞信公記抄』には極楽寺や尊意が頻出し、また『尊意贈僧正伝』に尊意の弟子禅喜が「極楽寺座主」として所

表3　東国の定額寺（東国は、尾張・美濃・越前以東を指す）

西暦	年月日（指定・初見）	所在地・寺院名	出典
八二八	天長5・10・3	美濃国菩提寺	『類聚国史』巻一八〇
八三〇	天長7・10・19	陸奥国信夫郡菩提寺	『類聚国史』巻一八〇
八三六	承和3	伊豆国定額寺	『日本三代実録』元慶8・4・21条
八三七	承和4	常陸国鹿島神宮寺	『類聚三代格』天安3・2・16官符
八四一	承和8・9・10	加賀国勝興寺（転国分寺）	『続日本後紀』
八四三	承和10・12・1	能登国大興寺	『続日本後紀』
八五五	斉衡2・9・28	伊豆国大興寺	『日本文徳天皇実録』
八五六	斉衡3・3・9	出羽国法隆寺	『日本文徳天皇実録』
八五七	天安元・6・3	陸奥国極楽寺	『日本文徳天皇実録』
八六〇	貞観2・正・27	越前国気比神宮寺	『日本三代実録』
八六三	貞観5・6・2	駿河国富士郡法照寺	『日本三代実録』
八六三	貞観5・8・1	遠江国頭陀寺	『日本三代実録』
八六四	貞観6・5・14	美濃国山県郡延算寺	『日本三代実録』
八六五	貞観7・5・8	出羽国観音寺	『日本三代実録』
八六六	貞観8・2・2	信濃国伊那郡寂光寺 筑摩郡錦織寺 更級郡安養寺 埴科郡屋代寺 佐久郡妙楽寺	『日本三代実録』
八六六	貞観8・9・8	出羽国瑜伽寺	『日本三代実録』
八六七	貞観9・10・13	出羽国長安寺	『日本三代実録』
八六七	貞観9・12・29	出羽国最上郡霊山寺	『日本三代実録』
八七〇	貞観12・12・8	出羽国山本郡安隆寺	『日本三代実録』
八七二	貞観14・3・28	尾張国海部郡清林寺	『日本三代実録』
八八四	元慶8・8・26	尾張国愛知郡願興寺	『日本三代実録』
八八五	仁和元・2・16	加賀国加賀郡弥勒寺	『日本三代実録』
八八七	仁和3・6・5	美濃国席田郡定額尼寺	『日本三代実録』

見するのである。承和十一年（八四四）に安恵が出羽国講師として赴任したことや、元慶五年（八八一）に陸奥国の弘隆寺が天台別院になったことは、天台宗の教線が東北地方に拡大したことを示している。しかし、天台宗の優位と即断してはならない。陸奥・出羽の仏教界においては南都系と天台が競合する状態であったとみるべきであろう。

天台・真言の寺院は、しばしば僧綱・講師の管轄から離れることを主張している[26]。地方寺院についても、定額寺は国司や講師の管理する寺院であり、それに対して天台別院は国司や講師の管轄外にある寺院という大枠を想定してよかろう。貞観五年（八六三）六月三日に真言別院になった丹波国仏南寺について、特に「付二国司一検校」と断っているのも、逆にそのことを示している。

伊豆国大興寺は、別院・定額寺の双方で興味深い存在である。『日本文徳天皇実録』斉衡二年（八五五）九月甲戌（二十八日）条に、「以二伊豆国大興寺一預二於定額一、為二海印寺別院一、大興寺者、孝子大部富賀満為二国家一所レ建也」とあり、伊豆国大興寺は、定額寺とともに海印寺別院に指定されている。海印寺（海印三昧寺）は山城国乙訓郡に所在し、嘉祥四年（八五一）三月二十二日官符（『類聚三代格』巻二）で別当と年分度者（華厳三昧を修練）のことが定められている。同寺を建立した道雄は、讃岐国の佐伯氏の出身で、慈勝や空海に従い、華厳・因明・真言を学び、律師から権少僧都に昇進し、仁寿元年（八五一）六月に卒去している（『日本文徳天皇実録』）。嘉祥四年の官符が引く道雄の上表には、公卿俗別当の設置、年分度者の十二年の参籠、座主の設置など、延暦寺の経営に類似した事項が登場している。道雄は円珍の伯父で、円珍の『行歴抄』によると嘉祥四年四月十五日に円珍が海印寺を訪ねている。このように南都・真言・天台と関係した道雄が経営した海印寺の特殊性を前提として、伊豆国大興寺を定額寺とともにその別院とする例外的な措置がなされたのである[27]。

三　地方救療施設

最澄が上野・下野に赴いたことを記す『叡山大師伝』には、

大師（最澄）東征之日、赴二信濃坂一、其坂数十里也、躡レ雲跨レ漢、排レ霧策レ錫（錫）、馬蹀喰レ風、人吟吐レ気、猶尚不レ能二一日行程一、唯宿二半山一、纔達二聚落一、大師見二此坂艱難往還無一レ宿、誓置二広済・広拯両院一、陟黜有レ便、公私無レ損、美濃境内、名二広済一、信濃境内、名二広拯一也、（『伝教大師全集　巻五』附録三二頁）

と、東山道の信濃坂が嶮岨であるとして、美濃国側に広済院、信濃国側に広拯院という宿泊施設を設置したことが記されている。

こうした宿泊・救済・医療施設が地方に設置されたり、その管理に僧侶が関わった例が、九世紀には幾つか知られる[28]（表4）。それらは大宰府の続命院を除けば、いずれも東国が対象地である。また発案者については、越後国の布施屋は国分尼寺の尼である。管理者をみると、大宰府の続命院が観世音寺講師、美濃尾張の布施屋が大安寺僧忠一と国講師、出羽国の済苦院は国分寺僧である。出羽国については、安恵が承和十一年（八四四）に講師となったことで国分寺僧に対する指揮権を握ったことになる。しかし、そうした社会施設の発案や管理は、天台宗の独占するものではなく、南都僧や国分寺・国分尼寺の僧も関与したことが判明した。

四　写経

『叡山大師伝』によると、最澄は「東国化主道忠禅師」に写経を依頼している。これを早い例として、九世紀には地方の僧や国司に写経の依頼・命令がなされている[29]。

空海の関係では、『高野雑筆集』（巻上）に、広智宛の書状が含まれている。密教経典を「下野広智禅師」のもとに送るので、書写して広めてほしいと依頼した内容である。また同書には、空海から徳一に宛てた書状も含まれている。それは弘仁六年（八一五）ごろのものとみられ、「陸州徳一菩薩」のもとに弟子の康守を遣わして密教経典を送るという内容である。さらに『高野大師御広伝』に、天長元年（八二四）九月十二日の治部省宛の太政官符「応レ改二写年料経一事副二新翻経目録一」が記録されており、「右、右大臣《（藤原冬嗣）》宣偁、奉レ勅、図書寮奉レ写二年料経一、令レ停二仁王経一、就二少僧都空海一、奉レ写二新翻経各一本一者[30]」とあり、図書寮に対して旧訳『仁王経』の書写を停止し、空海請来の不空訳『仁王護国般若経』に換えるよう命じたことが知られる。そして翌二年閏七月十九日に宮中・

表4　地方救療施設

西暦	年	所在地・施設名	発案者（管理者）	機能	出典
八一七	弘仁8	美濃国・広済院 信濃国・広拯院	最澄	宿泊施設	『叡山大師伝』
八二一	弘仁12	越後国・布施屋	国分尼寺尼法光 （越後国司か）	往還の便	『袖中抄』巻十九
八二七	天長4以前	大宰府・続命院	大宰大弐小野岑守 （大宰府監典・観世音寺講師）	往還の宿泊・療養	『続日本後紀』承和2・12・3条
八三三	天長10	武蔵国・悲田処	武蔵介当宗家主ら （武蔵国司）	往還の宿泊・療養	『続日本後紀』天長10・5・11条
八三五	承和2	美濃尾張国境界 布施屋	（預大安寺僧伝灯住位僧忠一） （国司・講師）	運脚夫の宿泊	『類聚三代格』承和2・5・29官符
八三七	承和4	出羽国・済苦院	出羽守小野宗成 （国司・国分寺僧）	往還の宿泊・療養	『続日本後紀』承和4・6・6条
八四四	承和11	相模国・救急院 （布施屋を含む）	相模介橘永範 （国司）	貧窮者の収容	『類聚三代格』承和15・3・21官符

左右京・五畿内・七道諸国で『仁王護国般若経』が講説され、空海が東宮講師をつとめたと『日本紀略』が伝えており、一代一度の仁王会が淳和天皇の天長二年に創始されたのである。最澄は鑑真が請来した経典を梵釈寺で披覧しており、鑑真の弟子の道忠にそれに関係する仏典を書写させた。また空海が唐から請来した仏典は、天長年間になって、各地で書写されるようになった。弘仁年間には南都の反対もあって、それを広めることができず、広智や徳一という僧侶個人に書写を依頼していたのである。[31]

その後、『続日本後紀』承和元年（八三四）五月乙丑（十五日）条に、

勅、令下相模・上総・下総・常陸・上野・下野等国司、勠レ力写二取一切経一部一、来年九月以前奉進上、其経本在二上野国緑野郡緑野寺一、

同書承和二年（八三五）正月庚申（十四日）条に、

去年有レ勅、令二相模・上総・下総・常陸・上野・下野等国、奉レ写二一切経一、今亦貞元并梵釈寺目録所レ載経律論疏章紀伝集抄、毎レ国均分、令レ加二写之一、

同書承和六年（八三九）三月乙酉（四日）条に、

勅、令下相模・武蔵・上総・下総・常陸・上野・下野七国、相二分巻数一、写中進一切経一部上、其経修飾、通為二同色一云々、

と記されている。つまり承和元年五月に、相模・上総・下総・常陸・上野・下野等の国司に命じて、一切経一部を書写し、翌年九月以前に進上させることとし、その底本は上野国緑野郡の緑野寺にあるという。また承和二年正月に、上記の命令に加えて『貞元釈教録』『梵釈寺目録』に載る仏典を国ごとに均分して書写することが命じられている。さらに承和六年三月に、相模・武蔵・上総・下総・常陸・上野・下野の七国に一切経を書写する勅

が下ったのである。承和十四年閏三月に武蔵国分寺中院僧最安と、経生沙弥の澄照が『大菩薩蔵経』巻十三を書写しているのも（『平安遺文　題跋編』三七号）、その一連の政策を受けたものであろう。

承和元年の命令に上野国緑野寺の一切経を底本とするとあるので、道忠門下の広智などが、写経活動を主導したと考えられる。その一方で、『安祥寺伽藍縁起資財帳』（『平安遺文』一六四号）に、

忽然有㆑勅、検㆔校写㆓一切経於坂東㆒、歴㆓四年㆒強功畢、天長十年、奉㆑勅、被㆑拝㆓鎮西府観音寺講師兼筑前国講師㆒、以為㆓九国二島之僧統㆒、特勾㆘当写㆓大蔵経㆒之事㆖、恵運固辞不㆑許、強赴㆓任所㆒、

とあり、恵運が天長十年（八三三）以前に坂東で、同年以降に西海道で、それぞれ一切経（大蔵経）の書写を監督したと記されている。

また『日本三代実録』貞観十七年（八七五）三月二十八日条に、

勅遣㆖㆓伝灯大法師位安宗於大宰弥勒寺㆒、安㆗置一切経三千四百三十二巻、大乗経二千二百十四巻、大乗律五十巻、小乗律五百四十巻、録外経百六十七巻㆖、先㆑是、故太政大臣藤原朝臣（良房）欲㆑令㆘今上垂拱而馭㆓百霊㆒、無為而安㆗万民㆖、奉㆓為八幡大菩薩㆒、於㆓豊前国㆒写㆓一切経㆒、令㆘故伝灯大法師位行教検㆗校其事㆖、繕写功成、始有㆓首尾㆒、今遣㆓安宗㆒、与㆓府司㆒相共供養安置焉、

と、石清水八幡宮の安宗が宇佐弥勒寺において、八幡大菩薩のために一切経を書写している。

こうした九世紀の一切経書写事業は、鑑真や空海が請来した仏典が、国内で重視されるようになったことを示している。また『入唐求法巡礼行記』開成五年（八四〇）七月三日条、『類聚国史』天長二年（八二五）十二月辛丑条、三年二月壬戌（二十五日）条によると、長安や五台山で活動した留学僧の霊仙が渤海僧貞素に託して一万粒の舎利、新経両部、造勅五通を日本に送っている。さらに『類聚国史』（巻五・八幡大神）や『日本紀略』天長

六年（八二九）五月丁酉（十九日）条に「令㆔僧十口転㆓読一切経八幡大菩薩宮寺㆒」とあり、神前読経がなされるようになったことも、一切経書写と不可分の関係にあったと考えられる。

五　下野国薬師寺

『類聚三代格』（巻三）に次の太政官符が収録されている。

太政官符

応㆑置㆓下野国薬師寺講師㆒事

右、得㆓彼国解㆒偁、検㆓案内㆒、件寺天武天皇所㆓建立㆒也、坂東十国得度者咸萃㆓此寺㆒受戒、今尋㆓建立之由㆒、与㆓大宰観音寺㆒一揆也、而只有㆓別当㆒、無㆓講読師㆒、令㆔国講読師勾㆓当雑事㆒、求㆓諸故実㆒未㆑覩㆓所由㆒、望請、准㆓彼観音寺㆒、簡㆓択戒壇十師之中智行具足為㆑衆所㆑推者㆒充㆓任件職㆒、便為㆓授戒之阿闍梨㆒、謹請㆓官裁㆒者、右大臣（藤原良房）宣、奉㆑勅、講師依㆑請任㆑之、其秩限并布施供養、准㆓国講師㆒用㆓寺家物㆒、但読師臨㆑事次第充㆓用彼寺僧中智行兼備者㆒、別当職早従㆓停止㆒、

嘉祥元年十一月三日

すなわち、下野国司の解状によると、下野国薬師寺は天武朝の創建で、大宰府観世音寺と同様に戒壇院を備え、坂東一〇国の度者に授戒させる立場にある。しかし、別当は設置されているが講読師がおらず、国講読師が雑事を勾当している。観世音寺に準じて東大寺戒壇院の十師からその職（講読師）を選任してほしいという。これによって下野国薬師寺は嘉祥元年（八四八）十一月三日に講師の設置と、別当の廃止が決まったのである。

下野国薬師寺は、大宰府観世音寺とともに授戒執行の場でありながら、東大寺戒壇院から選任される講読師が

いる観世音寺とは異なり、薬師寺別当が下野国講師の指揮を受けて寺院を経営していた。一方、諸国講師は、延暦十四年（七九五）に国師が講師と改称されてから経典の講説だけに専念し、そのため国分寺の堂宇が頽壊してしまった。そこで弘仁三年（八一二）三月二十日の太政官符で諸国講師が国分二寺を検校することになっている（『類聚三代格』巻三）。要するに、弘仁三年から諸国講読師が国分寺・国分尼寺や管内寺院の伽藍維持が職務と位置づけられ、下野国薬師寺も講読師の監督対象と位置づけられたのである。

先にみたように、天長二年（八二五）に徳円が下野国講師として赴任し、承和二年（八三五）に天台僧の諸国講師への補任が認可された。そして同十四年に出羽国講師を終えた安恵が下野薬師寺僧で法相宗の智公と論争している。安恵が記した『慇諭弁惑章』には、

右一箇比量、下野州薬師寺別当僧法相宗智公、承和十四年四月十三日、於二国分塔会一、所レ立也、会庭卒爾不レ能レ尋レ失、今追尋二其所立三支一、多有二所犯一、仍以為二似比量一也、天台宗沙門伝灯法師位安恵、於二下野大慈寺菩提院遊行之次一、聊以鈔記畢、伏庶幾、同レ我後哲、幸莫二嗤咲一矣、承和十四年四月十五日

（『伝教大師全集　巻三』四四四頁）

とあり、下野国薬師寺別当で法相宗の智公が承和十四年に記した比量に対して、安恵が大慈寺菩提院に赴くなかで批判したと記されている。安恵は出羽国講師を終えたのちに下野国で法相宗の僧と論争したのである。嘉祥元年（八四八）に下野国薬師寺が講読師の設置（東大寺戒壇院の僧から選任）を申請したのは、そうした天台僧の進出に対する南都僧の対抗策にほかならない。

なお戒壇院での授戒についていえば、『朝野群載』（巻十六・仏事上）に載る天暦九年（九五五）十月八日の淡路国衙牒、天徳二年（九五八）八月十三日の安芸国衙牒が、国分寺僧欠員補充のために得度させた沙弥を登壇受戒

させたいと延暦寺戒壇院に申請している。国分寺僧になる沙弥は東大寺戒壇院で受戒するのが本来のありかたであるが、ここでは延暦寺戒壇院がその機能を侵食しているのである。延暦寺戒壇院での受戒者数については、『尊意贈僧正伝』に尊意が天台座主の一五年（延長四～天慶三年（九二六～四〇））のうちに三一二五人に授戒したとあり、また『春記』長暦二年（一〇三八）十二月七日条に「万余人沙弥」が遠近から上道したが授戒が停止されたため帰散したと記されている。

六　四天王法と五壇法

『延喜式』（巻二十六・主税寮上5）に、

出羽国正税廿五万束、公廨四十万束、（中略）五大尊常灯節（仏）供料五千三百束、四天王修法僧供養并法服料二千六百八十束、

とあり、出羽国において「五大尊」の常灯料、「四天王修法」の供養・法服料が、正税から支出されていたことがわかる。

このうち四天王法（四天王修法）は、宝亀五年（七七四）三月三日太政官符「応レ奉レ造二四天王寺埝像四軀一事」（『類聚三代格』巻二）に基づき新羅調伏のために大宰府に四天王像を安置し、浄行僧四人がその前で昼は『金光明最勝王経』を読み、夜は神呪を誦すよう命じたことに起因する。その四天王法は出羽国でも行われ、『類聚国史』（巻一七一・災異五・地震）天長七年（八三〇）正月癸卯（二十八日）条に、「出羽国駅伝奏云、（中略）今月三日酉時牒偁、今日辰刻大地震動、響如二雷霆一、登時城墎（廓）官舎并四天王寺丈六仏像、四王堂舎等、皆悉顛倒」とあり、地震で四天王寺・四天王堂が倒壊している。また、貞観九年（八六七）五月二十六日には、伯耆・出雲・石見・隠

岐・長門といった新羅に面した日本海側の国に対しても四天王法の勤修命令が出されている（『日本三代実録』）。秋田市の秋田城跡に近接して古四王神社が現存しており、そこに伝来した「四王寺印」が京都国立博物館に保存されている(32)。

一方の五大尊は、不動・降三世・軍荼利・大威徳・金剛夜叉の五大明王のことで、京都の東寺には創建時からの五大明王が安置され、また比叡山無動寺の相応が延喜十年（九一〇）に五大尊を造立・安置したと『天台南山無動寺建立和尚伝』に記されている。東国の寺院に安置された事例は、上記の『延喜式』出羽国の記事が最初である。その後、『中禅寺私記』に「安二置不動・降三世・軍荼（茶）利・大威徳・金剛夜叉等尊像一（中略）于レ時保延第七年夷則初三日、吏部侍郎藤原敦光(33)」とあり、下野国の日光山中禅寺において保延七年（一一四一）に五大明王が安置されている。

また五大明王を本尊にした密教修法の五壇法が、平将門の鎮圧を目的に天慶三年（九四〇）に比叡山で行われたことが、『貞信公記抄』同年正月三日条、『日本紀略』同年八月二十九日条から知られる。牛山佳幸は、東国に残る軍荼利明王像や五大堂に関する記録を収集・分析するなかで、『延喜式』に載る出羽国の「五大尊常灯節供料」の記事については、「北辺で五大明王の修法が行なわれていたことを示唆するもので、その目的が蝦夷対策にあったことは容易に察せられよう」とし、安恵の出羽国講師としての赴任など、天台宗の教線が及んだことを指摘している(34)。

以上のように、出羽国における四天王法は、南都僧によって主導された仏事である。それに対して五大明王の安置（五壇法の勤修）は、天台宗の教線拡大と連動して始まったと考えられる。

四天王法に関連して、大宰府の四王寺の動向に触れておく。延長八年（九三〇）八月十五日の東寺宛太政官牒

「応㆑択㆓補大宰府四王寺四僧㆒事」（『政事要略』巻五十六・交替雑事・諸寺雑事）において、四王寺で宝亀五年（七七四）から浄行僧四口を置いて『最勝王経』を読ませてきたが、近年ではその法師が必ずしも精進の者ではなく、「府司因縁之者」や「部内淫濫之徒」が施供を貪り競望しており、そこで「真言・天台両宗之中」から適任者を選んで補任し、国講師に準じて任期六年で交替させることが決まっている。そして『醍醐雑事記』（巻九）「一、四王寺所出日記事」に、「経忠（藤原）中納言大弐時者（大治二年＝一一二七）、大僧正（行尊）御房知㆓食四王寺㆒」「憲俊（源）中将大弐時者（天承元年＝一一三一）、大僧都（寛信）御房知㆓食之㆒」「修範中将大弐時者、侍従律師知㆓食之㆒」[35]と記されている。大治二年（一一二七）の大僧正は行尊（天台宗寺門派）、天承元年（一一三一）の大僧都は寛信（真言宗）であり、天台・真言両宗が交互に四王寺を管理しているようにもみえる。しかし四王寺は十二世紀には真言宗の東寺・醍醐寺の末寺になっている。すなわち、康和二年（一一〇〇）十一月二十日の東寺牒が大宰府に宛てて覚寿（真言宗東大寺）の四王寺四禅師重任を伝えている[36]。また久安二年（一一四六）には隆範・遍厳が東寺に任料を納めて四王寺の四禅師に補任されることを申請し、法務寛信（東寺長者）がそれを承認している（『平安遺文』二五七二・二五七四・二五七九号）。さらに先の『醍醐雑事記』（一、四王寺所出日記事）の応保元年（一一六一）十月二十三日の注進状は、季供米二九石六斗、常供米四〇石三斗などの財務報告であり、それが醍醐寺に届けられているのである。

第三節　『僧妙達蘇生注記』からみた東国の仏教

一　書誌と登場人物

『僧妙達蘇生注記』は、出羽国竜華寺の僧妙達が、炎魔王（閻魔王）の案内で冥界を見聞し、蘇生するという説話集である。四八の段落からなり、それに近い数の人物が登場する。『続々群書類従　第十六　雑部』『大日本史料　第一編之九』に収録されており、底本は不明（上記の刊本は黒川氏蔵影写本による。現所蔵者不明）で、天治二年（一一二五）の書写奥書を持つ[37]。なお、本文を本章の付録として掲載する（八一～八四頁）。

異本には以下のものが知られる。第一に、『弥勒如来感応抄』（第四）に「妙達和尚入定蘇生記云」として収録されており、妙達を含めた五人の伝記を伝える。『弥勒如来感応抄』は、東大寺の宗性が文暦二年（一二三五）に編集したものである。そこでは天暦九年（九五五）の出来事として、「出羽国海辺五箇郡内越後国境田河郡南山竜華寺」の妙達の蘇生を取り上げている（出羽国田川郡は現在の山形県鶴岡市）。第二に、『大日本国法華経験記』（上巻八）の「出羽国竜華寺妙達和尚」の記事である。そこでは「沙門妙達、出羽国田川郡布山竜華寺住僧也」として、冥土の様子を蘇生して語ったという。また「壬生良門」（下巻一一二）も『僧妙達蘇生注記』の話を膨らませた内容である。『大日本国法華経験記』は延暦寺僧鎮源の編になり、序文に長久年間（一〇四〇～四四）の撰と記されている。第三に、東寺観智院本『三宝絵』中巻の末尾に記された「妙達和尚ノ入定シテヨミガヘリタル伝云」で、四一伝があり、『僧妙達蘇生注記』に登場しない人物もみられる。『三宝絵』（『三宝絵詞』）は源為憲が永観二年（九八四）に記した仏教説話集であるが、この四一伝はそれとは無関係の記事である。「妙達和尚ノ入定シテヨミガヘリタル記云」では、冥土の様子をみて蘇生した年代を天暦五年（九五一）のこととしている。

以上から、『僧妙達蘇生注記』の成立は、『大日本国法華経験記』（長久年間＝一〇四〇～四四）より先か、あるいは書写年次の天治二年（一一二五）ごろまで増補が続いたか、いずれかと考えられる。

『僧妙達蘇生注記』の記事は、四グループに大別できる。第一に、妙達と炎魔王とのやりとりの記事（⓪、⑭、

㊲〜㊴、㊼）。第二に、俗人二一人（①〜⑬、⑮〜⑱、㊵、㊹〜㊻）。第三に、僧侶八人（⑭、⑲〜㉓、㊶・㊷）。第四に、天台座主（増命・尊意）や藤原忠平への批判や、平将門への共感を示す記事（㉓〜㉗）である。

話の舞台や登場人物の出身地は大半が東国で、例外は筑前・伊勢・河内である。登場頻度に従って示すと次の通りである。上野七（④⑥⑫㉟㊱㊵㊶）、越後六（⓪⑦㉒㊸㊸㊸）、下野五（①⑳㉙㉚㉛）、出羽四（⑤⑭㉓㊸）、下総四（⑨㉖㉘㉞）、常陸三（⑮⑯⑰）、武蔵三（⑱㉜㊸）、信濃三（②㉑㊷）、陸奥二（③⑲）、越前二（⑩㊹）、甲斐二（⑬㊸）、筑前一（①）、遠江一（⑧）、伊勢一（⑪）、河内一（㉝）、近江一（㊸）、美濃一（㊸）、上総一（㊺）、相模一（㊻）。

二　作善・悪事と寺院

『僧妙達蘇生注記』に登場する俗人で肩書きが判明するのは、筑前介紀忠宗（①）、陸奥国大目壬生良門（③）、上野大掾三村正則（④）、上野介藤原惟永（⑥）、上野介藤原興連（⑫）、甲斐国大掾永原興藤（⑬）などの国司、越後国蒲原郡司守部有茂（⑦）という郡司である。上野介は中央から赴任した貴族であるが、大掾や目は在庁官人であろう。郡司は地方豪族であり、また肩書きの記されていない人物も、同じような地方豪族であったとみられる。

俗人による作善行為としては、僧への供養（食を提供）、写経、造寺、造仏などであり、写経では『大般若経』『法華経』が多い。造寺については、堂舎の規模（三丈〜六丈の御堂や三重塔など）が記されているが、寺院名は登場しない（表5）。造仏については、阿弥陀如来（無量寿如来）・弥勒菩薩・薬師如来が知られる。悪事は、他人の物を犯用（⑫）、写経中に飲酒（⑰㊵）、不浄人の食を師僧に供する（⑰）などが挙がっている。作善行為の結果として、インド・中国などの異国の王に生まれることが多い。具体的には、舎衛国・十六大国・円羅国・大国・憍薩国・大唐国・波羅奈国である（②〜⑧⑩⑪⑬⑮⑯⑱）。また忉利天に生まれた例もみえる（㊺）。

『僧妙達蘇生注記』に登場する僧侶の多くは、寺院の住僧である。そのなかには天台別院が四件確認できる（①㉓㉘㉙）。また座主・別当の肩書きを持つ僧も知られる。僧侶の作善行為は、『法華経』『大般若経』の読経、五穀断である。悪事は、仏物の犯用、不浄飲食、呪詛、同法（同輩）に恥をかかす、妻帯、肉食、娶女人、仏法僧を誹謗、他人の食を貪り取るといった行為である。善行の結果として、兜率天（あるいは「都率内院」、⑭㉘㉜㉝㊷㊸㊼）や忉利天（⑲）に生まれることが挙がっている。兜率天は弥勒菩薩の住むところであり、忉利天は須弥山頂上の帝釈天のことで、釈迦の母・摩耶夫人が死後に再生したという場所である。一方で悪行の結末としては、大蛇への転生が多く（㉑㉒㉙㉚㉞㉟）、毛斑牛に転生した僧もいる（㉛）。

表6の寺院のうち信濃国水内郡の善光寺（㉑）は、『扶桑略記』欽明天皇十三年（五五二）十月十三日条に、「善光寺縁起」を引用して同寺の由来が記されている。しかし史料の成立年代からすると、この『僧妙達蘇生注記』が善光寺のことを記す最初の文献である[38]。

表5　『僧妙達蘇生注記』にみえる俗人の造寺・造仏（番号は本章付録を参照）

番号	所在地	人物	造寺・造仏
⑤	出羽国田川郡	大荒木景見	五丈御堂、無量寿如来・左右菩薩
⑦	越後国蒲原郡	守部有茂	三重塔
⑨	下総国	伴今国	三丈五尺御堂、無量寿如来・左右菩薩
⑩	越前国	生江豊門	堂塔数宇
⑮	常陸国新治郡	藤原元景	六丈御堂、菩薩等
⑯	常陸国	伴常連	五丈御塔一宇、三尺弥勒仏・左右菩薩像
⑰	常陸国那珂郡	大中臣佐真	二丈五尺御堂、薬師・左右菩薩像
⑱	武蔵国	車持貞吉	薬師仏
⑳	下野国	定祐師	寺塔
㊻	相模国	三村弟子	六丈御堂一宇、仏菩薩

下野国大光寺（㉚）は、寛喜二年（一二三〇）二月二十日の小山朝政譲状に「国府郡内」の大光寺（『鎌倉遺文』三九六〇号）がみえ、現行地名として栃木市大光寺町が存在する。

河内国深貴寺（㉝）の明蓮は、信貴山の命蓮

表6『僧妙達蘇生注記』にみえる寺院とその住僧

番号	所在地	寺院名	住僧
⑭	出羽国川野（田川カ）郡南山	竹沢寺	規真
⑲	陸奥国行方郡	（寺名欠）	座主真義
㉑	信濃国水内郡	善光寺	真連
㉒	越後国	岡前寺	別当真蓮
㉓	出羽国山本郡	天台別院	別当持法
㉘	下総国	天台別院	（僧名欠）
㉙	下野国	天台別院	座主台南
㉚	下野国	大光寺	一如
㉛	下野国	菩提寺	教理
㉝	河内国	深貴寺	明蓮
㉟	上野国群馬郡	石殿	座主禅惟
㊱	上野国	妙見寺	（僧名欠）
㊷	信濃国	清水寺	利有

を指しているようである。『扶桑略記』延長八年（九三〇）八月十九日条に、修験の聞こえのある「河内国志貴山寺住沙弥命蓮」を御前に召して加持させた記事があり、承平七年（九三七）の『信貴山寺毘沙門堂内目録資財宝物帳』[39]には寛平年間（八八九～八九八）に同山に入ったと記されている。『今昔物語集』（十一巻三十六）に常陸国から信貴山に移住した「明練」として登場している。また『宇治拾遺物語』（巻八・信濃国の聖の事）に、信濃国の法師が飛ばした鉢が河内国の聖の坊の傍に落ちたことや、河内国信貴で修行した聖が醍醐天皇を加持したことがみえる。[40]

上野国の妙見寺（㊱）については、『続日本紀』宝亀八年（七七七）八月癸巳（十五日）条や『新抄格勅符抄』に上野国群馬郡の五〇戸を含む妙見寺の封戸がみえるが、この妙見寺は畿内の寺院である。『源平闘諍録』（十四世紀ごろ成立）に平将門を守った妙見菩薩が「上野の花園と云ふ寺」から来臨した話があり、『千学集抜粋』（十六世紀成立）ではそれを「群馬ノ郡府中花園郡七星山息災寺」と記している。[41]これら千葉氏の妙見信仰を示す説話は、『僧妙達蘇生注記』の該当記事を踏まえて成立したのかもしれない。

信濃国の清水寺（㊷）は、長野市若穂保科の清水寺がこれに当たると考えられている。[42]

三　増命・尊意・藤原忠平・平将門

『僧妙達蘇生注記』には、天台別院の僧を端緒として、天台座主や比叡山、藤原忠平・平将門の話が一群をなしている（㉓〜㉙、㊲〜㊴、㊸）。

第一に、天台座主増命に関する話である。出羽国山本郡の天台別院の別当は、増命の弟子で増命によってその職に就けられた（㉓）。天台座主の増命は、比叡山戒壇院において受戒者を悩乱させた（㉔）。天台座主増命は、世間無常の理を観じた僧で、炎魔王に招かれ六万会を行った。七僧には講師に近江国の平意、呪願に信濃国の恵基、読師は甲斐国の貞寂、三礼は美濃国の安日、唄は越後国の勢仁、散花は武蔵国の无念、堂達は出羽国の吉仙、証師は越後国の今疑・観暁であるという（㊸）。『天台座主記』によると、増命の座主在任期間は延喜六年から二十二年（九〇六〜二二）で、延長五年（九二七）に入滅している。

第二に、太政大臣藤原忠平に関する話で、除目において不公平な人事を行ったため、転生して九頭の竜になったという（㉕）。

第三に、平将門と天台座主尊意の話である。意訳すると次のようになる。[43] 下総国に住む平将門は、一府の政治を禁断した（国司や朝廷の政治を停止させた）城東の悪人の王である。その禁断の因縁（理由）は、日本州の悪王を召し使おうとしたのである。これは将門が前世において治領する天王の者であったからである。天台座主の尊意は、国王の師で、その詔命で悪法を修して平将門を祈り殺した。その報いを受けて、現在も将門と尊意は一日に一〇度合戦をしている（㉖㉗）。なお『天台座主記』によると、尊意は延長四年（九二六）に天台座主に就任し、天慶三年（九四〇）二月に将門調伏の祈祷のなかで入滅している。

第四に、比叡山の話である。妙達と炎魔王とのやりとりの場面で、「天台山出火、仏殿僧房焼輩」と比叡山の火災が描写されている[37]。また、「天台山并京化他師之受レ苦所々令レ見給」と、比叡山や京都で布教している僧侶（「化他師」[44]）が苦しみを受けている場面をみたという話があり[38]、それに続く法座で飲酒した者が地獄に堕ちて苦しんでいるという話[39]も、一連のものと考えられる。

四　弥勒信仰と冥界思想

『僧妙達蘇生注記』の特質として、「竜華」「兜率天」（「都率天」「都卒天」）といった弥勒菩薩に関係する語の頻出が指摘できる（表7）。すなわち妙達の所属した出羽国竜華寺の「竜華」や、善行の僧が転生した「都卒」「兜率天」「都率天」である。

弥勒は、釈迦入滅から五六億七千万年後に登場して説法する「未来仏」で、それまでは菩薩として「兜率天」で修行しており、人間世界に出現した際は、「竜華樹」の下で悟りを開き、三度（三会）説法して衆生を救済するといわれる。そして弥勒の兜率天に生まれようと願う弥勒上生信仰と、弥勒が来臨して説法するのを聴聞したいと願う弥勒下生信仰とがあった。『僧妙達蘇生注記』にみえる弥勒信仰は、弥勒上生信仰である。日本では『日本書紀』敏達天皇十三年（五八四）から弥勒の名が知られ、奈良時代の石川年足の写経、興福寺の弥勒菩薩像、平安初期の『日本霊異記』、鎌倉時代の東大寺僧・宗性による『弥勒如来感応抄』の編集など、南都仏教の弥勒信仰が知られる。また空海の『三教指帰』『性霊集』にも弥勒の兜率天に昇るという文章がみえ、最澄の弟子の光定が記した『伝述一心戒文』にも、悟りの境地を「竜華」という言葉で表現した箇所が知られる。弥勒信仰は宗派を問わず広く受け入れられていたのである[45]。

以上の考察から次の五点が指摘できる。（一）『僧妙達蘇生注記』に登場する俗人の大多数は、東国で生まれ育った有力者であり、都から下向した貴族は少数派である。編者の視線は、東国の人々に向けられている。（二）俗人については作善行為が、僧侶については悪行が多く記載されている。俗人には好意的で僧侶には厳しいという性格が窺える。（三）出羽国・下総国・下野国の天台別院が登場し、また天台座主の増命や尊意の話もみられる。（四）天台座主や比叡山、太政大臣藤原忠平に対して、厳しい姿勢を示している。平将門は城東の悪人の王であったが、その将門を祈り殺した天台座主尊意を批判的に捉えているのも特徴的である。（五）弥勒信仰を示す「竜華」「兜率天」が、作善行為の良い報いとして登場している。弥勒は阿弥陀信仰が盛んになる平安中期以前は、日本で広く受容されており、『僧妙達蘇生注記』が天台・真言・南都のいずれの立場で書かれたかを判定する素材とはならない。

表7　『僧妙達蘇生注記』に登場する弥勒関係の記事

番号	記事	記事の内容
⓪	竜華寺・都率天	妙達の常住寺院、転生の場所
⑭	都卒内院	出羽国竹沢寺の僧・規真の転生の場所
⑯	弥勒仏	常陸国の伴常連の造仏
㉘	兜率天	下総国天台別院の僧の転生の場所
㉜	都率天内院	武蔵国の僧・証賀の転生の場所
㉝	兜率天内院	河内国深貴寺の僧・明蓮の転生の場所
㊷	都率内院	信濃国清水寺の僧・利有の転生の場所
㊸	都率天内院	天台座主増命の転生の場所
㊼	都率天内院	妙達の転生の場所

（『弥勒如来感応抄』第四には、常陸国天台別院座主の僧照の兜率内院への転生がみえる）

このうち（三）からは、天台宗の僧侶が、各地に設置された別院のネットワークを利用して、収集した情報をもとに『僧妙達蘇生注記』を編集したとも考えられる。しかし、（二）（四）（五）からすると、天台宗の東国展開を是認する立場よりも、教線が拡大した天台宗に対する批判や、平将門への共感が、同書の底流をなしている。『僧妙達蘇生注記』は、天台宗の立場を是認するよりも、むしろ批判する立場から書かれたものである。九・十世紀における天台教団の東国への展開は顕著であるが、南

都・真言との競合・共存、天台宗への批判的な説話集の存在を見逃してはならないのである。(46)

第四節　宇佐八幡宮弥勒寺・竈門山寺からみた西海道の仏教

一　最澄の筑前・豊前歴訪

最澄は東国伝道よりも前に、筑前・豊前に出向いている。『叡山大師伝』（『伝教大師全集　巻五』附録二八頁）に、

五年《（弘仁）》春為㆑遂㆓渡海願㆒、向㆓筑紫国㆒修㆓諸功徳㆒、敬造㆓檀像千手菩薩一軀、高五尺、大般若経二部一千二百巻、妙法蓮華経一千部八千巻㆒、又奉㆓為八幡大神《（宇佐）》㆒、於㆓神宮寺㆒、自講㆓法華経㆒、乃開講竟、大神託宣、（中略）又於㆓賀春神宮寺㆒、和上《（最澄）》自講㆓法華経㆒、謝㆓報神恩㆒、是時豊前国田河郡司、并村邑刀禰等、録㆓瑞霊状㆒、奉㆓上大師㆒、

と、最澄が弘仁五年（八一四）に九州に赴き、筑前国で千手観音像を造り『大般若経』『法華経』を書写し、また豊前国の宇佐八幡宮神宮寺において『法華経』を講説し、賀春神宮寺でも『法華経』を講じたと記されている。

また『叡山大師伝』（『伝教大師全集　巻五』附録四五頁）には最澄没後のこととして、

大師《（最澄）》本願写㆓六千部法華経㆒、造㆓一六基之多宝塔㆒、塔別安㆓置一千部経㆒、毎日長講、福㆓利国家㆒也、且修㆓営三千部三基塔㆒已畢、猶未㆑修㆓造中国二千部二基塔、西国一千部一基塔㆒、但中国之分、叡岳東西両塔是也、大師自創未㆑成遷化、諸弟子等見㆑材増㆑悲尽㆑力営作、春三月弘仁《（嵯峨）》聖皇帝聞㆓功徳之大事㆒、傷㆓先師之本願㆒、勅施㆓造塔料穀四万勝㆒、

と記している。つまり六〇〇〇部の『法華経』を納める多宝塔六基を造ろうとした最澄の遺志に対して、嵯峨天皇が造塔料を施入したというものである。

これら『叡山大師伝』の記事とともに、比叡山と日本の東西に合計六所の宝塔を建てるという計画を最澄が抱いていたことを示す史料がある。その一つは、以下に示す園城寺文書「弘仁九年比叡山寺僧院等之記」（『園城寺文書』六三）である。最澄が自ら記した文書の可能性もあるが、円珍が天台宗の歴史を説明する意図から、伝聞をもとに成文化したものとみるべきであろう。(47)

比叡山寺
法(結)界地東限比叡社并天之埵　南限登美渓
西限大比叡北峯小比叡南峯　北限三津渓横川谷
天台法華院□(総)摂□(六)大宝塔院
安レ東、上野宝塔院在二上野国緑野郡一
安レ南、豊前宝塔院在二豊前国宇佐郡一
安レ西、筑前宝塔院在二筑前国一
安レ□(北)、下野宝塔院在二下野国都賀郡一
安レ中、山城宝塔院
安レ□、近江宝塔院
已上両宝将レ在二比叡峯一
住二持仏法一、為レ護二国家一、仰願十方一切諸仏、般若菩薩、金剛天等、八部護法善神王等、大小比叡山王眷属、天神地祇、八大名神、薬応楽円、同心覆二護大日本国一、陰陽応レ節、風雨随レ時、五穀成熟、百姓安楽、紹二隆

仏法一、利二益有情一、尽二未来際一、恒作二仏事一、

弘仁九年四月廿一日一乗澄記願

もう一つは、石清水文書の承平七年（九三七）十月四日大宰府牒で、以下の通りである。(48)

府牒　筥埼宮

応レ令三造二立神宮寺多宝塔壱基一事

牒、得二千部寺僧兼祐申状一偁、謹案、天台伝教大師(最澄)去弘仁八年遺記云、為二六道衆生直至仏道一発願、於二日本国一書二写六千部法花経一、建二立六箇基宝塔一、一一塔上層安二置千部経王一、下壇令レ修二法花三昧一、其安置建立之処、叡山東西塔、上野・下野国、筑前竈門山、豊前宇佐宮弥勒寺者、而大師在世及滅後、僅所レ成二五処塔一也、就レ中竈門山分塔、沙弥証覚在俗之日、以二去承平三年一造立已成、上安二千部経一、下修二三昧法一、宛如二大師本願一、未レ成二一処塔一者、謂二宇佐弥勒寺分一也、伝聞、弥勒寺未レ究二千部一、書二写二百部一之間、去寛平年中悉焼亡乎(畢カ)、爰末葉弟子兼祐、忝歎二大師遺誓之末ヲ遂、寸心発二企念一、弥勒寺分経二火滅一之替、於二筥埼神宮寺一、新書備二千部一、造二一基宝塔一、於二上層一安二置千部一、下間令レ修二三昧一、以可レ果二件願一、然則始レ自二承平五年一、且唱二於知識一、令レ写二経王一、且運二材木一、拽二置於彼宮辺一已了、彼宮此宮雖二其地異一、権現菩薩垂迹猶同、仍以二彼弥勒寺分塔一、欲レ造二立此神宮寺一也、望請、府裁、早欲レ造二件宝塔一、仏事之功徳、凡為二鎮レ国利レ民一也者、府判依レ請、宮察二之状一、早令二造立一、将レ令レ遂二本願一、故牒、

承平七年十月四日　　　大典惟宗朝臣（花押）

参議帥橘朝臣「公頼(自署)」　　　（「大宰之印」二八あり）

すなわち、最澄は六〇〇〇巻の『法華経』を六基の宝塔に納めることを考えており、その六基は叡山の東塔・西塔、上野国・下野国、筑前国竈門山、豊前国宇佐宮弥勒寺であったといい、竈門山の塔は沙弥証覚が承平三年（九三三）に造立したが、宇佐弥勒寺の経は寛平年間（八八九～九八）に火災に遭って実現せず、代わりに筑前国の筥崎神宮寺において承平五年から写経・造塔がなされているので、そのことを大宰府が筥崎宮に対して認可を下すことになったと記されている。

以上のように、最澄は筑前国・豊前国、上野国・下野国に出向き、そこで神のために『法華経』を読んだり、灌頂や授戒を実施し、六〇〇〇巻の『法華経』を納める六基の宝塔をそれらの場所に建立する計画を抱いていた。そしてその実現が弟子たちの課題と認識されていたのである。日本列島の東西の要地に赴き、そこに『法華経』を納めた宝塔を建てることで、自身の仏教を日本国内に根付かせるという具体的な構想が、最澄には存在していたのである。

これを踏まえて、豊前国の宇佐八幡宮弥勒寺、筑前国の竈門山寺（有智山寺・内山寺・大山寺）について、基礎的な事実関係を整理しておきたい。

二　宇佐八幡宮弥勒寺

宇佐八幡宮弥勒寺では、天長六年（八二九）に講読師が設置され、翌七年にその財源や職掌が規定されている。すなわち、天長七年七月十一日太政官符「応レ充二八幡弥勒寺講読師法服布施一事」（『類聚三代格』巻三）に、「件寺元無レ置二講読師一、依二太政官去年二月一日・五月十日両度符一、始被二補任一」とあり、弥勒寺講読師の正月法会や安居の際の法服や布施を諸国の例に準じて設定し、法服は大神の封物を充てるとしている。

また天長七年七月十一日太政官符「応㆑試㆓度八幡弥勒寺年分者㆒事」（同書巻二）では、

聖朝建㆓立弥勒寺㆒、度㆓年分一人㆒、以酬㆓彼神霊㆒、理須㆘簡㆓智行者㆒、羯磨剃頭請師授戒㆖、而承前宮司不㆑経㆓試練㆒任㆑情度補、法会之庭法用有㆑闕、（中略）望請、簡㆘住㆓神山若弥勒寺㆒、経㆓三年已上㆒、六時行㆑道心行已定之人㆖、講師・宮司共試㆓読経㆒、然後度補者、

と、年分度者の課試を講師と宮司が執り行うことが規定されている。

講師・読師は、一般的には各国に派遣される地方僧官である。大宰府に対応して観世音寺には講師・読師が設置されたが、宇佐八幡宮弥勒寺の講読師は、それとともに特殊な位置づけにあるといえる。また宇佐八幡宮弥勒寺には、すでに天平勝宝元年（七四九）六月二十六日官符（『類聚三代格』巻二）で毎年一人の年分度者が設置されていた。

それでは、天長六年（八二九）・七年に宇佐八幡宮弥勒寺に講読師が設置され、年分度者に課試が始まったのは、なぜであろうか。『類聚国史』（巻五・神祇五・八幡宮）や『日本紀略』天長六年五月丁酉（十九日）条に、

令㆔僧十口転㆓読一切経八幡大菩薩宮寺㆒、

『続日本後紀』天長十年（八三三）十月戊申（二十八日）条に、

縁㆓景雲之年八幡大菩薩所㆑告、至㆓天長年中㆒、仰㆓大宰府㆒、写㆓得一切経㆒、至㆑是便安㆓置弥勒寺㆒、今更復令㆑写㆓一通㆒、置㆓之神護寺㆒、

と記されている。すなわち天長六年の五月に一〇僧に命じて一切経を八幡大菩薩宮寺で転読させた、天長年間（八二四～三四）に大宰府に命じて書写した一切経を弥勒寺に安置したという記事である。要するに大宰府管内で書写された一切経が宇佐八幡宮弥勒寺に安置され、天長六年五月からその転読が始まったのである。その講説や

弥勒寺年分度者課試のために講師・読師が設置されたと考えることができる。

その後、宇佐八幡宮弥勒寺は観世音寺とともに、西海道を代表する寺院として、登場している。以下の三例である。①仁寿三年（八五三）五月十三日、大宰府に詔して「観音・弥勒両寺」ならびに四王院・香椎廟・管内国分寺において『大般若経』を読ませる（『日本文徳天皇実録』）。②貞観十三年（八七一）九月八日、一万三千画仏像七二鋪を各国分寺に安置、西海道については「西海道十一鋪、大宰観音寺一鋪、八幡神宮寺一鋪」とする（『類聚三代格』巻二）。③貞観十六年閏四月二十五日、金字仁王経を五畿七道諸国・下野薬師寺・大宰観音寺・豊前弥勒寺に頒下する（『日本三代実録』）。

また、観世音寺講師と弥勒寺との関係については、天長七年（八三〇）七月十一日太政官符二件は、いずれも「右、別当観音寺講師伝灯大法師位光豊、弥勒寺講師伝灯大法師位光恵等牒偁」で始まっている。観世音寺講師光豊が「弥勒寺別当」を兼務し、その配下に弥勒寺講師光恵が在職していたのである。また『安祥寺伽藍縁起資財帳』には、恵運が天長十年（八三三）に観世音寺講師となり、同時に西海道での一切経（大蔵経）の書写を監督したと記されていた。西海道での一切経書写は、『続日本後紀』天長十年十月戊申（二十八日）条に記された宇佐弥勒寺に関係するものであろう。

以上、九世紀の宇佐八幡宮弥勒寺の動向を概観した。弥勒寺や観世音寺の経営に関与したのは、南都や真言宗の僧であり、天台僧の活動はみられなかった。最澄が希望した豊前国宇佐への宝塔建立が実現しなかった背景には、そうした事情があったのであろう(49)。

三　竈門山寺（大山寺）

大宰府跡・太宰府天満宮の東北、三郡山地の南端が「宝満山」と呼ばれており、そこに竈山神社（上宮・中宮・下宮）が鎮座している。『続日本後紀』承和七年（八四〇）四月丙寅（二十一日）条に、筑前国竈門社の従五位下から従五位上への昇叙記事があり、それが竈門神社の史料上の初見である。この竈門山は、「大山寺」「有智山」「内山寺」とも呼ばれている。[50]

一方『叡山大師伝』には、延暦二十二年（八〇三）閏十月二十三日に最澄が「太宰府竈門山寺」において遣唐船の平達を祈願して薬師仏を造ったとあり（『伝教大師全集　巻五』附録一六頁）、また『入唐求法巡礼行記』によると、承和十四年（八四七）十一月二十八日から十二月三日まで、帰朝した円仁が「大山寺」において入唐時に祈願した神々に報謝の読経を行っており、その初日が「竈門大神」に対するものであった。さらに仁寿二年（八五二）四月十三日、円珍が『法華経』『仁王経』「大毘盧遮那真言」「金剛頂真言」を「竈門神社」に対して読んでいる（『園城寺文書』一二）。

前掲の大宰府牒には、最澄が発案した竈門山の塔は沙弥証覚が承平三年（九三三）に造立したと記されていた。また宇佐の代わりに宝塔が建てられることになった筥崎宮は、『筥崎宮縁起』によると延長元年（九二三）に創建されている。『類聚符宣抄』（巻一）所収の天元二年（九七九）二月十四日太政官符「応レ補下任坐二筑前国一宗像宮大宮司正六位上宗形朝臣氏能上事」にも、「加以当国住吉・香椎、筑紫竈門・筥埼等宮、皆以二大宮司一為二其所之貫首一」と、竈門・筥崎宮が併記されている。

十一世紀の竈門山寺を示す史料として、高野山西南院所蔵の『阿弥陀念誦略記』（『平安遺文　題跋編』一七五

五号）の書写奥書が指摘できる。そこには、

願加二冥助一、于レ時長保五年二月、於二鎮西□《（竈）》門大山寺一、偸以抄レ之、天台沙門金剛弟子皇慶

とあり、長保五年（一〇〇三）二月に「鎮西竈門山寺」において、天台僧の皇慶が抄出したという内容である。

また皇慶の伝記『谷阿闍梨伝』に[51]、

到二鎮西一、就二東寺明師景阿闍梨一、受二彼宗灌頂大道、弘法《（空海）》大師将来之法一、悉以伝授、

『明匠略伝』（日本下・延殷）[52]に、

長保五年、寂照上人欲レ渡レ唐、同有二渡海志一、従二聖人一於二海西一便伝二秘教奥義一、官家有レ議、下レ牒拘二留延殷一、惜二其偉器一也、後昇二大山寺一、於二東寺阿闍梨景雲処一、与二皇慶一共受二両部大法一、灑二五瓶智水一、

と記されている。すなわち長保五年（一〇〇三）に皇慶と延殷は鎮西の「大山寺」において東寺阿闍梨の景雲から伝法灌頂を受けているのである。「竈門山寺」が「大山寺」とも呼ばれ、真言僧・天台僧による密教伝授の場となっているのである。

『続本朝往生伝』に載る沙門高明は「本是播磨国書写山性空上人之弟子也、後住二大宰府大山寺一、（中略）於二清水寺一（観世音寺）如法書二法花経一」[53]と、書写山の性空の弟子であったが大宰府の「大山寺」に移住し、清水寺において『法華経』を書写したという。これも天台僧が竈門山寺で活動した事例である。

竈門山寺と天台僧との密接な関係という点では、源信の西海道への頭陀も注目される。『源信僧都伝』には、源信が永延年間（九八七〜八九）の初めに西海道諸州の名岳霊窟を頭陀し、宋国の商船に乗っていた斉隠に『往生要集』を託したと記されている。その大宰府に近接する竈門山寺も、源信が頭陀した名岳霊窟の一つと考えて大過なかろう。ただし、『聖光上人伝』に「聞昔江《（大江匡房）》帥率二叡岳積《（碩）》学一東塔喜見坊阿闍梨、向二太宰府一、于レ時有二法相法師一有智山住、

尋㆓彼文意㆒(54)」と、大江匡房が比叡山の碩学を率いて大宰府に向かったところ、それに比肩する法相宗の僧が「有智山」にいたといった記事もあり、竈門山寺を天台僧だけで独占したわけではなく、諸宗の学僧や密教僧が交流する場として同寺が存在したことも認識すべきであろう。

　竈門山寺（大山寺）の別当職をめぐる争いが、複数の史料から知られる。まず『宮寺縁事抄』（所司僧綱昇進次第）(55)に、

　院範（中略）兼㆓任興福寺上座㆒、（中略）件（院範）法橋又兼㆓任大山寺別当㆒、居㆓住鎮西㆒、而間権別当頼清申㆓公家㆒、補㆓彼大山寺別当㆒了、仍院範依㆓其思㆒受㆓重病㆒、永保三年（一〇八三）三月　日自㆓鎮西㆒上洛之間入滅、

と記されている。『僧綱補任』によると院範は承保二年（一〇七五）に興福寺上座で法橋に叙せられており、また『水左記』承暦四年（一〇八〇）六月七日条に「申剋許、大山別当院範来、自㆓鎮西㆒上道也(56)」とあり、鎮西の大山寺別当を兼務していたが、承暦四年に任地から上京し権大納言源俊房のもとを訪ねている。それは、権別当であった頼清が朝廷に申請して大山寺別当となったことによるものであった。頼清は、石清水八幡宮の僧で、『石清水祠官系図』に「康和三年正月三日入滅、六十三亥時、異本云、大乗院本願、観音寺・大山寺兼行也(57)」とあり、観世音寺と大山寺の両別当を兼務したという。

　大山寺別当の人事をめぐる争いは、『中右記』長治二年（一一〇五）十月三十日条にも、次のように記されている(58)。

　件事元者、慶朝法印為㆓天台座主㆒之時、依㆓院宣㆒以㆓八幡別当法橋光清㆒、補㆓鎮西之大山別当㆒了、大山者是天台之末寺也、然間慶朝座主与㆓本山大衆㆒違背、被㆑払㆓山上㆒之日、悪僧首法薬禅師執㆓行山上政㆒之時、推而成㆓彼大山別当㆒、下㆓遣延暦寺下部并日吉社宮主法師原於鎮西㆒、猥以執行、爰件法薬禅師濫行弥長被㆓追捕㆒之剋、又法橋

光清申二下宣旨一、相二具検非違使庁下部一、令レ捕二法薬禅師之従類一、帥卿（藤原季仲）随二宣旨一相二具兵士一欲レ搦二悪僧等一、互合戦之間、竈戸宮者在二大山之内一云々、

これによると、慶朝が天台座主のとき（康和四年〜長治元年＝一一〇二〜〇四）に石清水八幡宮別当の光清（頼清の子）が院宣によって大山寺別当となった。慶朝が大衆によって山外に追放され、悪僧の法薬禅師が山上の政を執行した際に、法薬は自ら大山寺別当となり、延暦寺・日吉社の部下を鎮西に下して大山寺を掌握しようとした。光清は検非違使庁の下部を率いて法薬禅師の従類を捕えようとし、大宰権帥藤原季仲も悪僧を搦めようとして合戦となったという。また『百練抄』長治二年六月二日条に、①大宰権帥藤原季仲が八幡別当光清と同心して竈門社の神輿を射て、日吉神人を殺した、②竈門宮が八幡末社であるか否かのことを諸卿が定め申した、と記されている。

この争いの結果、大宰権帥藤原季仲は流罪となり、大山寺に対する主導権は石清水八幡宮から比叡山に転じている。天永元年（一一一〇）九月には、観世音寺の申請に基づいて「毎年百箇日法華六十巻談義事」の開催が大宰府牒によって認可され、そこには「件談義勤者、有智山・安楽寺例」によると記されている。(59)

竈門山寺（大山寺）が日宋貿易に関係していたことを示す史料に、西教寺蔵『両巻疏知礼記』、要法寺本『観音玄義疏記』の書写奥書がある。それらはほぼ同じ内容で、「皇宋乾興元年歳次壬戌孟春正月二十有日、在二於明州国寧寺内東北角上眼房一」（前書）、「日本国天台延暦寺求法比丘覚因記」（後書）とあり、さらにその後に、(60)

永久四年歳次丙申五月十一日、筑前国薄（博）多津唐房大山船龔三郎船頭房、以二有智山明光房唐本一移（写）書畢、已上、

の書写奥書（前書）がある。すなわち、永久四年（一一一六）五月に、「博多津唐房」の「大山船」の龔三郎船頭房が、「有智山明光房」の唐本をもって書写した、というものである。①博多には宋人の住む街区「唐坊（唐

房)」が成立していたこと、②大山寺が船団を所有していたこと、③天台僧覚因が乾興元年(一〇二二)に宋の明州で書写した仏典が「有智山」明光房に伝来していたことがわかるのである。[61]

おわりに

これまでの考察を踏まえて、平安時代の地方仏教を考える際の重要事項を示しておこう。

第一に、天台・真言・南都の諸勢力が競合したことと、地域間の格差についてである。

伊勢国多度神宮寺は南都僧によって建立され、一時は天台別院となったが、真言別院に転じた。海印寺が伊豆国大興寺を別院としたのは、南都系寺院による地方寺院の別院化の唯一の例であり、それは海印寺を建てた道雄が南都・真言・天台の三者と融和姿勢を示していたことによる。下野国薬師寺は、南都の経営する寺院であったが、天台僧が下野国講師となったことから、薬師寺に講読師を設置し、東大寺戒壇院の十師から同職を選出することを申請して認可された。このような競合や融和が東国でみられた。

東国の下野国薬師寺については、延長五年(九二七)十月二十二日官符(『政事要略』巻五十六・交替雑事)でも、戒壇院の存在を重視して講読師を律宗僧に限定している。その後については、寛治六年(一〇九二)正月十日に薬師寺の住僧慶順が東大寺別当に宛てて、薬師寺は「東大寺末寺」であるとして、再興を願い出ているが(『平安遺文』一三〇三号)、弘長二年(一二六二)に慈猛が移住して授戒を再興するまで、薬師寺は長期にわたって荒廃したままであった。[62] 西海道に目を転じると、豊前国の宇佐八幡宮弥勒寺、筑前国の竈門山寺(大山寺)に、最澄が宝塔の建立を計画した。しかし弥勒寺の経営は南都や真言宗の僧が主導していた。また竈門山寺は天台宗の系列に入るが、真言宗や法相宗の僧も関与していた。さらに筑前国観世音寺も、平安・鎌倉時代には南都僧のみならず諸勢力が経営権をめぐって争っている（本書第二編第三章参照）。

東国・西海道ともに、主要な寺院の経営権を掌握すべく南都・天台・真言の諸勢力が競合している。しかし、下野国薬師寺が天下三戒壇の一つで講師を律宗僧に限定しながらも十一世紀後半に衰退してしまったことと、筑前国観世音寺・竈門山寺・豊前国宇佐八幡宮弥勒寺が諸勢力競合というかたちを取りながら、長期にわたって存続したこととの相違を、あらためて認識しなければならない。筑前国や豊前国は大陸との交渉や瀬戸内交通の要所であり、大宰府や宇佐八幡宮の政治的・宗教的権威と不可分に結びついて、寺院経営がなされた。それに対して東国では、中核寺院の成立が遅れた。(63) 鎌倉幕府によって鶴岡八幡宮寺・勝長寿院・永福寺が建立され、仁和寺・園城寺・延暦寺僧がそれらの別当や供僧として下向するようになると様相が変わるが、(64) そうした地域間の格差と、歴史的諸段階とを、大局的な視野をもって考える必要があろう。

第二に、国土意識と宗教的世界観である。

奈良時代の地方仏教（僧尼・寺院）に対する管理は、諸国の国分寺・国分尼寺、天下三戒壇を介してなされた。それらは日本列島を区画する基礎単位や広域概念と対応していた。しかし最澄は、上野（東）・下野（北）、近江・山城（中）、豊前（南）・筑前（西）の六所に宝塔を建立して国土を護持することを構想しており、これは上記の諸国・三戒壇とは異なる発想である。六所宝塔は唐の六都護府を模したものと理解する説もあるが、(65) 中心部二箇所が含まれているのが六都護府とは異なる。最澄の六所宝塔と近似するものとしては、鹿島・香取・伊勢・日前国懸・出雲・宗像といった、日本列島の東・中・西に位置し、神郡を有する神社が指摘できる。(66) 最澄は上野・下野・筑前・豊前を歴訪しており、六所宝塔の建立計画はその経験と連動したものであろう。また宇佐・竈門山および比叡山は神仏習合が顕著に認められる場所である。こうした最澄の国土観をあらためて認識する必要がある。

『僧妙達蘇生注記』では、権力者や高僧も悪行によって地獄に墜ちる、善行を行った者は兜率天・忉利天に生まれたり、異国の王に転生するといった話が展開していた。同じような説話に、『道賢上人冥途記』がある。大和国の金峯山で修行していた道賢が、延喜二十一年（九二一）に「金峯山浄土」に迷い込み、天と地獄の様子を見聞して天慶三年（九四〇）に蘇生するという設定で、金峯山の蔵王権現や、「日本太政威徳天」（菅原道真の怨霊）が登場し、醍醐天皇が地獄に堕ちたという話も含まれている。[67]そこで地獄の入口とされた金峯山（吉野）は、紀伊半島の中心部に位置し、『古事記』『日本書紀』が神武・天武天皇の軍事行動を、『懐風藻』（葛野王「五言、遊竜門山」）、『今昔物語集』（十一巻二十四、久米仙人）が神仙境のイメージを伝えている。[68]また金峯山は、熊野につながる大峯の入口で、後周（九五一～九六〇）の『義楚六帖』（『釈氏六帖』）が日本の霊異山として紹介している。[69]一方、『僧妙達蘇生注記』の妙達が住んでいた出羽国は、日本列島の最北端と認識されていた地である。[70]越中国の立山に地獄への入口があるという話が、『大日本国法華経験記』（下巻一二四）、『今昔物語集』（十四巻七・八）にみえるのと合わせて、国土意識と連動した冥界・異界の認識が形成されていく過程を、これらの説話は示しているのである。

註

（1）高木豊「法華教団の成立と展開」（『平安時代法華仏教史研究』平楽寺書店、一九七三年、初出一九六五・七〇年）。

（2）三舟隆之「古代の僧侶の交通」（加藤謙吉ほか編『日本古代の地域と交流』臨川書店、二〇一六年）。

（3）『多度神宮寺資財帳』の「延暦廿年」の年紀は「延暦七年」を改竄したものとみられる。吉田一彦「多度神宮寺と神仏習合」（梅村喬編『古代王権と交流4　伊勢湾と古代の東海』名著出版、一九九六年）。

（4）玄賓については、石田瑞麿「遁世者の理想像　玄賓」（『日本仏教思想研究　第五巻　仏教と文学』法藏館、一九八七年、初出一九七三年）、小林崇仁「玄賓法師の生涯」（『智山学報』五四輯、二〇〇五年）を参照。

（5）小林崇仁「聴福法師考」（『智山学報』五五輯、二〇〇六年）。

（6）徳一については、『湯川村史　第一巻　勝常寺と村の文化財』（福島県湯川村、一九八五年）、田村晃祐編『徳一論叢』（国書刊行会、一九八六年）を参照。

（7）『天台霞標』二編巻二（『大日本仏教全書　一二五冊』一五六頁）。

（8）知識・菩薩については、井上正一「奈良朝における知識について」（『史泉』二九号、一九六四年）、吉田靖雄「菩薩僧と化主僧の実体」（『日本古代の菩薩と民衆』吉川弘文館、一九八八年、初出一九七三年）を参照。また「化主」は「教化」（民衆布教）する主体となる僧侶を指す語である。

（9）賢璟は、最澄の『守護国界章』（上之中）にみえる「尾張大僧都」と同一人物で、また尾張国愛智郡の荒田井子麻呂の師主としてその得度を申請している（薗田香融「草創期室生寺をめぐる僧侶の動向」『平安仏教の研究』法藏館、一九八一年、初出一九五九年）。

（10）鑑真の弟子の如宝が下野国薬師寺に住持したという『招提千載伝記』（元禄十四年（一七〇一）成立）の記事には、賛否両論がある。斎藤忠「下野薬師寺とその関係の僧侶」（櫛田良洪博士頌寿記念会編『高僧伝の研究』山喜房仏書林、一九七三年）、久野健「唐招提寺と安如宝」（『日本仏像彫刻史の研究』吉川弘文館、一九八四年、初出一九七八年）、斉藤孝「唐招提寺と如法」（『日本古代と唐風美術』創元社、一九七八年）、牧伸行「下野薬師寺と如宝・道忠」（『日本古代の僧侶と寺院』法藏館、二〇一一年、初出二〇〇四年）を参照。

（11）佐伯有清『慈覚大師伝の研究』（吉川弘文館、一九八六年）一七三〜一七七頁。

（12）『尊経閣善本影印集成34　類聚国史三』（八木書店、二〇〇二年）三四四頁。

(13)　園城寺編『園城寺文書　第一巻　智証大師文書』（講談社、一九九八年）。以下、園城寺文書は本書によって番号で示す。
(14)　佐伯有清『慈覚大師伝の研究』（前掲註(11)）を参照。広智については、本書第四編第七章で論じる。
(15)　徳円の伝記については、拙稿「『徳円印信之類』と徳円」（『日本仏教史学』二六号、一九九二年）、『猿島町史　資料編　原始・古代・中世』（茨城県猿島町、一九九三年）二九九～三三三頁を参照されたい。
(16)　難波俊成「古代地方僧官制度について」（『南都仏教』二八号、一九七二年）。
(17)　佐伯有清『慈覚大師伝の研究』（前掲註(11)）一八九頁。
(18)　『続天台宗全書12　史伝2　日本天台僧伝類Ⅰ』四六頁。
(19)　註(12)に同じ。
(20)　『大日本仏教全書　一一三冊』二九三頁。佐伯有清『円珍』（吉川弘文館、一九九〇年）五四頁を合わせ参照。
(21)　『叡山学報』一三輯（一九三七年）。佐伯有清「円珍と山王院蔵書目録」（『最澄とその門流』吉川弘文館、一九九三年、初出一九九〇年）も合わせ参照。
(22)　『神道大系　西宮記』四〇〇頁。
(23)　荒井秀規「国分寺と定額寺」（須田勉ほか編『国分寺の創建　組織・技術編』吉川弘文館、二〇一三年）の定額寺一覧に、天平宝字四年（七六〇）から延慶元年（一三〇八）までの八九寺を掲げている。八世紀（奈良時代）は四、九世紀（延暦年間を含む）は六五、十世紀は一一、十一世紀は五（上野国四・紀伊国一）、十二世紀は一（近江国石山寺）、十三世紀は一（伊豆国願成就院）、十四世紀は二（相模国円覚寺・建長寺）である。
(24)　速水侑「定額寺の研究」（『北大史学』六号、一九五九年）。
(25)　司東真雄「古代寺院の成立と仏像」（『昭和五十一年度、五十二年度歴史資料調査報告書　岩手県古代仏教資料調査』岩手県教育委員会、一九七八年）。『日本歴史地名大系3　岩手県の地名』（平凡社、一九九〇年）も同様。
(26)　拙著『平安時代の国家と寺院』（塙書房、二〇〇九年）二五四～二五五頁、表11を参照。
(27)　伊豆国大興寺については、荒井秀規「豆相の定額寺について」（黛弘道編『古代国家の歴史と伝承』吉川弘文館、一九九二年）、虎尾俊哉編『訳注日本史料　延喜式中』（集英社、二〇〇七年）一二九五～一二九六頁〔伊豆国山興寺〕の項を参照されたい。

(28) 追塩千尋「平安初期の地方救療施設について」（『国分寺の中世的展開』吉川弘文館、一九九六年、初出一九八七年）。

(29) 東国での写経については、増尾伸一郎「東国における一切経の書写と伝播」（『日本古代の典籍と宗教文化』吉川弘文館、二〇一五年、初出二〇〇五年）を参照。

(30) 『続群書類従　八輯下』六三八頁。

(31) 西本昌弘「空海請来不空・般若新訳経の書写と公認」（原田正俊編『日本古代中世の仏教と東アジア』関西大学出版部、二〇一四年）。

(32) 三上喜孝「古代日本の境界意識と仏教信仰」（鈴木靖民編『古代日本の異文化交流』勉誠出版、二〇〇八年）。

(33) 『新校群書類従　第十九巻』二七四頁。

(34) 牛山佳幸「怨敵調伏法から軍荼利信仰へ」（『仏教史学研究』二九巻二号、一九八六年）。

(35) 中島俊司編『醍醐雑事記』（醍醐寺、一九三一年）三二九～三三一頁。

(36) 東寺百合文書ヤ（『大宰府・太宰府天満宮史料　巻六』一二四～一二六頁）。

(37) 『僧妙達蘇生注記』については、菅原征子「僧妙達の蘇生譚に見る十世紀の東国の仏教(1)(2)」（『日本古代の民間宗教』吉川弘文館、二〇〇三年、初出一九九一・九九年）、竹居明男「『僧妙達蘇生注記』の基礎的考察」（『国書逸文研究』一四号、一九八四年）、大石直正「『僧妙達蘇生注記』と十一・十二世紀の奥羽社会」（東北学院大学『東北文化研究所紀要』三七号、二〇〇五年）を参照した。異本の『弥勒如来感応抄』は平岡定海『日本弥勒浄土思想展開史の研究』（大蔵出版、一九七七年）、東寺観智院本『三宝絵』は『新日本古典文学大系31　三宝絵　注好選』（岩波書店、一九九七年）に収録されている。本章末に付録として原文を載せる。

(38) 牛山佳幸『善光寺の歴史と信仰』（法藏館、二〇一六年）四二～四五頁。

(39) 佐和隆研「朝護孫子寺と信貴山縁起絵巻」（『密教の寺』法藏館、一九七四年）に翻刻がなされている。

(40) 井上光貞「命蓮聖について」（著作集九『古代仏教の展開』岩波書店、一九八五年、初出一九五六年）、佐和隆研『日本絵巻大成4　信貴山縁起』（中央公論社、一九七七年）。

(41) 福田豊彦ほか編『源平闘諍録（下）』（講談社学術文庫、二〇〇〇年）五三頁、『妙見信仰調査報告書（二）』（千葉市立郷土博物館、一九九三年）七〇頁。

(42) 『日本歴史地名大系20　長野県の地名』（平凡社、一九七九年）八六九～八七〇頁、牛山佳幸「田村麻呂伝説と清水寺信仰」（速水侑編『日本社会における仏と神』吉川弘文館、二〇〇六年）。

(43) A梶原正昭・矢代和夫『将門伝説』（新読書社、一九六六年）四八～四九頁、B村上春樹『平将門伝説』（汲古書院、二〇〇一年）九～一〇頁、C樋口州男『将門伝説の歴史』（吉川弘文館、二〇一五年）五九～六一頁を参照したが、解釈は若干異なる。「一府之政禁断」㉖の訳は著者独自のものである。「日本州之悪王可レ被二召遣一」㉖について、Cは「日本国中の悪王を支配・管理するため」としており、将門が悪者を統制していれば安泰であったとも読める。しかし、悪を「力のある者」と解釈し、将門が乱を起こして日本中の有力者を治めようとした、ということであろう。さらにA・Cは、尊意㉗に続く下総国の人物（人名欠）が兜率天に生まれたという話㉘を将門の記事と解釈しているが、短文で一話を終える本史料の形態からみて、それは別の記事である。

(44) 「化他師」は、『僧綱補任』延喜十九年（九一九）条の雲晴の「化他宗」（菊地大樹の教示）、『入唐求法巡礼行記』開成三年（八三八）十一月二十四日条にみえる唐の「化俗法師」、日本の「飛教化師」と関係するのであろう。堀裕「「化他」の時代」（角田文衞監修、古代学協会編『仁明朝史の研究』思文閣出版、二〇一一年）、拙稿「中国と日本の国家仏教」（佐藤長門編『古代東アジアの仏教交流』勉誠出版、二〇一八年）を参照されたい。

(45) 速水侑『弥勒信仰』（評論社、一九七一年）、平岡定海『日本弥勒浄土思想展開史の研究』（大蔵出版、一九七七年）。

(46) 本章の第一～第三節は、平成二十九年（二〇一七）一月二十九日に開催された茨城県古河市歴史シンポジウム「古河川戸台遺跡をめぐる諸問題」における報告「天台教団の展開と東国社会」に基づいている。古河市牧野地の川戸台から、九世紀の製鉄・鋳造遺跡が発見され、その盤状鋳型に「弥勒」の銘文が刻まれていた。下総国猿島郡（現在の茨城県坂東市）出身の天台僧徳円が下野国講師をつとめたことや、円仁が開いたという「弥勒寺」が群馬県沼田市に存在することから、天台宗の東国布教と絡めてこの遺物を理解する見解も出されたが、筆者は天台教団の地方展開ばかりに目を奪われずに、南都・真言の存在にも配慮すべきと考えた。

(47) 円珍の天台教団関係の史料編纂については、拙稿「延暦寺諸院記録の生成事情」（『駒沢史学』八七号、二〇一六年）、同「天台座主円珍の教団経営」（『日本仏教綜合研究』一五号、二〇一七年）を参照されたい。

(48) 『大日本古文書　石清水文書之二』四八一号、『宇佐神宮史　史料篇巻二』三〇六〜三〇七頁。

(49) なお十四世天台座主の義海（天慶三（九四〇）〜九年）は、豊前国の宇佐氏の出身であり（『天台座主記』）、宇佐と天台宗との接近が試みられたとも考えられる。

(50) 竈門山寺については、小田富士雄「筑前国・竈門山寺」（著作集一『九州考古学研究　歴史時代篇』学生社、一九七七年、初出一九六一・六九年）、中野幡能『筑前国宝満山信仰史の研究』（名著出版、一九八〇年）、森弘子『宝満山の環境歴史学的研究』（岩田書院、二〇〇九年）を参照。

(51) 『続群書類従　八輯下』七五二頁。

(52) 『新校群書類従　第三巻』七九八頁。

(53) 『日本思想大系　往生伝　法華験記』五七六頁。

(54) 『続群書類従　九輯上』二九頁。

(55) 『大宰府・太宰府天満宮史料　巻五』三六七〜三六八頁。

(56) 『増補史料大成　水左記・永昌記』一〇一頁。

(57) 『続群書類従　七輯上』二二九頁。

(58) 『大日本古記録　中右記六』一〇二頁。

(59) 『大日本古文書　東大寺文書　別集一』五〇〜五一頁。

(60) 『大宰府・太宰府天満宮史料　巻六』二六三〜二六四頁。

(61) 林文理「博多綱首の歴史的位置」（大阪大学文学部日本史研究室編『古代中世の社会と国家』清文堂出版、一九九八年）。なお、渡邊誠「十二世紀の日宋貿易と山門・八幡・院御廐」（『平安時代貿易管理制度史の研究』思文閣出版、二〇一二年、初出二〇一〇年）が、この点を含め延暦寺・石清水八幡宮の動向と日宋貿易の関係を論じている。

(62) 永村眞「下野薬師寺の再興」（『栃木県史研究』二〇号、一九八一年）。

(63) 下野国日光二荒山、陸奥国平泉寺については、中央・地方の寺院・社会とどのように関係していたのか明瞭ではなく、天台宗の地方展開という図式で論じるには慎重でなければならないであろう。

(64) 海老名尚「鎌倉の寺院社会における僧官僧位」（福田豊彦編『中世の社会と武力』吉川弘文館、一九九四年）。平雅行「鎌倉真言派の成立」（京都学園大学『人間文化研究』四〇号、二〇一八年）も合わせ参照。

(65) 景山春樹『舎利信仰』（東京美術、一九八六年）一四三頁。

(66) 神郡は、養老七年（七二三）十一月十六日太政官処分（『令集解』選叙令・同司主典条・令釈）、『続日本紀』同年十一月丁丑（十六日）条に規定されている。平野邦雄「神郡と神戸」（『大化前代政治過程の研究』吉川弘文館、一九八五年）、大関邦男「神郡について」（『日本歴史』四七〇号、一九八七年）を参照。

(67)『道賢上人冥途記』には大和国永久寺で書写された写本と、『扶桑略記』天慶四年（九四一）三月条に引用された「道賢上人冥途記」とがある。同書については、藤原克己「天神信仰を支えたもの」（『菅原道真と平安朝漢文学』東京大学出版会、二〇〇一年、初出一九九〇年）、河音能平「天神信仰の歴史的位置」（著作集二『天神信仰と中世初期の文化・思想』文理閣、二〇一〇年、初出二〇〇三年）を参照。

(68) 西郷信綱『壬申紀を読む』（平凡社、一九九三年）四〇〜四二頁、和田萃「古代史からみた霊地　吉野」（前園実知雄ほか編『吉野　仙境の歴史』文英堂、二〇〇四年）。

(69)「又云、本国都城南五百余里、有二金峯山一、頂上有二金剛蔵王菩薩一、第一霊異山、有二松檜・名花・軟草・大小寺数百一、節行高道者居レ之、不四曾有三女人得二上至一、今男子欲レ上、三月断二酒肉欲色所求一皆遂、云三菩薩是弥勒化身如二五台文殊一」（『釈氏六帖』浙江古籍出版社、一九九〇年、四三三頁）。

（70）『令集解』関市令6弓箭条の古記逸文に、東辺は陸奥国、北辺は出羽国を指すことがみえる（『新訂増補国史大系 令集解』令集解逸文、七頁）。高橋富雄『辺境』（教育社、一九七九年）三六頁、誉田慶信「国家辺境の守護神」（『中世奥羽の民衆と宗教』吉川弘文館、二〇〇〇年、初出一九八三年）を参照。また前述の出羽国での四天王法勤修も国境の意識を示している。

〔付録〕『**僧妙達蘇生注記**』**原文**（『続々群書類従　第十六　雑部』三〇四～三〇七頁）

⓪僧妙達蘇生注記云、本□竜花寺常住断穀人也、鬚事多歟、八行者无、破也、越後国人也、炎魔王宣、抑汝者非業、其由何者未レ尽レ刧、但命終之後、都率天可二往生一、仍速擬二返遣一、但娑婆作善人、悪人教二示後報一者、

①筑前介紀忠宗者知哉止宣、不レ知申、彼忠宗者天別台山（行）千供僧（僧供カ）経年奉仕也、依二彼功徳力一、十六大国（王脱カ）生也、但彼妻、依二斗升大少罪一、東山懸二下野国立山一、至二于今一无レ所レ到、如二浮雲一、

②又信濃国高橋安道、依二大般若奉レ書力一、舎衛国長者成也、

③陸奥国大目壬生良門、千部法花以二金泥一依二奉レ書之力一、十六大国王生也、

④上野大掾三村正則、奉レ書二大般若一、并依下橋度二大河一之力上、今在二卅六年一可レ召二置大国王一、

⑤又出羽国田川郡大荒木景見、五丈御堂奉レ造、其内安二置无量寿如来并左右仏菩薩一、依二是善力一、舎衛国王成、

⑥又上野介藤原惟永、依下書二大般若一部・法花経百部一之力上、十六大国之第一長者生也、経二三代一之後、大国王可レ生、

⑦越後国蒲原郡司守部有茂、三重塔一基、奉レ造功徳力、円羅国王生也、

⑧遠江国島田有相、依二施行之心一、大国王生、

⑨下総国伴今国、奉レ造二三丈五尺御堂一、其内安二置无量寿如来并左右仏菩薩一、依二是種々大善力一、舎衛国東北五十里之内、為二彼人一造二置屋員五百五十宇一、其内積二无量財物一、早可二来往一、雖レ然遺願依レ未レ果蹔留也、但奉レ書二最勝王経半分一、被レ納、今半分者経師飲酒、因レ之不レ被レ納也、

⑩越前国生江豊門、依下奉レ書二大般若并曼陀羅一補（鋪）一、奉レ造二堂塔数宇一力上、憍薩国王生也、

⑪伊勢国船木良見子(千カ)、僧供力、大唐国第五王生也、

⑫上野介藤原興連、越後国同縁風等、雖レ奉レ書二一切経一、取二用人之物一、仍各成二人人功徳一、而更為二願主一、无レ所レ得、不レ被レ寄二帝釈宮一、千里之外、被二追捨一也、即日三度、受二辛苦一、

⑬甲斐国大掾永原興藤、依二大般若奉レ書之力一、大唐国生也、

⑭又炎魔王宮庁前、敷二半畳一、而今坐二妙達一、即炎魔王宣、汝三生人也、一生内奉レ読二法花一也、仍故汝令レ知二如レ是善悪事一也、汝不レ忘二失一、而早帰二向娑婆一、令レ告二知道俗一、炎魔王宣ク、汝居住国川野(田川カ)郡南山竹沢寺住規真ト云師者、依下一生之内、絶二五穀一食二草葉一、以宛二施他一之力上、都卒内院可レ生、

⑮常陸国新治郡東条竹馬郷居住藤原元景、六丈御堂并員菩薩奉レ造、八部法花以二金泥一奉レ書、一万三千仏奉二図絵一、依二是功徳一、帝印国第五人、被レ定レ縁者、大唐王可レ生、

⑯同国伴常連、五丈御塔一宇、并三尺弥勤(勒)仏・左右仏菩薩像、百部法花以二金泥一奉レ書也、依二是功徳一、大国生也、

⑰那珂郡居住大中臣佐真、二丈五尺御堂作二薬師・左右菩薩像一、奉二安置一、又八部法花奉レ書也、仏即伴金色経又一部書了、残七部書写之間、経師飲酒、加以遂果之内、不浄人以二食物一、備二置師前一也、因レ之不レ被レ納二竜蔵一ト宣、

⑱武蔵国車持貞吉、依下奉レ造二薬師仏一之力上、波羅奈国王生也、

⑲六奥国行方郡寺座主僧真義者、一生之間時、法花・大般若経、奉レ読之力、忉利天生、

⑳下野国住定祐師者、一願之内、両分受用、絶二五穀一雖二寺塔造一、慳貪人物之罪、我城北方一丈五尺相却在獄可二召居一、両分之受用報等也、

㉑信濃国在真連師者、水内郡善光寺本師仏花・米・餅・油等受用、依二是果報一、在二面八一三丈五尺大虵成也、

㉒越後国岡前寺別当真蓮師者、一生之間、彼寺花・米・餅・油、妻子共受用、依二是報一、四丈五尺大虵成也、

㉓出羽国山本郡在天台別院別当持法師、天台座主増命弟(子脱カ)也、彼増命存生日、成二置彼寺別当一、頗有二无懺一、仍百年之内、所二辛苦一、

㉔又天台座主等居処者知也ト宣、彼座主等者、受戒者強令二悩乱一、依二其報一、我城(宛カ)死作用石獄入置宣、

㉕太政大臣藤原忠平在所者知哉ト宣、彼朝臣者、除目之日、成二阿容一、依二人物多受用之罪報一、九頭竜成也、受二大苦悩一也、

㉖下総国居住平将門、一府之政禁断、城東悪人之王也、彼禁断之縁、則日本州之悪王可レ被二召遣一、是前生可レ治二領天王一者也、

㉗而天台座主尊意者、為二国王師一、随二其詔命一、修二悪法一、而将門令レ殺、依二是罪報一、経二十一劫一、不レ可レ得二人身一、故将門与二尊意一者、一日之内、十度合戦无レ間、

㉘同国(下総)在天台(天台別院カ)内(人名脱)永絶二五穀一、一心観二菩薩惶一、奉レ造二多宝塔一、依二是功徳力一、兜率天生、戌亥角金銀瓦葺屋立、可レ令レ坐二其上一、

㉙又下野国在天台別院座主台南師者、犯二用仏物一之上、在下多上前之踏レ穢、因レ之頭在レ人腰下大虵成死、我城丑寅角火柱為レ令レ壊、

㉚又同国在大光寺一如ト云師者、修二国中大願所々堂一、達二行事一取二大少僧分一罪五百世大虵成、

㉛同国在菩提寺住僧教理師者、无懺而受二十方施主信施一、不浄物食、交二妻子一共食乱罪、呑二鉄丸一千度、受二无量大苦一、不レ可レ得二人身一、毛斑牛生、而彼施主等可レ被二打仕一、

㉜武蔵国在証賀師者、一生之内、无レ所レ犯、而奉レ読二法花一力、都率天内院銀高座上可二安楽一、

㉝河内国深貴寺明蓮師者、卅年之内、奉レ読二法花一、无量罪除、兜率天内院高座之上可レ講二法花経一、

㉞下総国豊(田)内郡住仁高師者、九種得二罪報一、一雇人非業人呪咀殺罪、二同法呪咀罪、三仏物用罪、四同心俗人・同法令レ恥罪、五受二信施物一妻婚罪、六偸二宍鳥魚類一食乱罪、七寺内娶二女人一罪、八誹二謗仏法僧一罪、九仏物受用罪、五百世之内、受二大苦悩一、可レ成二大虵一、

㉟上野国群馬郡在石殿座主禅惟師、石殿之側、明神料花・米・餅・油等貪取、不レ行二他人一、只己猶貪取罪大虵成、石殿之側伏、

㊱同国妙見寺花・餅・油等、貪二取女人食一罪、地獄无量苦悩受、

㊲妙達居住世界、作レ罪輩如二網目結一、天台山出火、仏殿僧房焼輩者、炎上无量劫、可レ被二焚焼一者也、爰炎魔王宣云、汝早返遣□蓓四処末二荒懐一之前帰返云々、牛頭獄卒二人相副テ、妙達之前後立行レ之、

㊳現天台山并京化他師之受レ苦所々令レ見給、炎魔王宮城辰巳角去二三里許、雲晴者荷石立也、同城未申角祚源者、戴二六角石一

在也、
同城戌亥角立去里許談祐者、懐二銅火柱一居也、同城丑寅角平塞者、令レ荷二運万里許石一、同城戌亥角去二里許延寂者、戴二
八尺石一立也、是衆生之施受用、而不レ致二観行一貪食罪、九町許渭中、成二裸烏一荷二渭水一令二運上一、
㊴法座上飲酒輩者、大地獄受二大苦悩一、令二運レ水洗清一、
㊵又上野国大般若奉レ書人々、伴今行・伊福部安則・市中秋宗・山口盛吉・清階道忠・尾張利富・同国大名僧元明・長祐(喜歟)・
明玄等也、件経并法花、各別帝釈宮不レ被レ収、其由者、師請二施供一、飲酒而奉レ書、仍被二棄捨一、
㊶同国在禅金師者、不意為レ人被レ害死、是則非業人、呪咀殺果報已至也、引二知識一奉レ書二大般若一、擬二開題名一之間、諸人物
乞取不レ奉二請衆僧一而己自用二願之一、妻死自レ是西方去八里許渭水、大虵成二伏其中一大苦悩、彼渭水色、宛如二炎焼一、更是
苦不レ可レ免、
㊷信濃国在清水寺住僧利有師者、以二金泥一奉レ書二一切経一、依二此功徳一、都率内院生二師子座上一了、
㊸天台山座主増命者、一生之間観二世間无常之理一、因レ之炎魔王宮万会講師請定、其後都率天内院可レ坐、但炎魔王宮我城経二
卅年一可レ行二六万会一、次第請僧之定作給、先七僧者、講師近江国平意、呪願信濃国在恵基、読師甲斐国在貞寂、三礼美濃(国脱カ)
在安日、咀(唄)(国脱カ)越後在勢仁、散花武蔵国在无念、堂達出羽国在吉仙者、又証師者、越後国在今疑、同国在観暁等、六十僧次
第依レ有レ恐、多々不二注載一、
㊹又越前国藤原高茂并愁行事大難等ト宣フ、
㊺又上総国小蔵郡居住海金吉、依二年三斎食力一、忉利天第四御子生也、
㊻又相模国在三村弟子町、修二年三斎戒一、并奉レ造二六丈御堂一宇一、造二立印仏菩薩一、同経卅巻、依二信力堅固一、離二五障女身一
可レ成二天人衆一之由、帝釈炎魔王付レ帳了、
㊼又炎魔王之宣、汝妙達帰二向娑婆一、能々可二勤行一、更无念可レ往二生都率天内院一者、又以二是行事一、愁二告天下一、真言大凝如
レ是、

天治弐年十月晦日書了、一交(校)之、

第二章　聖教奥書からみた僧侶の往来

はじめに

都鄙間を往来する僧侶といえば、地方僧官の国師（講読師）として諸国に赴任し、管内の僧尼・寺院・仏事を統轄した官大寺僧や、あるいは特定寺院に帰属せず各地を遊行する民間僧を連想するかもしれない。しかし、十・十一世紀の僧侶の往来については、諸国講読師の制度は衰退したが、それに代わるように、国司が都から伴ってきた僧侶が、管内や国司の安泰を祈るようになったことが、西口順子によって指摘されている[1]。すなわち、『朝野群載』（巻二十二・諸国雑事上）所収「国務条々事」に、「験者并智僧侶一両人」を随身（随伴）する規定があり、それは「為レ国致二祈祷一、為レ我作二護持一」[2]が目的であった。そしてそれに該当する僧侶に、十世紀末に伊予国・丹波国で国守のために祈祷した天台僧の皇慶や、十一世紀末に薩摩守とともに赴任し仏事を行った行賢などがおり、西口はそれらを「国司随身の僧」と呼んでいる。

また寺内浩は、①国司に従って中央から下向した「受領随行僧」と、②比叡山から離れて地方寺院に移住した「隠遁僧」、③国司や本寺との関係を絶ってしまった「辺地修行者」という、三類型を提示している[3]。すなわち、『梁塵秘抄』に「四国の辺地をぞ常に踏む」と記されるような四国海岸部を巡り歩く僧を「辺地修行者」と規定する。また『今昔物語集』（十五巻十五）の、道心を起こして比叡山を離れて伊予・讃岐で乞食をしていた長増と、長増の弟子で伊予守藤原知章に従って下向した清尋（静真）とが対面した話から、「辺地修行者」長増と、「受領随行僧」清尋（静真）を把握する。さらに『明匠略伝』にみえる、延暦寺から伊予国法界寺に移り住んだ清禅を「隠遁僧」と捉えている。そして「受領随行僧」「隠遁僧」が「辺地修行者」を援助したのではないかと推測しているのである。

ただし寺内の研究は、四国の「辺地修行者」に主眼を置いたもので、諸国を往来・遊行する僧の類型化を主題としたものではない。そのためか、清尋（静真）・清禅に関連して登場させた皇慶・延殷の位置づけが説明されていない。皇慶は、大宰府の竈門山寺で『阿弥陀念誦略私記』を記しており、それ以外にも移動先の地名や密教の授受を示す聖教奥書が複数確認できる。皇慶は、台密谷流の祖もしくは台密中興の祖といわれるような著名な密教僧であり、[4]その行動の意味について、さらに考えるべきである。

また、それ以外にも僧侶の往来と密教の授受のことが記された聖教奥書が、青蓮院（京都市）・真福寺（名古屋市）・長楽寺（群馬県太田市）・金沢文庫（神奈川県横浜市）などに所蔵されている。それらについても検討しなければならない。

そこで本章の第一節で、皇慶の事績を概観し、聖教の書写奥書から諸国往来と密教の授受の事実関係を解明し、皇慶の往来と密教との関係について考える。また第二節で、青蓮院・真福寺の聖教にみえる薬仁・基好・栄西らの西日本での活動について検討する。そして第三節で、長楽寺・金沢文庫の聖教にみえる忠済・源延の東日本での活動を解明する。

第一節　皇慶の諸国経遊と密教の授受——伊予・筑前・筑後・伊勢・丹波——

一　皇慶の経歴

『谷阿闍梨伝』は、天仁二年（一一〇九）に大江匡房が記した皇慶の伝記である。その内容を紹介しよう。皇慶は橘広相の孫で、七歳で比叡山に登り、静真（法興院十禅師）に従い、東塔阿弥陀坊に住んだ。斗藪を好み諸国を経遊し、長徳年中（九九五～九九）に伊予国で伊予守藤原知章のために普賢延命法を行った。鎮西において東寺の「景阿闍梨」（景雲）から灌頂を受けた。また（宋に向かう途中の）寂照と同船した。肥前国背振山で修練し、このとき延殷法橋が皇慶に従った。万寿年中（一〇二四～二八）には、源章任が（丹波国で）皇慶に公家のための十臂毘沙門法を修させた。永承四年（一〇四九）七月二十六日に比叡山東塔井房で遷化した。七十三歳であった。皇慶はかつて丹波国に住んだ。灌頂の弟子は三〇人余で、その法脈は長宴・院尊・安慶の三流に分かれた。以上である。なお、『日本高僧伝要文抄』（第二・池上阿闍梨）は「池上阿闍梨伝」を引いており、その内容は『谷阿闍梨伝』と同じである。

十三世紀成立の『明匠略伝』（日本上・皇慶阿闍梨）も、『谷阿闍梨伝』と同内容であるが、谷阿闍梨・池上阿闍梨・丹波阿闍梨と呼ばれたと記している。また「阿闍梨受法之師」として、①「静真同宿阿弥陀坊□上」、②「景雲東寺」、③「清禅東塔西谷井房、至レ今円成後住、伊予国法界寺」、④「寂覚東寺」、⑤「叡盛知足院巽供奉」、⑥「寂照三川入道」、⑦「覚空法橋石泉至三師資一」が挙がっている。(5)

『四十帖決』一五巻は、その巻一末尾に「右此抄者、谷阿闍梨皇慶丹波州池上暫住之時分、大原長宴毎日従二大

原一通」とあり、皇慶の密教の口決を弟子の長宴が纏めたもので、「長久三年四月上旬節」など、長元・長暦・長久・寛徳・永承の年月日が随所に記されており（早い年号には月日が欠けている）、巻七に「寛徳二年六月之説、同十月十九日、丹州阿闍梨御房被レ期二終焉一、令レ上レ山給、同二十五日戊時即参登、拝礼而諮二受之一、長宴記レ之」（『大正新脩大蔵経』七五巻八三七頁上段・八八五頁上段）とあり、丹波国池上に住んだ皇慶のもとを長宴が訪ねていたが、寛徳二年（一〇四五）に皇慶は終焉を視野に入れて比叡山に戻ったことがわかる。

伊予・筑前・丹波での事績に関して補足しておく。寺内浩の考証によると、伊予守藤原知章の在任期間は正暦五年から長徳三年（九九四～九七）で、藤原知章に従って下向した「清尋」（『今昔物語集』十五巻十五）が、皇慶の比叡山での師「静真」である。皇慶は清尋（静真）を介して伊予守藤原知章のために修法したのである。「国司随身の僧（国司随行僧）」は、厳密にいえば清尋（静真）であり、皇慶はその関係僧というべきである。

伊予・筑前での活動に関係して、延殷の存在も見逃してはならない。『明匠略伝』（日本下・延殷法橋）には次のように記されている。延殷は橘氏の出身で但馬国の人である。比叡山で尋禅に従って受戒し、静照を師としたがその死後、清禅に従い伊予国法界寺に住んだ。長保五年（一〇〇三）、寂照の入宋に従うことを望んだが朝廷が許さなかった。大山寺（筑前国竈門山寺）で皇慶とともに東寺の景雲から両部大法を受けた。寛弘（一〇〇四～一二）の初めに都に入り、鞍馬江文山で修行したのち比叡山妙香院に住んだ。寛仁（一〇一七～二一）の末に大和国多武峰に蟄居したが、比叡山に戻り大原山に入った。源顕基を出家させたのを契機に首楞厳院の近くに住む。長暦二年（一〇三八）醍醐寺に移住し、観音寺の北麓に草庵を構えた。内供奉十禅師に任じられ、また永承三年（一〇四八）法橋に叙せられた。同五年三月五日遷化し八十三歳であった。大原法橋と呼ばれる。[6]

皇慶が丹波国で万寿年中（一〇二四～二八）に、源章任に命じられて公家のために十臂毘沙門法を修したことについてはどうか。源章任は、『左経記』長元元年（一〇二八）十一月十一日条、『日本紀略』同四年十二月十六日条にいずれも丹波守として登場している。万寿五年（一〇二八）七月に長元に改元されており、おそらくその年に皇慶は丹波守源章任に命じられて、同国で修法を勤修したのであろう。丹波国池上に住む皇慶のもとを長宴が訪ねた期間については、『阿娑縛三国明匠略記』（当流代々書籍事）に「先四十帖決」の項が立ち、大原長宴僧都が大原から丹州池上まで「十三年間」通ったとある。寛徳二年（一〇四五）から逆算すると、長宴の丹波訪問は、長元五年（一〇三二）ごろから始まったと考えられる。ただし、皇慶が丹波国に籠居していたわけではない。長元六年十二月二十五日の太政官牒で皇慶は慈徳寺の阿闍梨に補任されている（『青蓮院吉水蔵聖教目録（三）』文化庁文化財保護部美術工芸課、一九八九年、二三〇四頁）。また長暦年間（一〇三七～四〇）に慈覚・智証門派の抗争に関連して、皇慶も朝廷から譴責されたと『谷阿闍梨伝』に記され、『扶桑略記』『天台座主記』によるとそれは長暦三年のことである。

二　聖教・聖教奥書からみた皇慶

皇慶の密教の授受、経典書写を示す聖教や書写奥書には、次のようなものが知られている。(7)

①長徳元～三年（九九五～九七）、静真から皇慶への灌頂

『安鎮私記　谷』（『青蓮院門跡吉水蔵聖教目録』五四一頁）

延暦寺伝灯大法師位遍照（皇慶）金剛、依㆓先師无障（静真）金剛教示㆒記㆑之、聖意雖㆑難㆑惻暫付㆓此廻文㆒、不㆑可㆑為㆓指南㆒、

後賢刪正、遍照金剛同記㆑之、

无障金剛者、先師静貞（静真）大法師入壇灌頂之号也、遍照金剛者皇慶入壇灌頂之名也、先師昔於㆓予州館㆒具被㆑伝㆓

受件儀式作法一耳、遍照金剛（皇慶）（以上本奥書）

②長保四年（一〇〇二）八月十五日、寂照から皇慶への灌頂

『青蓮院文書』（『大日本史料　二編之四』九三一〜九三四頁）

大日如来（中略）日本南岳弘法大師（空海）（中略）禅定聖王（宇多）（中略）清助阿闍梨　寂照阿闍梨已上胎蔵、嫡嫡相伝相承也、　皇慶阿闍梨

大日如来（中略）日本南岳弘法大師（中略）禅定聖王（中略）清助阿闍梨　寂照阿闍梨已上金剛界、嫡嫡相承也、　皇慶阿闍梨

弟子指二鎮西府一発向之間、船中受レ病、於二長門報恩寺一、当二于病重命迫之時一、為レ怖二断種一、今以二両部伝法灌頂秘印一、而付二属之一、宜下守二祖業一以継中仏種上矣、

長保四季歳次壬寅八月十五日戊寅

（中略）

大法師「寂照（自署）」

③長保五年（一〇〇三）二月、大宰府竈門山寺（大山寺）での私記作成

『阿弥陀念誦略私記』（高野山西南院所蔵、『平安遺文　題跋編』一七五五号。『昭和現存天台書籍綜合目録　下巻』六四七頁上段も同様）[8]

願加二冥助一、于レ時長保五年二月、於二鎮西□（竈）門大山寺一、偸以抄レ之、天台沙門金剛弟子皇慶

④長保五年（一〇〇三）四月十一日、大宰府大山寺（竈門山寺）での（寂照から）皇慶の受法と儀軌書写

『胎蔵儀軌』（旧恩顧堂文庫蔵、『角筆文献の国語学的研究　研究篇』二五頁）

師（御）本曰、長保五年四月十一日、於二大宰府之東丈（大）山寺一於二入唐之次一受学已了、　皇慶記

伝受師止観入道（寂照）

⑤長保五年（一〇〇三）十一月二十六日、筑前国三笠郡真如山での景雲から皇慶への灌頂

（『青蓮院吉水蔵聖教目録（三）』二〇九六頁。『昭和現存天台書籍綜合目録　上巻』五四〇頁下段も同様）

長保五年十一月二十六日景雲授皇慶蘇悉地印信（付表題）

南瞻部州大日本国鎮西筑前県三笠郡真如山大灌頂檀（壇）場、（書出）

⑥寛弘三年（一〇〇六）、筑後国三井郡護皇院での皇慶の書写

『観音一印次第　池上』（西教寺蔵、『昭和現存天台書籍綜合目録　下巻』七〇三〜七〇四頁）

寛弘三年（中略）筑後国三井郡護皇院於二南僧房一偸以抄レ之、（中略）皇慶

⑦寛弘四年（一〇〇七）五月十六日、洛陽での叡成から皇慶への灌頂

『両界密印』（『青蓮院門跡吉水蔵聖教目録』三〇八頁）

已上寛弘四年□（壬）五月十六日、於二春日小道与富小道一、奉レ随二叡成供奉一伝授之後界密印与戒壇僧都御流同レ之、

皇慶記、

『大日印明』（『石山寺の研究　校倉聖教・古文書篇』一四九頁）

寛弘四年壬五月十六日、於二洛陽一奉レ従二叡成供奉一更重伝受了、皇慶

⑧寛弘六年（一〇〇九）九月二十日、比叡山延暦寺での清禅から皇慶への灌頂

（『青蓮院吉水蔵聖教目録（三）』二一〇七頁）

寛弘六年九月二十日清禅授皇慶胎蔵界印信（付表題）

日本国近江州比叡山延暦寺胎蔵悲生曼荼羅所（書出）

⑨寛弘七年（一〇一〇）八月五日、伊勢国飯高郡長尾山での皇慶から叡超への灌頂

（『青蓮院吉水蔵聖教目録（三）』二一〇三頁）

寛弘七年八月五日皇慶授叡超胎蔵界印信（付表題）

南贍部州大日本国伊勢県飯高郡長尾山荘大灌頂壇場、胎蔵界大曼荼羅（書出）

⑩長元九年（一〇三六）三月一日、丹波国船井郡大日寺での皇慶から勝範への灌頂

『大日印明』（『石山寺の研究　校倉聖教・古文書篇』一四九頁）

長元九年三月一日、於二丹波国船井郡大日寺一奉レ従二遍照金剛（皇慶）一奉レ受了、勝範記

⑪長暦元年（一〇三七）十二月、丹波国船井郡大日寺での皇慶から某僧への灌頂

『谷御印信』（『昭和現存天台書籍綜合目録　上巻』五四〇頁中段）

丹波県船井郡大日寺（中略）金剛界（中略）長暦元年歳次丁丑十二月

⑫寛徳二年（一〇四五）二月九日、丹州池上での安慶による読経

『胎蔵儀軌』（旧恩顧堂文庫蔵、『角筆文献の国語学的研究　研究篇』二五頁）（前二行④と同じ）

〔御〕師本曰、長保五年四月十一日、於二大宰府之東丈〔大〕山寺一於二入唐之次一受学已了、皇慶記

伝授師止観入道

角点宗忠供奉之点也、朱点此度点也、

奉二師之御読様一以レ丹於二字左一点着レ之云々、

寛徳二年二月九日、於二丹州池上一奉レ読了、安慶云々、

本角今緑(縁)、本丹今読、写了、金剛仏師良祐云々、

⑬寛徳二年（一〇四五）四月二十八日、丹州池上大日寺での長宴による書写

『西記　池上』（『昭和現存天台書籍綜合目録　上巻』五〇七頁下段。『曼殊院古文書聖教目録』二七頁も同様）

寛徳二年四月廿八日、於二丹州池上大日寺一写賜レ之、是近日新被レ撰二私記一也、（中略）長宴記レ之、

⑭寛徳二年（一〇四五）五月十五日、丹州池上での安慶による読経

『大毘盧遮那経』巻五（『青蓮院門跡吉水蔵聖教目録』四一頁）

師本曰、寛徳二年五月十五日申時秘密八印□(之)、於二丹州池上一奉レ読了、安慶云々、

時期区分、場所、師匠、弟子、密教の授受の印信か、聖教書写かを念頭に置いて、以上の記事を整理しておこう。

第一期は、①の伊予国での活動である。①は、静真（「先師」）から安鎮法を授かったときの私記であり、「予州館」の文言は、伊予国府もしくは国司館において、その儀式が執行されたことを示している。なお、「予州館」での静真から皇慶への密教伝授のことは、『三昧流口伝集』巻下（『大正新脩大蔵経』七七巻四四頁下段）にも記されている。

第二期は、②から⑥の長門国・筑前国・筑後国での活動である。③④は、いずれも大宰府に近接する竈門山寺（大山寺）のことで、⑤の筑前国三笠郡の真如山は不詳であるが、三笠郡は大宰府の所在地である。②は寂照、⑤は景雲からの密教受法を示している。寂照は、蔵人・三河守などを歴任した大江定基のことで、永延二年（九八八）に出家して、慶滋保胤（心覚）に学び、五台山巡礼を企てて長保五年（一〇〇三）八月二十五日に肥前国から渡海したと『百練抄』『続本朝往生伝』『扶桑略記』が伝える。寂照は慶滋保胤を介して源信から学ぶとともに、真言宗の仁海から密教を受けている。[9] ②の胎蔵界・金剛界の伝法灌頂も真言宗の法脈に連なるものである。景雲は東寺僧で、『真言相承血脈』によると、宇佐宮の住僧で、宇多法皇—寛空—寛昭—長繗—景雲という系譜が知られる。[10] ⑥の筑後国三井郡護皇院は不詳であるが、「三井郡」は御井郡のことで、『和名類聚抄』によると筑後国府の所在地である。

第三期は、⑦⑧⑨の京都・近江国比叡山・伊勢国での活動である。⑦の二点は同じ日付で「洛陽」の「春日小

道与富小道」において、皇慶が叡成から密教を伝授されたことを記している。叡成は『明匠略伝』にみえる皇慶の師匠「叡盛知足院巽供奉」のことであろう。

⑧は比叡山延暦寺において、皇慶が清禅から密教を伝授された際の印信である。清禅は、『明匠略伝』に、東塔西谷井房の僧で伊予国法界寺に住んだと記されていたが、寛弘六年（一〇〇九）には比叡山に戻っていたのである。

⑨は、寛弘七年（一〇一〇）八月五日に、伊勢国飯高郡長尾山で皇慶が叡超に密教の灌頂を授けた印信である。前掲⑦『両界密印』（『青蓮院門跡吉水蔵聖教目録』三〇八～三〇九頁）に、寛弘四年五月にこれを叡成から皇慶が授けられたとあったが、その後部には「睿超本云、寛弘七年八月十日以㆓鎮西御房（皇慶）本㆒写給、即入唐聖御伝、僧睿超」と記されており、寛弘七年十月に「鎮西御房本」すなわち皇慶の所持本を書き写しているのである。叡超がその後も伊勢国長尾山に住んでいたことが、『般若菩薩観行念誦儀軌』（『青蓮院門跡吉水蔵聖教目録』一一六頁、『昭和現存天台書籍綜合目録　下巻』七三八頁中段）の「寛弘九年壬子八月十七日於㆓長尾山㆒書㆓写之㆒了、天台山僧睿超本了」、『北斗儀軌』（『青蓮院門跡吉水蔵聖教目録』一六四頁）の「長和二年癸丑四月八日己巳於㆓長尾山㆒書㆑之、僧睿超」の書写奥書から知られる。

第四期は、⑩から⑭の丹波国での活動である。「丹波国船井郡大日寺」「丹州池上大日寺」については、京都府南丹市八木町池上に池上院が現存する。そこは、丹波国府の推定地（八木町屋賀・亀岡市千代川町）から桂川を数キロメートル遡上した場所である。[11] 長宴は、長元五年（一〇三二）ごろから寛徳二年（一〇四五）まで丹波池上に通って皇慶の口決を『四十帖決』に纏めた。それ以外にも勝範・安慶が長元九年・寛徳二年に丹波の皇慶から密教を伝授されたことが知られる。

以上から次のようにいえよう。皇慶は、比叡山から伊予・筑前・筑後を巡って比叡山に帰り、伊勢に出向き、その後長期にわたって丹波に住んだが、晩年は比叡山に戻った。訪れた地において、国司のために密教修法を勤修し、密教の秘法を受けたり授けたりして、それに伴って印信が作成され聖教が書写された。丹波在住の時代には、密教に関する質問のために訪ねてきた弟子に口頭で返答し、そこで「口決」が生まれた。

三　皇慶の諸国往来とその意義

皇慶の諸国往来にどのような意味があったのかを考えてみたい。

第一に僧俗の人脈である。皇慶が伊予国司のために密教修法を勤修したのは、同房の師匠静真（清尋）の仲介であった。また比叡山から伊予国法界寺に移り住んだ清禅は、のちに比叡山に帰り、皇慶に密教を伝授している。俗縁では、『明匠略伝』によると延殷は皇慶と同じ橘氏の出身であり、『阿娑縛三国明匠略記』（『続群書類従　八輯下』四二四・四一八頁）には、皇慶は性空の甥、安慶は皇慶の甥と記されている。このうち性空は、『扶桑略記』によると、橘善根の子で母に従って日向国に下向し三十六歳で出家し、肥前国背振山を経て播磨国飾磨郡書写山に移り草庵に阿弥陀像を安置し、国司や当国隣国の人々の帰依を受け、花山上皇も結縁した僧で、寛弘四年（一〇〇七）三月十三日に入滅している。皇慶の諸国往来は、こうした人脈に支えられていたのである。

第二に、皇慶による独自の密教形成である。皇慶は天台僧でありながら東寺の景雲からも密教を受けた。それだけでなく『阿娑縛抄』（第一九七）には、天台僧は『大日経義釈』のみを受け『大日経義疏』は受けなかったが、皇慶は北白河に住む禅覚に懇願して『大日経義疏』を伝受し、皇慶以後は両者を弟子に伝授するようになったと記されている。また四度加行（十八道法・金剛界法・胎蔵界法・護摩法）ののちに、入壇灌頂（胎蔵界・金剛界・合三部・瑜祇灌頂・神秘灌頂）を遂げる台密の行法は、皇慶から始まったことが、獅子王圓信によって指摘されている。[12]さらに漢文の訓点のうち、天台宗で発達した宝幢院点は、皇慶と延殷が創始者で、長宴や叡超（伊勢国在住）ら皇慶の弟子がそれを使用し天台系のオコト点の主流をなした。[13]皇慶の斗藪・諸国経遊が、すべて密教伝授を目的としたものであったとまではいえないが、天台僧が東寺を訪れて密教を学ぶことが困難であっても、出身地に帰ったり、地方に出向いた僧であれば、その道が開けた。また筑前国に出向けば、海外からの情報に接したり、また自身の渡海の可能性も生じる。延殷は渡海を希望している。また皇慶・延殷の始めた宝幢院点については新羅・高麗の角筆点の影響が窺えるという小林芳規の指摘も存在する。[14]

第三に、皇慶の密教伝授である。皇慶は寛弘七年（一〇一〇）に伊勢国飯高郡長尾山に出向いて叡超に法を授けている。また丹波国池上大日寺に居住したのちは長宴・安慶といった弟子がそこを訪問して法を受けている。師弟間での密教の伝授が、距離を隔てた場所の往来というかたちを取ってなされたのである。また皇慶は永承三年（一〇四八）七月二十三日に、顕密法文・仏像・道具等を弟子のなかの安慶に相続させると決めた付属状を作成し、他の弟子たちに争いを起こさないよう命じ連署させている（『青蓮院門跡吉水蔵聖教目録』五九一頁）。しかし、安慶によって密教が集約されたわけではなく、長宴などによって、それぞれ異なる灌頂儀式が整えられた。[15]このように台密が分派していくなかでも、皇慶の法流に属する僧が地方に出向き、聖教を書写させた事例が知られる。それについては、第二節・第三節において分析することにしたい。

以上を踏まえて、僧侶の都鄙間往来や、「国司随身の僧（国司随行僧）」についての私見を述べておく。冒頭で触れた寺内浩の研究に戻ると、比叡山から伊予国法界寺に移り住んだ清禅は、のちに比叡山に帰り、皇慶に密教を伝授している。従って清禅を「中央の大寺を離れた隠遁僧（聖）」という枠で括るのは適切ではない。比叡山から地方寺院に移り住んだからといって、それが中央主要寺院での活動や昇進と縁を切った「隠遁」「遁世」とは断定できない[16]。天台別院を任されて赴任し、しばらくして比叡山に戻るというようなケースも視野に入れるべきである。また伊予国司に赴任時から従った静真（清尋）のみを「国司随行僧」と定義して、静真との関係で修法した皇慶をその枠から外してしまうのも、適切でない。「国司随身の僧（国司随行僧）」は、諸国国師（講読師）のように朝廷による任命や任期が決まった僧職ではない。また国衙機構が固定化した時代の在庁供僧とも異なる。国司が近親者の僧や有験の僧を任地に随行したり、往来途中に立ち寄った中央主要寺院の有験僧に祈祷させたりしたのが実態と捉えるべきであろう。皇慶は丹波国府の近くに住んだが、その後も慈徳寺阿闍梨となり、慈覚派・智証派の争いで叱責され、老齢を理由に比叡山に帰っている。そのことからも、延暦寺僧の地方移住・往来・遊行をもって「隠遁」「遁世」と即断すべきではない。さらにいえば、「隠遁」「遁世」は、平安・鎌倉時代の僧俗の価値観や行動を示すものであっても、それは極めて広範囲かつ漠然とした概念である。実態を見極めずに「隠遁」「遁世」の語を安易に使用すべきではないと考える[18]。

第二節　薬仁・基好・栄西と皇慶流密教の伝播――備前・因幡・伯耆・筑前――

一　『瑜祇経』関係典籍の奥書

京都市東山区の青蓮院門跡に伝わった聖教については、吉水蔵聖教調査団編『青蓮院門跡吉水蔵聖教目録』（汲古書院、一九九九年）の刊行によって、表題や奥書が活字で確認できるようになった。そのなかには、十一世紀末から十二世紀初頭に延暦寺僧薬仁が備前国児島諸興寺や因幡国高庭の清冷院で密教典籍を記したことや、その後の転写の記事がみられる。

青蓮院門跡吉水蔵聖教は、約一一〇の箱に納められており、そのうち第五四箱には、『瑜祇経』関係の密教典籍が纏まっている。その聖教一九点のうち、ここで検討するのは、A『瑜祇経母捺羅』『瑜祇経私記』（合冊）と、B『瑜祇経西決』である。『瑜祇経』は、正式には『金剛峰楼閣一切瑜伽瑜祇経』といい、二巻からなり、『大日経』『金剛頂経』とともに密教で重視された経典である。空海が日本にもたらしたことから、真言宗の東密で重視され、多くの学僧が注釈書や口伝を作成した。天台宗の台密でも、安然が注釈書『瑜祇経疏』『瑜祇経修行法』を著している。

『青蓮院門跡吉水蔵聖教目録』（三〇三頁）に従って、『瑜祇経母捺羅』『瑜祇経私記』と『瑜祇経西決』の奥書を紹介しよう。

A『瑜祇経母捺羅』『瑜祇経私記』は、合冊で、表題に「長寿房」と記されている。また、その奥書と末尾には次のような記事が確認できる。

a天仁二年六月廿三日、於二因幡州高庭浦上清冷院一記レ之、比丘薬仁矣、

b書本云、安元三年丁酉七月廿五（七）日、於二鎮西□□（以肥）前州今津誓願寺一以二如々房弟子玄語房本伝領之本、花蔵房之本一為二書本一云々、

c治承四年庚子十一月三日、於二備前州日応山瑜伽寺一以二件鎮西之本一不意之外書了、或修行者之持本也云々、

基好

d嘉暦三年三月二日、以二伯州基好自筆本一書了、件正本在二岡崎一耳、（花押）

B『瑜祇経西決』の奥書は次の通りである。

e承徳二年壬九月七日、依レ難レ背二丁寧請一於二備前州児島諸〔請〕興寺一、延暦寺比丘薬仁記レ之、願以二此良縁一期レ為二来浮生一矣、

f治承四年庚子四月下旬、於二五条椰ク(ママ)一書了、

g書本ハ白川金剛勝院之僧三位闍梨円長之本也、但去長寛年中彼闍梨為二修行巡礼一令レ参二伯大山基好草庵一二数月同宿、其間真言書等少々被二書写一了、其内ノ書也、基好カ其時書本ハ治承己亥年四月中、為二伯耆在庁元安一、大山騒動之時顕密聖教等□〔尽〕数為二軍兵一被レ取了、其内如レ此書籍等失了、仍重所二尋書一也、基好カ書本ハ先年修行之時於二多武峰一以二慶深厳浄房本一書了、修行之趣如レ此云々、

h嘉暦三年三月三日、以二伯州基好自筆本一在二岡崎一書写了、

（花押）

以上の奥書は、ABともに、①薬仁が自ら記した著作の識語（ae）、②基好の筆写の事情を記した書写奥書（bcfg）、③さらにそれを嘉暦三年（一三二八）に重ねて書写した際の奥書（dh）、の三段から構成されている。そこで、以下において、①②③の順に従って、記事の意味を解釈することにしたい（表8も参照）。

二　薬仁と備前国児島郡諸興寺

Bのeは、承徳二年（一〇九八）閏九月七日に、薬仁が備前国児島郡の諸興寺で丁寧な依頼を拒めずに、この『瑜祇経西決』を記した、というものである。またAのaは、薬仁が天仁二年（一一〇九）六月二十三日に、因幡国高庭の浦上清冷院で『瑜祇経母捺羅』『瑜祇経私記』を記した、という記事である。いずれも薬仁自身による

著作識語ということができる。

「薬仁」については、『日本天台宗典目録』によると、『瑜祇秘密根本契印』一巻の、『昭和現存天台書籍綜合目録　上巻』によると、『内作業灌頂私記』一巻の著作が確認でき、後者の奥書には「蓮華院永意口授、西塔長寿坊薬仁記」と記されている。[19] 群馬県太田市の長楽寺に伝わる「瑜祇灌頂血脈」（『群馬県史　資料編5』三五九頁）[20]に、次のような系譜が確認できる。

慈覚（円仁）—安恵—長意—玄昭—智淵—明靖—静真—皇慶—長宴—頼昭—薬仁—慈胤—覚心

これらから、薬仁は『瑜祇経』に関する著作を複数記しており、それは同経に関係する秘法を受けていたことによるとみられる。また薬仁は「長寿坊」と呼ばれていた。長寿坊（房）という住房は、比叡山延暦寺の三ブロック（東塔・西塔・横川）のうちの西塔に属したことが、『内作業灌頂私記』奥書からわかるのである。

「備前州児島諸興寺」は、現在は廃寺で、岡山県倉敷市木見に跡地がある。池田継政の命令で元文二年（一七三七）に編纂が始まった『備陽国誌』（巻十七）[21]は、新熊野山山伏の項で「五流伝記略」を引き、次のように説明している。大宝元年（七〇一）に役小角の弟子の義学が紀州熊野の神を遷座し、天平宝字五年（七六一）に熊野神社が造営された。また新宮に当たる「諸興寺」、那智山を遷した「新熊野山瑜伽寺」も創建して「新熊野三山」が成立した。諸興寺は現在は廃寺となっている。瑜伽寺は瑜伽山蓮台寺と呼ばれている。承久の乱ののちに児島に配流になった頼仁親王（後鳥羽上皇の子）がそこで没すると、諸興寺に葬った、と。同書は続けて「廃寺」の項を立てており、そこにも「新熊野山龍岩諸興寺、木見村」の記事が認められるのである。

また、石丸定良が宝永元年（一七〇四）に完成させた『備前記』（巻九）[22]にも、「村中ニ称光寺トテ、昔七塔伽藍有シニ、度々ノ回禄ニ次第ニ衰微シテ、今僅ノ草庵ノ堂アリ、本尊薬師如来恵心（源信）僧都ノ作也、又外ニ阿弥陀堂ア

表8　薬仁の『瑜祇経』関係著作の成立・書写過程（＿＿は推定）

Ⓐ『瑜祇経母捺羅』『瑜祇経私記』	
（西暦）年月日	事項
ⓐ(1109) 天仁2・6・23	薬仁が因幡国高庭の清冷院で著す。
ⓑ(1177) 安元3・7・27	栄西が筑前国今津誓願寺で玄語房の所持した本をもとに書写。
ⓒ(1180) 治承4・11・3	基好が備前国日応山瑜伽寺で栄西書写の本をもとに書写。
ⓓ(1328) 嘉暦3・3・2	桓守または尊円法親王（の関係者）が山城国岡崎で基好の書写本をもとに書写。

Ⓑ『瑜祇経西決』	
（西暦）年月日	事項
ⓔ(1098) 承徳2・閏9・7	薬仁が備前国児島の諸興寺で著す。
ⓖ(1163〜65) 長寛年中	円長が比叡山から伯耆国大山寺に写本を携行。基好が書写。
ⓕ(1179) 治承3・4	伯耆国の騒動で基好の書写本が失われる。
ⓖ(1180) 治承4	基好が大和国多武峰に赴き慶深厳浄房の所持していた本をもとに書写。 4月下旬に大和国五条で奥書を記す。その後詳細な奥書を追加。
ⓗ(1328) 嘉暦3・3・3	桓守または尊円法親王（の関係者）が山城国岡崎で基好の書写本をもとに書写。

り、其外霊作ノ毘沙門アリ、此所ハ、則熊野三山ヲ写シ新宮ニカタトル」と記されている。さらに五流尊瀧院蔵の『長床縁由興廃伝』（巻七）[23]にも、新熊野山の新宮としての諸興寺について、残っていた薬師堂・阿弥陀堂も元禄年間（一六八八〜一七〇四）には壊れてしまったと記されている。

諸興寺の跡地は、頼仁親王陵墓の隣接地（南東）と考えられており[24]、同地に小字「寺内」が確認できる。児島半島の北側は古代・中世には海水が入っており、船が航行していた。従って現在の倉敷市木見の頼仁親王陵墓、倉敷市林の熊野神社・五流尊瀧院の所在する場所は、対岸に藤戸を臨む交通上の要地であったといえる。

次に関係地名に目を転じよう。「因

幡州高庭」、すなわち因幡国の「高庭」は、東大寺領の高庭荘が所在した地である。高庭荘は、延暦二十年（八〇一）から確認でき、大治五年（一一三〇）の『東大寺諸荘文書并絵図等目録』にも、因幡国高草郡に所在すると記されており（『平安遺文』二一一号・二一五六号）、鳥取市に比定されている。(25)「浦上清冷院」は、関係史料が見当たらない。

三　伯耆国大山寺の基好と栄西・円長

A『瑜祇経母捺羅』『瑜祇経私記』のｂｃを現代語訳してみよう。

ｂ書写奥書には次のように記されている。「安元三年（一一七七）七月二十五（七）日、鎮西筑前国の今津誓願寺において、如々房の弟子玄語房が伝領した本（花蔵房の本）を底本として書写した」。

ｃ治承四年（一一八〇）十一月三日、備前国日応山瑜伽寺において、その「鎮西之本」に不意に出会い、書写し終えた。ある修行者が所持する本であった。　　基好

ｃの奥書を記した「基好」については、鳥取県西伯郡大山町の大山寺に伝来する承安二年（一一七二）十一月二十日の鉄製厨子鋳造銘に「大行事宝殿検校南光院遍照金剛基好」と記されており（『平安遺文　金石編』四二五号）、伯耆国大山寺の僧であったことがわかる。基好が治承四年に書写した『瑜祇経母捺羅』の底本にあった奥書がｂである。

このｂｃの解釈については、基好と栄西との関係に注目したい。栄西は宋から臨済宗を伝えたことで知られる

が、当初は比叡山で学んだ天台僧であり、また伯耆国大山寺の基好からも密教を学んでいる。すなわち、『元亨釈書』（巻二）には、栄西は応保二年（一一六二）に比叡山から帰省し、伯耆大山の基好から密教の灌頂を受け、その後再び比叡山に戻って学問を深め、仁安三年（一一六八）四月に商船に乗って宋に渡った、と記されているのである。その密教について、「薬仁―兼慶―基好―栄西」の系譜を伝える史料も存在する。[26]

また栄西は備前国日応寺（岡山市に日応寺が現存）の僧で、安元元～三年（一一七五～七七）に筑前国今津に誓願寺を建立して滞在したことが知られている。すなわち、栄西自身が記した『誓願寺創建縁起』[27]には、「同五季改安元十月二十三日庚子、軫宿日曜甘露辰、敬以遂二供養素懐一了、備前州日応山入唐法師栄西、崛レ之為二阿闍梨一（中略）安元元季太歳乙未十月二十五日壬寅」の記事が確認できる。また『無名集』[28]にも「于レ時安元三年丁酉七月戊申十五日壬子、於二鎮西太宰府筑前州今津誓願寺僧坊一、如レ形草レ之、不レ可二再治一耳、栄西非二一門一者、努々不レ可二披見一（中略）治承四年十二月十二日一条皮堂（行願寺）内」と記されているのである。

要するに、b安元三年（一一七七）に筑前国今津の誓願寺（福岡市に現存）で『瑜祇経母捺羅』を書写したのは、時期・場所からみて栄西に他ならず、c栄西の密教の師匠に当たる大山寺の基好は、治承四年（一一八〇）十一月に「備前州日応山瑜伽寺」（栄西の属した日応寺）におり、そこで「鎮西之本」に出会って、それを書写した。「或修行者」とは、栄西もしくはそれと行動をともにした僧のことであろう。なお、栄西は『無名集』から治承四年十二月に京都一条の皮堂（行願寺。[29]革堂ともいう）にいたことが知られる。

B『瑜祇経西決』のeに続くfは、年代からみて薬仁による文章ではなく、gとともに基好によって書かれたものとみるべきであろう。fとgの年代が逆転しているようにもみえる。現代語訳すると、次の通りである。

f治承四年（一一八〇）四月下旬に「五条」において書写した。

g書写の底本は、白河金剛勝院の「三位闍梨円長」の本である。長寛年中（一一六三〜六五）に円長（「彼闍梨」）は、修行巡礼のために伯耆国大山寺を訪ね基好の草庵に数箇月留まった。その間、円長は真言の書を少々書写された。『瑜祇経西決』の底本はその時のものである。基好がその時書き写した『瑜祇経西決』は、治承三年（一一七九）四月に「伯耆在庁元安」による騒動があって、顕教・密教の典籍がすべて軍兵に奪われ失われてしまった。そのため同書を重ねて訪ね求めることになった。基好の書写本は、基好が先年修行で大和国の多武峰を訪れた際に「慶深厳浄房」の本を写したものである。修行はこうした事情によるのである。

「円長」は、『尊卑分脈』によると、藤原長実の孫で、権僧正に昇り、嘉禄三年（一二二七）十月九日に入滅したという。また『兵範記』保元二年（一一五七）十月二十九日条に、朝廷から阿闍梨（密教の師範）として認可された記事があり、『師説集』[30]にも、円長について、「長輔三位息」「号三位僧正」、建久八補西塔院主」、建仁二再任」などの記事がみえる。つまり、円長は父藤原長輔が三位であったことから「三位僧正」などと呼ばれ、建久八年（一一九七）と建仁二年（一二〇二）に比叡山西塔を統轄する院主に任命されたのである。西塔は薬仁の所属した場所でもある。

円長は「白河金剛勝院」にも属していた。同寺は、青蓮院の前身寺院である。すなわち同寺は康治二年（一一四三）に、美福門院によって白河の地に建てられ、のちに覚快法親王（鳥羽天皇の子）の住坊となり、三条白河坊と呼ばれた。その弟子の慈円が金剛勝院を受け継いだが、元久二年（一二〇五）に「吉水」の地に移転した。この金剛勝院や吉水坊をもとに慈円が青蓮院を整備したのである。[31]平安末期の貴族出身僧は、比叡山を拠点としながらも、山麓に里坊を構えてそこで生活するようになった。円長も、比叡山西塔に拠点を置きながら、京都東山の白河に所在する金剛勝院で活動したのであろう。

円長の書写した仏典のことが『昭和現存天台書籍綜合目録』から知られる。すなわち、『薬師水礎檀様法曼流』の奥書に「嘉応元年（一一六九）六月、（中略）於二石泉房一以二弁阿闍梨御本一書写了、求法沙門円長記レ之生年廿九」とあり、また『灌頂私記』の奥書に「承安元年（一一七一）九月十一日、以二師本一写レ之了、（中略）円長生年卅二」と記されているのである。(32)嘉応元年の「求法沙門」の自称は、円長が「修行巡礼」のために大山寺に赴いたという前掲の記事と符合するようである。

「多武峰」は、藤原鎌足を祀る談山神社のことで、奈良県桜井市に所在する。『多武峰略記』によると、妙楽寺という寺院でもあり、天暦十年（九五六）ごろから比叡山延暦寺の末寺になっている。

「五条」は、京都の五条とも考えられるが、奈良県内にも五条の地名がいくつか存在する。ここでは現在の五條市を指すと考えておきたい。五條市の「五条」の地名は、古代・中世には事例が確認されていないが、多武峰から比較的近く、基好が大和国から紀伊国に抜け、海路を使用したとすれば、必ず通る場所に位置している。

ｆｇの奥書については、ともに基好が治承四年に書写した事情を記したものではなかろうか。すなわち、ｆは実際に書写した時点で記した簡略な記事であり、一方のｇは、その後、落ち着いた段階で改めて書写の事情を詳細に記したものと考えられるのである。

以上の検討から、基好が書写するまでの事情を簡単に纏めると次のようになる。「薬仁」は、延暦寺の西塔に属した僧で、承徳二年（一〇九八）には備前国児島の諸興寺でＢ『瑜祇経西決』を、天仁二年（一一〇九）には因幡国高庭浦上の清冷院においてＡ『瑜祇経母捺羅』『瑜祇経私記』を著した。「円長」も、延暦寺西塔に属した僧であり、長寛年中（一一六三～六五）に伯耆国大山寺に赴き、「基好」と交流した。基好は、円長が書写していた薬仁の著作Ｂ『瑜祇経西決』をさらに書写した。しかし治承三年（一一七九）には混乱のなかで失われてしまい、翌四年に大和国多武峰に出向き、「慶深厳浄房」の所持していた本を底本として書写した。また基好は同年十一月には、備前国の日応山瑜伽寺で、栄西（もしくはその関係者）が筑前国今津誓願寺で書写していたＡ『瑜祇経母捺羅』『瑜祇経私記』と思いがけなく出会い、それを筆写した。要するに、薬仁が備前や因幡で著した著作は、伯耆国大山寺・多武峰・今津誓願寺・日応山瑜伽寺などで書写され、さらに大山寺の基好が重ねて書写したといえる。

四　岡崎坊と青蓮院

Ａのｄは「嘉暦三年（一三二八）三月二日に伯耆国の基好の自筆本をもとに書写した。その底本は岡崎にある」、Ｂのｈは「嘉暦三年三月三日に伯耆国の基好の自筆本（岡崎に所在）をもとに書写した」というものである。岡崎は、京都市東山区の地名で、青蓮院の所在する粟田口の北に当たる。要するに、青蓮院にいた（もしくは関係する）僧侶が、「岡崎」にあった基好の自筆本をもって、書写したのである。

「岡崎」については、『華頂要略』（巻三十二）[33]に、「実乗院号二岡崎坊一」としてその所在地の記事が続き、また慈円に仕えた成円から始まり、長享二年（一四八八）の記事を伴う承玄まで、一九人の門主が列記されている。その二番目に「円長権僧正」が挙がっていることは注目に値する。また十番目の「桓守大僧正」は、嘉暦年間の書写を考えるうえで重要である。『天台座主記』[34]には、第一一七世の桓守が、「実乗院、岡崎門院、禅定坊」と記されており、嘉暦四年（一三二九）二月十一日に天台座主に就任している。また桓守は、『華頂要略』（門主伝第十七）によると、元応元年（一三一九）十二月に、岡崎坊において尊円法親王に灌頂を授けている。尊円法親王は伏見天皇の子で、元徳元年（一三二九）に青蓮院門主となる人物であり、能書家としても知られる。その尊円法親王も、元弘三年（一三三三）十二月に天台座主に就任し、「岡崎坊」で宣命を受けているのである。

以上の考察から、嘉暦三年の書写は桓守か尊円法親王、あるいはその関係者によるもので、岡崎坊と青蓮院は極めて密接な関係にあったといえる。ただし、基好と交流のあった円長が岡崎坊の門主をつとめたことと、嘉暦三年時点で基好の自筆本が岡崎坊にあったこととは、必ずしも結びつかない。そのことは後で述べることにしよう。

なお、「備前州児島諸興寺」（e）の記事は、その寺名が珍しかったためか、「諸」の文字の横に誤って「請」の文字が傍書されている。また誓願寺の記事も「筑前」とすべきで、「肥前」（b）は誤りである。これらの誤記は、嘉暦三年（一三二八）に生じたものかもしれない。

五　祖師としての薬仁・基好

基好の書写した薬仁の著作が、嘉暦三年（一三二八）に岡崎坊にあり、転写されて青蓮院に伝わった事情に関しては、『瑜祇経』に強い関心を示した慈円と、その法を嗣いだ僧侶たちに注目する必要がある。

慈円は文治五年（一一八九）から仏眼法という密教修法を勤修しており、それは『瑜祇経』に説かれる仏眼曼荼羅・仏眼呪に基づくものである(35)。そして同六年二月には、観性から仏眼法に関する秘法を伝授されている。すなわち慈円自身の記録に基づく『胎蔵八字頓証行法口伝』(36)には「和尚（慈円）御記云、文治六年正月廿四日払暁参㆓入西山㆒、同二月於㆓静房㆒受㆑法事、仏眼行法最極秘密八字五字等口伝、奉㆑受也」の記事と、「慈覚大師（円仁）―（中略）―

皇慶―頼昭―薬仁―兼慶」「皇慶―院尊―経暹―念覚―基好―観性―慈円」などの系譜が記されているのである。
観性は、美作守藤原顕能の子で、九条兼実（慈円の兄）の日記『玉葉』にも承安三年（一一七三）から建久元年（一一九〇）までに五九件の記事が登場し、仏眼法を勤修したことも確認できる。また観性は、伯耆国大山寺の基好からその法を学んだ僧であり、京都西山の善峰寺に住んだことも知られている。(37)

これに関連して、薬仁・基好・慈円が登場する史料として、『大山寺縁起』が指摘できる。この縁起は伯耆国大山寺の由来を記した絵巻の詞書であり、その成立は鎌倉時代後半から南北朝期と考えられている。二五・二六段(38)を意訳すると次のようになる。

薬仁は長宴の弟子である。遁世して伯耆国の日野の奥の八重岩屋という場所で久しく修行していたが、大山に登り西明院の桜本房に居住した。鳥羽天皇の天仁二年（一一〇九）五月十八日に薬仁は権現の社壇で山上大衆天下安穏のために不動護摩を七日間修してからは、度々灌頂を執行し、真言秘教の弘通が昔にもまして盛んになった。（中略）慈円は長宴の遺徳を偲んで、その法脈を伝えてくれる人を探したが、薬仁や兼慶はすでに亡くなっていたので、基好を京都の青蓮院（吉水殿）に招いた。基好は上洛して「谷の合行、秘密壇の灌頂、薄墨の印信」などを慈円に授けて急いで伯耆に帰った。慈円はその後、西山の観性を伯耆に派遣して、疑問点を問うた。

すなわち、ここには薬仁が伯耆国に出向いたことや、基好が慈円に招かれ青蓮院に出向いて灌頂を授けたことが記されているのである。しかし、同縁起の内容を鵜呑みにしてはならない。

『瑜祇経』に説かれる大悲胎蔵八字真言の相伝を尊円法親王が纏めた『胎密契愚鈔』について分析した水上文義によると、基好や慈円のころから、その真言は八文字ではなく、九文字であるとの説が重視されるようになり、また同書には基好の祖師として薬仁も登場しているという。また、基好を重視する立場から、実際には観性を介して慈円に密教を伝えた基好が、『大山寺縁起』では直接慈円に法を授けたように記されたのではないかと、水上は推測している。(39)

岡崎坊に基好の自筆本が持ち込まれたのは、基好と交流のあった円長によるものではなく、慈円の法を嗣ぐ僧が基好を特に重要な祖師と認識するようになったことによるのであろう。『華頂要略』（門主伝第十七）によると、尊円法親王は慈円の百周忌の仏事を行い、さらに嘉暦元年（一三二六）九月二十五日からその肖像を供養する慈鎮和尚御影供を創始して年中行事としている。尊円法親王のころに、青蓮院の門流意識が高まり、慈円およびそれに先行する基好、さらには薬仁をも顕彰する潮流が生まれ、これらの典籍が書写・保存されたと考えられるのである。

十二世紀に基好は各地を巡り、偶発的な要因を伴いながら薬仁の著作を筆写した。それに対して、十四世紀の青蓮院での転写は、密教の流派が固定化し、薬仁や基好を祖師として顕彰する意図のもとに一括してなされたといえる。

六　『改偏教主決』にみえる薬仁の合行灌頂式

名古屋市真福寺で平成十五年（二〇〇三）に発見された『改偏教主決』は、安元元年（一一七五）に栄西が筑前国原山にいた尊賀と論争した際の書で、末木文美士編『中世禅籍叢刊　第一巻　栄西集』（臨川書店、二〇一三年）

において翻刻がなされた[40]。そのなかに、薬仁や備前国児島諸興寺のことが登場している。薬仁や栄西は、台密のなかでも皇慶・長宴の系譜に連なる僧である。彼らの諸国往来や巡礼がいかなるものであったかを考えることにしよう。

『改偏教主決』は五巻からなり、第一巻（『改偏教主決　第一并序』）に真言教主に対する栄西と尊賀の見解の相違から論争が始まったと記されている。尊賀は円仁が伝えた合行灌頂《ごうぎょうかんじょう》を不審とし、そのなかでも「谷合行灌頂」の相承について「大原僧都（長宴）造二私記一給也、何其中名二谷合行一乎、況伝聞彼聖人被レ伝私記、長寿房（薬仁）所レ撰、不レ可レ名レ谷乎」（同上書三八二頁）と、大原僧都（長宴）が私記を作成したのに、なぜ「谷（皇慶）合行」と名付けるのか、さらに伝え聞くに、その私記は長寿房（薬仁）が撰述したものであり、「谷」と名付けるべきではない、と主張している。

そして栄西は同書第三巻（『改偏教主決　第三　合行口決』）において、谷流の合行灌頂の正統性を述べている。その後半部には、皇慶の密教は長宴・院尊・安慶の三流に分かれた、栄西は長宴の系譜に属するとして、次の系譜が記されている。

静真（アミタ房）山―皇慶（谷ア□リ）山―長宴（大原僧都）山―頼昭（相厳房）山―薬仁（長寿房）山―兼慶（惣持房）大山―基好（シウ禅房）大山―栄西（葉上房）日応山

寂昭（三川入道）―皇慶―長宴―頼昭―覚範（智泉房）―薬仁―兼慶―基好―栄西

そして、それに続いて以下の記事がある（三八八頁）。

A　今此合行、原慈覚大師（円仁）所レ伝也、然仲比皇慶伝二云谷合行一、覚超伝二云横川合行一也、若瞋二谷名言一、只可二慈覚大師合行云一也、

B　又余（栄西）所レ用式長寿房（薬仁）之所レ撰也、不レ可レ名レ谷、云者、你薬仁既谷之流也、設其所レ撰何不レ名レ谷乎、余（栄西）谷流也、

設余所レ撰寧不レ名レ谷乎、例如二大隋智者《（智顗）》禅師所レ立宗一、両朝今昔子弟、本末雖レ殊、而同名二天台宗一、依レ流随レ本立レ名、其例非レ一乎、

C　何況薬仁私不レ作レ式、依二勝林院《（長宴）》両□□灑次第一記レ之、今捨二本式《大原》一、而用レ此者、附委用レ之也、□□昔離レ山之時、住二伯耆洲八重石崛一、或時登二大山一、為二明哲一故、以二此合行一授二大山兼慶惣持房一了、而依二彼請一製二委式一歟、又住二備前洲児島諸興寺一、未レ聞レ伝二此合行一、鎮西来下之後、又以不レ知二伝否一、

つまり、A合行灌頂は慈覚大師（円仁）が伝えたもので、それに連なる皇慶の系譜を谷合行、覚超の系譜を横川合行ということもあるが、慈覚大師の合行といえば問題ない。B自身（栄西）が用いている式は長寿房（薬仁）が撰したものである。なぜ「谷」と名付けないのかといわれるが、薬仁も谷流（皇慶の流れ）に属しているし、自身（栄西）も谷流である。隋の智者大師（智顗）が立てた宗を、中国・日本の今昔の弟子がいずれも天台宗と呼んでいる。本源に従って名を立てているのであり、これもその一例である。C薬仁が私に式を作ったのではなく、勝林院（長宴）の次第に依拠して記したのである。今は本式（長宴の次第）を捨ててこれ（薬仁の式）を用いるようになっている。（薬仁が）比叡山を離れて伯耆国八重石窟に住み、あるいは大山に登ったとき、明哲であるということで、この合行灌頂を大山の兼慶（惣持房）に授けた時に、兼慶に請われて委細な式次第（「委式」）を制作したのか。あるいは備前国児島諸興寺に住んでいた時には、この合行灌頂を伝えたということは聞いていない。鎮西に下向した[41]のちにそれを伝授したか否かは、わからない。

合行灌頂は、胎蔵界・金剛界の両部を合わせ行う灌頂で、略して合灌ともいう。[42]『改偏教主決』第一巻が伝える尊賀の見解では、空海は合行灌頂を伝えておらず、円仁が伝えたとするのも不審としていた。そして、応永四年（一三九七）に了翁が記した『灌頂私見聞』に「合行灌頂者、谷阿サリ《（皇慶）》初行レ之」（『大正新脩大蔵経』七七巻一九

三頁中段）とあり、合行灌頂は皇慶に始まると説明しており、獅子王圓信もその見解を支持している。[43] つまり合行灌頂は、皇慶が真言宗の密教を受け入れて考案した独自の灌頂の方式であったとみられる。しかし、灌頂の執行方法を式次第で明文化したのは長宴からであり、さらにそれを薬仁が詳細にした次第を作成し、薬仁の次第のほうが伝授されるに至ったのである。

薬仁が合行灌頂の式次第を作成したことについては、『自在金剛集』（第八・密林目録）にも、

> 山流合灌記
> 長意（寿）房薬仁記、山家灌頂私記也、古鈔云、山家大師記、非ス二長意（寿）房記一ニ、長意（寿）房記者、谷合行記也ト云ヘリ、伝法要決ニハ薬仁意楽ニ任セテ、谷ノ合記ニ依テ作ル、合灌頂記、基好・栄西等ノ流用レ之トアルニヨレハ、薬仁ノ合記別ニアル歟、恐クハ今山灌私記ハ薬仁ノ記ヲ略スル歟、若シ爾ラハ山家ノ私記失亡ノ（後脱カ）薬仁ノ記ヲ以テ山灌ヲ行スルニ似タレトモ、薬仁ノ記モ谷ノ合記ニヨツテ山灌ノ次第ヲ記スルナルヘシ、[44]

と記されている。『自在金剛集』は、寛政三年（一七九一）から同十年に覚千が記した台密の備忘録である。そこにも、長宴の記よりも長寿房薬仁の記をもって「谷合行記」と呼んだことや、基好・栄西もそれを用いたことがみえる。

『改偏教主決』第三巻の記事Cに戻ると、薬仁は伯耆国大山で兼慶に灌頂を授けた際に兼慶に請われて委細な式次第（「委式」）を製作したようでもある。また備前国児島諸興寺に住んでいた時には合行灌頂を伝えていない。鎮西に下向したのちにそれを伝授した（式次第を記した）のかもしれないとあり、薬仁による合行灌頂式次第の作成時期を特定するには至っていない。

それを踏まえて、薬仁の行動を振り返ると、薬仁が備前国で記した『瑜祇経西決』は、住僧の求めに応じて記

した自身の見解であり、因幡国で記した『瑜祇経母捺羅』『瑜祇経私記』も同様である。『瑜祇経』は、入壇灌頂（胎蔵界・金剛界・合三部・瑜祇灌頂・神秘灌頂）の一つ瑜祇灌頂に関する経典である。また、薬仁が備前・因幡で記したそれらの著作は、大山寺・多武峰・今津誓願寺・日応山瑜伽寺において書写されていた。要するに、皇慶に始まる独自の密教、とりわけ合行灌頂の流布については、薬仁が備前・因幡・鎮西に出向いたことや、円長・基好・栄西らの各地への巡礼・往来によるところが大きかったといえる。

これまでの考察から導き出せる結論を提示しておく。

第一に、皇慶が確立した密教の展開過程である。皇慶は天台僧でありながら東寺の禅覚や景雲から密教を受けた。また四度加行（十八道法・金剛界法・胎蔵界法・護摩法）や入壇灌頂（胎蔵界・金剛界・合三部・瑜祇灌頂・神秘灌頂）の行法、金剛・胎蔵の両部の灌頂を合わせて行う「合行灌頂」、仏典に付す訓点の宝幢院点は、いずれも皇慶に端を発していた。皇慶の系譜を引く薬仁は、『瑜祇経』に対する「口決」「私記」を備前国諸興寺・因幡国清冷院で記しており、それらは、伯耆国大山寺・大和国多武峰・備前国日応山瑜伽寺・筑前国今津誓願寺でも書写されている。また栄西は合行灌頂の式次第を薬仁が作成したと記している。皇慶の確立した密教が各地に伝播したのは、その系譜に属する薬仁が各地を巡り、『瑜祇経』に対する私記・口決や合行灌頂の次第を書き残したことによるのである。

第二に、天台僧の往来・巡礼の諸類型である。伯耆国大山寺を訪ねた円長は延暦寺僧で、のちに比叡山西塔院主をつとめている。薬仁・基好ほどではないが、その「修行巡礼」は学僧としての色彩を帯びている。また三善為康（保延五年＝一一三九没）編の『後拾遺往生伝』を見ると、[45] 出雲国鰐淵寺（出雲市に現存）の住僧であった永暹は「壮年之比、専好㆓修行㆒、往㆓反諸山㆒」し、京都の善峰寺や摂津国の四天王寺に留まったと記されている。『中右記』寛治八年（一〇九四）閏三月八日条に伯耆国大山寺の僧三〇〇人が大山寺座主を訴えて上京した事件、長治元年（一一〇四）十月七日条に延暦寺の末寺・寺領経営のために諸国を往反していた僧侶が記されている。(46)いずれも天台僧の往来や巡礼ではあるが、それぞれ性格を異にしているのである。

第三に、薬仁・円長・基好・栄西が往来・巡礼・居住した地方寺院の類型である。大和国多武峰や伯耆国大山寺は、十二世紀に入るころまでには天台宗の地方拠点となっていた。それに対して、備前国諸興寺・因幡国清冷院・備前国日応山瑜伽寺・筑前国今津誓願寺は、薬仁・栄西の関係史料より前の時代には知られていない寺院である。備前国児島諸興寺については、瀬戸内海交通の中間地点に位置し、また伯耆国大山寺へ向かう経路にも当たっている。(47)このように僧侶が往来・巡礼し、聖教が生成した寺院の地理的条件や性格にも留意しなければならないのである。

第三節　忠済・源延の東国往来と聖教書写——尾張・信濃・伊豆・相模・上総——

ここでは長楽寺（群馬県太田市）・勝林院（京都市）・金沢文庫（神奈川県横浜市）などが所蔵する聖教の奥書、および逢善寺（茨城県稲敷市）蔵『檀那門跡相承資』にみえる忠済・源延の活動を紹介することにしたい。(48)

一　忠済と尾張国味岡荘・小牧北持堂

（1）忠済の尾張国での聖教書写

まず、忠済が登場する聖教の書写奥書を掲げよう。

『灌頂秘要記』（群馬県太田市長楽寺蔵、『群馬県史　資料編5』五七〇頁）

金剛線押紙云、鈴回向等興云、勝林御記（「又云、」以下、二行割註）

又云、天養元年（一一四四）甲子四月十七日、於二尾州味岡御荘一書レ之、

後日於二東塔北谷下浄行坊一、以二正本一校レ点了、忠済

『胎蔵界灌頂随要記』（千葉県香取市徳星寺蔵、『群馬県史　資料編5』六八八〜六八九頁）

書本云、

天承二年（一一三二）二月六日、賜二安之師御本一書了、仁弁

又云、五月十六日午時、於二東塔（延暦寺）東谷実妙坊一交了、仁弁

久安三年（一一四七）丁卯三月三日午時許、於二尾州小牧北持堂一書了、忠済

同五月十六日午時、於二延暦寺東塔東谷実妙坊一以二正本一交了、忠済

永万元年（一一六五）乙酉十月八日、於二美州恵奈飯高寺一以二師近本一書了、師云、此私記大原僧都（長宴）御房之最後再治御記也

云、実豪

治承三年（一一七九）己亥七月十八日、於二常陸州下津間御荘内八幡宮一書了、以二覚師近本一書了、兼智

これらによると、①天養元年（一一四四）四月、忠済が尾張国味岡荘で『灌頂秘要記』を書写し、後日、延暦寺東塔北谷下浄行坊で校合した、②久安三年（一一四七）三月に忠済が尾張国小牧北持堂で『胎蔵界灌頂随要記』を書写し、五月十六日に延暦寺東塔東谷実妙坊で校合した、ということがわかる。すなわち忠済は、尾張国の味岡荘・小牧北持堂と比叡山東塔とを往復しているのである。

尾張国の味岡荘は、『朝野群載』（巻四・朝儀上）に載る康和三年（一一〇一）九月二十五日の中宮職庁下文にみえ、平時範がその荘司に補任されている。中宮は堀河天皇の中宮篤子内親王（後三条天皇の皇女）である。また七寺一切経の『菩薩処胎経』巻二には、安元三年（一一七七）四月三日に「味岡本荘小松山寺」において僧叡弁が校合したという記事がある（『愛知県史　資料編7』四七〇頁）。

尾張国の小牧北持堂がみえる『胎蔵界灌頂随要記』とほぼ同じ書写奥書を持つ『胎金灌頂私大原再治』（故大森真応蔵本）が『昭和現存天台書籍綜合目録　増補・索引』（六三頁下段）に載っており、そこでは「本云、久安三年丁卯三月七日申時、於尾州小牧持仏堂書了、忠済」と記されている。いずれかが誤写とみられ、後者の書写年代が「新写」であることや、『大正新脩大蔵経』（七五巻八一七頁下段）所収の『随要記』巻上にも「小牧北持堂」とあるので、ここでは前者の「小牧北持堂」が正しいと考えておきたい。

そしてこの小牧北持堂は、愛知県小牧市大山の大山廃寺塔跡がそれに当たる。同寺は、寛文八年（一六六八）の『大山寺縁起』によると、最澄によって建立され、永久年間（一一一三〜一一一八）に再興されて天台宗第一の巨刹となり、三千坊を有したという。一七の礎石が残り、昭和四十九年（一九七四）からの発掘調査で、瓦・墨書土器・陶器など、奈良時代から中世までの遺物が発見されている[49]。

（2）忠済の法脈

忠済については、次に示すように、天台宗の系譜類に登場している。

『蓮華院流血脈譜』（徳星寺蔵、『群馬県史　資料編5』六八四頁）

慈応和尚 谷阿闍梨皇慶亦号池上坊／許可受石泉坊覚空／灌頂受阿弥陀坊静真
―長宴 大原勝林院―永意 東塔北谷蓮華院―仁弁 大原三諦坊―忠済 法住寺勝林坊―胤慶 北谷十善坊阿闍梨―聖豪 東塔北谷即成坊―栄朝 世良田長楽寺開山 釈円坊―円爾 洛陽東福寺開山 (一脱)聖国師
―頼昭 許可灌頂受谷阿闍梨／合行受大原僧都―禅仁 宇治東円坊―院昭 前智泉坊―聖昭 穴太阿闍梨―忠済

『真言秘密両部伝法灌頂相承血脈譜』（茨城県稲敷市逢善寺蔵、『群馬県史　資料編5』六九四頁）

慈応和尚 谷ノ皇慶池上坊也　長宴和尚 大原僧都　永意和尚 蓮華院律師　仁弁和尚 双林寺座主三諦坊　忠済和尚 法住寺尾州味岡　胤慶和尚 善士坊　聖豪和尚 霊成坊　栄朝和尚 世良田長楽寺開山

また元亀三年（一五七二）に常陸国逢善寺の定珍が記した『鸚鵡鈔』（第三・合行三摩耶戒、『続天台宗全書　密教4』一二八～一二九頁）には、「サテ此ノ蓮華院ヲ味岡ノ流ト申ハ、忠済離山シテ尾張ノ国味岡ト云処ニテ弘ニ通シ之ヲ給故也」とあり、さらに密教の山門十三流を列記し、「第七、蓮華院流、是レハ蓮華院ノ永意律師ヲ嫡流トスル也」「第八、味岡流、是レハ味岡ノ忠済ヲ以テ納(曩)祖トスル也」と記されている。尾張国味岡を拠点に活動した忠済の流れが味岡流と呼ばれたのである。また同書（第六）に載る「逢善寺血脈相承次第」には、「慈応和尚谷―長宴大原―永意蓮華院納(曩)祖―仁弁―忠済―胤慶―聖豪―栄朝世良田ノ開山」に始まり定珍に至る系譜が記されている（一五二頁）。

この法脈のなかで、忠済に先行する僧を概観しておこう。

皇慶は『谷阿闍梨伝』によると、長徳年間（九九五～九九）から、伊予国・筑前国・肥前国背振山・丹波国などを巡行し、永承四年（一〇四九）に比叡山東塔で没した僧である。伊予国では国守の藤原知章のために普賢延命法を勤修している。また、長保五年（一〇〇三）に筑前国竈門山寺で『阿弥陀念誦略私記』を書写している（『平安遺文　題跋編』一七五五号）。皇慶は丹波国池上大日寺に住んだことから「池上房」とも呼ばれている。

長宴は『僧綱補任抄出』などによると、天喜二年（一〇五四）宇治平等院の阿闍梨、治暦元年（一〇六五）に五十一歳で権律師、承保三年（一〇七六）に権少僧都となり、永保元年（一〇八一）に没しており、『師資相承』（乾）には「大原僧都」と記されている。『四十帖決』は、密教に関する長宴の問いに師匠の皇慶が答えた口決集である。

永意は『僧綱補任』によると大治四年（一一二九）に権律師となり、長承三年（一一三四）に八十七歳で没している。『熾盛光口伝』の奥書に「承暦三年（一〇七九）四月、（中略）於二勝林院一書了、（中略）永意」（『昭和現存天台書籍綜合目録　下巻』、六五八頁上段）とあり、勝林院は、現在の京都市左京区大原勝林院町に所在する寺院である。『拾遺往生伝』（中巻十四）によると、源時叔が天元年中（九七八～八三）に出家して大原に住んだといい、続けて勝林院という「一禅門」の存在を記しており、『元亨釈書』（巻十一・感進三・釈寂源）では源時叔が皇慶に従って顕密の教えを学び、長和二年（一〇一三）に大原山に入り勝林寺を建てたとしている。

仁弁については、曼殊院に仁弁が書写したり、表紙に仁弁の名が記された聖教が四五点現存している。その年代は元永元年から康治二年（一一一八～四三）である。そのうち『仁王経儀軌』上の奥書には「元永元年（一一一八）十二月六日、於二勝林院一書レ之」「同二年正月十一日、於二蓮華房一奉レ受了、仏子仁弁」（『曼殊院古文書・聖教目録』一〇一頁）

とあり、勝林寺で書写し、翌年に「蓮華房」から奉受したことがわかる。「蓮華房」は、前掲の『蓮華院流血脈譜』に「永意東塔北谷蓮華院」とあり、永意のことであろう。長宴・永意・仁弁は、いずれも、大原や勝林院で活動したのである。

忠済が書写した聖教も、曼殊院に現存している。すなわち『宝篋印経記』の奥書に、

　康保二年乙丑七月廿六日庚午、繹(釈)道喜記、以㆓理智房大和尚御本㆒一交并移㆑点了、　聖昭

　本云、久安五―八月十八日巳時、於㆓穴太㆒書了、　仏子忠済

と記されている（『曼殊院古文書・聖教目録』一〇二頁）。最初の康保二年（九六五）の書写奥書と「聖昭」とは年代が一致しないが、聖昭は『蓮華院流血脈譜』に穴太阿闍梨と記される僧で、忠済がその聖昭に従って穴太（近江国滋賀郡）において久安五年（一一四九）にこれを書写したのであろう。『蓮華院流血脈譜』にも、忠済が仁弁および聖昭から法を受けたことがみえる。

以上から、忠済は皇慶―長宴の法流に属することが明らかである。本節の冒頭に掲げた『灌頂秘要記』は長宴の、『胎蔵界灌頂随要記』は皇慶の著作である。そして後者の奥書に「天承二年二月六日、賜㆓安之師御本㆒書了、仁弁」と記される「安之師」は、皇慶の弟子の安慶であり、おそらく長宴―永意―仁弁の系譜には伝わらなかった皇慶の著作を仁弁が入手して書写したということであろう。

二　源延と信濃国平瀬法住寺・伊豆国走湯山

（1）忠済から源延への付法

忠済が尾張国と比叡山を往来したり、さらに信濃国まで出向いたことを窺わせる史料がある。それは神奈川県

立金沢文庫蔵の『念誦次第』奥書で、次の通りである（『金沢文庫古文書　第十一輯（識語篇二）』一二三七頁。『昭和現存天台書籍綜合目録　上巻』六一七頁上段も同様）。

建保四年（一二一六）二月十七日、伊豆山浄蓮御房安室書㆓写之㆒、
　　　同十九日奉㆑交了、僧明玄
本云、養和二年（一一八二）三月一日、於㆓信州平瀬法住寺㆒味岡御房（忠済）奉㆑受了、源延廿七
寿永三年（一一八四）二月廿日、於㆓伊州走湯山㆒書写了、源延廿九
　本云、
　　仁平元年（一一五一）甲午五月　日、於㆓比叡山東坂下御院㆒、海供奉本奉㆑受、
　　同五月、於㆓尾州小教（牧）堂㆒、以㆓同本㆒書㆑之、
　　　　　　　　　　　金剛仏子忠済

つまり（一）仁平元年（一一五一）五月、忠済が比叡山東塔坂下御院で『念誦次第』を受け、尾張国小牧堂で書写した（「教」は「牧」の誤字であろう）。（二）養和二年（一一八二）三月一日、源延が信州平瀬法住寺において『念誦次第』を「味岡御房」から受けた。（三）寿永三年（一一八四）二月二十日、源延は伊豆国の走湯山でそれを書写した。（四）建保四年（一二一六）二月、伊豆国の浄蓮御房の安室で明玄が書写・校合した、という内容である。

養和二年に源延にこれを授けた「味岡御房」は忠済のことである。『師資相承』（乾）（東京大学史料編纂所蔵）に、

　皇慶―長宴―慶厳―仁弁―忠済改慶勝林房―源延上蓮房、伊豆山

とあり、同書（坤）にも、

皇慶─┬─長宴─永意─仁弁─忠済─浄蓮（源延）
　　　└─頼昭─行厳─聖昭─基好─栄西─栄朝─円爾

と、その師弟関係が記されている。

「信州平瀬法住寺」の平瀬は、長野県松本市の上平瀬・下平瀬のことで、法住寺は平瀬に所在した寺院のことであろう。

聖教の奉受・書写・校合が行われた場所に注目すると、忠済の場合、尾張で「書写」、比叡山で「校合」した例と、比叡山で「奉受」、尾張で「書写」した例が知られる。また源延は信濃で「奉受」、伊豆で「書写」している。このことは忠済は尾張に、源延は伊豆に拠点寺院があり、聖教の書写はそこでなされたことを示している。先にみた仁弁の場合は、比叡山で「書写」し、その後に「奉受」「校合」がなされており、忠済・源延という各地を往来した僧と、仁弁のような比叡山に常住した僧とで、聖教の奉受・書写・校合の順序や書写の場所が異なることがわかる。要するに、各地を往来する僧は、訪ねた地で「奉受」した聖教を、拠点寺院に戻って書写したのである。

(2) 皇慶の門流としての源延

源延は、『善光寺縁起』（巻四・浄蓮上人源延如来奉拝見事）に「夫浄蓮上人、伊豆国人、家伊豆河東走湯山所生也、若年之時、依㆓学澄憲㆒、住山住侶多年也、（中略）自㆓生年四十歳㆒至㆓于六十六㆒、廿六年之間、毎年二度三度参㆓詣善光寺如来御宝前㆒」[50]とあり、伊豆国走湯山の出身で、若い時に比叡山東塔にいた澄憲に学び、四十から六十六歳まで毎年二〜三度、信濃国善光寺に参詣したことがわかる。

源延は浄蓮房という房号で呼ばれ、『吾妻鏡』元仁元年（一二二四）八月八日条に「導師走湯山浄蓮房加藤左衛門尉実長叔也」とあるように、伊豆国の加藤氏の出身である。同書建保元年（一二一三）三月二十三日条に浄遍僧都と浄蓮房（源延）が源実朝の御所において法華・浄土両宗の趣旨を談義した記事、同年四月十五日条に和田朝盛の剃髪の師を浄蓮房がつとめた記事がある。また浄蓮房（源延）は元仁元年（一二二四）六月二十二日には北条義時の追善供養の導師、同年八月八日には鎌倉新法華堂の落慶供養の導師をつとめ、寛喜元年（一二二九）二月十一日には走湯山造営の件で北条泰時を訪ねている。さらに同年二月二十一日に相模国三崎海上で三浦泰村の催す迎講の導師をつとめたことが『吾妻鏡』から知られる。[51]

走湯山（伊豆山）造営については、建久八年（一一九七）の諸堂炎上から寛喜二年（一二三〇）までの再建の記録『走湯山上下諸堂目安』[52]が残っている。その建保三年（一二一五）条に「講堂・常行堂御供養、導師上蓮上人」、貞応元年（一二二二）条に「四月十四日、講堂千手観音挙造始也、七月終功畢、八月八日、御殿人、開眼、導師上蓮上人源延」、同二年条に「三月三日、上常行堂修理供養了、導師上蓮上人源延」、安貞元年（一二二七）条に「正月中、御在所已下諸堂仮屋、皆以上蓮上人沙汰也、（中略）十月三日、御棟上、十八日、礼堂御事始、勧進上人源延、生年七十二」、同二年条に「正月八日、千日朝講拝二御勧進一為二御代官一開白、源延上人七十三」と、源延が諸堂や仏像の供養会で導師をつとめたことや「勧進上人」と呼ばれたことが記されている。寛喜二年（一二三〇）条には「十月七日、上人逝去畢、七十五」の記事に続けて「右、以二源延上人自筆注文一、所レ令二註進一之状如レ件」「嘉暦二季十一月十四日」「凡自二建久□年丁巳一至二于寛喜元年己丑一三十三年之間註文也、至二寛喜二季一三十四年也」とある。つまり、この『走湯山上下諸堂目安』の寛喜元年までの記事は源延の自筆注進状に依拠しており、嘉暦二年（一三二七）になって、この書が纏められたのである。

加藤宥雄の研究[53]によると、神奈川県立金沢文庫で発見された源延関係の史料は、『施餓鬼法并手印』『念誦次第』『簡要略録』『阿弥陀秘口決』『前唐院法花釈』の五点で、『念誦次第』に「依二安然和尚次第一作レ之、唯存レ略不レ同也」「叡山遍照金剛記」とあり「叡山遍照金剛記」は皇慶のことである。また『簡要略録』に「此目録丹州遍照金剛撰也」とあり、やはり皇慶の撰述である。また「本云、保元二年（一一五七）十月三日為二修行一書二了之一、仏師忠済」「書本云、養和二年三月廿日、於二信州平瀬法住寺一賜二味岡御房御本一書了、源延廿七、交了、尊延」の書写奥書を伴っている。二十七歳でそれを伝授されたことは、密教に通じた源延の立場を示している。『阿弥陀秘口決』は源延の著作で、阿弥陀の秘印明を論じ、そのなかに東密の儀軌に関する記事があるのは、皇慶が東寺の景雲に密教を学んだことに起因する。以上、源延が皇慶の門流に属して、それを深化させる立場にあったことが判明した。

（3）源延の諸法流伝授

源延は、上記以外にも、天台宗の複数の僧から法脈を受け継いでいる。

第一に、法然の『浄土宗略要文』に「此一条者、元久元年二月十七日、上人（法然）為二伊豆山源延一所レ集也」（『黒谷上人語灯録』（第十・漢語一之十）／『大正新脩大蔵経』八三巻一六三頁下段）とあり、元久元年（一二〇四）に源延が同書を法然から与えられたことがわかる。

第二に、『師資相承』（乾）に、次の系譜がみえる。

慶厳―経海―慶禅―寛賢―豪賢―伊豆上人（源延）

第三に、『灌頂持誦秘録』（長楽寺蔵、『群馬県史　資料編5』四六七頁）に、

建保四年五月廿二日、於二西明寺一受レ之、良延

建久三年正月吉日　　　源延

（中略）

相実《法曼院》—勝基《大縁坊》—源延《伊豆山浄蓮上人》——良延《綿貫蓮乗上人》——栄宗—琛海《長楽律台上人》——月心—了恵—了義

と記されている。『善光寺縁起』『本朝高僧伝』（巻五十三）によると、西明寺は、相模国西郡辺松田に浄蓮上人（源延）が建てた寺院であるという。建立年次はそれらの記事では承久三年（一二二一）以前としかわからないが、この記事から建保四年（一二一六）以前であったことが判明する。

第四に、『灌頂持誦秘録』（長楽寺蔵、『群馬県史　資料編5』五〇九頁）に、

相承次第　智証大師《円珍》—文慶—成尋号善恵大師—厳円—永暹—済厳—暹宴—基好—厳朗—覚智—源延—良延
—栄宗—琛海—月心—了恵—了義云云

とある。源延—良延の後は、第三に挙げた系譜と同じように相伝されている。

第五に、『忍空授釼阿状』（神奈川県立金沢文庫蔵）で、円珍が不動明王から授かった法である。(54) 円珍から始まり、文慶—成尋—厳円—永暹から忍空—釼阿（称名寺二代）に至るもので、そのなかに「三州《三河国》船形寺住僧覚智、々々以二治承五年正月十八日一、於二伊州走湯山東明寺一、授二与同山住僧源延一、々々以二安貞二年七月廿日一、於二伊州走湯山来迎院一、授二与駿州智満寺住僧堯真一」の記事がみえる。この相承次第では、永暹による伝授から、その年月日や場所が次のように記されている。

応徳三年（一〇八六）九月八日　　永暹→多武峰住僧済厳

寛治元年（一〇八七）七月十九日　済厳→同門僧暹宴
保延六年（一一四〇）三月八日　暹宴→伯耆国大山住僧基好（於平等院）
嘉応二年（一一七〇）三月二十日　基好→雲州桜山僧厳朗（於雲州清水寺）
安元二年（一一七六）正月九日　厳朗→三州船形寺住僧覚智（於長楽寺）
治承五年（一一八一）正月十八日　覚智→伊州走湯山住僧源延（於伊州走湯山東明寺）
安貞二年（一二二八）七月二十日　源延→駿州智満寺住僧堯真（於伊州走湯山来迎院）
延応二年（一二四〇）三月二十二日　堯真→駿州智満寺住僧堯豪（於駿州智満寺）
建長五年（一二五三）九月朔日　堯豪→真尊（於駿州智満寺）
永仁三年（一二九五）十月二十四日　真尊→忍空（於四天王寺勝鬘院）
嘉元二年（一三〇四）三月十七日　忍空→武州金沢称名寺住僧釼阿（於大和州室生寺）

円珍から源延までは、第四に挙げた系譜と同じであるが、その後は違っている。伝授の場所は、大和・出雲・三河・伊豆・駿河・摂津・大和と、日本列島の広い範囲であり、僧の往来と相互交流が窺える。なお保延六年（一一四〇）に暹宴が伯耆国大山寺の基好にこれを伝授した「平等院」は、『多武峰略記』にみえる多武峰平等院のことであろう。基好は治承四年にも多武峰に出向いて聖教を書写しているのである（『青蓮院門跡吉水蔵聖教目録』三〇三頁）。

三　『檀那門跡相承資』にみえる忠済・源延

『檀那門跡相承資』は、茨城県稲敷市に所在する逢善寺が所蔵する文書で、什覚が康暦二年（一三八〇）に記した記録、弘尊が宝徳四年（一四五二）に記した記録のほか、祐晴・定珍の記録からなり、天正十八年（一五九〇）までの記事が知られる。そのうち弘尊の記録に次のような記事がみえる（『茨城県史料　中世編Ⅰ』四八七頁）。

予(弘尊)相州ニ住セシ時、（中略）返々西那(郡)ノ河村ノ城為二退治一、本一揆火勢取二陣弓一、法談所壊故ニ、失二途々一、及二浮沈一処、以レ状使者来リ、伊豆ノ山岸ノ大進ノ僧都ノ許ヨリ先参、（中略）彼ノ僧都ハ山門ニ三年住山シテ、走湯山ノ道僧七人学匠随一也、（中略）其時自二山岸一密宗ノ聖教皮籠一取来レリ、開見レハ昔シ大将殿(源頼朝)ニ帰依殊レ他ニ、伊豆山浄蓮御坊深延(源)ト申人ノ聖教也、浄蓮御房ハ文殊ノ之再来也、西那(郡)西明寺トテ浄蓮住シ玉ヘル寺アリ、此人御影ヲ文殊ニ造リ履ヲ置ケリ、此寺造営ノ勧進ヲ、御影ノ文殊自ラシ玉ヘリ、然ルニ此聖人ノ自筆所伝ノ聖教、此ノ皮籠也、是谷アサリ(皇慶)ノ伝、味岡忠済所伝ノ重書也、古法印ノ所ニ無処ノ聖教衆多也、（中略）此外浄蓮自筆聖教不レ知レ数、是即偏ニ文殊ノ御自筆歟ト仰、信之外無レ他、

すなわち、弘尊が相模国にいたとき合戦で法談所が壊滅したが、走湯山の大進僧都が届けた「密宗ノ聖教」をもとに、天台宗の法談や密教の灌頂を行うことができたという記事であり、その聖教は源頼朝の帰依を受けた「浄蓮御坊源延」が書写したものであり、源延は相模国西郡の西明寺を建てたことで知られるという。その源延の書写した聖教は谷流（皇慶）のもので「味岡忠済」が伝えたものを重写したものであったという。

逢善寺の定珍が記した『日本大師先徳明匠記』には、「関東当時天台伝来事、河田谷上人心尊初弘也」と、関東に天台を伝えたのは河田谷上人心尊であるという記事があるが、それを具体的な史料で裏付けることはできない。しかし、同書には「河田谷六帖宗要事、初重、北谷宗要也、伊豆浄蓮(源延)、上総ニテ以二略宗要一談シ給ヲ御学文アテ、最初載給也」「伊豆抄者、顕然作也、浄蓮坊(源延)ト云人也」といった記事が知られる。(55)「伊豆浄蓮」は源延のことであり、源延が上総国に出向いて談義を行った内容が「河田谷六帖」に盛り込まれたことや、浄蓮坊に連なる顕然が

「伊豆抄」を記したことが窺えるのである。(56)

定珍が記した『鸚鵡鈔』には、逢善寺は皇慶―長宴―永意―仁弁―忠済―胤慶―聖豪―栄朝という法脈に属する寺院であると記されていた。また『胎蔵界灌頂随要記』（千葉県香取市徳星寺蔵、『群馬県史　資料編5』六八八～六八九頁）は、久安三年（一一四七）に尾張国で忠済によって書写されたのち、永万元年（一一六五）に「美州恵奈飯高寺」（岐阜県恵那市の飯高観音（万勝寺））において、また治承三年（一一七九）に「常陸州下津間御荘内八幡宮」（茨城県下妻市の大宝八幡神社）において、書写されている。

忠済は尾張国を拠点とし、源延は伊豆国の出身であり、いずれも比叡山延暦寺との間を往来し、さらに信濃など東国に出向いており、特に源延は鎌倉幕府とも手を結んで活動している。いずれも皇慶の系譜に属する天台僧である。鎌倉幕府が成立すると、鶴岡八幡宮寺・勝長寿院・永福寺の供僧・別当に仁和寺・延暦寺・園城寺の僧が招かれるようになるが、(57)その歴史的前提として、源延による皇慶流の密教の普及活動があったことを認識しなければならないのである。

おわりに

平安時代に都鄙間を往来する僧侶とその性格を探るという問題関心から、聖教奥書を素材として、その実態を探ってきた。結果的に、皇慶の密教が地方との往来のなかで成立し、その門流の僧が皇慶の密教を、地方を巡りながら普及させた、という結論に達したのであるが、あらためて整理すべき事項と、さらに考えるべき課題とを提示しておきたい。

第一に、皇慶が天台僧でありながら東寺僧から密教を受け、合行灌頂など従来の台密になかった儀式作法を考案したことである。それは、比叡山に留まらず京都や鎮西に赴いて受学した成果である。比叡山東塔の同房の僧や、橘氏という同族の僧侶が、皇慶の各地への経遊を支援したことも見逃してはならない。また皇慶の伊予国・丹波国での祈祷行為は「国司随身の僧」の範疇に入るが、国司に常時従っていたわけではないことを認識しなければならない。

第二に、天台僧の比叡山と出身地との往来である。比叡山から地方への移住は、必ずしも「隠遁」ではなく、天台別院の別当になったり、出身地との間を往来していることが考えられる。源延（伊豆国）や栄西（備前国・備中国）の活動拠点はその出身地であり、忠済も尾張国が出身地であった可能性がある。そして、彼らは各地で密教の法を受け、伝授された聖教を拠点寺院に持ち帰って書写しているのである。

第三に、台密の東国での展開である。『青蓮院門跡吉水蔵聖教目録』には、康平七年（一〇六四）に「駿州松野」や「駿州福士郡」において『蘇悉地経』に加点した「天台沙門平快」や、嘉保三年（一〇九六）六月四日に『蘇悉地真言句義』を勘注した「加州隠者明覚」がみえる（五八～五九頁、三一九頁）。後者の「加州隠者明覚」は、比叡山から加賀国温泉寺に移り住んで『悉曇大底』など悉曇学の著作を残したことで知られる。[58]『師資相承』（乾・三種悉地）に、皇慶―長宴―範胤―最厳―明覚の系譜が確認でき、やはり皇慶の系譜を引く僧であるが、こうした地方で活動した天台僧について、さらに研究を深める必要がある。

第四に、東国での天台宗談義所の成立過程である。すでにみたように、源延は鎌倉や上総で天台教学に関する法談を行っている。一方で天台宗談義所の早い例は、建治二年（一二七六）の信濃国津金談所、正応六年（一二九三）の上総国佐貫談所、永仁四年（一二九六）下総国龍角寺談所である。[59]それらを総合的にどのように説明するかも、今後の課題である。

註

(1) 西口順子「いわゆる「国衙の寺」」(『平安時代の寺院と民衆』法藏館、二〇〇四年、初出一九八一年)。

(2) 『新訂増補国史大系　朝野群載』五二五頁。

(3) 寺内浩「伊予守藤原知章と静真・皇慶」(愛媛大学『人文学論叢』一一号、二〇〇九年)、同「平安時代後期の辺地修行者と地域」(愛媛大学「四国遍路と世界の巡礼」研究会編『巡礼の歴史と現在』岩田書院、二〇一三年)。

(4) 獅子王圓信「谷阿闍梨皇慶の密教について」(『日本仏教学会年報』二一号、一九五六年)。

(5) 『新校群書類従　第三巻』七九一頁。なお『谷阿闍梨伝』『阿娑縛三国明匠略記』は『続群書類従　第八輯』、『日本高僧伝要文抄』は『新訂増補国史大系』所収。

(6) また『真言付法血脈図』によると、仁海の弟子一七人のなかに以下の天台僧が含まれている。「成禅、弁成房上人、本叡山人也、長元九—十一月十一日受レ之」「円照、入道中納言顕基、長暦三—正月廿日房—木—於二小野一受レ之」「延殷、長暦三年—正—廿一日受レ之、法橋、叡山」(湯浅吉美「東寺観智院金剛蔵『真言付法血脈図』の翻刻」『成田山仏教研究所紀要』二九号、二〇〇六年)。

(7) 第一節で取り上げる聖教奥書の出典となる史料集は次の通りである。『青蓮院門跡吉水蔵聖教目録』(吉水蔵聖教調査団編、汲古書院、一九九九年)、『青蓮院吉水蔵聖教目録(三)』(文化庁文化財保護部美術工芸課、一九八九年)、『平安遺文　題跋編』(竹内理三編、東京堂出版、一九六八年)、『昭和現存天台書籍綜合目録』(渋谷亮泰編、法藏館、一九七八年)、『角筆文献の国語学的研究　研究篇』(小林芳規、汲古書院、一九八七年)、『石山寺の研究—校倉聖教・古文書篇』(石山寺文化財綜合調査団編、法藏館、一九八一年)、『曼殊院古文書・聖教目録』(京都府教育委員会、一九七六年)。

(8) 道元徹心「皇慶撰『弥陀念誦略私記』再考」(『仏教学研究』六七号、二〇一一年)によると、京都大学附属図書館にも写本が存在する。

（9）小原仁『慶滋保胤』（吉川弘文館、二〇一六年）一八六〜一八九、二一六〜二一八頁。『本朝高僧伝』（巻六十七）に、寂照が比叡山の源信、醍醐寺の仁海に従ったとあり、『伝法灌頂相承略記』に、仁海の弟子「寂昭」（寂照）が確認できる（湯浅吉美「東寺観智院金剛蔵『伝法灌頂相承略記』（兼意撰）の翻刻（その二）」『成田山仏教研究所紀要』三四号、二〇一一年）。

（10）獅子王圓信「谷阿闍梨皇慶の密教について」（前掲註（4））。宇多法皇から景雲―皇慶に至る系譜は『師資相承』（坤）にも確認できる。また『三昧流口伝集』巻下（『大正新脩大蔵経』七七巻三四頁中段）にも類似の系譜がみえる。

（11）上島享「池上院と神護寺・丹波国府」（『郷土史八木』一〇号、二〇〇〇年）は、『谷阿闍梨伝』、承安四年（一一七四）丹波国吉富荘絵図写、明徳二年（一三九一）丹波国守護山名氏清遵行状から、池上大日寺や丹波国府所在地を考察している。京都府亀岡市千代川に所在した丹波国府が平安末期に船井郡八木町屋賀に移転したとする説を紹介したうえで、丹波国府は承安四年（一一七四）には屋賀周辺に所在し、千代川から屋賀への移転は考えられないと結論づけている。また、皇慶が国司の源章任に命じられて十臂毘沙門法を修したのは、自房の池上院ではなく、丹波国府の国庁と考えるべきであるという。

（12）獅子王圓信「谷阿闍梨皇慶の密教について」（前掲註（4））。

（13）筑島裕『平安時代訓點本論考　研究篇』（汲古書院、一九九六年）六四八〜六八三頁、宇都宮啓吾「宝幢院点の成立に関する一考察」（『訓点語と訓点資料』一二三輯、二〇〇九年）。

（14）小林芳規『角筆文献の国語学的研究　研究篇』（前掲註（7））二一一〜二一七頁。

（15）島地大等『天台教学史』（隆文館、一九八六年、初版一九二九年）第十四章第四節。

（16）『小右記』長和四年（一〇一五）五月六日条に、臨時仁王会の僧名定において、綱所（威儀師・従儀師）が「死去・遠行・籠居等勘文」を提出した記事がある。国家的な法会の請僧候補でありながら「遠行」のため欠席する僧がいたのであり、そのなかには皇慶のようなケースがあったのかもしれない（並木和子の教示）。

(17) 元応元年（一三一九）十月の「常陸国在庁・庁供僧等許状」（常陸総社宮文書、『鎌倉遺文』二七二九三号）には、在庁官人とともに「庁供僧」が連署しており、国内の安泰を祈る供僧組織が国府で成立したことを示している。
(18) 「隠遁」「遁世」については、大隅和雄「遁世について」（『北海道大学文学部紀要』一三―二、一九六五年）、目崎徳衛『出家遁世』（中央公論社、一九七六年）を参照。前者は遁世の変遷を捉え、室町時代には遁世者を理想化した伝説が拡大したと述べている。一方で松尾剛次『勧進と破戒の中世史』（吉川弘文館、一九九五年）などが、叡尊・忍性らを「遁世僧」と呼び、その対概念として「官僧」を用いている。術語の整理が必要である。
(19) 山口光圓ほか編『日本天台宗典目録』（比叡山専修院出版部、一九四一年）二一八頁、渋谷亮泰編『昭和現存天台書籍綜合目録　上巻』（前掲註(7)）五七四頁上段。
(20) 群馬県史編さん委員会編『群馬県史　資料編5　中世1』（群馬県、一九七八年）三五一頁。
(21) 『吉備群書集成　第一輯』（吉備群書集成刊行会、一九二一年）二七一〜二七二頁、二七五頁。
(22) 就実女子大学近世文書解読研究部編『備前記　全』（備作史料研究会、一九九三年）三四〇頁。
(23) 五来重編『山岳宗教史研究叢書18　修験道史料集Ⅱ　西日本編』（名著出版、一九八四年）三八三頁。同史料は、宮家準『修験道と児島五流』（岩田書院、二〇一三年）にも収録。
(24) 宇垣武治『児島めぐり』（岡山旅行協会、一九三六年）七六頁、私立児島郡教育会編『岡山県児島郡誌』（臨川書店、一九八六年、初版一九一五年）三六七頁に、諸興寺跡や薬師像の近況を記した記事がある。
(25) 錦織勤「高庭荘」（網野善彦ほか編『講座日本荘園史　第九巻　中国地方の荘園』吉川弘文館、一九九九年）。
(26) 『師資相承』坤（東京大学史料編纂所架蔵、請求番号四一一六―三〇―二一―二）の「胎八字」に「皇慶―頼昭―覚範―薬仁―兼慶―基好―栄西」の血脈がみえ、『東寺天台大血脈図』（『大日本史料　四編之十三』六八三〜六八七頁）にも類似の記事が確認できる。
(27) 『日本名跡叢刊　平安　栄西　誓願寺盂蘭盆縁起・誓願寺創建縁起』（二玄社、一九八二年）三七〜四二頁。
(28) 国文学研究資料館編『真福寺善本叢刊　第二期3　中世先徳著作集』（臨川書店、二〇〇六年）四四二頁。なお末木

文美士「栄西における密と禅」（『鎌倉仏教展開論』トランスビュー、二〇〇八年、初出一九九九・二〇〇六年）を合わせ参照。
(29)筑前国宗像神社の社僧・良祐も建久六年（一一九五）三月に、京都に出向き「革堂」（行願寺）において経典を書写している。良祐と栄西は交流があったとみられ（拙稿「宗像社僧の写経活動と入宋」鈴木靖民編『古代日本の異文化交流』勉誠出版、二〇〇八年）、革堂（皮堂＝行願寺）と栄西らの間に特定の関係があったとも考えられる。
(30)『寛永寺及び子院所蔵文化財総合調査報告　上　石造遺物・聖教典籍編』（東京都教育庁生涯学習部文化課、一九九九年）二一七頁。
(31)杉山信三『院家建築の研究』（吉川弘文館、一九八一年）一四八～一五三頁、一六七～一七二頁。
(32)渋谷亮泰編『昭和現存天台書籍綜合目録　下巻』（前掲註(7)）六三六頁下段、同書上巻五六七頁上段。
(33)天台宗典刊行会編『天台宗全書　第一巻』（第一書房、一九七三年）一八〇頁。
(34)渋谷慈鎧編『校訂増補天台座主記』（第一書房、一九七三年）三三〇頁。
(35)水上文義『台密思想形成の研究』（春秋社、二〇〇八年）四七四頁。
(36)多賀宗隼『慈円の研究』（吉川弘文館、一九八〇年）五〇〇～五〇一頁の史料紹介による。
(37)藤原顕能は、『中右記』によると長承元年（一一三二）閏四月四日に美作守に任じられており、『長秋記』保延元年（一一三五）三月二十七日条からも同職にあったことがわかる。観性については、多賀宗隼『慈円の研究』（前掲註(36)）三七三～三八三頁を参照。
(38)五来重編『山岳宗教史研究叢書18　修験道史料集Ⅱ　西日本編』（前掲註(23)）三二九～三三二頁。
(39)水上文義『台密思想形成の研究』（前掲註(35)）四七一頁。
(40)末木文美士「思想の運動としての宗教テクスト」（阿部泰郎編『中世文学と寺院資料・聖教』竹林舎、二〇一〇年）、『中世禅籍叢刊　第一巻　栄西集』（臨川書店、二〇一三年）五一五～五一八頁。
(41)薬仁が鎮西に下向したことについては、貞和六年（一三五〇）成立の『宝冊鈔』（第二・根本渡唐本事）に「鎮西薬仁大徳所持同レ之」の記事がみえる（『大正新脩大蔵経』七七巻七九七頁中段）。また薬仁については、弘長元年（一二六一）に頼瑜が記した『十八道口決』（末）に、十八道儀軌は誰の作であるかという問いに関して、「天台長寿坊薬仁、或云二薬救一」が引用されている（『大正新脩大蔵経』七九巻七一頁下段）。『灌頂私見聞』には「宴記」「薬仁」の文言も登場している（『大正新脩大蔵経』七七巻一九四頁上段）。

(42) 清水谷恭順『天台の密教』（山喜房、一九二九年）一三七頁。

(43) 獅子王圓信「谷阿闍梨皇慶の密教について」（前掲註(4)）。

(44) 『大日本仏教全書　三四冊』三三八～三三九頁。

(45) 『日本思想大系　往生伝　法華験記』（岩波書店、一九七四年）六五八頁。

(46) 前者については、本書第四編第八章の註(104)を参照されたい。

(47) 備前国児島諸興寺は児島修験が活動した場所でもある。児島修験は紀伊国熊野の神を八世紀に修験者が遷したことに始まると『備陽国誌』に記されている。しかし修験者が紀伊国から移住した時期については、治承・寿永の内乱期（一一八〇～八五）に熊野水軍が活躍したあととみる説があり（榎原雅治「小島荘・波佐川荘・児林荘」『講座日本荘園史　第九巻　中国地方の荘園』前掲註(25)）、筆者もそれが妥当と考える。そうすると、承徳二年（一〇九八）の諸興寺の記事は、新熊野三山が成立する以前のものということになる。児島修験については、本書第四編第八章で検討する。

(48) 第三節で聖教書写奥書の出典となる史料集は下記の通りである。『群馬県史　資料編5　中世1』（前掲註(20)）、『愛知県史　資料編7　古代2』（愛知県、二〇〇九年）、『続天台宗全書　密教4　事相1』（天台宗典編纂所編、春秋社、二〇〇七年）、『昭和現存天台書籍綜合目録』（前掲註(7)）、『曼殊院古文書・聖教目録』（京都府教育委員会、一九七六年）、『金沢文庫古文書　第十一輯（識語篇二）』（神奈川県立金沢文庫、一九五七年）、『茨城県史料　中世編Ⅰ』（茨城県、一九七〇年）、『青蓮院門跡吉水蔵聖教目録』（前掲註(7)）。また『師資相承』は東京大学史料編纂所蔵（請求番号四一一六―三〇―二）。

(49) 小牧市史編集委員会編『小牧市史　本文編』（小牧市、一九七七年）八一～八八頁。『小牧叢書3　大山廃寺遺跡概説』（小牧市教育委員会、一九七三年）、『大山廃寺発掘調査報告書』（小牧市教育委員会、一九七九年）、『小牧の文化財第二十集　小牧の歴史』（小牧市教育委員会、二〇〇五年）も合わせ参照。

(50)『続群書類従　第二十八輯上』一八七頁。

(51)源延については、菊地勇次郎「伊豆山の浄蓮房源延補考」（『源空とその門下』法藏館、一九八五年、初出一九六二年）、納冨常天「三浦義村の迎講と伊豆山源延」（『金沢文庫資料の研究』法藏館、一九八二年、初出一九六七年）、角川源義編『妙本寺本曽我物語』（角川書店、一九六九年）三六一～三六三頁、三田全信「伊豆山源延とその浄土教」（『仏教大学研究紀要』五四号、一九七〇年）を参照した。

(52)東京大学史料編纂所架蔵謄写本（請求番号二〇一二―二〇七）。なお、阿部美香「走湯山をめぐる神話世界とその生成」（伊藤聡編『中世神話と神祇・神道世界』竹林舎、二〇一一年）、平雅行「鎌倉真言派の成立」（京都学園大学『人間文化研究』四〇号、二〇一八年）が、この史料を紹介している。

(53)加藤有雄「源延資料の追跡」（『金沢文庫研究』一八巻一二号、一九七二年）。

(54)納冨常天「室生寺と称名寺釼阿」（前掲註(51)書、初出一九七三年）の翻刻・紹介による。

(55)『大日本仏教全書　一一一冊』二七八・二八一・二八三頁。

(56)硲慈弘『日本仏教の開展とその基調　下巻』（三省堂、一九五三年）九二頁。

(57)海老名尚「鎌倉の寺院社会における僧位僧官」（福田豊彦編『中世の社会と武力』吉川弘文館、一九九四年）、平雅行「鎌倉真言派の成立」（前掲註(52)）。

(58)松本文三郎「賀州隠者明覚と我邦悉曇の伝来」（『仏教芸術とその人物』同文館、一九二三年）、牛山佳幸「信濃清滝寺と加賀温泉寺」（『長野市立博物館紀要』二号、一九九四年）。明覚については、本書第四編第七章も参照されたい。

(59)村田頴田「関東の天台宗談義所」（『多田厚隆先生頌寿記念論文集　天台教学の研究』山喜房佛書林、一九九〇年）。

第二編　寺院経営をめぐる地方・中央の矛盾

第三章　筑前国観世音寺の組織と経営

はじめに

筑前国観世音寺については、すでに多くの研究が存在する。主要な研究から観世音寺史に対する大枠の理解や、特筆すべき知見を挙げると、次の三グループが指摘できる。

第一に、観世音寺は古代国家によって建立され、古代国家と命運をともにしたと捉える考え方で、寺領や伽藍をおもな分析対象とし、観世音寺が東大寺の末寺となった保安元年（一一二〇）までを対象の時代としている。これは竹内理三「筑前国観世音寺史」（一九五五年）に代表される史観で、小田富士雄「筑前・観世音寺」（一九五九・六七年）、平岡定海「筑前国観世音寺の成立とその性格」（一九八四・八七年）も、およそ理解をともにしている(1)。

第二に、古代のみならず中世・近世も視野に入れ、特に中世の観世音寺子院に注目した研究である。元禄十六年（一七〇三）成立の『筑前国続風土記』にみえる観世音寺四十九院のうち、戒壇院は奈良時代から、東林寺・吉祥寺・極楽寺は平安時代に、花蔵院・安養院は鎌倉時代に確認でき、天文十四年（一五四五）に「末院四十九所」の文言が現れており、そのうち数箇寺が発掘されており、中世に観世音寺が衰退していたわけではないことを指摘した。高倉洋彰「筑紫観世音寺子院小考」（一九七七年）、同「筑紫観世音寺史考」（一九八三年）がそれで

ある。(2)

第三に、観世音寺戒壇院で受戒した僧や、観世音寺戒壇院が発給した戒牒を取り上げて、中世にもそれが機能していたという見解である。これは、東大寺・延暦寺・観世音寺の「国立戒壇」が中世にも機能し、それとは別に叡尊らの「新義律宗」が活動を始めたとする理解であり、十三世紀に観世音寺の住持になった西忍房定空を後者の類型と捉えている。松尾剛次の研究「筑前観世音寺・下野薬師寺両戒壇の授戒制」（一九八八年）である。(3)

これらの研究を踏まえて、九州歴史資料館編『観世音寺　考察編』（吉川弘文館、二〇〇七年）や『太宰府市史通史編Ⅱ』（太宰府市、二〇〇四年）で、観世音寺史についての通時代的な叙述がなされるに至った。(4)しかし、なお問題の整理や考察が必要な点が認められる。

第一に、観世音寺の歴史は、律令国家や東大寺との関係を基軸に考察されてきたが、それだけでは不十分である。(5)大宰府も観世音寺の経営を監督しており、それとの関係解明も必要である。また十一世紀には安楽寺や石清水八幡宮が観世音寺の経営に介入しており、十二世紀には東大寺末寺化以降も、天台僧が関与している。東大寺との本末関係を自明のものと受け止めるのではなく、諸寺社との関係で観世音寺を把握する必要がある。

第二に、観世音寺の歴史は、寺領や伽藍をおもな素材として論じられてきた。しかし、観世音寺講師をはじめ寺院組織が十分に解明されていない。該当寺院の経営に携わった構成員にどのような僧職や俗官があり、どのような人物がそれらをつとめ、時代によってどのように変遷したのか考察する、といった手法を(6)観世音寺に対しても導入する必要がある。

第三に、観世音寺戒壇院の授戒制についてである。松尾剛次の論では、古代の授戒制と中世のそれとの差違が不明瞭である。そのためか、『太宰府市史　通史編Ⅱ』（三七六頁）では、松尾の成果に触れつつも、それを中世観世音寺の一側面とし、日宋貿易や観音信仰に視点を移している。観世音寺戒壇院の授戒の歴史的な位置づけを整理して考える必要がある。

そこで本章では、観世音寺の寺院組織と経営、およびそれに関連する諸寺社との関係を考察する。具体的な分析対象は、①観世音寺の経営主体である講師・戒師・別当、および三綱・検校、②大宰府監・典が兼務する観世音寺俗別当、③観世音寺の経営や講師の西海道仏教行政に影響を及ぼした宇佐八幡宮弥勒寺・東大寺・安楽寺・石清水八幡宮などの諸寺社である。また次のような時期区分をもとに三節構成とする。（一）七世紀後半から九世紀末。観世音寺の創建から、観世音寺講師が諸国講読師を介して西海道の仏教行政を担うようになる時期である。（二）十・十一世紀、観世音寺講師を安楽寺僧や石清水八幡宮僧がつとめた時期を含む。（三）十二・十三世紀。およそ観世音寺が東大寺の末寺になった時期である。(7)

第一節　創建と寺院組織の整備

一　国大寺・天下三戒壇としての観世音寺

（1）封戸・三綱

観世音寺の創建は、『続日本紀』和銅二年（七〇九）二月戊子（朔日カ）条に、

詔曰、筑紫観世音寺、淡海大津宮御宇天皇（天智）、奉㆓為後岡本宮御宇天皇（斉明）㆒誓願所㆑基也、雖㆑累㆓年代㆒、迄㆑今未㆑了、宜㆘大宰商量充㆓駈使丁五十許人㆒、及逐㆓閑月㆒、差㆓発人夫㆒、専加㆓検校㆒、早令㆗営作㆖、

と記されるように、天智天皇が斉明天皇の追善のために発願したものである。同書養老七年（七二三）二月丁酉（二日）条に「勅遣二僧満誓俗名従四位上笠朝臣麻呂、於筑紫一、令レ造二観世音寺一」、天平十七年（七四五）十一月乙卯（二日）条に「遣二玄昉法師一、造二筑紫観世音寺一」とあり、造営のために沙弥満誓や玄昉を派遣している。そして『扶桑略記』や『七大寺年表』によると、天平十八年六月に落慶供養会が執行されたという。しかし『続日本紀』天平七年（七三五）八月乙未（十二日）条に、「勅曰、如レ聞、比日大宰府疫死者多、（中略）又府大寺及別国諸寺、読二金剛般若経一」と「府大寺」がみえる。田村圓澄は、封戸の施入や三綱の設置などを指摘して、七世紀末には観世音寺の主要な建物が完成しており、和銅二年の造営督促は仏像・荘厳具などを対象としたものと考えている。また高倉洋彰は、天平十八年の落慶供養会は不空羂索観音像の完成に対応したもので、伽藍の完成は封戸が施入された朱鳥元年（六八六）であったと主張している[8]。特に後者は従うべき指摘である。

封戸についてみると、観世音寺は『新抄格勅符抄』大同元年（八〇六）牒や、延喜五年（九〇五）『筑前国観世音寺資財帳』（平一九四）によると、朱鳥元年（六八六）に封二〇〇戸を施入されている。また『続日本紀』大宝元年（七〇一）八月甲辰（四日）条に観世音寺・筑紫尼寺の封戸は五年をもって停止するという記事、天平十年（七三八）三月丙申（二十八日）条に五年を限って観世音寺に封一〇〇戸を施入する記事がみえる。封戸については、『日本書紀』天武天皇八年（六七九）四月乙卯（五日）条に、封戸を有する寺院と寺名の確定、同書同九年四月是月条に、国大寺・有封寺・諸寺の別と、国大寺以外の寺が有する封戸を三〇年で停止する命令が記されている。中井真孝は『新抄格勅符抄』や寺院資財帳から、天武九年時点で封戸を有したのは大官大寺・飛鳥寺・川原寺・薬師寺の四寺であり、八世紀前半までに観世音寺・四天王寺・法隆寺・興福寺を加えた八寺が確認できると指摘している[9]。それらのなかにあって観世音寺は、畿外に所在する唯一の寺院であったといえる。

三綱については、大宝四年（七〇四）二月十一日の「大宰府移」[10]で「波岐荒□(野カ)、竺志前国上日(座カ)鹿郡地」「賀太野、竹志後国三井郡地」を寺領として施入することを、「観世音寺三綱等」に伝えている。「波岐」（把伎）荘と「賀太野」（加駄野）薗は、『筑前国観世音寺資財帳』によれば、ともに大宝三年（七〇三）十月二十日に官符によって施入された寺領である。これによって、観世音寺に大宝年間に三綱が置かれており、寺務を執行していたことがわかる。観世音寺三綱が資財管理を担った例は、他にも確認できる。第一に、天平三年（七三一）三月三十日、大宰府は観世音寺に牒して伎楽具一具の施入を通達し、「三綱宜検納宛用」と命じており、また四月三日には筑前国司からも同内容が「観世音寺三綱所」に通達されている。[11]第二に、天平宝字二年（七五八）十二月十二日、筑前国早良郡額田郷の三家豊継が稲の代納物として奴婢五人を観世音寺に納めることを申請したが、その貢進文（正倉院文書）の末尾には、郡司の署判とともに「彼時上坐半位僧在判定信」と「前寺主複位僧」の署判がみられる（正十四—二七一・二七三）。また同三年八月五日付の筑前国政所牒も、三家豊継の奴婢貢進を「観世音寺三綱」に通達している[12]（正十四—二六九）。

観世音寺は、先帝の追善を目的に天皇によって発願され、財源が国家によって確保され、寺院経営を担う三綱が設置された寺院である。観世音寺は、斉明天皇の百済救援のための筑紫西征と崩御に起因して、筑紫に建立された「国大寺」であったといえるのである。

（2）戒壇院

観世音寺戒壇院の創建について考えよう。鑑真が来日し、天平勝宝七歳（七五五）に東大寺に戒壇院が建てられた。そして天平宝字五年（七六一）には下野国薬師寺・筑前国観世音寺にも戒壇院が建てられている。そのこ

とは、『東大寺要録』（巻一・本願章一）天平宝字五年（七六一）条に[13]、

五年正月廿一日、下二勅於下野薬師寺・筑紫観世音寺一始建二戒壇一、行二授戒一

『帝王編年記』天平宝字五年（七六一）正月二十一日条に、

勅曰、東山道信濃国坂以東国々、以二下野国薬師寺一為二戒壇院一、西海諸国以二筑紫観音寺一為二戒壇院一、

と記されている。また『延喜式』（巻二十一・玄蕃寮）73沙弥沙弥尼条に、

東海道足柄坂以東、東山道信濃坂以東、並於二下野国薬師寺一、西海道於二筑紫観世音寺一受レ戒、

との規定があり、観世音寺戒壇院は、東大寺・下野薬師寺とともに天下三戒壇の一つと位置づけられたのである。

その後、嘉祥元年（八四八）十一月三日太政官符「応レ置二下野国薬師寺講師一事」（『類聚三代格』巻三）によって、下野国薬師寺の別当職が停止され、筑紫観世音寺に準じて「講師」が設置されている。そこでは、

准二彼観音寺一、簡二択戒壇十師之中智行具足為レ衆所レ推者一、宛二任件職一、便為二授戒之阿闍梨一、

と、東大寺戒壇十師のなかから講師を選任し、授戒の阿闍梨とするとしている。鑑真の弟子の法進撰『東大寺授戒方軌』には、東大寺の大小十師の説明に続けて「彼東西両辺国国五人授戒之法、准レ此而已」（『大正新脩大蔵経』七四巻二一頁中段）とあり、筑前国観世音寺・下野国薬師寺の戒師は五師であった。このことから東大寺戒壇院十師の智行具足の僧から観世音寺・薬師寺の戒壇院の授戒の阿闍梨が選任されており、筑紫観世音寺・下野薬師寺のそれは各五人であったことがわかる。

なお、戒壇院の設置や戒律関係の諸行事について、弾力的に考えたほうが良いことを示唆する素材もある。第一に、『宇佐宮年代記』は、観世音寺戒壇院の完成、授戒開始を弘仁元年（八一〇）と記している。これについては第四項で触れることにしよう。第二に、斉衡二年（八五五）七月十一日大宰府牒（平四四六六）によって、観世

音寺に布薩戒本田・放生田の施入が伝えられた。そこでは諸国国分寺はすでにそれらの田を所有していたといい、そのことは『続日本紀』天平宝字元年（七五七）閏八月丙寅（二十一日）条にみえる「官大寺」への「戒本田」設置命令によるのであろう。観世音寺は戒壇院が設置されたのちも、しばらく布薩（衆僧が集って自省する行事）の財源が設置されなかったのである。

二　筑紫国師と観世音寺講師

（1）筑紫国師

『延喜式』（巻二十一・玄蕃寮）55観音寺講読師条に、

凡大宰観音寺講読師者、預二知管内諸国講読師所レ申之政一

とあり、同寺の講読師が西海道諸国の講読師を介して管内の仏教行政を統轄すると定められている。本項では、その観世音寺講師の成立過程を検討する。

まずその前提として、各国に置かれた地方僧官の「国師」および「講読師」をみてみよう。諸国国師は『続日本紀』大宝二年（七〇二）二月丁巳（二十日）条に「任二諸国国師一」と設置記事があり、延暦十四年（七九五）八月十三日官符で講師・読師と改称した(14)。『筑前国観世音寺資財帳』は、大宝三年（七〇三）施入の筑前国志麻郡加夜郷蝿野林について、往古の記録として「養老四年国師并郡司記」を取り上げており、すでに養老四年（七二〇）時点で国師が寺領の管理に携わっていたことがわかる。また天平勝宝元年（七四九）九月二十九日に大宰府が「国師所」に牒して観世音寺・諸国国分寺・国分尼寺・定額寺の墾田地の制限額を通達しているのも（正二十四―六〇三～六〇四）、国師の同様の職掌を示している。また先に触れた天平宝字二年（七五八）の三家豊継の奴婢貢

進文には、観世音寺三綱とともに「国師使僧」が署判を加えて裁可している。以上から、観世音寺の運営およびその監督について、大宰府―筑紫国師―観世音寺三綱という統属関係を指摘することができる。

「筑紫国師」という呼称に着目すると、天平十年（七三八）の『周防国正税帳』に「筑紫国師僧算泰」（正二―一三四）がみえ、『日本霊異記』（下巻十九）に、宝亀七（七七六）・八年ごろ「筑紫国府大国師」として赴任した戒明が安居で『華厳経』を講じたという。前者の算泰については、筑前・筑後の国師を兼務していたとみられる。天平十年の『駿河国正税帳』には「下総・常陸等国国師賢了」（正二―一〇八）が記されており、隣接する二箇国の国師兼務が確認できるのである。しかし「筑紫観世音寺」というように、西海道を統轄する大宰府とその周辺を示す用語としても「筑紫」が用いられたのかもしれない。さらに大宰府に付属する「筑紫国師」が一般の国師より高く位置づけられていたことも想定できる。[15] 確かなことはいえないが、（2）でみるように筑前国司が八世紀には廃置を繰り返しており、国師についても「筑前国師」の語を避けたのではなかろうか。

（2）府講師

観世音寺講師は、『延喜式』（巻二十一・玄蕃寮）55観音寺講読師条に、大宰府管内の各国講師の頂点に立ち、西海道の僧尼・寺院・仏事を統轄する機能を担うと規定されている。また後述の所見例からすれば観世音寺の寺務統轄者でもあった。その権能は複数の要素からなっており、戒壇院戒師や筑紫国師を祖型として、延暦十四年（七九五）に諸国国師が講師と改称したのを契機に観世音寺講師が成立した、などと安易に判断してはならない。

第一に、観世音寺の寺務統轄者の性格を取り上げよう。延暦十八年（七九九）正月十一日付大宰府牒（平四八九八。山川藪沢の公有制に反して占有した山野浜島を収公する命令）の宛所は「観世音寺三綱」であり、文末でも「三綱宜二察レ状、依レ件施行一」と命じている。大同二年（八〇七）四月二十九日に観世音寺に空海を止住させるよう命じた大宰府牒（平四三三〇）も、宛所を「観世音寺三綱」としている。従って、この時点では寺務統轄者としての講師は存在せず、従来通り三綱が寺務を執行したと考えられる。ところが、斉衡二年（八五五）七月十一日大宰府牒（布薩戒本田・放生田の施入を伝達）は、宛所を「観世音寺」とし、文末を「寺家察レ状、牒到准レ状、故牒」と結んでおり、それは前年に「観世音寺講師伝灯大法師位道叡」が要求したものであった（平四四六六）。また『日本三代実録』によると貞観八年（八六六）三月四日に、「観世音寺講師伝灯大法師位性忠」の申牒を受けて、笠朝臣麻呂の五代の孫という寺家人三名を良民とする太政官処分がなされており、講師が寺院運営の統轄者であったことがわかる。以上のことから、講師が資財管理などの寺院政務を含めた観世音寺の統轄者となるのは、大同二年（八〇七）以降、斉衡元年（八五四）以前であるといえる。

第二に、「府講師」（大宰府に対応する僧職の講師）の成立を考えよう。弘仁十一年（八二〇）の大宰府牒（平四九〇〇）に、

府牒観世音寺
　応三四王寺悔過預二彼寺講師一事
牒、案二太政官主（去）大同四年九月十三日（ママ）符一偁、被二右大臣（藤原内麿）宣一偁、奉レ勅、令二筑前国講師伝灯満位僧道証等、依レ旧修行一者、府依二符旨一比年奉行、然今道証解任但（ママ）去、仍令三其替講師勤覚遵二行其法一、此則別国之時、国司掌レ城之日所レ行事矣、府今商量、件悔過法、始二去宝亀五年一行レ之、而依二太政官去延暦廿年正月廿日符一停二止此法一、即其像移二属筑前国金光明寺一畢、此則府帯レ国之日所レ為也、今件寺在二大野城中一、彼城且付レ府已了、然則事須三停止、国講師・別当府講師寺（等）察二此状一、自今以後、依預掌、以牒、

弘仁十一年三月四日　　少典島田臣清田

大弐安倍朝臣寛麻呂

と記されている。ここでは、①宝亀五年（七七四）に大野城（図2参照）の四王寺[16]で始まった悔過は、延暦二十年（八〇一）に停止され、（四天王）像は筑前国国分寺に移された。これは大宰府官人が筑前国司を兼務していた時のことである。②大同四年（八〇九）に筑前国講師の道証らが、旧来通り四王寺で同法を勤修することになり[17]、道証の解任後は勤覚がその法を勤修した。これは大宰府とは別に筑前国司が存在し、筑前国司が四王寺の所在する大野城を管掌していた時のことである。③弘仁十一年（八二〇）に大野城の管理が筑前国から大宰府へと変更されたので、「観世音寺講師」がそれに関与することにする。従って（筑前）「国講師」と別当の「府講師」（観世音寺講師）とがそのことを承知するよう命じている。要するに、大同四年には「筑前国講師」が存在し、弘仁十一年にはそれとは別の「府講師」（観世音寺講師）と「筑前国講師」の両者が存在したのである。

この史料で特に注目すべきは、筑前国司の廃置と大宰府との関係である。『養老職員令』（69大宰府条）では、大宰府が筑前国を帯して国司を置かないと規定されていたが、神亀五年（七二八）には筑前守山上憶良をはじめ筑前国の四等官が『万葉集』（五巻八〇〇・八三〇・八三九・八四五）に登場しており、また天平十四年（七四二）の大宰府の廃止などの諸事情も加わって、筑前国司は廃置を繰り返している。ところが、大同三年（八〇八）五月十六日太政官謹奏（『類聚三代格』巻五）では、大宰府の解を受けて、府官人の監・典各二人を省き筑前国司に充てて補すこととしており、また『日本後紀』同月乙未（十四日）条にも紀長田麻呂を筑前守とし、四等官の員数を定めた記事がある。それ以後国司の廃置は行われておらず、大宰府と筑前国の二本立ての体制が、大同三年（八〇八）に確立したのである[18]。この大宰府・筑前国司体制の確立に伴って、それまで管轄が明瞭でなかった「筑紫

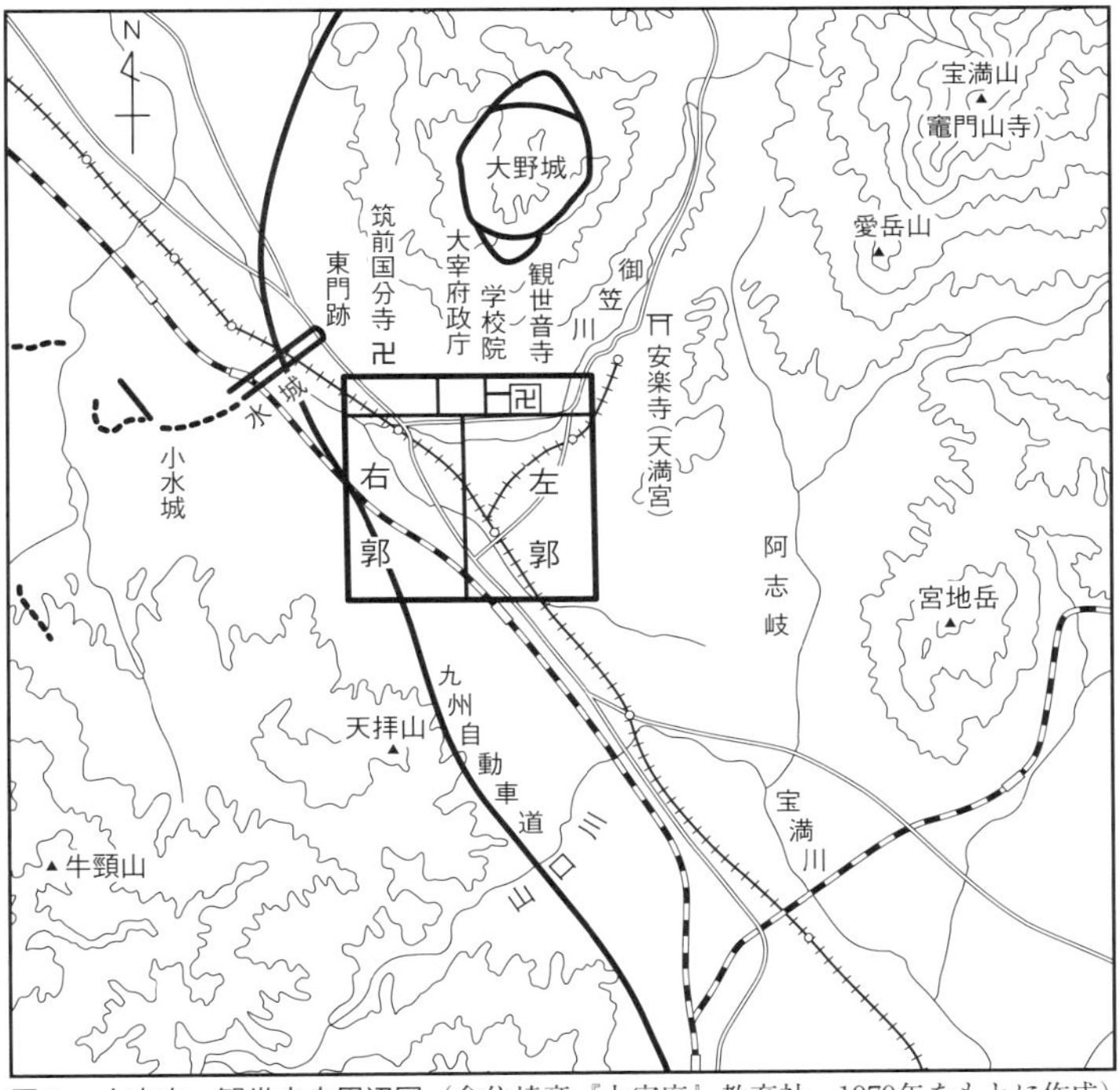

図２　大宰府・観世音寺周辺図（倉住靖彦『大宰府』教育社、1979年をもとに作成）

国師」に代えて、「府講師」（観世音寺講師）と「筑前国講師」が併存するようになったと考えられるのである。

第三に、観世音寺講師が大宰府管内の諸国講読師を介して、僧尼・寺院・仏事を統轄するようになる経過を考察しよう。

まず諸国講師に着目すると、弘仁三年（八一二）三月二十日太政官符「応レ令三諸国講師検二校国分二寺一事」（『類聚三代格』巻三）には、「至三于延暦十四年一改二国師一称二講師一、専任二講説一不レ預二他事一」という理由で国分寺・国分尼寺の堂宇が頽廃したとして、講師がそれらを検校するという政策の転換がなされている。諸国講師が延暦十四年（七九五）から弘仁三年（八一二）までの間、経典の講説などの宗教活動にのみ従事し、他の寺院行政に与らなかったことに留意しなければならない。

これに対し、天長五年（八二八）二月二十八日太政官符（『類聚三代格』巻三）

では、「観世音寺講師伝灯大法師位光豊」の申請によって、国分寺僧の高齢化に対して、定員二〇名のうち五名は二十五歳以上の者を得度させて補うとしている。また観世音寺講師の光豊は、天長八年（八三一）三月七日に仏舎利五〇〇粒を「府管内国分寺及諸定額寺」に安置しており（『日本紀略』）、承和二年（八三五）八月十五日に肥前国松浦郡弥勒知識寺に僧五人の設置が決まったのも光豊の申請によるものであった（『類聚三代格』巻三）。

観世音寺講師の権能については、承和二年（八三五）十二月三日太政官符において、「続命院」の管理を大宰府監・典、「観音寺講師」が担うと規定されている。また『続日本後紀』承和十一年（八四四）四月壬戌（十日）条には、大隅・薩摩・壱岐の国島に講師を設置し、その選任について、「府司於二観音寺一、与二彼講師一共簡下試部内僧精進練行智徳有レ聞堪レ任二講筵一始終無レ変者上、将レ補二任之一」という記事がある。[19] 諸国講師は京師から派遣される地方僧官で、その簡定は玄蕃寮と僧綱が行っていたが、大隅・薩摩・壱岐の国島の講師は、大宰府官人と観世音寺講師が管内の僧から選任すると規定されたのである。

三　大宰府監・典の俗別当兼務

表9は、観世音寺の寺司が署判を加えた文書の一覧である。最初の貞観十年（八六八）二月二十七日付の大宰府宛の観世音寺牒（平一五八）には、次のような署判が確認できる。

都維那僧在判
講師智円　上座　僧在判
講（読カ）師定如　寺主　僧在判
別当少弐　大監三原朝臣在判

大典坂上宿禰在判

　この牒は、観世音寺が筑前国席田郡の水田をめぐって故高子内親王家と相論が生じたことを大宰府に訴え、府裁を請うたものであるが、ここではそれを受理する側の大宰府官人がすでに「別当」として署判を加えているのである。これは、中央の官寺に公卿・弁・史などの官人を俗別当（「別当」）として置き、朝廷と寺家を結ぶ窓口としていたことと同様の制度である。[20]

　観世音寺の場合、この貞観十年（八六八）から寛仁五年（一〇二一）までの大宰府宛発給文書などにみられ、おもに監・典（大宰府四等官のうちの第三・第四等官）クラスの官人が兼帯しており、少弐の場合には「検校」と呼ばれていることもある。また定員は一名から三名程度である（表9の1 3 5 6 8 9 11 12）。

　この俗別当の設定時期については、明確な史料を見出すことはできないが、まず監・典が別当となる慣例に注目したい。『日本三代実録』貞観十二年（八七〇）二月二十三日条によると、大宰府には「諸司・諸所」があり、管内諸国の雑米を収納しており、その「件司等、監・典二人勾二当釐務一」と、監・典がそのことを執り行っているという。また貞観十三年八月十日太政官符（『類聚三代格』巻八）に蔵司勾当の典、天延三年（九七五）十一月二十四日兵馬所解（平三一〇）に別当少監、寛仁五年（治安元年＝一〇二一）三月二十一日の観世音寺牒（平四八三）に学校院別当権少監といったように、大宰府の付属機関である蔵司・学校院・兵馬所などの「所」に、監・典クラスの官人を別当として配していたことが知られている。このことからすると、俗別当制の成立は、観世音寺が大宰府付属機関の一つとして位置づけられたことを意味している。[21]

　このような大宰府付属機関のなかに「続命院」がある。これは大弐小野岑守が飢病救済のために設置したもので、岑守没後の承和二年（八三五）十二月三日には、「令三府監或典一人及観音寺講師勾二当其事一」[22]と、運営の責

表9　観世音寺寺司署判の加えられた文書（九～十一世紀）

番号	年月日（西暦）	種別（発給文書は書出し・宛所）	署判	出典
1	貞観10・2・27（八六八）	牒（大宰府）（前欠）	講師（2）、上座、寺主、都維那、別当（少弐・大監三原朝臣・大典坂上宿禰）	『平』一五八
2	延喜5・10・1（九〇五）	資財帳奥書	講師、読師、上座、権上座、寺主、都（維那）＊	『平』一九四
3	天慶3・4・5（九四〇）	源敏家地林田地施入状	講師、読師、別当、上座、寺主、都維那、僧（3）②、別当（少監伴宿禰）、検臨使（帥家令紀朝臣）	『大』七318(2)『平』二四九
4	天慶3・5・6（九四〇）	観世音寺牒　筑前国衙	講師、読師、別当（4）、上座	『大』七318(1)『平』二五〇
5	長徳2・閏7・25（九九六）	観世音寺牒　大府衙	講師、読師、上座（2）、寺主（2）、都維那（2）、別当（大監藤原・大典刑部）	『平』三六六
6	長徳4・11・5（九九八）	観世音寺牒　大府衙	講師、読師、上座、寺主、権寺主、都維那、検校（少弐藤原朝臣）、別当（大監豊島・大典酒井）	『大』五110(11)『平』三七五
7	長保3・7・28（一〇〇一）	宝蔵収納品下用日記	講師、読師代、上座、権上座、寺主、権寺主、都維那、権都（維）那	『大』別一13(6)
8	長保5・7・11（一〇〇三）	観世音寺謹牒　大府衙	講師、読師、検校、都維那、別当（大監藤原・典代長峰）	『大』五109(7)『平』四三〇
9	寛弘3・11・25（一〇〇六）	観世音寺謹牒　大府衙	講師、読師、検校、上座（2）①、権上座、寺主、権寺主（2）、都維那、権都維那（2）、検校（少弐藤原朝臣）、別当（大監藤原朝臣・少典日下部）	『大』五110(10)『平』四四五
10	寛弘8・12・8（一〇一一）	資財実否勘文	講師、読師代、別当、上座、寺主、都維那　＊	『大』別一13(5)
11	寛弘9・8・29（一〇一二）	観世音寺　蕃客所勾当調公武	講師、読（師）代、別当、上座、権上座（4）③、権寺主、別当（大監藤原朝臣・権少監日下部是高・大典広山）	『大』五109(4)
12	寛仁5・3・22（一〇二一）	観世音寺謹牒　大府衙	講師、読師代、検校、上座、権上座（3）①、寺主、権寺主（2）①、権都（維）那（3）①、別当（権少監大蔵朝臣）	『平』四八三

13	長元8・6・20（一〇三五）	観世音寺謹牒　大府衙	別当、講師、読師代、上座、権上座、寺主、権寺主、都維那、権都維那	『大』五 110(9)　『平』五三八
14	天喜6・11・23（一〇五八）	観世音寺牒　大府衙	別当兼講師、読師、検校、上座、権上座、寺主、権寺主、都維那、権都（維）那	『平』八九九
15	延久4・5・28（一〇七二）	観世寺三綱等解　申請府裁事	読師、上座、寺主、権（都）維那	『大』五 110(5)　『平』一〇七八
16	延久4・6・11（一〇七二）	公験奥書	講師、読師、上座、権上座、寺主、権寺主（3）、都維那、権都維那、俗別当（少監藤原朝臣）	『大』七 321(2)　『平』四九八
17	応徳元・8・21（一〇八四）	観世音寺牒　筑前国衙	講師兼別当、読師、上座、権上座、寺主、権寺主（4）③、都維那、権都（維）那（2）	『大』七 328(10)　『平』一二一四
18	寛治2・閏10・8（一〇八八）	観世音寺三綱等解　申請（筑前）国裁事	読師、上座、権上座、寺主、権寺主、都維那、権都（維）那	『大』七 328(7)　『平』一二六八
19	寛治3・8・17（一〇八九）	観世音寺三綱等解　申請府裁事	上座、権上座、寺主、権寺主、都維那、権都（維）那	『大』三 857(3)　『平』一二七五
20	寛治7・正・25（一〇九三）	観世音寺三綱等解　申請府裁事	上座、権上座、寺（主）、権寺主（2）、都維那、権都（維）那	『大』七 328(1)　『平』一三一七
21	嘉保（元）（一〇九四）	宝蔵実録日記	講師兼別当、読師、上座、権上座（4）、寺主、権寺主（6）、都維那、権都維那（3）	『大』五 108　『平』一三六八
22	永長2・7・16（一〇九七）	観世音寺所司大衆等解　重申請府裁事	読師、上座、権上座（4）、寺主、権寺主（5）、都維那、権都（維）那（2）、堂達、学堂（15）⑫、大衆（17）⑬	『大』五 109(1)　『平』一三八〇
23	承徳2・4・1（一〇九八）	観世音寺三綱等解　申請府裁事	上座、権上座、寺主、権寺主、都維那、権都（維）那	『大』別一 14(1)　『平』一三九五
24	承徳3・閏9・11（一〇九九）	観世音寺三綱等解　申請府裁事	上座、権上座、寺主、権寺主、都維那、権都維那	『大』七 315(2)　『平』一四〇九

註（1）俗別当のみ位署・姓名を記し、僧名は省略した。
（2）実名・草名・在判のある者には傍線を付した。また例えば（2）①は、二名のうち一名のみがこれに該当することを表わす。
（3）＊は、大宰府官人が連署していることを示す。
（4）『大』は『大日本古文書　家わけ第十八　東大寺文書』、『平』は『平安遺文』の略称である。

任者を確定している。これに監もしくは典の官人と観世音寺講師が充てられていることは注目すべきで、宗教施設にも監・典の担当制が適応されたことを意味するものである。このことから、監・典が兼帯する観世音寺の俗別当制もこのころに成立したと類推することができる。

一方、官人が寺院の別当を兼務する俗別当制は、畿内の主要寺院では、およそ承和～貞観年間（八三四～七七）に成立している。東大寺・観心寺の例からは、校田・班田に当たって公田・寺田の境界を判定する必要が生じたことと俗別当の設置は無関係ではなく、また寺院資財の監督が俗別当の主要な任務であった[23]。貞観十年（八六八）の観世音寺俗別当の初見史料も寺領をめぐる相論であり、また俗別当が署判を加えた観世音寺関係文書のほとんどが寺領や資財に関する内容である。観世音寺の資財管理は僧侶だけに委ねず、大宰府官人が直接監督する意図から、少弐・監・典が俗別当を兼務したと考えることができる。

四　宇佐八幡宮弥勒寺との関係

観世音寺講師の位置づけを考える際に、宇佐八幡宮弥勒寺との関係を見逃してはならない。『宇佐八幡宮弥勒寺建立縁起』（『宇佐神宮史　史料篇巻一』一六八頁）によると、天平十年（七三八）に宇佐八幡宮弥勒寺が建立されている。そして『類聚三代格』（巻二）に、

太政官符
　豊前国八幡神戸人出家事
右、奉二今月廿日勅一、件神戸人毎レ年一人、宜下令二得度一入中彼国弥勒寺上、
　天平勝宝元年六月廿六日

の太政官符が収録されており、『宇佐宮年代記』（『宇佐神宮史　史料篇巻二』四三頁）に、

天平勝宝元年己丑六月廿三日、被レ成二年分一人一、朱雀天皇御宇天慶三年純友《（藤原）》等乱逆之時、為二御祈請一被レ加二年分二人一、嵯峨天皇御宇弘仁元年、被レ立二戒壇於大宰府一、所レ被レ遂二行年分之授戒一也、自レ爾以降、毎レ年三人年分当寺弥勒寺、度僧之由来、見二于彼両通官符一、

と記されており、宇佐八幡宮弥勒寺には天平勝宝元年（七四九）に一人、天慶三年（九四〇）に二人、年分度者が設置されており、弘仁元年（八一〇）から観世音寺戒壇院においてその授戒が執行されたと記されている。[24]

そして、天長七年（八三〇）七月十一日太政官符「応レ試二度八幡弥勒寺年分者一事」（『類聚三代格』巻二）で、年分度者は神山もしくは同寺に三年以上止住した者をもって試度することが、同日付官符「応下割二神封仕丁一充中八幡弥勒寺上事」（『類聚三代格』巻三）で、神封仕丁二四人のうち六人を割いてその駈使に充てることが規定された。

それらと同じ天長七年（八三〇）七月十一日太政官符「応レ充二八幡弥勒寺講読師法服布施一事」（『類聚三代格』巻三）では、前年二月一日・五月十日の官符によって設置された弥勒寺講師の正月法会や安居の際の法服や布施を諸国の例に準じて設定し、法服は大神の封物を充てることが決まっている。その申請は、「別当観音寺講師伝灯大法師位光豊、弥勒寺講師伝灯大法師位光恵等牒」によってなされており、弥勒寺講師が光恵であること、観世音寺講師の光豊が「弥勒寺別当」を兼務して監督権を行使したことがわかる。

講師（「国師」が延暦十四年〈七九五〉に改称）は、各国に設置された地方僧官であり、例外として観世音寺が大宰府に対応する存在として講師が設置された。ここで設置された宇佐八幡宮弥勒寺講師も例外的な存在である。『日本紀略』天長六年五月丁酉（十九日）条に、一〇僧に命じて一切経を八幡大菩薩宮寺で転読させた記事があり、朝廷の命令で一切経を転読するような宇佐弥勒寺の地位に対応させて講師が設置されたとみることができる。[25]

第二節　寺院経営をめぐる競合関係

一　講師・読師・別当の諸相

（1）観世音寺講師と僧別当

天慶三年（九四〇）四月五日、源敏は姉の故源珍子の法事ならびに斎供料として、筑前国穂浪郡の家地・林・治田を観世音寺に施入した。その施入状案（平二四九）には、

天慶三年四月五日　蔭孫正六位上源朝臣（敏）在判

講師　在判正印
読師　在判正印
別当　在判正印
僧
僧　在判正印
僧　在判正印
上座　（良延）在判正印
寺主　在判正印
都維那在判正印

別当小(少)監伴宿禰
検臨使(権帥橘公頼)師家令紀朝臣

と、観世音寺の講師（一）・読師（一）・別当（四）・上座（一）・寺主（一）・都維那（一）、俗別当の大宰少監（一）、検臨使（大宰権帥橘公頼の家令紀氏）の位署書がみえる。また同施入地（高田荘）の臨時雑役免除に関する同年五月六日付の筑前国衙宛観世音寺牒案（平二五〇）にも、講師・読師と上座の間に四名の「別当在判正印」の署判がみられる。

観世音寺の講師・読師・三綱に加えて、「別当」僧が登場したことは、寺院組織の拡充を示すものともいえる。しかしそれは同時に、観世音寺講師が複雑な立場にあったことを示すものでもある。この点を九世紀にさかのぼって確認しておきたい。

『安祥寺伽藍縁起資材帳』（平一六四）に、

天長十年、奉レ勅、被レ拝二鎮西府観世音寺講師兼筑前国講師一、以為二九国二島之僧統一、

とあり、恵運が天長十年（八三三）に観世音寺講師・筑前国の講師を兼帯し、「九国二島之僧統」と呼ばれている。同資財帳によると、恵運は東大寺泰基、律師中継に学び、実恵から密教を受けており、『僧綱補任』にも「真言宗、東大寺、安祥寺根本、安曇氏、渡海、山城国人」[26]とあり、仁寿三年（八五三）に律師、貞観六年（八六四）に少僧都に任じられたと記されている。また『日本三代実録』貞観七年三月二十五日条によると、少僧都として得度・授戒の厳正な執行を提言している。

一方、延長五年（九二七）十月二十二日太政官符（『政事要略』巻五十六・交替雑事）によって、観世音寺講読師の選任方法が変更されている。つまり、これ以前の嘉祥元年（八四八）十一月三日の太政官符では、観世音寺講

師は戒壇十師のなかから智行具足の僧を選んでこれに充てることとなっていた。ところが、年来階業を終えた僧を順次これに補任しているため、戒師としての資質を欠いているとして、自今以後講師は、東大寺戒壇院の和尚・羯磨・教授の三色僧が同戒壇の大十師のなかから智行兼備の者を推薦し、僧綱が覆審を加えて補任すると規定しているのである。要するに観世音寺講師を律宗僧に限定し、その選定権が東大寺戒壇院にあることを確定し、また僧綱の権限を拡大させたといえよう。

このように観世音寺講師を律宗僧に限定したことは、授戒儀の遂行という点では成功であろうが、寺家の運営や西海道寺院に対する政務の執行という点では、むしろ逆効果であったと考えられる。そこで、後者の職務を補佐するものとして別当職が設置されたのではなかろうか。

(2) 別当（検校）と読師

その後、別当は、寛弘八年（一〇一一）十二月八日の「資財実否勘文」や寛弘九年八月二十九日・長元八年（一〇三五）六月二十日付観世音寺牒において、これを確認することができる。また長保五年（一〇〇三）七月十一日・寛弘三年十一月二十五日・寛仁五年（一〇二一）三月二十二日付観世音寺牒には、「検校」の署判がみられる（表9参照）。いずれも寺院資財の管理や寺領をめぐる訴訟に関する文書であり、講師・読師・三綱とともに別当もしくは検校の僧が連署しているのである。おそらく検校は別当より僧界での地位の高い僧であったのであろう。

これらの別当・検校は、観世音寺の僧から選任されるのではなく、講師と同様に中央から派遣されたものとみられる。治安四年（一〇二四）四月二十三日の筑前国符案（平四九八）に引かれた観世音寺牒によると、筑前国嘉麻郡の寺領碓井封の勘出公田について、「件坪々田勘出所当官物、前検校豪心大法師皆取用、京上已了」という事態が生じていたという。寺領をめぐる対国衙関係の史料であるために鵜呑みにはできないが、少なくとも検校が京上したこと、そのような行為を行う可能性のある立場にあったことは確かであろう。

また「読師」は、嘉祥元年（八四八）の官符では観世音寺僧を任用するとしていたが、延長五年（九二七）の官符では「小十師」すなわち東大寺戒壇院の小十師から選ぶこととなっており、その性格が変容している。長保三年（一〇〇一）から「読師代」（表9の7 10 11 12 13）が登場したことは、読師の遥任化を示している。

（3）三綱

観世音寺の講師・読師・別当・検校は東大寺など畿内寺院から派遣される職であり、十一世紀には読師・検校の遥任が知られた。

それでは三綱はどうであろうか。十世紀末の筑前国把伎荘をめぐる一件に着目しよう。永延二年（九八八）十月二十五日、大宰府は観世音寺に牒して、「鎮護国家、利益吏民」を名目として金堂に僧二人を置いて仁王長講を勤修させ、筑前国上座郡把伎荘の地子米を僧供料・僧服料として充て行うことにした（平三三五）。これによって、同荘は金堂長講僧が直接進退することになり、永延三年三月十三日には観世音寺に対して把伎荘司僧明延を停止するよう命じた府牒が下されたが（平三三七）[27]、履行されなかったらしく、永祚二年（九九〇）七月二十七日に、金堂長講僧の「専寺僧覚運」と「五師僧慶源」とが解状を上って大宰府の裁可を請うており、そこでは「而時三綱等、乍レ見二其府牒旨一、或庄司暗以補任、或検二見作収納之事一、任レ例可二執行一由云々者」と、三綱を誹謗している（平三四〇）。この一件は、長講僧の言い分が通って決着したようであるが、翻って考えると寺領への荘官の派遣は、講師・読師・別当ではなく、三綱によって行われており、長講僧のような例外を除けば、寺院経済の中枢は、従来通り三綱が握っていたことがわかる。

二　俗別当の消滅と大宰府の変質

（1）大宰府官人の遥任

前掲の表9によれば、12の寛仁五年（一〇二一）までの大宰府宛観世音寺牒には、講師・読師・三綱とともに大宰府官人が兼務した「別当」の署判があるが、13の長元八年（一〇三五）以降これがみられなくなり、この時期に俗別当制が消滅したと考えられる（16の延久四年〈一〇七二〉六月十一日付公験の「俗別当」については後述する）。

観世音寺は十一世紀前半から兵馬所・学校院と土地をめぐる相論を起こしており、表9の9寛弘三年（一〇〇六）・13の長元八年（一〇三五）の観世音寺牒が兵馬所を、12の寛仁五年（一〇二一）・14の天喜六年（一〇五八）の観世音寺牒が学校院を大宰府に訴えたものである。従って同内容でありながら、13以降の観世音寺牒からは俗別当の署判が消えているのであり、一〇二〇〜三〇年代を境として、俗別当という制度が崩れたと考えなければならない。

俗別当制が崩れた理由を考えよう。第一に観世音寺の自立性の高さである。監・典クラスの官人を別当に配することは、観世音寺を大宰府の付属機関の「所」の一つと位置づけるものであった。しかし観世音寺は、大宰府と「牒」で文書を交わし、封戸・寺田・荘園などの独自の経済基盤をもっていた。そして十一世紀に入ると、長保六年（一〇〇四）に筑前国碓井封の封田一五一町余の不輸不入化に成功し、治安二年（一〇二二）に筑前国上座郡に黒島荘を成立させるなど、荘園経営を大きく推進している[28]。

第二に観世音寺と兵馬所・学校院との相論である。これは、おもに大宰府郭内の境界をめぐるものであったが、いわば大宰府付属機関どうしの相論であり、大宰府にとっては好ましからざる問題であった。このような状況下で、観世音寺の運営に専従しているわけではない大宰府官人が、大宰府付属機関の非を訴える観世音寺牒に「別当」として判を加えることはできなくなったのであろう。

第三に「公文所」の出現である。長元八年（一〇三五）六月二十日、観世音寺は、寺家四至内・散在領田から兵馬所が地子米を徴収していることを大宰府に訴えたが、その観世音寺牒には「下二公文所一」の外題が付されており（平五三八）、翌九年五月十日には公文所によって勘申文が作成されている（平五七一）。それによると、兵馬所直人庁頭中臣師信と観世音寺上座運妙ら双方の言い分を聞いた結果、兵馬所に理があるものの、同所は数十年間経営に当たらなかったとして、観世音寺側を有利と判定しているのである。またこれに基づいて、長暦二年（一〇三八）二月十六日には、左右両郭宛に「可丁停二兵馬所妨一令丙観世音寺領乙知郭内作田甲事」の大宰府政所下文が発給されている（平五七五）。これ以前にも、貞観十一年（八六九）の筑前国「田文所」、長徳四年（九九八）の「大帳所」など[29]、観世音寺領をめぐる相論を調査した機関を確認することはできる。しかし、「公文所」はこれ以後も、長元十年（一〇三七）の「観世音寺修理米用途帳」の袖にその構成員が署判を加える（平五七三）、寛治三年（一〇八九）九月二十日に観世音寺と松永法師との筑前国上座郡把伎荘をめぐる相論を勘注する（平一二七七）など、活発な動きをみせ、監・典の兼任と専属職員とからなる構成員についても、他の「所」に比べてはるかに充実しているのである[30]。

こうした変化は、大宰府の官人機構の変質と無関係ではない。石井進の研究によると、大宰府発給文書は、公式令に基づく「大宰府符・解」から、十一世紀に「大宰府政所下文・大宰府政所牒」に、さらに十二世紀に「大宰府庁宣・大府宣」へと転じており、それらは大宰府の幹部が中央から赴任しなくなったことを反映しているという[31]。大宰府政所下文の初見は長保五年（一〇〇三）七月十三日、大宰府政所牒の初見は寛徳二年（一〇四五）二月二十九日であり（平四三一・六二二）、特に後者への連署は、権大監・少監・権少監・監代・大典・権大典・少典・典代など、合計三三人に及んでいる。また志方正和は、「府官」の成立を論じている。つまり、正暦四年（九九三）八月二十八日の大宰府解に署判を加えた権大監平致光が『尊卑分脈』で確認できる最後の監であり、その後の監・典は中央から赴任しておらず、『職原鈔』（下）に「監・典者、公卿給時間、雖レ請二任之一、多是府中有縁之輩任レ之、称二府官一是也[32]」と記されるような、在地豪族の「府官」に変容した。そして長暦二年（一〇三八）ごろには定員・任期もなくなって世襲化に向かい、大宰府政所牒に多数の監・典が連署するようになったという[33]。

（2）府官と公文所・造観世音寺行事所

大宰府官人の遥任が進む一方で、多数の在地豪族が「府官」として大宰府に集結するようになったとすれば、その新たな大宰府の秩序と観世音寺との関係はどうであったか。

第一に、先に触れた「公文所」に注目すべきである。長元九年（一〇三六）の観世音寺・兵馬所の土地相論についての公文所勘申には、監・典、庁頭・府老、散位の合計一五名が連署しており、公文所の活動は康和元年（一〇九九）閏九月十六日に観世音寺金堂仁王講の供米を勘申した時点まで知られる（平一四一三）。その活動期間（十一世紀）と構成員（監・典）は、大宰府政所牒と共通している。要するに、在地豪族が府官として大宰府に結集する時代になると、従来のように監・典が別当として観世音寺の財務管理をすることはなくなり、寺領相論が起こると公文所が調査して大宰府政所牒で判定を下したのである。

第二に、観世音寺伽藍の修理・再建に着目すべきである。大宰府の建築生産機構に関して、正木喜三郎は十一世紀の観世音寺の修理再建を取り上げ、次のように指摘している。長保三年（一〇〇一）七月二十八日の宝蔵収蔵品下用日記に「寺家修理所」がみえ、長元十年（一〇三七）の「観世音寺修理米用途帳」（平五七三）に別当大法師覚命・勾当大法師観恵・専当法師が署判を加えていることから、十一世紀初めまで実務は観世音寺が、監督権は大宰府が掌握していたようである。これに対して、康平七年（一〇六四）五月十四日焼亡、治暦二年（一〇六六）十二月二十八日講堂供養の再建事業では、「造観世音寺行事所」が治暦二年六月四日・十一月二十日に観世音寺に対して仏具を造るための銅を申請しており（平一〇〇七・一〇一二）、後者には文殿内蔵・府掌平・庁頭藤井・府老大中・典代不知山・少典宗形・監代菅乃・権大監大蔵・権少監御春・大監豊島真人・権大監紀朝臣・少監藤原朝臣が連署している。この行事所は造営そのものを担当したのではなく、造営に関する財政運営を担当したのであり、大宰府の建築生産機構が崩壊したことを示している。[34]

監・典が兼務していた俗別当が寛仁五年（一〇二一）を最後として姿を消したのは、監・典が赴任しなくなったことに対応した現象で、観世音寺の伽藍や資財に対する大宰府の監督権の後退を示すものといえる。一方で、多数の在地豪族「府官」が集結する新たな大宰府と観世音寺との秩序も形成された。「公文所」が寺領相論を調査し、大宰府政所牒でその判定が下された。また伽藍の再建には、造観世音寺行事所が編成され、財源や物品の調達・調整を行うようになったのである。

三　威儀師・従儀師の三綱兼務

(1) 講師兼別当の遥任

十一世紀後半には観世音寺の寺院組織にも大きな変化が現われている。その一つは、「別当兼講師」（もしくは「講師兼別当」）の出現である。天喜六年（一〇五八）十一月二十三日付の観世音寺牒案には、読師・検校・三綱とともに「別当兼講師在判」の署判がみられ（表9の14）、その後、応徳元年（一〇八四）には「講師兼別当隆昭」（表9の17）、嘉保元年（一〇九四）にも「講師兼別当」（表9の21）の署判が確認できる。

このような講師と別当の兼帯は、寺院運営の権限を一人の人物に集中させたようにみえるが、実際はその逆である。これまで講師は、長徳四年（九九八）の一例（表9の6、欠員）を除いて、必ず署判を加えてきたが、「別当兼講師」が現われて以降、その署判の頻度は著しく低下している。このことは、延久四年（一〇七二）六月十一日付公験奥書（表9の16）に「講師未到任」としているように、講師（兼別当）の不在化＝在京傾向が進んだことを意味している。(35) そして『東大寺別当次第』（六十八代・延幸）には、康平三年（一〇六〇）条に「被レ押二取観世音寺別当一」(36) の記事があり、東大寺が講師兼別当の選定権を失ったことがその原因であったとみられる。

（2）三綱による執務

講師兼別当の不在化に伴って、読師にも不在化傾向が生まれ、寺院運営の主体は名実ともに三綱に移ったと考えられる。すなわち、観世音寺発給文書はこれまで「観世音寺牒」であったが、延久四年（一〇七二）五月二十八日を初例として、以後「観世音寺三綱等解」が大半を占めるようになっているのである（表9参照）。

それとともに、三綱にも変化が認められる。延久四年（一〇七二）六月十一日の公験奥書（平四九八）は、次の通りである。

件公験正文弐通、依二官符之旨一、為レ令レ進レ官、進已（ママ）了、

延久四年六月十一日

講師未到任　　　都維那兼従儀師大法師

講師大法師位在判　　　　権都維那兼従儀師大法師

上座兼威儀師大法師

権上座大法師

寺主兼威儀師大法師在判

権寺主大法師

権寺主大法師

権寺主大法師

俗別当少監藤原朝臣

これは、筑前国碓井封に関する治安四年（一〇二四）の筑前国符案の末尾に、観世音寺の講師・読師・三綱と俗別当（大宰少監）が連署したもので、公験の正文を太政官に進上すると記されている。このうち、大宰府官人の兼務した「俗別当」は、寛仁五年（一〇二一）以前のそれが「別当」であったのと異なり、また一名のみの署判であることも、従来とは異なる。その一方で、三綱については、上座・寺主・都維那が威儀師を、権都維那が従儀師を兼務している。

三綱の威儀師・従儀師兼務については、観世音寺発給文書に署判を加えた三綱を検討すると、十二世紀前半ごろまでは三綱構成員（六名程度）の約半数が、十二世紀中葉以降はほぼ全員が威儀師・従儀師であったことが判明し、[37] 天仁三年（一一一〇）からは検校も威儀師を帯びるようになっている。[38] また、観世音寺の三綱が威儀師を兼帯した早い例は、延久元年（一〇六九）七月の年紀を伴う観世音寺十一面観音像の銘文（平金一一一〇）に、「寺務上座威儀師年預永暹」が確認できる。威儀師を兼務した三綱の初見が「寺務上座」「年預」であったことと、講師兼別当の遥任が進み「観世音寺牒」から「観世音寺三綱等解」へと発給文書の書式が変化したこととは、一連の動きとみられる。

威儀師・従儀師は、僧綱所の「佐官」の後身として奈良時代中期に設置されたもので、延暦五年（七八六）三月六日の太政官符で威儀師六名、弘仁十年（八一九）十二月二十五日太政官符で従儀師八名と定員が定められている。(39) 森川英純・牛山佳幸によれば、天喜五年（一〇五七）から延久二年（一〇七〇）の間に僧綱制の改編が行われ、これらの威儀師・従儀師から各一名を選出して「惣在庁」「公文」とし、僧綱所の実務に当たらせる体制が成立したという。(40)

観世音寺三綱が威儀師・従儀師を兼務し始めたのは、この改編期とほぼ一致している。このことから考えると、（一）惣在庁・公文以外の僧綱政務から解放された威儀師・従儀師が観世音寺に赴任することになった、もしくは（二）在地僧の観世音寺三綱にも、威儀師・従儀師の肩書きを与えるようになった、という二つの可能性が指摘できる。おそらく（一）が妥当であろう。その理由は第一に、寛治三年（一〇八九）八月十七日に筑前国把伎荘の地子米を松永法師が押妨したことを大宰府に訴えた観世音寺三綱等解（平一二七五）に、「松永法師不ㇾ在地一、其人以二先年寺家上座威儀師故永禅在京之時一出来童子也」と、上座威儀師の「在京」を伝えていること、第二に、威儀師・従儀師の員数増加は平安時代を通して比較的少なく、(41) 観世音寺という特殊性を考慮しても、在地僧にこのような職を付与したとは考え難いこと、第三に、三綱の任期途中から威儀師・従儀師となった例がほとんどみられないことである。(42) 従って、観世音寺三綱は、延久年間からその約半数が東大寺から派遣される威儀師・従儀師によって構成されるようになったと考えられる。講師兼別当の選定権を失った東大寺が、威儀師・従儀師を三綱として観世音寺に送り込むことによって、同寺に対する主導権を維持しようとしたのであろう。(43)

また延久四年（一〇七二）六月十一日の公験奥書には、正文を太政官に進上したと記されており、これは延久元年の荘園整理令に応じたものである。寺領の公験には、観世音寺の寺官と大宰府官人が連署すべきであるが、観世音寺講師や大宰府官人の遥任化が進んでいた。「俗別当少監藤原朝臣」は、一〇二〇年代に解体した観世音寺俗別当制を模してはいるが、実態を伴うものではない。観世音寺の寺官として署判を加えたのは「講《（読）》師大法師」「寺主兼威儀師大法師」の二名である。その寺官には、在地僧ではなく中央から赴任した僧侶であることが求められ、観世音寺三綱が威儀師・従儀師であることを、ことさら強調したものになったと考えられる。

四　安楽寺・石清水八幡宮との関係

（1）安楽寺系の観世音寺別当

応徳元年（一〇八四）八月二十一日の筑前国宛観世音寺牒案には、三綱・読師とともに「講師兼別当大法師隆昭」の加署が認められる（平一二一四）。この隆昭については、承徳元年（一〇九七）に筑前国碓井封山口村をめぐって観世音寺が安楽寺と争った際に、観世音寺側が次のように述べている。

前々別当安覚大法師者、為二彼寺氏人一之上、去レ任之後、彼別当被レ進レ宮之由、見二勘状一、何彼時在二此沙汰一哉、又前別当隆昭大法師者、彼寺別当阿闍梨之弟子也、依レ為二師主沙汰一、成二其憚一、不レ致二沙汰一也、以二彼両代例一、不レ可レ為レ証者也、

すなわち、寛治二年（一〇八八）に碓井封山口村を安楽寺に寄進した観世音寺「前々別当安覚」は安楽寺の氏人であり、また「前別当隆昭」も安楽寺別当の弟子であったため同村の沙汰を憚った。しかし、所領権はそれ以前の公験に依るべきであると（平一三七九）。これによって、観世音寺の別当（講師兼別当）[44]をつとめた安覚・隆昭が、

安楽寺系の僧であることが判明する。(45)

観世音寺別当に安楽寺系の僧が補任された背景を考えよう。安楽寺は菅原道真の祠廟・太宰府天満宮のことである。(46)鎌倉時代成立の『安楽寺草創日記』(47)には、平安時代を中心に各堂舎の創建や財源などが列記されており、それによると安楽寺の創建は延喜五年（九〇五）もしくは同十年で、天暦元年（九四七）に安楽寺別当に平忠が補任されたという。その別当は菅原氏のなかから選任されている。

長保六年（一〇〇四）十一月十九日の観世音寺宛府牒「□□（応可カ）三月八日以後五箇日毎年勤修最勝会事」（平四三五）は、南都の三会に準じて鎮西においても府院御斎会・観世音寺最勝会・安楽寺遍知院維摩会の三会を創始するとして、各法会の料田を設定するとともに、管内有智浄行の僧を選んでその請僧とし、聴衆年労の者をもって壱岐島の講師に任用すると規定している。(48)この鎮西三会の創始によって「観世音寺が府大寺としての地位をより拡大していった」(49)とする見解もある。しかし鎮西三会の実態を示す史料は現存しない。むしろこの史料から読み取るべきことは、第一に安楽寺が大宰府の主要な寺院と位置づけられ観世音寺と肩を並べたことである。そして第二に、聴衆年労の者をもって壱岐島の講師に任用するということが、承和十一年（八四四）四月十日に決まった大隅・薩摩・壱岐講師の簡定は大宰府官人と観世音寺講師が行うという規定を変更し、観世音寺講読師の権限を削減するものであったということである。

『安楽寺草創日記』御廟殿の項に「壱岐島分寺中浜荘寄進、天禄元年」とあり、天禄元年（九七〇）に壱岐島分寺の所領であった中浜荘が安楽寺に寄進されたことが知られる。また天養三年（二年＝一一四五の誤りか）正月の薩摩国司庁宣（平二五五九）に「右、件国分寺、任二旧例一、可レ為二安楽寺領一之由、去年七月被レ下二官符一、随又成レ府（符）施二行国庁宣一畢」とあり、薩摩国分寺が安楽寺領となっていたことがわかる。元亨三年（一三二三）八月の国分友貞陳状（鎌二八五〇二）が引く天満宮安楽寺雑掌の訴状には、応和年中（九六一～六四）に安楽寺の別宮と定められたとの一文が認められる。[50] このように、安楽寺は十世紀半ばから西海道各地に寺領や別宮を広げていた。そして長保六年（一〇〇四）の府牒（鎮西三会の開催）で安楽寺の権益確保を拡大させることとなり、やがて安楽寺は薩摩国分寺を配下に置いたのである。

（2）石清水八幡宮系の観世音寺別当

観世音寺講師の系譜に戻ろう。大治二年（一一二七）十一月十日の筑前国牒案（平二一一〇）が引く観世音寺牒によれば、延久の荘園整理令の際、観世音寺領は「寺司在京」のうちに官・府・筑前国使等の検注を受けたが、「前々別当法印頼清任中、依二宇佐新宝院（白河上皇）沙汰一、下二遣院御使主計属義保一之次、大山・観音両寺勘返荘荘加納名田等、任二調度文書理一、如レ本可レ令二寺領一之由、院宣下知云云」と、前々別当頼清が白河院の院宣によってこれを回復したという。[51]

頼清は、比叡山横川の頼源大僧都を師主とする天台僧で、延久四年（一〇七二）に石清水権別当、寛治元年（一〇八七）に別当に補されたと『石清水祠官系図』に記されている。そして同書には「異本云、大乗院本願、観音寺・大山寺兼行也[52]」の記事もみられる。頼清が天台宗の末寺である筑前国大山寺（宇智山寺・竈門山寺）[53]の別当となるのは、前別当院範が没した永保三年（一〇八三）三月の少し前と考えられるから[54]、まず大山寺別当となり、その後隆昭の後任者として観世音寺別当に就任したものであろう。

康和三年（一一〇一）三月十五日、観世音寺は大宰府に解を上り、筑前国が観世音寺領把伎荘に勘返田があるとして、府・国使を同荘に入勘させたのに対して、「依二院宣一、故法印（頼清）弟子石清水修理別当光清拝二任当寺長吏一已了者、依二当寺沙汰一、院御使下向在レ近云々」と、院宣によって頼清の弟子で石清水修理別当の光清が観世音寺の長吏となり当寺を沙汰する、白河院の使者も下向すると主張して入勘停止を要求し、翌日に裁可されている（平四九五四）。これは、『石清水祠官系図』に頼清が康和三年（一一〇一）正月三日に没したと記すのに対応した動きといえる。その後任の光清は頼清の子息で、天台座主仁覚を師主とする天台僧で、座主慶朝の時（一一〇二〜〇五）に院宣によって大山寺別当に補せられ、大治三年（一一二八）には弥勒寺ならびに喜多院の検校に就任している[55]。天仁元年（一一〇八）には暹宴が「別当」であったことが確認でき（平一六八八）、天永二年（一一一一）十月二日付観世音寺三綱解案（平一七五三）でも、頼清を「前前別当」と呼んでいるから、光清は天仁元年（一一〇八）までには観世音寺別当を辞したようである。

観世音寺別当に石清水八幡宮系の僧が補任されたことに関係して、宇佐八幡宮弥勒寺の展開に触れておこう。弥勒寺講師は、天長七年（八三〇）の光恵以降、しばらく史料に現われないが、長保元年（九九九）にこの職に就いた元命の時に弥勒寺は大きな転期を迎えた。まずその就任時に「此弥勒寺講師以二六年一用二一任一、元命申止二其義一、成二永宣旨一」[56]と、六年の任限を廃止していることである。『延喜交替式』や『延喜式』によれば、諸国講読師は秩限六年で解由を責められることになっており、また諸寺の別当・三綱や宇佐八幡宮の宮司・神官も解由の対象とされている。弥勒寺講師もこれに準じて六年の秩限を設けていたのであろうが、ここでそれを廃したことは、国家による社寺管理の弛緩、寺社の自立化を意味している。長保三年（一〇〇一）に大宰帥として赴任した平惟仲は、盛仁を弥勒寺権講師として同寺に送り込み、その支配を維持・強化しようとしたが、同五年には逆に宇佐宮司や講師元命が平惟仲・盛仁の非法を朝廷に訴え、その介入を排除したのである[57]。

元命は「計二其労一及二五十年一」といわれるように、永承二年（一〇四七）まで講師職をつとめ、治安三年（一〇二三）には石清水八幡宮別当を、長暦元年（一〇三七）には同八幡宮検校を兼務するなど、石清水・宇佐弥勒寺の一体化を推進した[58]。以後石清水八幡宮僧が弥勒寺講師（もしくは検校）に任じられるようになっている。また宇佐宮の初期荘園としての封戸荘園の立券が始まるのも寛弘三年（一〇〇六）であり[59]、以後寺社領・末寺末社は増加を辿っている[60]。元命卒去の翌年、永承七年（一〇五二）六月二日には弟子の清成が弥勒寺惣検校職に就任した。その際、大宰府は九国二島の各々に大宰府符を発給し、清成が「八幡宇佐宮寺末寺末宮并所領荘薗雑事」を執行する旨を下知している（平四九二一～四九三二）。

観世音寺別当となった頼清は、元命の孫（母が元命の娘）であったことが『石清水祠官系図』からわかる。一方で弥勒寺には、承暦年間（一〇七七～八一）に白河天皇の御願で新宝院が建立されている[61]。つまり頼清は、白河院との関係を利用して観世音寺別当となり、寺領回復を企てたのである。

（3）講師兼別当の上京と地子米の犯用

観世音寺は康平七年（一〇六四）に火災に遭い、また康和四年（一一〇二）八月には大風で金堂・戒壇・回廊・大門等が顚倒している[62]。これに対して嘉承元年（一一〇六）五月二十五日には、大宰府管内の社寺権門勢家を論ぜず荘園に平均に造営の木材を負担させること、観世音寺領の地子米を旧来通り造営に充てることを命じた太政官符が大宰府に下されている。この官符が引用する大宰権帥大江匡房の奏状では、造営が進まない事情として、「而近代為二其司一之者、不レ存二公平一、毎レ色入レ己、運二上京都一、偏充二私用一、本寺・本社不レ勤二修補一」と述べており、またこの官符を観世音寺に伝える府政所牒にも、「而近代為二講師別当一之者、偏貪二荘薗地利一、不レ営二寺家之土木一、或運二上京都一、偏宛二私用一、或給二従類之眷属一、無レ勤二堂舎之修造一」の一文をみることができる（平一六五七・一六五八・一六五九）。さらに嘉承三年（一一〇八）六月二十一日の太政官符に引用された観世音寺所司等解状（平一六八八）にも、「於二於〔衍〕曩日一者、荘園雖レ有レ数、従二中古一以降、田地又非レ幾、或為二国司一被二収公一、或為二土民一争論故也、竹帛雖レ不レ朽、長吏無レ成レ訴、然間年序徒過、無二人沙汰一」「而代々別当偏貪二余分之地利一、敢不レ顧二諸堂之破損一」といった記事がみられる。つまり近代の講師兼別当は観世音寺領の地子米を私に貪って京都に運上しており、また寺領問題に何ら対策を講じていない、それが寺運衰退の原因となっているというのである。

ここで訴えられた講師兼別当は、頼清・光清を指している。十一世紀後半には観世音寺牒に代わって観世音寺三綱等解が発給文書の大半を占めるようになり、講師兼別当の署判の頻度は著しく低下している。特に頼清・光清の時期においては、全くこれを確認することができないのである。そのことは頼清・光清が大山寺（竈門山寺）別当でもあり、観世音寺に止住していなかったことと関連する。頼清は白河院の権力を背景として観世音寺領の回復を図ったが、これも大山寺や宇佐八幡宮の経営と連動したものにすぎず、最終的には地子米の犯用という結果をもたらしたのである。

第三節　本末関係の矛盾

一　自立化・末寺化の可能性

（1）東大寺別当永観と頼清・光清

『朝野群載』（巻十六・仏事上）に、次の文書が収録されている。[63]

東大寺戒壇院律宗三職大法師等、誠惶誠恐謹言

請レ被下特任二先例一、補中任奝円大法師代観世音寺登壇戒師上状

挙進伝灯大法師位光清年□□□臈□□□

右、大法師等、謹検二案内一、雖レ須下奝円任二夏臈次第一、下二向彼寺一、勤中仕御願上、而道路遼遠、山海嶮阻、年老病重、不レ堪二歩行一、因レ茲簡下定堪レ為二其器一大法師光清上、彼寺戒師所二挙達一也、望請、本寺早奏二聞公家一、被レ賜二官符一、仍勒二事状一、以解、

康和二年九月十七日

教授

伝灯大法師位円秀

羯磨

伝灯大法師位宗快

和上

伝灯大法師位奝円

これは、康和二年（一一〇〇）九月十七日に、東大寺戒壇院の教授・羯磨・和上の三色大法師が、「年老病重」の奝円に代えて「伝灯大法師位光清」を観世音寺登壇戒師に推挙したものである。また、これに続いて『朝野群載』に収録される同年九月十九日の東大寺解状では、右の挙状を受けて「別当権律師法橋永観」と同寺三綱が裁可の太政官符を申請しており、そこには「補任末寺観世音寺」という文言がみられる。

東大寺戒壇院の三色僧が観世音寺講師（戒師）を簡定することは、延長五年（九二七）十月二十二日の太政官符

図3　永観と頼清・光清の関係

に則ったものであるが、僧綱が覆審を加えるべきところを、ここでは東大寺が代行しており、また「且補㆓任戒師㆒、且寺務執行」「尤為㆓登壇戒師㆒、又足㆓寺家別当㆒」の文言は、講師兼別当を推挙するものとなっている。

ここで推挙された光清については、石清水八幡宮の光清と同一人物であると堀池春峰が指摘している。(64) しかし光清は仁覚を師主とする天台僧であり、東大寺戒壇院の十師であったとは考えられず、頼清の子息であることから院宣によって観世音寺の講師兼別当になったのであるから、本来は東大寺の推挙を受けるはずのない人物である。(65)

東大寺側がこのような挙状を作成した理由として、東大寺別当永観と頼清・光清との血縁関係が注目される。『東大寺別当次第』によれば永観は八幡別当元命の三男であるといい、(66) また『石清水祠官系図』では頼清の母を元命の娘としており、図3のような関係を指摘することができる。永観は康和二年（一一〇〇）五月に東大寺別当になるまでは禅林寺に止住していたから、頼清の観世音寺への進出までをこの人脈で説明することはできないが、東大寺別当に就任したばかりの永観に、頼清の死期が迫っていることが伝わると、東大寺は観世音寺に対する主導権を奪回する意味も込めて、このような挙状を作成させたのであろう。永観は東大寺の経営に手腕を振った別当として評価される人物でもある。

(2) 暹宴による寺運再興運動

嘉承元年（一一〇六）五月二十五日に観世音寺の伽藍再建を命じた官符が大宰府に下された（平一六五七）。これに対して、「僧暹宴」は八月二十九日に解状を提出して、官からの使者によらず寺家の力によって修造を進めることを申請している（平一六六五）。そこでは「僧暹宴」と記すのみであるが、申請を裁可した嘉承三年（一一〇八）六月二十一日の官符では「当任別当暹宴大法師」と呼ばれており（平一六八八）、天仁二年（一一〇九）・天永元年（一一一〇）の観世音寺牒（表10の2・4・5）には「講師兼別当」の署判が認められ、同職が観世音寺に止住していたことがわかる。

　この時期の伽藍の修造については、先の暹宴解状で「抑件諸堂、前前別当任中併以顛倒、然而暹宴度々令レ進二府申文一、申二請府解一、令レ言二上公家一之処、適被三下二知官符一之条、寺家所レ望也」と述べており、暹宴の主導であったことが知られる。そして『中右記』天永二年（一一一一）五月五日条に「暹宴叙二法橋一云々」の記事があり、その裏書には[67]、

　件暹宴者、是鎮西観世音寺別当也、依下修二理彼寺一功上、今日叙二法橋一也、世称二腰引禅師一、以レ交二易物一為二其業一、仍富重千金重、外国之者、昇二綱位一如何、有二其故一歟、

と記されており、修造経費は暹宴の貿易活動から捻出されたのである。

　また天永元年（一一一〇）には、観世音寺で法華六十巻談義が始まっている。これは同年四月に三師・三綱・検校・読師らの所司がその創始を暹宴に申請したもので、同年八月の「観世音寺談義縁起」によれば、「東洛本寺本山」延暦寺に始まり、「西府有智山・安楽寺」でも行われている『法華経』の談義を始め、『魔訶止観』『往生要集』を読み、「久伝二天台之教法一」えて、浄土の良縁を結ぶのだという。その教学振興と、「此寺為二綱所一偏宰二僧務於外朝一」といった自覚の高揚は注目すべきである[68]。

　さらに暹宴の時代には、寺領回復運動がみられる。肥前国杵島郡の中津荘は、延喜十年（九一〇）に権帥在原友于が施入した荘園であるが、延久の荘園整理令によって国司に収公された[69]。これに対して頼清は白河院に訴え

表10　観世音寺寺司署判の加えられた文書（十二世紀）

番号	（西暦）号・月・日	種別（発給文書は書出し・宛所）	署判	出典
1	（一一〇二）康和4・3・11	観世音寺三綱等解 申請 府裁事	上座、権上座、寺主、権寺主、都維那、権都（維）那	『大』五110(1) 『平』一四七七
2	（一一〇九）天仁2・6・10	観世音寺牒 府政所衙	講師兼別当、読師、上座、権上座、寺主、権寺主、都維那、権都（維）那	『大』別一17(5) 『平』一七〇五
3	（一一一〇）天仁3・4	所司大衆等解 申請 政所裁事	読師、検校、上座、権上座、寺主、権寺主、都維那、権都（維）那、学頭、講代、勧進（別当が署判を加え裁可）	『大』別一15(3)
4	（一一一〇）天永元・8	観世音寺談義縁起	講師兼別当、読師、検校、上座、権上座、寺主、権寺主、都維那、権都（維）那 伝授大師（2）、学頭、講代、勧進（3）、談義衆（13）	『大』別一15(4)
5	（一一一〇）天永元・9・5	観世音寺牒 大府衙	講師兼別当、読師、検校、上座、権上座、寺主、権寺主、都維那、権都（維）那	『大』別一15(2)
6	（一一一一）天永2・10・2	観世音寺三綱等解 申請 （肥前）国裁事	読師、検校、上座、権上座、寺主、権寺主、都維那、権都（維）那	『大』別一16(1) 『平』一七五三
7	（一一一九）元永2・3・27	観世音寺三綱等解 申請 府裁事	検校、二座、権二座、寺主、権寺主、都維那、権都（維）那	『大』五115 『平』一八九八
8	（一一二〇）保安元・6・28	文書目録奥書	検校、上座、権上座、寺主、権寺主、都維那、権都（維）那	『平』補二九九
9	（一一二八）大治3・10	年貢米結解外題	上座、権上座（2）、権寺（主）、都維那、権都（維那）（年貢米結解は寺主が注進）	『平』二一二一
10	（一一二九）大治4・3・28	年貢米結解外題	上座、権上座（2）①、権寺主、都維那、権都維那、公文専当（年貢米結解は権寺主が注進）	『平』二一二八
11	（一一二九）大治4・7	封荘年貢物勘文	目代、検校、上座、権上座、寺主、権寺主、都維那、権都（維）那	『大』五111 『平』二一四〇

12	（一一三〇）大治5・11・5	年貢運上勘文	検校、上座、権上座、寺主、権寺主、都維那、権都（維）那	『大』五118　『平』二一七〇
13	（一一三一）天承元・9・25	観世音寺三綱等解　申請　本寺裁事	検校、上座、権上座、寺主、権寺主、都維那、権都（維）那	『大』五120　『平』二二〇七
14	（一一三三）長承2・12・27	年貢運上勘文	検校、上座、権上座、寺主、権寺主、都維那、権都（維）那	『大』五121　『平』二二九六
15	（一一三七）保延3・3	封荘作田地子段米注進状	検校、上座、権上座、寺主、権寺主、都維那、権都（維）那	『平』二三六六
16	（一一四〇）保延6・5	寺家　伝灯大法師永延	講師兼修理別当、読師、検校、権検校、上座、権上座、寺主、権寺主、都維那、権都（維）那	『平』四七一二
17	（一一四三）康治2・2	年料米相折帳	検校、権検校、上座、権上座、寺主、権寺主、都維那、権都維那	『大』五112　『平』二五〇四
18	（一一四四）康治3・正	観世音寺所司等解　申請　府裁事	検校、権検校、上座、権上座、寺主、権寺主、都維那、権都（維）那	『平』補三一九
19	（一一五七）保元2・9・14	封荘等公験目録	上座、権都維那、勾当	『大』五123　『平』二九〇二
20	（一一六〇）永暦元・3	年貢運上勘文	検校（2）、上座、権上座、寺主、権寺主（2）、都維那、権都（維）那	『大』五125　『平』三〇九一
21	（一一六一）永暦2・10	年貢運上勘文	検校（2）、上座、権上座、寺主、権寺主、都維那、権都（維）那	『大』五126　『平』三一六六
22	（一一七〇）嘉応2・4	年貢運上勘文	権都維那	『平』三五四三

（註）（1）実名・草名・花押・在判のある者には傍線を付した。また例えば、（2）①は二名のうち一名のみがこれに該当することを表わす。
（2）保安元年6月28日の奥書をもつ文書（8）は、石井進「大宰府機構の変質と鎮西奉行の成立」（同『日本中世国家史の研究』所収）によれば、一四種が現存しているが、署判がほぼ同一であるため省略した。
（3）『大』は『大日本古文書　家わけ第十八　東大寺文書』、『平』は『平安遺文』の略称である。

て寺領とする院宣を得たが、新任国司の藤原成季が着任すると再び収公したため、今度は「当時長吏」の暹宴が調度文書を副えて肥前国に訴えるとともに、大宰府を介して官に申上し、天仁三年（一一一〇）三月三十日には同荘を寺領となす旨の大宰府宛の官符を出させるに至った（平一七一九）。しかし肥前国は国司新任の際に慣行として下される新立荘園停止の官符を盾に取ってこれを認めようとしない。そこで観世音寺三綱は、天永二年（一一一一）十月二十七日にその経緯を説明し、寺領となす国裁を申請している（平一七五三）。それを受けて、先の官符は、同年十月二十七日に大宰府によって奉行され、同日に大宰府符によってこれが肥前国に下知されている（平一七五五）。ここで注目されるのは、頼清の場合と異なり、他の社寺領の問題と連動したものではなく、観世音寺単独の問題としてこれを訴えていること、白河院に訴えるのではなく、大宰府を介して太政官に申上するという、旧来の体制内で訴えがなされていることである。また中津荘が海外貿易の拠点となった荘園であることも注目される。

暹宴については、法華六十巻談義を創始したことから、「この寺の天台化と私有化をともに推進しようとしている」とみる見解がある[70]。しかし、天台宗勢力の西海道寺院への介入は認めるとしても[71]、この談義の創始を暹宴個人に求めることや、天台宗との関係が明らかでない暹宴をその流れのなかに位置づけることは疑問といわざるをえない。むしろ暹宴の場合、注目しなければならないのは、その在地性である。第一に講師兼別当に就任する前から観世音寺もしくはその周辺にいたことが窺え、第二に貿易によって伽藍修造の費用を捻出し、その功によって法橋上人位に叙せられたが、その際に「外国之者、昇二綱位一如何」と『中右記』の記主・藤原宗忠は畿外の僧に僧綱位を与えることを危ぶんでおり[72]、第三に寺領問題の訴えも大宰府に対して起こしているのである。当時日宋貿易を推進したのは、大宰府の貿易管理機構を利用した、在地領主化した府官たちであった[73]。「以レ交二易物一為二其業一」していた暹宴は、これらの在地勢力とその存在基盤を同じくしていたといえよう。従って、暹宴による観世音寺再興運動は、中央有力社寺の末寺になるのではなく、在地勢力との関係で自立していく道を志向するものであったといえる。

（3）検校源尊

観世音寺の三綱に目を転じると、康和四年から天永元年（一一〇二～一一一〇）の間に権上座から検校に昇進した源尊が際立った存在である（表11）。三綱から検校や別当に昇進した例は、観世音寺のみならず、他の寺院においても稀有である。(74) 異例の人事がなされた理由を考えるとき、その検校への昇進（一一〇二～一一一〇年の間）と暹宴の講師兼別当就任（一一〇六～〇八年の間）とが、ほぼ時を同じくしていることに気付く。

暹宴が在地僧で寺運再興の動きを主導したことはすでに触れたが、その一方で検校・三綱との微妙な隔たりが看取できる。暹宴が三綱経験者でなく、また嘉承元年（一一〇六）の伽藍修造の申請は暹宴個人の解でなされており、また天永元年（一一一〇）の法華六十巻談義の創始は、これを所司大衆が解をもって申請し、暹宴が政所裁を下している。さらに中津荘の回復運動においても、最初は暹宴を含めた寺家牒状でこれを訴えたようであるが、天永二年（一一一一）に肥前国に国裁を申請したのは観世音寺三綱等解である。このような状況から考えると、源尊の検校への昇進は、在地僧の暹宴がその財力をもって観世音寺の講師兼別当に就任したことに対する東大寺側の牽制策

表11　源尊の経歴

西暦	年月日	見職
一〇八八	寛治2・閏10・8	権寺主従儀師
一〇九三	寛治7・正・25	権寺主
一〇九七	永長2・7・16	権上座
一〇九八	承徳2・4・1	権上座威儀師
一〇九九	承徳3・閏9・11	権上座威儀師
一一〇二	康和4・3・11	権上座威儀師
一一一〇	天永元・8	検校大威儀師
一一二〇	保安元・6・28	検校大威儀師
一一三一	天承元・9・25	検校

とみることが可能である。

一〇年以上にわたって三綱の任にあり、寺院運営の実務を担った源尊は、永久二年（一一一四）に暹宴が没する[75]と、名実ともに寺家の統轄者となり、保安元年（一一二〇）に東大寺の末寺となった観世音寺の最高責任者として、多くの公験に署判を加えている。その検校職は少なくとも天承元年（一一三一）まで譲っておらず、観世音寺の東大寺末寺化を決定づけたのも、この源尊であったと判断できる。三綱に威儀師・従儀師を送り込むことによって、観世音寺に対する主導権を維持・回復しようとした東大寺の思惑は、この源尊の検校への昇進によって大きく推進されたのである。

要するに十二世紀初頭の観世音寺には、貿易活動を行う在地性の強い暹宴と、東大寺の側に立った威儀師の源尊とが併存しており、自立の可能性と、東大寺末寺化の可能性とを孕んでいたのである。

二　末寺化と寺院組織・経営の変化

（1）観世音寺諸職の補任

『東大寺別当次第』七十五代寛助の項には[76]、

保安元年月日、観世音寺被レ付二本寺一、近年八幡別当頼清・光清等相次補任、雖レ似レ随二本寺一、已有レ名無レ実、僧正（寛助）枉申二請仙院（白河上皇）一偏付二寺家一、向後美談也、

と、保安元年（一一二〇）に東大寺別当の寛助が白河上皇に訴えて観世音寺を東大寺の末寺にしたと記されている。また観世音寺から東大寺に提出された一連の公験には、同年六月二十八日に、「件公験、為二本寺沙汰一、書二移案文一、進二上之一」の奥書と、観世音寺検校・三綱、大宰府官人の連署が確認できる[77]。

東大寺の末寺になったことで、観世音寺の組織や経営がいかに改編されたかに着目しよう。別当[78]人事についてみると、『東大寺別当次第』七十六代勝覚の項に、天治二年（一一二五）七月の就任記事に続けて、「上座範縁補ニ惣目代并観世音寺別当一」という記事がある。永村眞の研究によれば、東大寺惣目代は、別当の寺外散住に対応して生まれた寺職で、「諸日代を始め三綱を統轄する」[79]ものであるという。ここでは上座範縁が東大寺惣目代と観世音寺別当を兼帯しているのであるから、彼が実際に観世音寺に下向したとは考えられない。大治二年（一一二七）の「鎮西米結解惣名目録」（平二一一五）の袖に、「勘文等請預了」の外題と範縁の花押があること[80]からみると、範縁は東大寺のうちにあって観世音寺のことを担当したのであろう。そして大治四年（一一二九）七月に観世音寺が東大寺に提出した「寺封惣勘文」には、三綱・検校に加えて「日代大法師」が加署しており（表10の11）、その勘文にも「五石、別当使範与小綱勝源帰京粮料」といった、代理僧の記載をみることができる。

これに対して、大治四年（一一二九）七月七日には東大寺牒によって伝灯大法師位維寛を観世音寺読師職に補しており（平二一三八）、また同五年六月二十日にも、東大寺政所下文で伝灯大法師陽季を観世音寺修理別当に任命して堂舎の修造を担当させている（平二一六四）。維寛は長承・保延年間（一一三二〜四一）に観世音寺別当をつとめており[81]、陽季についても（3）で触れるように、寺領の経営に着手したことが知られる。これらの補任が別当下向の起点となったようで、仁平三年（一一五三）の『東大寺諸荘園文書目録』（平二七八三）における「観世音寺文書目録」には、「一巻三枚　大治五《四》年以後任符案」が記録されている。そしてそれ以後目代はみられないから、大治四年（一一二九）までは観世音寺目代がおり、以降は別当が下向するようになったとみることができよう。

しかし、観世音寺の日常的政務についてみると、これらの別当・講読師よりも検校が主導権を握っていたようである。表10は十二世紀における観世音寺寺司の署判のある文書の一覧であり、これによれば、文書に常時加署しているのは検校と三綱である。観世音寺の三綱は十一世紀初頭から権官が現われて員数が増加し、講師兼別当の不在化が顕著になると、これに代わって実質的な寺家の代表者となった。十二世紀初頭には暹宴が講師兼別当として執務し、読師の署判も現われるが（表10の2〜6）、一方でこのころから検校源尊と正・権の三綱の体制が成立しており（表10の3以降）、さらに暹宴没後から末寺化の決定した時期においては、検校一名（源尊）と正・権各一名ずつの三綱からなる、計七名の政所が形成されているのである（表10の7〜15、ただし9・10は文書の性格上、検校の署判はなし）。このような政所組織の整備は、源尊を中心とする東大寺派の僧が観世音寺の運営権を完全に掌握したことを示すものといえよう。

（2）観世音寺別当琳実

源尊以降の検校についてみると、保延六年（一一四〇）ごろから権官が現われるほか、天承元年（一一三一）から康治三年（一一四四）の間に暹増・覚珍が、三綱からそれぞれ正・権の検校に昇進していることが知られる(82)。源尊に次いで彼らが三綱から検校に昇ったことに関して興味を引かれるのは、この時期に東大寺以外の僧が観世音寺別当となっていることである。

すなわち、久安三年（一一四七）五月十六日の東大寺宛官宣旨（平二六一二）によれば、康治元年（一一四二）に年貢米の運上を条件として「他門僧琳実」を院宣によって観世音寺別当としたが、四年間の未進は年貢の半分にも及んだといい、ここにおいて秩限六年が満ちようとしているとの理由で、別当職を東大寺に返上することが裁可されている。このことは前述の仁平三年（一一五三）『東大寺諸荘園文書目録』の「観世音寺文書目録」にも、「一巻五枚　院宣并請文康治元年見下彼寺本寺可二進止一之由等上」と記されており、琳実を院宣で特別に観世音寺別当とするに当たって、同寺が東大寺の末寺であることを確定しているようにみえる。琳実は、『安楽寺草創日記』一切経蔵の項に、「額者、大山寺琳実別当之筆也」と記されるように、大山寺(竈門山寺)の別当であった。この点に関して森哲也は『徴古雑抄　大和二』(小杉榲邨編、国文学研究資料館蔵)、東南院文書、薬師院文書の五点の文書を取り上げ、康治元年(一一四二)十二月に東大寺別当定海が辞意を表明するとともに、観世音寺別当に「他人」が補任されたことを懸念し、寺用を勤仕に欠怠があった場合は注進すべきであると主張したことを明らかにした。また藤原忠実の『中外抄』には、観世音寺別当琳実の進上した「転法輪蔵」を鳥羽上皇に進上しようとしたとの記事があり、「転法輪蔵」は舶載された仏書とみられ、琳実が海外交渉の窓口である観世音寺の利点を活かして中央権門に接近しようとしたことが考えられるという(83)。

東大寺側はこの時に年貢米の運上を義務づけたのみならず、三綱の任にあった暹増・覚珍を正・権の検校に昇進させ、琳実や天台宗の動きを牽制したのである。彼らは威儀師・従儀師でもあり、もとより東大寺側の僧であった。

(3) 観世音寺領荘園の経営

次に寺領経営を取り上げよう。東大寺・観世音寺の本末関係の成立が、東大寺の権威によって寺領の回復・保全を図ろうとした観世音寺側の思惑と、寺院経済の立て直しの一環として年貢米の運上を期待した東大寺側の思惑との一致によってなされたともいえる。大治二年(一一二七)十一月十日に筑前国が観世音寺領への検田使入勘を停止する旨を伝えているのは(平二一一〇)、本末関係の成立と無関係ではあるまいし、また天承元年(一一三一)九月二十五日に観世音寺が、筑前国把伎荘を権中納言藤原実行領と称して押領しようとした隆実法師のことを、「本寺」東大寺に訴えている（表10の13）のも、本末関係の実態を端的に示すものである。

また大治二年（一一二七）から年貢米の運上が確認できるが、同年八月二十八日の筑前国山北封所当結解状（平二一〇八）には、「下向使粮料」「実検使御下著日」などの記事がある。これらの使者は官・府の使者である可能性もあるが、すでに東大寺が使者を派遣して寺領の調査を行っていたとみることもできよう。

東大寺による寺領経営への介入は、大治五年（一一三〇）六月に観世音寺修理別当に任命された陽季によって大きく推進された。その任牒には、伽藍の修造に関連して「寺領封庄司皆承知、修造雑役等、一事不レ可二懈怠一之」といった文言があり（平二一六四）、天承二年（一一三二）八月二日には陽季とみられる「修理別当」が、「依二本寺政所御定一」って上座暹増を筑前国金生封に検田のために派遣しているのである（平二二二八）[84]。なお、この陽季は醍醐寺の上座であったが、醍醐寺検校の定海が大治四年（一一二九）に東大寺別当を兼任したため、このような人事がなされたのである[85]。長承二年（一一三三）六月八日の観世音寺運上米支配状（平二二七六）に、「上司・下司」（東大寺の上・下の政所）と並んで「醍醐」寺分の年貢米が計上されているのも、このためである。

寺領経営に関連して、観世音寺の内部組織でめぼしい活動をみせるようになるのが、「公文所」である。大治五年（一一三〇）四月二十九日には観世音寺公文所の所有する文書七通が東大寺に進上されており（平二一五九）、公文所はその名の通り公文の管理に当たる機関であるが、次のように寺領経営についても、重要な役割を担っていたようである。①大治二年（一一二七）八月二十八日の筑前国山北封所当結解状（平二一〇八）には、「一石四斗三升本斗　実検使下著日、又次々日供給料」の記事に「在二公文所下文一」という注記がある。②大治四年（一一二九）三月二十八日付の筑前国金生封年貢米結解状（平二一二八）は、観世音寺三綱と「公文専当大法師常然」によって勘合される。③大治四年七月二十日の観世音寺公文所下文（平二一三九）は、僧一名が加署し、「別当町」を「大府御目代殿御宿所料」として「借進」することを命じる。④天承元年（一一三一）五月五日、観世音寺公文所は筑前国原荘に牒して、同荘が観世音寺領であると主張する（平二一九六）。以上の例から、公文所が地子米や寺領の管理を担当する機関でもあったことが窺える。②③では一名の担当僧しか確認できないが、大治四年七月の観世音寺封物勘文（平二一四〇）にみえる「公文所直人等例給勘料」の公文所を観世音寺のそれとするならば、複数の担当者がいたことになる。いずれにしても、寺領経営の進展や年貢米の運上に対応すべく、寺内組織としての公文所が新設もしくは拡充されたことは確かであろう。東大寺の公文所は三綱らの「上司」を指すもので、構成員については相違するものの、「「公文」の管理、財源の管理、訴訟の提起[86]」といった機能面では、本寺のそれと観世音寺の公文所は極めて類似している。また一方で、土地をめぐる相論の調査・裁定の機能を発揮した大宰府公文所が、十一世紀末を最後として姿を消すのは対照的であり、これらの公文所の消長からも、大宰府権力の失墜と、東大寺末寺化による観世音寺の寺領経営の転換を看取することができるのである。

三　運上米をめぐる攻防

（1）東大寺による寺領経営

末寺化に伴う一連の改革をみてきたが、ここで想起しなければならないのは、「末寺となったのちにおいても、なお末寺の抱えていた問題は解決されないのではないか」「却って従前以上に深刻な問題さえも発生しうるのである[87]」という、本末関係の特質に関する米田雄介の提言である。観世音寺の場合はどうであろうか。

まず、寺領をめぐる動向に着目しよう。保延七年（一一四一）五月五日の大宰府庁宣は、観世音寺の訴えに応じて碓井・金生両封に対する在庁官人の妨げを停止するよう命じたものであるが、効果はなかったようで、康治二年（一一四三）八月十二日にも同内容の大宰府庁宣が発給されている（平二四四四・二五一八）。また康治三年正月には、筑後国生葉郡の鷹野小大夫資綱が五〇〇余の軍兵を率いて、同国大石封をはじめ筑前国山北封・把伎荘に乱入し、放火・掠奪をはたらいており、観世音寺はこれを大宰府に訴えている（平二五二三・補三一九）。このころの大宰府庁宣は、在京の権帥・大弐が在庁官人に発給する文書で、現実には在地領主化した府官を規制する力とはなりえず、康治三年の事件の下手人にも、大監三毛実・監代則近といった府官が含まれているのである。要するに東大寺の末寺となっても、観世音寺の寺領をめぐる在地勢力との対立は解決しておらず、東大寺もその裁定者となりえていないのである。

次に年貢米の運上についてみよう。本末関係の成立に、末寺側の寺領保全の思惑があったようであるが、それによって寺領経営が好転しなければ、末寺側はそれまで以上の問題を抱えることになる。つまり、本寺に納める運上米とは別に自らの得分を確保しなければならないし、運上に伴う梶取・水手といった労働力も必要となるのである。この点において「本末関係は観世音寺封庄民にとっては、収奪の強化を意味するものであった(88)」といえるであろう。

竹内理三の研究によれば、観世音寺の東大寺への運上米は永暦二年（一一六一）以降急激な減少をみせるという(89)。このことに関連して注目されるのが、年貢運上勘文（送文）の様式変化である。大治五年（一一三〇）・長承二年（一一三三）・永暦元年（一一六〇）・永暦二年の碓井封・山鹿荘・碓井封・金生封の年貢運上勘文（表10の12・14・20・21）は、「観世音寺　注進本寺御年貢米（勝載）運上勘文事」の書出しで始まり、「右、件御年貢米○○（封・荘名）進済者、附梶取○○（梶取名）運上如件（または「仍勝載勘文、以解」）」といった文末で終わり、観世音寺の三綱・検校が加署したものである。しかし、嘉応二年（一一七〇）の船越荘年貢送状（表10の22）はこの様式を取るものの、寺司の位置は都維那のみであり、自署もみられない。これに対して、仁安四年（一一六九）二月二十五日の金生封年貢運上勘文（平三四九五）を初例として、新しい様式の運上勘文が現われる。つまり、「観世音寺金生御封司　注進本寺御年貢米勝載運上勘文事」の書出しで始まり、「右、件御年貢米、金生封進済者、梶取〇〇（梶取名）運上、勝載勘文、以解（または「如ㇾ件」）」という末文に、政所僧・封司代・預所（もしくは弁済使僧）各一名が加署するものであり、嘉応二年（一一七〇）三月二十五日および文永二年（一二六五）から同六年までの九通の金生封年貢運上送文がそれである(90)。

この様式変化は、運上勘文の作成主体が観世音寺政所から封・荘官に移ったこと、すなわち年貢米が観世音寺政所によって点検されることなく、封・荘園から直接東大寺に運上されるようになったことを示している。また仁安四年（一一六九）の運上勘文に、「注二進別当得分米一勝載運上勘文事」と記しているのは、観世音寺別当が下向せず、その得分だけを運上させたことを窺わせる。観世音寺政所を介さず年貢米が直接東大寺に運上されるようになったことは、観世音寺政所の機能低下であり、また運上米の減少(91)は東大寺側の末寺支配の弛緩である。寺領経営の思わしくない状況下で両寺がとった妥協策と評価すべきであろう。

このように平安末期においてみる限り、東大寺との本末関係は観世音寺の経営を好転させるものとはなっていない。

（2）観世音寺の抵抗と修造・造仏

それでは鎌倉期についてはどうであろうか。寛喜三年（一二三一）六月二十九日の東大寺衆徒解（鎌四一六九）では、運上米について次のように述べている。観世音寺からの運上米は「或年者七八百石、或時者五六百石」であったが、治承の乱後、地頭の妨げや土民の対捍のために運上は有名無実になってしまった。そのため東大寺別当勝賢（在任一一九二〜九六）が朝廷に訴え、建久六年（一一九五）に観世音寺領に検注使を派遣し、所当官物千石のうち四〇〇石を運上させると定め、勝賢の没後に「彼寺別当定勝」が三五〇石に減少した。ところが定勝の時には違乱がなかったが、その門弟の光恵僧都が観世音寺別当となると年貢米の運上を怠るようになったので、ここにおいて光恵にその運上を督促しているのである。

この一件から知られることは、それまで弛緩していた東大寺の末寺支配が建久六年をもって転換することである。運上米確保のための検注使の派遣と、『玉葉』建久六年十月一日条に、(92)

又東大寺末寺観世音寺事、定勝知行、不レ可レ有二相違一之由、有二勅定一云々、

と記す定勝の観世音寺別当補任(93)は、支配強化の意図をもってなされた策であろう。この時期に東大寺では伽藍の再建事業が進行しており、財源の確保を必要としたのである。

そして、もうひとつ問題にしなければならないのは、別当光恵がなぜ年貢米の運上を怠ったのか、ということである。『三長記』建久九年（一一九八）二月二十七日条(94)に、

観世音寺修造勧進上人慈済来、件寺東大寺末寺也、而止二本寺年貢一可レ充二修理用途一之由、上人結レ構、非二勧進一之由、衆徒訴申、依二件事一召二問上人一也、筑紫住人云々、其体横(模カ)二外朝僧衣服一如何、

とあり、筑紫の住人で観世音寺修造勧進上人であった慈済が、東大寺への運上米を停め修理用途に充てたのに対し、東大寺側は勧進の儀にあらずとして慈済を訴えたので、慈済を尋問したことが記されている。これらの運上米の停止は、光恵や慈済の横領によるものではなく、観世音寺の伽藍修造によるものと考えられる。すなわち、『猪熊関白記』正治二年（一二〇〇）七月十二日条にみえる大宰府権帥藤原宗頼申請二十一箇条事には、「一、請三依レ旧造二立観世音寺為(五)重塔一碁(基)・十一間僧房一宇一事」が含まれており、また観世音寺木造不空羂索観音立像の

貞応元年（一二二二）八月十四日の墨書銘には、「勧進上人阿闍梨慈済」の名が認められるのである。そしてその墨書銘には、この像が本尊であるにもかかわらず別当の名は現われず、「検校威儀師兼執行法橋上人位良慶」（執行は別当に代わって寺院を統轄する職）が慈済の横に名を連ねている。[95]

これらのことから、鎌倉初期における観世音寺の修造・造仏が、東大寺の保護によらず、むしろその末寺支配の強化に対する抵抗のかたちを取ってなされたことがわかる。ただその軋轢ののち、両寺が新たな秩序を形成したことも窺える。建久七年に定められ、寛喜三年以降実施された三五〇石・六月期限の運上米は、鎌倉末期まで東大寺諸法会を支える財源とされており、[96]仁治三年（一二四二）の観世音寺木造十一面観音立像が、同寺の僧・尼によって「当寺権別当贍寛大法師」の病気平癒のために造立されていることは両寺の関係改善を示すものである。[97]

しかしそれにもかかわらず、この本末関係が観世音寺を利するものでなかったことは否定できない。先に指摘したように、平安末期より年貢米は封・荘園から直接東大寺に運上されているのであるから、鎮西米が東大寺の重要な財源であったことは確かであるとしても、それがそのまま観世音寺の隆盛を語るものとはならないし、また観世音寺領への府官や武士の侵入に対しても、東大寺は有効な対策を講じたとは考えられないのである。[98]さらに観世音寺の伽藍修造についても、東大寺は冷やかであった。『猪熊関白記』に記された五重塔・僧房は末寺化以前からその再建が問題にのぼっていたが、東大寺はそれを支援することなく、逆に勧進上人慈済を訴えるという姿勢を示したのである。

高倉洋彰によれば中世の観世音寺は、造像活動や子院の形成など、想像以上の興隆をみせているという。[99]ただその場合も確認しておきたいのは、造像や再興運動の主因を東大寺との本末関係に求めることはできないことである。前述の勧進上人慈済は筑紫の住人で、「外朝僧衣服」を着ていたといい、建長三年（一二五一）に勧進活動によって観世音寺を復興した入宋僧済宝も「鎮西人」(100)である。これらのことから、その再興主体として、在地僧による勧進活動と日宋貿易の利潤を想定することができよう。また建久年間（一一九〇～九九）に鎌倉幕府から鎮西奉行に任命された武藤資頼は、観世音寺の脇に安養院・花蔵院以下四刹を建立しており、(101)武藤氏が観世音寺の有力な檀越となったことも想像できる。観世音寺再興の主因となったものは、東大寺による別当補任や寺領回復交渉などではなく、在地独自の動きのなかにあったとみなければならない。

四　戒壇院とその意義

（1）授戒の復興

『東大寺円照上人行状』に、保安三年（一一二二）の中川寺実範による戒律復興記事があり、「鎮西観世音寺戒壇受戒、五人受法、此時複（復）レ本」とある。(102)本来、観世音寺の戒壇院には五人の戒師（五師）がおり、このうち戒和尚（戒阿闍梨）をつとめる講師は、東大寺戒壇院の大十師から選任されることになっていた。ところが十一世紀後半以降に講師兼別当となった安覚・隆昭・頼清・光清・暹宴らは、いずれも東大寺戒壇院とは無関係の僧であり、戒師たる資質を有しておらず、五師を具備した正式な授戒は行われなかった。五師による授戒が復興したことは、本末関係の成立と無関係でない。大治二年（一一二七）の「山北封所当結解状」や康治二年（一一四三）の「観世音寺年料米相折帳」（平二一〇八・二五〇四）によると、春季・冬季の二季の授戒が行われている。

ただ、「戒和尚＝講師」「講師＝別当」という構図が崩れている。保安元年の東大寺末寺化以降、寺院統轄者＝別当として東大寺から下向した僧は、戒師の資質を有していたとは考えられず、「講師兼別当」という呼称もみられない（表10参照）。「講師兼修理別当」（表10の16）も、「修理別当」にその主眼が置かれたものであろう。このことは、（一）戒和尚が、別当や検校の担当する寺院運営と切り離された立場に置かれたか、（二）観世音寺の統轄者（別当）が戒和尚をつとめる原則は形式的には貫かれるが、戒和尚の資質がないために、「講師」の呼称を憚ったかのいずれかであろう。

松尾剛次の研究(103)によると、観世音寺戒壇院で受戒した僧を僧侶の伝記を素材として検出すると、安元元年（一一七五）の弁長（聖光）（筑前の人、出典は『聖光上人伝』）、元暦元年（一一八四）の俊芿（肥後の人、『泉涌寺不可棄法師伝』）、永仁五年（一二九七）の固山一鞏（肥前の人、『固山一鞏和尚行状』）、正安元年（一二九九）の月堂宗規（『石城遺宝附録』）が知られるという。また俊芿や固山一鞏およびその他の事例から、四月八日と十一月二十八日が授戒執行の期日であったことが判明する。観世音寺と律宗僧との関係については、『東大寺円照上人行状』に、当初は泉涌寺に住み、円照から具足戒を受けた西忍房定空が、京都で天台宗を学び、鎮西観世音寺の住持になり、安芸に移ったと記されており、松尾はそれを「新義律宗」の動きと捉えている。

（2）宇佐八幡宮弥勒寺の年分度者

観世音寺戒壇院に受戒者を送り出した寺院に目を転じよう。延文四年（一三五九）十一月の宇佐宮神官等申状（『南北朝遺文　九州編　第四巻』四一五九号）には、「以二去正応六年四月八日一任レ例、当宮年分僧大菩薩之三帰五戒之師、於二大宰府観世音寺一、遂二登壇受戒一之処、為二彼寺々官等一、年分僧已下数輩被二殺害刃傷一訖、依レ為二一朝之珍事一」と、正応六年（一二九三）四月八日に宇佐八幡宮弥勒寺の年分度者が観世音寺戒壇院で受戒しようとした際に刃傷事件が起こったと記されている。この事件は永仁元年（一二九三）十二月東大寺寺務条々（鎌一八四四二号）にも記されており、「宇佐宮年分僧与二内山僧一於二観世音寺戒壇入口一及二殺害以下狼藉一事」とあり、宇佐弥勒寺僧と内山寺（竈門山寺）との争いによるものと記されている。[104] 松尾剛次が指摘するように、この一件から、宇佐八幡宮弥勒寺の年分度者や、内山寺（竈門山寺）の沙弥が観世音寺で受戒していたことがわかる。

宇佐八幡宮弥勒寺では年分度者の制度が十四世紀にも健在で、次のように三点の度縁が確認できる。

正安二年（一三〇〇）正月三日某度縁（前欠）（『大分県史料1』一二二頁）

正和五年（一三一六）正月三日沙弥神尚（田部学王丸）度縁（同右一四八頁）

元亨三年（一三二三）正月三日沙弥神護（宇佐千虎丸）度縁（『大宰府・太宰府天満宮史料　巻十』一三二頁）

そして元亨三年の神護については、同年四月八日の観世音寺戒壇院戒牒も確認でき（『大宰府・太宰府天満宮史料　巻十』一三四～一三六頁）、次の通りである。

東大寺

大徳　隆円律師

観世音寺

大徳　円言律師

観世音寺

大徳　楽範律師

観世音寺

大徳　朝威律師

観世音寺

大徳　永成律師

沙弥神護稽首和南大徳足下

窃以、三学殊途、志会通二於漏尽一、五乗広運、資以レ戒足レ為レ先、是以二表無戒一、務二衆行之津梁一、願無二願心一、祈二七返之勝躅一、但神護宿因多幸、得二運法門一、未レ登二清禁一、夙夜刻悚、今契二元亨三年四月八日一、於二大宰府観世音寺戒壇院一、受二具足戒一、伏願二大徳一、慈悲甄二済少識一、謹和南跪（疏）、

沙弥神護跪（疏）

元亨三年四月八日

和上　読師兼別当権大僧都法印大和尚位

戒壇院

堂達法師　在—

綱所

従儀師伝灯大法師位　在—

威儀師伝灯大法師位　在—

府使

文殿

品官

庁頭

正六位上行典（ママ）上野朝臣　在—

従五位下行大監小野朝臣　在—

宇佐弥勒寺の年分度者は、正応六年の事件において、「大菩薩之三帰五戒之師」と記されていた。また応永三十年（一四二三）の『宇佐宮条々事書案』に「年分僧、不断令二宿直一、可レ致二御祈祷一之処」（『大分県史料1』二二九頁）とあり、祈祷を担う僧職と位置づけられていたことがわかる。

観世音寺戒壇院での授戒が最も大きな意味をもったのは、宇佐弥勒寺の年分度者（「年分僧」）の身分と権威を保証することにあったといえるのではなかろうか。道脇寺（大分県高田市）には、次に示す天文二十三年（一五五四）の観世音寺戒壇院戒牒が現存している（『大宰府・太宰府天満宮史料　巻十四』七七九～七八〇頁）。道脇寺の所在地からみて、この戒牒も宇佐八幡宮僧に関係するものと考えられる。

観世音寺　戒壇院

扶桑最初受二具足戒一

天文廿三年甲寅九月一日　　　公文所（花押）

（3）安楽寺・内山寺

太宰府天満宮文書にも、正平十八年（一三六三）の戒牒が残っており、次の通りである（『大宰府・太宰府天満宮史料　巻十二』七二～七三頁）。安楽寺も、観世音寺戒壇院に受戒者を送り出していた主要な寺院であったことがわかる。

□（悚）今契二正平十八年十一月廿八日一、於二大宰府観世音寺戒壇院一、受二具乞戒一、伏乞二大徳一、慈悲戡二済少□（職）一、和南謹疏、

正平十八年十一月廿八日　沙弥　疏

和上

講師兼別当法印大和尚位

戒壇院

堂達法師位（花押）

綱所

従儀師伝灯大法師位（花押）

威儀師伝灯大法師位（花押）

「観世音寺」の朱印十一あり

また観世音寺戒壇院に受戒者を送り出した寺院の「内山寺」は、竈門山寺・大山寺・宇智山寺とも呼ばれる。すでにみたように、①観世音寺別当となった石清水八幡宮の頼清は、『石清水祠官系図』に「観音寺・大山寺兼行也」と記されており、②暹宴が観世音寺別当をつとめた時期の天永元年（一一一〇）八月の「観世音寺談義縁起」に、延暦寺に始まり「西府有智山・安楽寺」でも行われている法華六十巻談義を観世音寺でも始めると記されていた。③康治元年（一一四二）に院宣によって観世音寺別当となった琳実は、『安楽寺草創日記』に「大山寺琳実別当」として登場していた。

（4）戒壇院の存在意義

古代国家は天下三戒壇の授戒によって全国の僧尼を把握し、また観世音寺講師は諸国講読師を介して西海道の仏教を統制した。平安時代の中後期にはそれらが機能しなくなり、観世音寺は東大寺の末寺に転落した。一般的にはそのように考えられている。その一方で、東大寺や観世音寺の戒壇での授戒は鎌倉時代にも機能していたことを指摘する松尾剛次の研究が登場した。それらをいかに整合的に説明するかが、問題として浮上しているのである。

日本の律令国家は、東大寺・筑前国観世音寺・下野国薬師寺に戒壇院を建てて、正式な僧尼（比丘・比丘尼）になるには、そのいずれかで受戒しなければならないという政策を打ち出した。しかし、それは唐と比較しても厳格すぎる政策である。唐では道宣が『四分律』の授戒作法を整備したが、『四分律』に基づく戒壇を州ごとに建立してそこでの受戒を強制するようなことはしていない。九世紀に各州で登場した戒壇も、道宣の授戒作法とは異なる。[105]日本の天下三戒壇がもつ、正式な僧尼（比丘・比丘尼）の把握という理念を過大評価してはならないのである。また中世の国家的な授戒制を指摘する論は、「官僧」世界とそれを打破する「遁世僧」の登場という構図では有効であるが、観世音寺の歴史を地域史の視点をもって理解するには、説明不足である。

観世音寺戒壇院での授戒は、十三・十四世紀には、宇佐八幡宮弥勒寺・安楽寺・内山寺（竈門山寺）の僧が受戒者の主流をなしている。それらは、いずれも天台宗の系列に属しており、『四分律』に基づく天下三戒壇と、『梵網経』に基づく延暦寺戒壇、という対立構造を超越している。また宇佐八幡宮弥勒寺・安楽寺・内山寺（竈門山寺）は、十一・十二世紀に東大寺とは無関係に観世音寺別当となった僧の関係寺院である。それらは西海道の主要寺院であるとともに、中央権門寺社と連携していた。観世音寺の経営や戒壇院での授戒を、東大寺との関係のみで捉えるべきではなく、宇佐八幡宮弥勒寺・安楽寺・内山寺（竈門山寺）といった西海道の主要寺社との関係で位置づけなければならない。

宇佐八幡宮弥勒寺の年分度者は、寺院単位で年分度者を獲得した最初の例であり、十五世紀においても「年分僧」の祈祷が重要な位置を占めていた。『九条年中行事』には「諸寺年分度者（延喜十三年以往奏、十四年来依レ格不レ奏）」[106]とあり、延喜十三年（九一三）までは年分度者のことを天皇に奏上していたが、十四年から奏上を停止したと記されている。年分度者の制度が国家的な位置づけを低下させたあとも、宇佐八幡宮弥勒寺においては年分度者（「年分僧」）が重要視され続けたのである[107]。要するに、観世音寺戒壇院の授戒が長期にわたって存続したことは、宇佐八幡宮弥勒寺・安楽寺・内山寺（竈門山寺）といった西海道の主要寺社が、その権威を維持することと不可分の関係にあったといえる。

おわりに

寺院の編成原理という観点から観世音寺の位置づけを考えよう。第一に、国大寺制（天皇が発願し封戸が施入された寺院）、天下三戒壇、諸国国師（講読師）を介して全国の僧尼・寺院・仏事を統轄するという、古代国家の仏教行政に由来する編成原理で、それはおよそ八・九世紀に確立した。第二に、地方の主要寺社という編成原理である。宇佐八幡宮弥勒寺は、講師が置かれるなど観世音寺講師に比肩する存在であり、安楽寺や弥勒寺が西海道管内の大きな勢力となった九・十世紀以降の事象である。第三に、中央寺院と地方寺院との本末関係という編成原理である。西海道寺院については、これまで触れてきた東大寺と観世音寺、延暦寺と大山寺のほか、東寺と四王寺、醍醐寺と筑前国三宅寺などが十二世紀に確認できる事象である[108]。観世音寺は、第一の編成原理に立脚して成立した寺院であり、第二・第三の編成原理が台頭するに従って、衰退の色彩が濃くなったといえる。

寺院組織という観点からすると、観世音寺の統轄者は、寺院経営を担う「別当」、戒壇院の「戒師」、諸国講読師を指揮する「府講師」と、複数の職掌を担い、選任方法も一定していなかった。その結果、十一世紀後半には安楽寺僧や石清水八幡宮僧の間で「講師兼別当」職が転々とし、十二世紀には東大寺末寺化後も観世音寺別当が大山寺の琳実に奪われたりしたのである。また暹宴や慈済など勧進僧による伽藍再建運動も、観世音寺に顕著な事象であり、暹宴と検校源尊、慈済と東大寺とが非協調の関係にあった。要するに、観世音寺の寺院機構が脆弱で、一つの寺院に異質な僧侶が同居する状態になり、それが慢性化したのである。このことは、安楽寺を菅原氏が経営し、その別当僧も氏人がつとめたことや、宇佐八幡宮弥勒寺の別当僧が師弟・血縁間で相承されたのとは対照的というべきである。

他寺院との関係・交流という観点からすれば、東大寺と観世音寺の本末関係に目を奪われがちであるが、宇佐八幡宮弥勒寺・安楽寺・内山寺（竈門山寺）といった西海道の主要寺社との交流にこそ留意しなければならない。東大寺とは別のルートで観世音寺別当になった僧はそれらの関係者であり、また鎌倉時代以降も観世音寺戒壇院に受戒者を送り出したのも、それらの寺社である。西海道の主要寺社の共存関係が看取できるのである。

最後に、観世音寺が神聖性や正統性を主張する際の表象物について触れておく。

第一は観音信仰で、これは通時代的なものである。『梁塵秘抄』（巻二）には、筑紫の霊験所として観世音寺が「清水寺」の名称で登場しており、『源氏物語』（玉鬘）にも大宰府の清水寺が確認できる。観音信仰は造像からも明らかであるが、とりわけ観音の霊験を強調するような寺院縁起は発達していない。

第二に、「綱所」（僧綱所）の文言や戒壇院の戒牒で、平安後期から顕著になっている。寛仁五年（一〇二一）三月二十二日付観世音寺牒（平四八三）に、「件寺為二天皇御願一、九国綱所、鎮護国家之砌」、天永元年（一一一〇）

の「観世音寺談義縁起」に、「此寺為㆓綱所㆒、偏宰㆓僧務於外朝㆒」とある。諸国講読師を介して西海道管内の仏教行政を統轄する観世音寺講師の立場を強調したものである。また戒壇院での授戒は、観世音寺が「九国綱所」としての地位を失ったのちも、宇佐八幡宮弥勒寺・安楽寺の僧、大宰府官人とともに、権威を象徴するものとして存続したといえる。

第三に「四十九院」で、戦国期に登場した表象物である。『筑前国続風土記』にみえる観世音寺四十九院のうち、極楽寺は『続本朝往生伝』に同寺の能円が勧進をしていた、安養院・花蔵院は『歴代鎮西要略』に武藤資頼が建立したと記されるように、活動時期や建立事情が各々異なっており、四九の小寺院が同時に揃って存在したわけではない。「四十九院」の史料上の初見は天文十四年（一五四五）の大弐大内義隆の大府宣で、観世音寺執行贍誾に「末院四十九所」第一の護福院を治めることを認めた内容である[109]。その時期に観世音寺が小規模寺院の連合体「四十九院」を包括しているという観念が成立したのである。

以上三点のうち、第二点は観世音寺が西海道仏教の統轄者であるという主張であり、第三点の「四十九院」は実際に四九の寺院が観世音寺のもとに連合しているというのではなく、太宰府近隣の地域共同体を象徴する文言と受け取るべきであろう。古代国家に由来する権威から、地域共同体の象徴へと、観世音寺の立場が変遷したのである。

註

（1）竹内理三「筑前国観世音寺史」（著作集一『奈良朝時代に於ける寺院経済の研究』角川書店、一九九八年、初出一九五五年）、小田富士雄「筑前・観世音寺」（著作集一『九州考古学研究　歴史時代篇』学生社、一九七七年、初出一九五九・六七年）、平岡定海「筑前国観世音寺の成立とその性格」（『日本寺院史の研究　中世・近世編』吉川弘文館、一九八八年、初出一九八四・八七年）。

（2）高倉洋彰「筑紫観世音寺子院小考」（『九州歴史資料館研究論集』三号、一九七七年）、同「筑紫観世音寺史考」（九州歴史資料館編『大宰府古文化論叢　下巻』吉川弘文館、一九八三年）、同「筑紫観世音寺の調査とその成果（二）」（『仏教芸術』一四六号、一九八三年）。

（3）松尾剛次「筑前観世音寺・下野薬師寺両戒壇の授戒制」（『勧進と破戒の中世史』吉川弘文館、一九九五年、初出一九八八年）。

（4）九州歴史資料館編『観世音寺　考察編』（吉川弘文館、二〇〇七年）、『太宰府市史　通史編Ⅱ』（太宰府市、二〇〇四年）。

（5）森哲也「定海と琳実」（『日本歴史』七九七号、二〇一四年）は、東大寺による末寺支配が貫徹できなかった理由として、保安元年（一一二〇）以降も公験の正文は観世音寺が所持したこと、観世音寺が天皇によって発願され平安時代にも鎮護国家の祈りを行っていたことを指摘している。

（6）代表的な研究として、永村眞『中世東大寺の組織と経営』（塙書房、一九八九年）が指摘できる。

（7）出典の史料集で特記すべきものは次の通りである。『大宰府・太宰府天満宮史料』（竹内理三・川添昭二・吉原弘道編、太宰府天満宮、一九六四〜二〇〇九年）、『宇佐神宮史　史料篇』（竹内理三監修、中野幡能編、宇佐神宮庁、一九八四〜二〇一一年）、『大分県史料』（大分県史料刊行会編、大分県立教育研究所、一九五二〜八四年）。

（8）田村圓澄「観世音寺の草創」（『日本古代の宗教と思想』山喜房仏書林、一九八七年、初出一九八五年）、高倉洋彰「観世音寺伽藍朱鳥元年完成説の提唱」（大宰府史跡発掘五〇周年記念論文集刊行会編『大宰府の研究』高志書院、二〇一八年）。

（9）中井真孝「大寺制の成立と背景」（『日本古代仏教制度史の研究』法藏館、一九九一年、初出一九七〇年）。

（10）大東急記念文庫所蔵『観世音寺大宝四年縁起』（『大宰府・太宰府天満宮史料　巻二』四二頁）。同文書については、平野博之「「観世音寺大宝四年縁起」について」（『日本上古史研究』一巻七号、一九五七年）を参照。

(11)『大日本古文書　家わけ十八　東大寺文書之五』一〇九―八・九（以下同書は『東大寺文書』と略称）。

(12)なお天平宝字五年ごろの一切経目録返送文案の宛所も観世音寺三綱務所（正十五―九八）であるが、これは大和国の観世音寺である。同寺については福山敏男「観世音寺」（『奈良朝寺院の研究』綜芸社、一九七八年、初版一九四八年）、田村吉永「大和の観世音寺の所在」（『史迹と美術』二六輯七号、一九五六年）を参照。『東大寺別当次第』六十四代深観の永承三年条「観世音寺申返」、六十九代有慶の治暦三年条「申㆓返観世音寺立香菜免田㆒」の記事も大和国の観世音寺を指している。

(13)筒井英俊編『東大寺要録』二五頁。

(14)国師・講読師については、藤井一二「律令国家展開過程の国師について」（『続日本紀研究』一五三・一五四合併号、一九七一年）、難波俊成「古代地方僧官制度について」（『南都仏教』二八号、一九七二年）、名畑崇「国師・講読師について」（上）（下）（『大谷学報』五四巻三・四号、一九七四・七五年）を参照。

(15)井上薫『奈良朝仏教史の研究』（吉川弘文館、一九六六年）三二四頁も、筑紫国師が「筑前」の国師と呼ばれていないのは、九州全体を統轄する国師の可能性と、大宰府の所在する筑前の特殊性からそのように呼ばれた可能性があると指摘している。

(16)四王寺は大宰府政庁の北にある大野山に所在した寺院である。宝亀五年（七七四）三月三日の太政官符「応㆑奉㆑造㆓四天王寺埝像四軀㆒事」（『類聚三代格』巻二）に基づき、新羅調伏のために四天王像を安置し、浄行僧四人がその前で昼は『金光明最勝王経』を読み、夜は神呪を誦すことが命じられ、それによって同寺が建立された。四王寺については、小田富士雄「筑前・四王寺」（前掲註(1)書、初出一九六八年）を参照。

(17)『類聚国史』（巻一八〇・仏道七・諸寺）によると大同二年（八〇七）十二月に、四天王像が筑前国分寺から大野城中の四王寺に戻されている。筑前国講師道証については、『元亨釈書』（巻二・恵解二）に「釈道証、（中略）弘仁之初、当㆑選㆓任大宰府講師㆒」とあり、弘仁の初めに筑前国講師から観世音寺講師に遷任したとも考えられるが、『元亨釈書』の史料的性格、同一人物か否かなどを勘案すると、参考に留めるべき事項である。

(18) この点については、渡辺直彦「筑前国司廃置に関する研究」(『日本古代官位制度の基礎的研究』吉川弘文館、一九七二年、初出一九六二年)、倉住靖彦「筑前国司をめぐる若干の検討」(『九州歴史資料館研究論集』一三号、一九八八年)を参照。

(19) 『類聚三代格』(巻三)斉衡二年(八五五)十一月九日太政官符によると、天平勝宝七歳(七五五)に大隅・薩摩・対馬・壱岐・多褹の国島の国師が廃止されている。米沢康「国師・講師考」(『北陸古代の政治と社会』法政大学出版局、一九八九年、初出一九七〇年)は『弘仁主税式』国分寺料の記載や『続日本紀』天平勝宝八歳十二月己亥(二十日)条を分析し、大隅国師は日向国師が、薩摩国師は肥後国師が、壱岐島国師は肥前国師が兼務していたと指摘している。

(20) 所京子「俗別当の成立」(『平安朝「所・後院・俗別当」の研究』勉誠出版、二〇〇四年、初出一九六八年)、拙著『平安時代の国家と寺院』(塙書房、二〇〇九年)第一編を参照されたい。

(21) 竹内理三「大宰府政所考」(著作集四『律令制と貴族』角川書店、二〇〇〇年、初出一九五六年)。正木喜三郎「大宰府官司制の一考察」(『東海史学』一四号、一九八〇年)は、大宰府の「所」の成立に関して次のように論じている。天平宝字三年(七五九)の「国政所」は、筑前国司が設置されていない時期で、その政務執行のための機関であった。天長二年(八二五)八月十四日官符から所が永続的なものになっていたことがわかり、貞観(八五九〜七七)ごろから監・典が大宰府機構内で実権を握り、分課的に府務を分割し始めた。所・司の形成の背景には、使部・書生などの雑任として出仕していたかつての郡司子弟たちが経済的な特権を確保し、府官人と化しつつあった事情が存在していた。

(22) 『類聚三代格』(巻十二)承和二年(八三五)十二月三日太政官符。『続日本後紀』同日条も同様。

(23) 拙著『平安時代の国家と寺院』(前掲註(20))七三〜七四頁参照。

(24) 宇佐永弘寺文書「宇佐宮年中行事案」にも「弘仁元年庚寅、大宰府戒壇院被レ立レ之、宇佐宮年分僧料也」(『大分県史料3』一九二頁、一九五頁。『大分県史料1』四六頁)の記事がある。この記事は、弘仁元年(八一〇)弥勒寺年分度者が授戒に与かるようになったという解釈とともに、戒壇院の完成が弘仁元年であった可能性を示している。

(25) 宇佐弥勒寺については、本書第一章第四節および小田富士雄「宇佐・弥勒神宮寺」（前掲註(1)書、初出一九五七～六三年）を参照されたい。

(26) 『大日本仏教全書　一二三冊』八五頁。

(27) なお同文書の年次「永延四年」は永延三年（九八九）の誤りであり、『大日本史料』『大宰府・太宰府天満宮史料　巻四』に従い、訂正した。

(28) 竹内理三「末寺の荘園化」（著作集三『寺領荘園の研究』角川書店、一九九九年、初出一九三四年）。また、このころから三綱の員数が増加傾向をみせたのも、荘園経営と関連するのかもしれない。

(29) 貞観十一年（八六九）十月十五日付大宰府田文所検田文案（平一六二）、長徳四年（九九八）十一月五日付観世音寺牒案（平三七五）外題。

(30) 竹内理三「大宰府政所考」（前掲註(21)）。

(31) 石井進「大宰府機構の変質と鎮西奉行の成立」（著作集一『日本中世国家史の研究』岩波書店、二〇〇四年、初出一九五九年）。なお、小川弘和『中世的九州の形成』（高志書院、二〇一六年）が、帥親王・四位長官制から公卿長官制への移行、在京都督―府目代体制の成立を論じるなかで、府政所や公文所の存在意義にも触れている。

(32) 『神道大系　論説編十九　北畠親房（下）』二五二頁。

(33) 志方正和「大宰府府官の武士化について」（『九州古代中世史論集』志方正和遺稿集刊行会、一九六七年）。

(34) 正木喜三郎「大宰府官司制の変質について」（『大宰府領の研究』文献出版、一九九一年、初出一九八三年）。

(35) 大治二年（一一二七）十月十日付筑前国牒案（平二一一〇）に引かれた観世音寺牒にも、「後三条院御宇去延久年中、寺司在京間」に荘園整理が行われたことが記されている。

(36) 『新校群書類従　第三巻』一七三頁。

(37) 表9の16から24までの三綱構成員に占める威儀師・従儀師兼帯者の割合は次の通りである。16・八人中四人、17・一〇人中四人、18・六人中三人、19・六人中二人、20・七人中〇人、21・一六人中六人、22・一四人中四人、23・六人中四人、24・六人中四人。また保延六年（一一四〇）五月付観世音寺政所下文（平四七一二）に署判を加えている三綱は、構成員六名がすべて威儀師・従儀師を兼帯している。

(38) 天仁三年（一一一〇）四月付観世音寺所司大衆等解（『大日本古文書　家わけ第十八　東大寺文書別集二』一五ノ三）。

(39) 中井真孝「奈良時代の僧綱」（前掲註(9)書、初出一九八〇年）。

(40) 森川英純「法務・惣在庁・威儀師」（『ヒストリア』九三号、一九八一年）、牛山佳幸「僧綱制の変質と惣在庁・公文制の成立」（『古代中世寺院組織の研究』吉川弘文館、一九九〇年、初出一九八二年）。

(41) 牛山佳幸「僧綱制の変質と惣在庁・公文制の成立」（前掲註(40)）。

(42) 平安時代末までの、実名が判明する観世音寺三綱四〇名のうち、威儀師・従儀師兼帯者は一六名であり、このうち途中から威儀師・従儀師となった可能性のある者は、観秀（一〇七二年寺主→一〇八四年上座威儀師）、永与（一〇八八年権都維那→一〇八九年権上座威儀師）、永与（一〇九七年都維那→一〇九九年権寺主従儀師）、永慶（一一三一年権寺主→一一四四年上座威儀師）の四名である（ただし、威儀師・従儀師の肩書きが省略されたことも考えられる）。一方、権都維那で従儀師を兼帯していたことが確認できる者は、覚珍（一一〇九年）、林睿（一一一〇年）、浄与（一一一一年）、寛慶（一一四四年）の四名である。

(43) 吉田俊「平安後期の寺院と国家」（『学習院大学人文科学論集』二三号、二〇一四年）は、この点について筆者の初出論文（「観世音寺の東大寺末寺化について」『寺院史研究』創刊号、一九九〇年）に反対し、「もともと観世音寺で活動していた僧を新たに威従として補任したと考えるのが妥当である」「東大寺の意図が入る余地はない。観世音寺寺官の威従兼任の背景には、国家の意図があったと考えてよいであろう」とし、その背景として、後三条朝の円宗寺法華会の創設や、観世音寺の授戒を挙げている。その前提説明として、威儀師・従儀師が寺院別当を兼務した例は多いが、三綱を兼務した例は東大寺と観世音寺のみであるとの指摘は傾聴すべきである。しかし、威儀師・従儀師の役割と国家（院政）の仏教政策との関係が具体的に提示されておらず、一つの見解として受け止めておきたい。

(44) 「別当」「長吏」と呼ばれていることもあるが、隆昭・暹宴の場合、観世音寺発給文書への署判には「講師兼別当」とあること、頼清・光清を指して「近代為二講師別当一之者」と呼んでいること（後述）から、「講師兼別当」が正式名称であり、「別当」はその略称、「長吏」は寺院統轄者を指す一般名称として用いられていると判断できる。従って、史料引用の場合を除き、講師兼別当の名称で統一する。

(45) 応徳元年（一〇八四）八月二十一日観世音寺牒（平一二一四）には講師兼別当の隆昭が署判を加えている。

(46) 安楽寺については、片山直義「古代末期における安楽寺領」（『福岡学芸大学紀要　第一部文科系統』五号、一九五五年）、竹内理三「安楽寺の成立」（『大宰府古文化論叢　下巻』（註(2)前掲書））、小田富士雄「筑前・安楽寺」（前掲註(1)書、初出一九六九年）、久重和夫「平安末・内乱期における菅原氏の動向」（川添昭二編『九州中世史研究』三輯、一九八二年）を参照。

(47) 『大宰府・太宰府天満宮史料　巻十七』二五～四四頁。同書は、竹内理三「太宰府天満宮の古文書」（太宰府天満宮文化研究所編『菅原道真と太宰府天満宮　下巻』吉川弘文館、一九七五年）、太宰府天満宮編『図録太宰府天満宮　分冊3』（太宰府天満宮文化研究所、一九七六年）でも翻刻されている。

(48) 遍知院は、『安楽寺草創日記』に「遍知院、本尊尺迦如来、花山院（一条天皇）御宇、長保三年辛丑寄二進転（博）多庄・大浦寺庄一」と記されている。

(49) 平岡定海「筑前国観世音寺の成立とその性格」（前掲註(1)）。

(50) 追塩千尋「平安中後期の国分寺」（『国分寺の中世的展開』吉川弘文館、一九九六年、初出一九八三年）が、有力寺院の末寺となった国分寺を指摘している。

(51) 頼清による寺領回復のことは、康和三年（一一〇一）三月十六日付大宰府政所下文案（平四九五四）、天承元年（一一三一）九月二十五日付観世音寺三綱等解（平二二〇七）にもみえる。

(52) 『続群書類従　七輯上』一二九頁。

(53) 大山寺については、中野幡能編著『筑前国宝満山信仰史の研究』（名著出版、一九八〇年）、小田富士雄「筑前・竈門山寺」（前掲註(1)書、初出一九六一・六九年）を参照。本書第一編第一章も参照されたい。

(54)『宮寺縁事抄』（所司僧綱昇進次第）院範の項に、「件法橋（院範）又兼二任大山寺別当一、居二住鎮西一、而間権別当頼清申二公家一、補二彼大山寺別当一了、仍院範依二其思一、受二重病一、永保三年三月　日、自二鎮西一上洛之間入滅」（『大日本古文書　家わけ第四　石清水文書之五』四八七頁）とある。

(55) 以上、『石清水祠官系図』、『中右記』長治二年（一一〇五）十月三十日条、『大日本古文書　石清水文書之二』四一四号。光清については、宮地直一「石清水別当の強盛」（著作集四『八幡宮の研究・春日神社の研究』蒼洋社、一九八五年、初出一九五六年）、小田富士雄「筑前・竈門山寺」（前掲註(53)）を参照。

(56)『大日本古文書　家わけ第四　石清水文書之二』九五頁。

(57) 有川宜博「十一世紀初頭の宇佐宮と大宰府」（『九州史学』六九号、一九八〇年）。出典は『宮寺縁事抄』（宇佐四）（『大日本古文書　家わけ第四　石清水文書之五』六二四～六三三頁）。

(58)『大日本古文書　家わけ第四　石清水文書之二』四〇六号、『石清水祠官系図』。

(59) 中野幡能『八幡信仰史の研究（増補版）上巻』（吉川弘文館、一九七五年）二二五～二四七頁。

(60) 例えば、天喜三年（一〇五五）三月二十日付大宰府符（平四九三五～四九三七）によれば、筑前国大分宮・宇美宮寺や肥前国千栗八幡宮・豊前国香春社は、長元七年六月十七日の官符によって元命の検知するところとなっている。

(61) 以上、中野幡能『八幡信仰史の研究（増補版）下巻』（吉川弘文館、一九七五年）五五二～五六二頁を参照。

(62)『扶桑略記』康平七年（一〇六四）五月十三日条、嘉承元年（一一〇六）大宰府政所牒（平一六五九）。

(63)『新訂増補国史大系　朝野群載』三九九頁。

(64) 堀池春峰「高麗版輸入の一様相と観世音寺」（『南都仏教の研究　上　東大寺篇』法藏館、一九八〇年、初出一九五七年）。

(65) 平岡定海「筑前国観世音寺の成立とその性格」（前掲註(1)）では、光清の孫の慶清が康治二年に東大寺戒壇院で受戒していることから遡及し、光清と同寺戒壇院を関係づけているが、首肯し難い。

(66) ただし『拾遺往生伝』（巻下・二六）によれば、源国経男で二歳の時に元命の子になったという。永観については、

五味文彦「永観と『中世』」（『院政期社会の研究』山川出版社、一九八四年、初出一九八三年）を参照。

(67)『増補史料大成　中右記四』四五頁。

(68)以上、『大日本古文書　家わけ第十八　東大寺文書別集二』一五号。

(69)片山直義「古代における観世音寺領」（『福岡学芸大学紀要　第二部社会系統』七号、一九五七年）を参照。

(70)平岡定海「筑前国観世音寺の成立とその性格」（前掲註(1)）。

(71)元永元年（一一一八）二月二十九日には、安楽寺別当の候補者に天台僧が立っており（『中右記』）、康治元年（一一四二）には大山寺の琳実が観世音寺別当となっている（後述）。

(72)『中右記』天永二年（一一一一）五月五日条裏書。なお「外国」は僧尼令25外国寺条が示すように「畿内」に対置する語であり、日本以外の異国という意味ではない。林文理「観世音寺別当暹宴は宋人にあらず」（『福岡市博物館研究紀要』七号、一九九七年）も同じように理解している。

(73)石井進「大宰府機構の変質と鎮西奉行の成立」（前掲註(31)）。

(74)管見でその可能性があるのは、東大寺別当の成立期の延暦年間の末に、寺主から別当に昇進したと考えられる修哲のみである（平四二九四・四三一九）。平野博之「律師兼東大寺別当修哲をめぐって」（『日本歴史』四九九号、一九八九年）を参照。

(75)彰考館本『僧綱補任』天永二年（一一一一）条に「法橋、五月五日叙、観世音寺金堂修造賞、寺別当」、永久二年（一一一四）条に「卒、三月廿九日」（平林盛得・小池一行編『五十音引僧綱補任僧歴綜覧』笠間書院、一九七六年、二〇五頁）とあり、暹宴は永久二年三月二十九日に没している。

(76)『新校群書類従　第三巻』一七四頁。

(77)これらの観世音寺文書については、森哲也「観世音寺文書の基礎的考察」（『九州史学』一二七号、二〇〇一年）、同「写本に見える観世音寺文書について」（『史淵』一三八輯、二〇〇一年）に詳しい。

(78)末寺化以後は「別当」が観世音寺統轄者の呼称として一般化し、「講師兼別当」はみられなくなる。従って、観世音寺統轄者の呼称は、「講師」→「講師兼別当」→「別当」と変遷したこととなり、本章では別当と呼ぶことにする。

(79) 永村眞『中世東大寺の組織と経営』（前掲註(6)）一三八頁。

(80) 『花押かがみ一　平安時代』六〇九号。

(81) 観世音寺木造十一面観音立像の仁治三年（一二四二）九月二十七日付僧暹秀・尼戒縁等造立願文に、「此像濫觴、原夫当寺別当維寛、長承・保延寺務之時、新令㆓加造㆒之」（福岡県教育委員会編『福岡県文化財調査報告書　第二十輯』三一頁）とある。

(82) 暹増・覚珍の経歴は次の通りである（出典は表10を参照）。暹増、保安元年（一一二〇）六月二十八日「上座威儀師」、天承元年（一一三一）九月二十五日「上座」、康治三年（一一四四）正月「検校威儀師」。覚珍、天仁二年（一一〇九）六月十日「権都（維）那従儀師」、天永元年（一一一〇）八月「都維那従儀師」、保安元年（一一二〇）六月二十八日「都維那従儀師」、天承元年（一一三一）九月二十五日「寺主」、康治三年（一一四四）正月「権検校兼威儀師」。なお暹増は、大治年中（一一二六～三一）造立と伝えられる観世音寺木造馬頭観音立像の墨書銘に「上座威儀師暹増」（『福岡県文化財調査報告書　第二十輯』前掲註(81)五頁）とみえる。

(83) 森哲也「定海と琳実」（前掲註(5)）。なお拙稿「観世音寺の東大寺末寺化について」（前掲註(43)）では、この点を「琳実を院宣で特別に観世音寺別当とするにあたって、同寺が東大寺の末寺であることを確定していることが窺える」と述べたが、その指摘を受けて修正しておく。

(84) なおこの修理別当は、保延六年（一一四〇）五月に専寺僧職を補任した観世音寺政所下文（平四七一二）に加署した「講師兼修理別当伝灯大法師」と花押が一致する（『花押かがみ一　平安時代』七二六号）。

(85) 土谷恵「房政所と寺家政所」（『中世寺院の社会と芸能』吉川弘文館、二〇〇一年、初出一九八八年）、永村眞『中世東大寺の組織と経営』（前掲註(6)）一一六・一三三～一三四頁。

(86) 永村眞『中世東大寺の組織と経営』（前掲註(6)）一二五頁。

(87) 米田雄介「栄山寺の興福寺末寺化をめぐって」（『赤松俊秀教授退官記念国史論集』赤松俊秀教授退官記念事業会、一九七二年)。

(88) 小林基伸「観世音寺・東大寺本末関係の形成」(『日本史研究』一九八号、一九七九年、古代史・中世史合同部会報告要旨)。

(89) 竹内理三「末寺の荘園化」(前掲註(28))。

(90) 『平安遺文』三五三八号、『鎌倉遺文』九四〇九・九五〇一・九五九六・九六五三・九七〇九・九八〇五・九八四四・一〇二三五・一〇三七九号。

(91) 永暦元年(一一六〇)碓井封・永暦二年金生封・嘉応二年(一一七〇)船越荘の運上米はそれぞれ、七三石三斗七升・一〇〇石七斗・四七石七斗四升五合(以上旧様式運上勘文)であり、仁安四年(一一六九)・嘉応二年・文永二年(一二六五)金生封のそれは、四三石六斗八升・五八石二斗六升・二六石(以上新様式運上送文)である。

(92) 『図書寮叢刊　玉葉十四』一八三頁。

(93) 定勝については、建久六年(一一九五)三月十二日の東大寺供養会の衲衆に「定勝法眼」(『東大寺続要録』供養篇・末)とみえる。また先の衆徒解に、定勝が「被レ召所二帯元興寺一之日、為レ慰二其愁訴一」に運上米を三五〇石に減少したことが記されているが、「元興寺別当次第」(東寺百合文書甲外)に「法眼定勝 建久七 東大寺」(「〈史料紹介〉諸寺別当并維摩会天台三会講師等次第」『京都府立総合資料館紀要』一八号、一九九〇年、一〇二頁)とあり、それが建久七年であったことがわかる。

(94) 『増補史料大成　三長記』一四六頁。なお、渡邊誠「十二世紀の日宋貿易と山門・八幡・院御厩」(『平安時代貿易管理制度史の研究』思文閣出版、二〇一二年、初出二〇一〇年)は、「建久年間における東大寺(重源)と栄西および観世音寺(慈済)の共同出資による貿易船派遣」を想定することができると述べている。

(95) 福岡県教育委員会編『福岡県文化財調査報告書　第二十輯』(前掲註(81))四二頁。

(96) 『東大寺続要録』寺領章所収の建保二年(一二一四)五月付寺領田数所当等注進状や、文永六年(一二六九)九月付東大寺学侶連署起請文・正安元年(一二九九)十一月付東大寺年中行事用途帳(鎌一〇五〇四・二〇三〇八)には、三五

〇石・六月期限のことがみえる。ただし、弘安五年（一二八二）には金生封の地頭・名主の不法・対捍が問題化しており（鎌一四六八六）、その後も遅済・未済が目立っている（『大宰府・太宰府天満宮史料』十巻三四九頁・十一巻一一九頁など）。なお東大寺の財政と鎮西米については、三輪眞嗣「鎌倉時代における鎮西米の基礎的考察」（『九州史学』一七六号、二〇一七年）、同「中世前期東大寺の財政構造と鎮西米」（『史学雑誌』一二七編四号、二〇一八年）に詳しい。

(97)　註(81)に同じ。なお「権別当膽寛」は、『東大寺諸集』所載の新造屋阿弥陀安置由来に、仁治四年（一二四三）正月二十八日の日付に掛けて「当寺《（東大寺）》修理目代兼観世音寺別当大法師膽寛」（小林剛編『俊乗房重源史料集成』吉川弘文館、一九六五年、四四七頁）と記されている。また永村眞『中世寺院史料論』（吉川弘文館、二〇〇〇年）一一四～一一五頁にも関連記事がみられる。

(98)　承久三年（一二二一）七月二十七日付東大寺宛官宣旨（『続々群書類従』第十一所収『東大寺要録』巻二。ただし巻二は内容的にみて『東大寺続要録』寺領章の誤りである）は、東大寺領二三箇所に対する武士の狼藉を停止するよう国司に命じたもので、「筑前国観世音寺封庄等」も含まれている。しかし、効力があったとは考え難い。

(99)　高倉洋彰「筑紫観世音寺の調査とその成果（二）」（前掲註(2)）。

(100)　建長三年（一二五一）の観世音寺再興は、(一)「元禄元年観世音寺重興記」に「後深草帝建長三年、入宋沙門済宝、悲二歎像設已朽損一、周募二国人一、再耀二金容一、治暦・建長之事記、留二存仏胎中一」（伊東尾四郎編『福岡県史資料　第十輯』二一〇頁）、(二)「観世音寺木造四天王立像元禄三年修覆奉加帳」に「其後康平・建長・寛永廻録三度云々」（『福岡県文化財調査報告書　第二十輯』前掲註(81)三八頁）、(三)『本朝高僧伝』（巻六十五）「筑前観世音寺沙門済宝伝」に「釈済宝、鎮西人、寛元年中入宋、（中略）帰来住二観世音寺一、（中略）仏殿戒壇、風磨雨洗、宝見二散落一、慨然宣レ力、建長二年、自抱二化疏一、奔二走四方一、取二資於人一、殿閣門廡、奐然改レ観、且書二施者姓名一、納二聖観音像中一、州民称二其功一矣」（『大日本仏教全書　一〇三巻』八三一頁）と記されている。

(101)　『歴代鎮西要略』安貞二年（一二二八）八月二十五日条。

(102)　東大寺教学部編『円照上人行状』（東大寺図書館、一九七七年）釈文二二頁。

(103) 松尾剛次「筑前観世音寺・下野薬師寺両戒壇の授戒制」（前掲註（3））。前掲註（3）書所収「官僧と遁世僧」（初出一九八五年）も合わせ参照。

(104) この事件は、正応六年（一二九三）八月四日の公氏書状、永仁六年（一二九八）六月十三日伏見天皇綸旨（『鎌倉遺文』一八二九六号・一九七一〇号）にもみえる。

(105) 永泰年間（七六五〜六六）に長安の大興善寺に方等戒壇が設置されたが、それは道宣の主張する戒律よりも大乗的なもので、資格を問わず具足戒が得られるものであった。九世紀には勅令に背いて戒壇を建てた観察使などに罰金を課する法令が出ており、各州に置かれた方等戒壇は、金銭を納入させて出家を許した進納度と同じように、安史の乱以降の財政策であった（横超慧日「戒壇について」『中国仏教の研究　第三』法藏館、一九七九年、初出一九四二年）。

(106) 『新校群書類従　第四巻』三八四頁。『北山抄』（巻七・都省雑例・申二大中納言一雑事、『神道大系』四四九頁）にも、ほぼ同文がある。

(107) 近世における東大寺戒壇院の授戒は、興福寺の門跡を対象としてのみ存続していた（拙著『平安時代の国家と寺院』前掲註(20)三六四頁参照）。同じように観世音寺戒壇の戒牒が天文二十三年（一五五四）まで存在していても、八世紀の律令国家の理念とは異質のものに転じたのである。

(108) 四王寺については、本書第一編第一章（五二〜五四頁）を参照されたい。筑前国三宅寺は、『醍醐雑事記』（巻十三）に永長二年（一〇九七）八月二十七日付官宣旨「応下任二先符旨一以二大法師寿円一令レ執中行寺務上醍醐寺円光院末寺字三宅寺事」が収録されている（中島俊司編『醍醐雑事記』五三八〜五三九頁）。

(109) 観世音寺文書（『大宰府・太宰府天満宮史料　巻十四』六一七頁）。

第四章　勝尾寺と摂津国の山岳寺院

はじめに

摂津国勝尾寺については、寺院経済論・修験道史研究・観音霊場研究・寺院縁起研究などの観点からの多くの研究があり、また『箕面市史』において勝尾寺文書の紹介と通史的な叙述がなされている。しかし、勝尾寺そのものを扱った研究は意外に少なく、また自治体史という媒体では果たされていない課題も多い、と大田壮一郎が指摘している(1)。

勝尾寺に関する近年の研究として次のようなものがある。

第一は、修験寺院の形成に関する研究である。小山貴子は、応永年間（一三九四〜一四二八）から確認できる勝尾寺の山伏が、寺僧とともに活動し、寺院周辺の人を熊野参詣に導引したことを指摘し、中世の山伏が斗藪遍歴して定住していなかったとする従来の史観を批判した(2)。

第二は、権門寺院・摂関家・室町将軍など政治や地域社会との関係を論じる研究である。平雅行は、建永の法難ののち赦免された法然が四年近く勝尾寺に逗留した理由を、勝尾寺を管領した妙香院門跡や九条兼実との関係で説明した(3)。大田壮一郎は、室町政権と勝尾寺との関係を、高山荘をめぐる勝尾寺・浄土寺の相論、勝尾寺の将軍家祈願寺化から論じた(4)。原田正俊は、地方の顕密寺院が中世社会においてどのように存続したかを地域社会との関係で検討するべきであるとして、北摂（摂津国北部）の天台系寺院の一つとして勝尾寺を捉え、同寺が京都との密接な関係をもったことや、それぞれの寺院が各地域でゆるやかなネットワークを形成していたと述べている[5]。

筆者は、摂津国総持寺の経営を分析し、その別院であった勝尾寺が、鎌倉時代には伽藍再建の勧進活動、寺領の四至の確定、衆徒による禁制の制定など、めざましい活動をみせており、浄土寺・近衛家といった中央権門への従属性が高かった総持寺とは異なると述べた[6]。従って、勝尾寺と総持寺の相違点が何に由来するのかという疑問を解く必要がある。また筆者は平安時代の山岳修行者について、その呼称・修行形態（久修練行・安居・巡礼）・社会的地位を考察した[7]。「山伏」や「修験道」が成立・展開する過程を論じるには、具体的な寺院を対象にした考察が必要であり、その意味で勝尾寺は貴重な存在である。前掲の先行研究によれば、勝尾寺は権門寺院であると同時に修験者（山伏）の活動拠点でもある。そうした特性が何に由来するのかという課題が、横たわっているのである。それらに答えるためには、平安・鎌倉期における勝尾寺の寺院組織や経営について、解明することが必要である。

そこで本章では、平安・鎌倉期を対象として、以下の四節で勝尾寺の組織と存在形態を論じることにしたい。第一節「勝尾寺の展開と寺院縁起」では、勝尾寺およびその由来を説く寺院縁起の成立・展開を説明する。第二節「勝尾寺の寺院組織」では、同寺の構成員・運営責任者・修行僧について整理する。第三節「妙香院・浄土寺との関係」では、延暦寺系列の門跡寺院である妙香院・浄土寺と勝尾寺との関係を論じる。第四節「摂津国北部の山岳寺院群」では、平安末期の勧進写経に応じたり、室町時代の熊野参詣の先達をつとめた摂津国北部の山岳寺院群について考える。

第一節　勝尾寺の展開と寺院縁起

一　平安時代の勝尾山・勝尾寺

『日本三代実録』元慶四年（八八〇）十二月四日条に、清和上皇の名山参詣の記事があり、「始レ自二山城国貞観寺一、至二于大和国東大寺、香山、神野、比蘇、竜門、大滝、摂津国勝尾山、諸有名之処一、経廻礼仏」と、摂津国の「勝尾山」がみえる。そして、承平五年（九三五）二月五日の『摂津国総持寺資財帳案』に「別院、勝尾山寺壱処、自余略レ之」（『箕面市史　史料編一』五号、『平安遺文』補二六一号）と「勝尾山寺」が登場している。

十二世紀前半成立の『拾遺往生伝』（上巻一・二）には、善仲・善算の双子（和銅元年（七〇八）～神護景雲二（七六八）・三年卒）が勝尾の山に入り、その弟子の開成（桓武天皇の子）が弥勒寺を建立し、それが清和天皇の行幸を契機に勝尾寺と改称したと記されている。また『寺門高僧記』（巻六）が伝える応保元年（一一六一）正月の覚忠『三十三所巡礼則記』に、「十一番、同国豊島郡勝尾寺、御堂五間、南向、本尊五尺千手、願主浄道聖人、或曰二善算聖人一」とあり、同書（巻四）所収の行尊の『観音霊所三十三所巡礼記』では「十番、勝尾寺、等身千手、摂津国豊島郡、願主善算聖人」と記されている。[8]『梁塵秘抄』の「聖の住所はどこどこぞ、箕面よ勝尾よ」という記事は有名である。

二　鎌倉前期の伽藍再建

元暦元年（一一八四）二月『勝尾寺焼亡日記』（二六号）[9]には、本堂・講堂・常行堂・鐘楼・鎮守宝殿・如法堂・阿弥陀堂・一切経蔵・食堂・湯屋・宝蔵の建築規模や安置された仏像・仏具を列挙し、「被㆑剝㆓取住僧百余人㆒、被㆑誅㆓罰老僧一人㆒」と記されている。また『勝尾寺再建記録』（三一号）[10]は、文治元年（一一八五）九月六日から建久六年（一一九五）七月までの堂舎の再建記録で、本堂・鎮守宝殿・拝殿・常行堂・講堂の再建、仏像の安置、鐘の鋳造、「京大工」「天王寺檜皮大工」「イモシ《（鋳物師）》東大寺ノ新大夫」の関与、智識米・銭などの財源、二月会・蓮華会・念仏などの仏事が記録されている。

『摂州島下郡応頂山勝尾寺支証類聚第一縁起』の「勝尾寺毎年出来大小事等目録」[11]には、

寛元元　自㆓五月廿四日㆒、至㆓八月十五日㆒、為㆓勧進㆒、本堂薬師・百済国請観音・礼拝松奉㆓出京㆒、薬師ハ中尊計也、此時当寺四巻絵書顕、三巻淡路法橋（不㆑知㆓実名㆒）書㆓顕之㆒、一巻（小証如伝）、内蔵入道曲二郎也、書㆑之、絵用途十余貫也、於㆓安居院㆒被㆑書也、勧進道場、初四条（高倉）、釈迦堂、後二条東洞院地蔵堂也、開白導師竹口法印宗源、結願導師刑部僧都禅覚、奉加物見物二百余貫也、以㆓此用途㆒、本堂・常行堂大床敷之拝殿鐘楼葺㆑之、本堂北面葺㆑之、

と、寛元元年（一二四三）五月から八月まで、本堂の薬師像・観音像を京都に運び、四巻の絵巻を製作し、四条高倉釈迦堂・二条東洞院地蔵堂において勧進を行い、奉加で得られた二〇〇余貫を堂舎の再建費用に充てたと記されている。

三　四至確定と禁制制定

寛喜二年（一二三〇）閏正月二十七日「勝尾寺四至注文案」（七九号）に、

注進　勝尾寺堺事

四至

東限、泉原御室御領、阿世原中河定、　粟生山、川定　綾小路御□（領カ）、

南限、萱野原山、近衛殿御領、

西限、寮御牧領川定、

北限、高山堺、

四角四天石蔵事

丑刀（寅）、泉原高山、両堺、

辰巳、泉原粟生、両界河定、

未申、萱野御牧、両堺河定、

戌亥、高山真（美）川原、両堺、

右、注進如レ件、

寛喜二年庚刀（寅）後正月廿七日

とあり、また同年四月二十日付太政官牒「応レ停二止寺領四至内殺生伐木等新儀狼藉一事」（八七号）で摂津国守護に対して四至内の殺生・伐木が禁じられている。同年二月の右馬寮下文（八五号）が摂津国豊島牧司に対して住民が勝尾寺領に濫妨を加えることを禁じていたり、十二月の禅定殿下（近衛基通）政所下文（九一号）で寺域四至内の伐木・殺生・狼藉の禁止を勝尾寺に認めているように、隣接した荘園との争いを忌避することを勝尾寺が主

張し、認められたのである。

寛元五年（一二四七）二月三日「勝尾寺禁制」（一七六号）は、一〇条のうち最初の一・二条が欠損し、第三条の後半（樹木の伐採に関する記事）から八箇条が現存している。事書と末尾を抜き出すと次の通りである。

一、山守護人所レ取二斧鉞等一不レ可レ免事
一、触二年行事一伐レ木事
一、長六尺以上竹木可二切出一事
一、不レ可レ附二属房舎并敷地所領不レ住レ山人一事
一、可レ付二置忌日料并修理料於本房一事
一、経蔵聖経不レ可レ出二山門一事
一、住僧等本尊縁日不レ可二他行一事
一、七十未満尼不レ可二常住一事
右、十箇条禁制如レ此、若背二衆議之旨一有二違犯之輩一者、冥者可レ蒙二三所権現十六善神之罰一、顕者無二親疎之偏一頗随二見及聞一レ之、可レ被レ行所当之罪科之状如レ件、

寛元五年歳次丁未二月三日

覚尊（花押）
行※栄全（花押）
覚源（花押）
定慶（花押）
宗円（花押）

阿闍梨良全（花押）
阿闍梨頼円（花押）
阿闍梨慶円（花押）
院主権少僧都禅覚（花押）

最初の三箇条は、寺領内の樹木の伐採に関連する事項である。次の四箇条は、房舎や敷地を住山していない人に附属させない、房舎ごとに先師の忌日料・修理料を設定する、経蔵の聖教を山門から外に出さない、本尊（薬師・観音）の縁日（八日・十八日）に他所に出向かないなどの規定で、住僧の集団維持を目的とした内容である。末尾の一箇条は、女人の居住や参籠者についての規定である。

四　美河原・外院・高山の三箇荘をめぐる相論

美河原・外院・高山荘は、寛喜二年（一二三〇）の「勝尾寺四至注文案」（七九号）に「真（美）川原」「高山」が登場し、いずれも勝尾寺に隣接している。美河原荘から分与されていた仏性米が未納状態であったのに対して、浄土寺門跡の慈禅が文永三年（一二六六）九月十六日の御教書（二四一号）で美河原荘から仏性米を納入することを、同九年二月二十七日の御教書（二六六号）で外院荘の狼藉停止を、それぞれ勝尾寺年行事に伝えている。これをはじめとして美河原・外院・高山荘の年貢などのことを指示した浄土寺門跡御教書が勝尾寺文書に確認できる。勝尾寺と浄土寺の相論は寛正五年（一四六四）まで続いた。

この争いは、勝尾寺の本寺であった総持寺が、京都の浄土寺に管領されたことによるものである。この訴訟は建武政権の雑訴決断所に持ち込まれている。元弘三年（一三三三）十二月十八日の「雑訴決断所評定文案」（五五

一号）に、

如二浄土寺僧正坊雑掌弁申一者、勝尾寺為二総持院別院門跡進止一之条、載二于承平五年二月五日檀越右中弁在衡(藤原)朝臣以下連署目録一之上、外院・高山・直(美)河原等為二惣持寺領一之条、天治二年七月　日国司免判状并嘉応元年十一月廿八日宣旨等分明之間、正中以後預二度々勅裁一畢、於二貞観宣旨一者、疑殆之案文也、

と記されている。つまり、勝尾寺が総持寺の別院であることは承平五年（九三五）の目録（資財帳）に明らかである、三箇荘が総持寺の寺領であることは天治二年（一一二五）の国司免判、嘉応元年（一一六九）の宣旨に明らかである、勝尾寺の提出した貞観の宣旨は偽作である、という判決である。

五　寺院縁起の創作

勝尾寺の創建や歴史が、鎌倉時代には複数の文献に記され、その内容が拡大・変化している。

『拾遺往生伝』（大治二年（一一二七）以降、長承三年（一一三四）ごろ成立）には、善仲・善算・開成皇子、清和天皇の行幸が記されていた。

寛喜二年（一二三〇）四月二十日太政官牒（八七号）には、①善仲・善算、開成皇子のみならず、②百済国皇后が壮年で白髪になったが、日本国勝尾寺に祈り、観音木像などを送り、白髪が黒髪に戻った、③「当山第六座主行巡上人」（貞観年中の人）の時に清和天皇が行幸し、三箇荘園と山下水田六〇町を施入した、という話が加わっている。

寛元元年（一二四三）五月二十一日『沙弥心空筆勝尾寺古流記』（一六二号）[12]には、①「善仲・善算」「皇子」（開成、光仁天皇の儲君）、②「光仁天皇崇重之余、施二入豊島郡官稲一千束一、宛二工匠功用一致二土木之営作一」、③「次

結界之内八町四維安二置四天王形像一」「以二寺務一付二嘱浄道上人一、第二座主是也」、④「第六座主行巡上人、（中略）貞観聖主玉体不予、（中略）即以二聖人一補二阿闍梨一、以二荘園一寄二僧伽藍一、所謂外院・高山・直（美）河原三箇荘是也、（中略）奉レ勝二聖上一之寺也、可レ号二勝尾一、仍改二弥勒寺一、名二勝尾寺一」⑤「古語曰、百済国皇后歎雲変二蒼華之色一、壮日有二白髪之愁一、秦医之術失レ験、（中略）爰夢中老翁来曰、奉レ祈二日本国勝尾寺観世音一者、定有二感応一歟云々、（中略）仍附二大宋国商客周文徳一、庚寅歳、当二我朝正暦元年一、聖観音像一体、洪鍾一口、金皷一口、閼伽器一前、鈴杵等、白心木七本奉レ送レ之」といった記事がみえる。

これらの「勝尾寺縁起」では同寺の優位を主張するために、財源（②④）、座主（③④）、観音の霊験（⑤）が強調されている。財源については、保安元年（一一二〇）「摂津国正税帳案」（『平安遺文』補四五号）に総持寺・忍頂寺などが載っているが勝尾寺の記載はなく、そのころに勝尾寺はまだ国家・国衙による財源確保がなされていなかった。しかし、寛喜二年（一二三〇）・寛元元年（一二四三）の勝尾寺の主張では、清和天皇、さらには光仁天皇によって財源施入がなされていたことになっている。座主職については、清和天皇の時代に「第六座主行巡上人」がいたとしている。しかしこの第六座主は、三箇荘の施入記事と連動して登場しているので、史実とはみなし難い。観音像の霊験は、百済王后が勝尾寺の観音に祈願したり、宋から来日していた周文徳に付して観音像などを届けさせた話である。周文徳は、源信が『往生要集』を同人に託して宋に送ったことで知られるが[13]、勝尾寺の観音像の話は一次史料では確認できない。勝尾寺の本寺であった総持寺の観音像は、藤原山蔭が大神御井に黄金を託して唐から香木を求めて造立したものであった[14]。それに比肩する観音像が勝尾寺にも安置されているという宣伝効果を狙った創作とみるべきであろう。

第二節　勝尾寺の寺院組織

一　住僧・衆徒・住侶

勝尾寺の寺院組織に目を転じると、勝尾寺が外部に出した文書の発給主体は、「住僧」「衆徒」「住侶」等で、「解」「言上」「申」および書状の形態を取っている（表12）。

このうち「住僧」という表現に着目すると、『日本往生極楽記』の「摂津国島下郡勝尾寺住僧勝如」、『水左記』承暦四年（一〇八〇）六月三十日条の「夜未明、駕レ車行二臨大井河一、令三僧頼命摂州勝尾寺住僧云々、修二荒神祓一、件祓有二神験一之由、日来聞レ之、仍令レ修也」[15]、仁平四年（一一五四）『大乗壮厳経』巻二十二・奥書の「勝尾寺住僧忠賀慈久房」[16]など、平安時代から用いられており、元暦元年（一一八四）の『勝尾寺焼亡日記』（二六号）にも「住僧百余人」がみえる。

二　年行事と衆議

一方、勝尾寺受文書の宛所の大多数は、「年行事」「年行事御房」や「年行事」の僧である。すなわち仁安三年（一一六八）四月二十七日の「妙香院僧正下知状案」（一四号）の「勝尾寺年行寺(事)御房」を初見とし、天文五年（一五三六）豪継寄進状（一一〇〇号）の「年行事御房」など戦国期まで、そのことは一貫している。十二・十三世紀の事例は表13の通りである。「年行事」は、その名称や、文永九年（一二七二）ごろの「外院荘百姓長谷吉延重申

表12　勝尾寺文書の発給主体としての住僧・衆徒・住侶（十二〜十五世紀）

年（西暦）	発給文書（出典）
（承安5年（一一七五）か）	勝尾寺住僧等解案（一九号）
文応元年（一二六〇）	勝尾寺衆徒等訴状案（二二九号）
文応2年（一二六一）	勝尾寺衆徒等訴状案（二三〇号）
（年月日欠）	勝尾寺住侶等重申状案（二三九号）
文永6年（一二六九）	勝尾寺住侶等申状案（二五五号）
文永6年（一二六九）	勝尾寺住侶中（後嵯峨院院宣＝二五六号）
（建治2年（一二七六））	勝尾寺衆徒書状案（二八二号）
嘉暦3年（一三二八）	勝尾寺住侶等訴状案（五二八号）
永和4年（一三七八）	勝尾寺衆徒等申状案（七五〇号）
応永6年（一三九九）	勝尾寺衆徒等申状案（七九六号）
応永8年（一四〇一）	勝尾寺衆徒等申状案（八〇一号）

表13　勝尾寺文書にみえる年行事（十二・十三世紀）

年（西暦）	記事（出典）
（仁安3年（一一六八）か）	「勝尾寺年行寺（事）御房」（妙香院僧正下知状案＝一四号）
元久元年（一二〇四）	「年行事顕秀沙汰」（三八号）
承久元年（一二一九）	「年行事静真」（五五号）
寛元5年（一二四七）	「年行事」（勝尾寺禁制＝一七六号）
文永3年（一二六六）	「年行事御房」（浄土寺門跡御教書＝二四一号）
文永6年（一二六九）以降	「年行事慶意」書状（有職の選任＝二五七号）
文永9年（一二七二）	「勝尾寺年行事御房」（浄土寺門跡御教書＝二六六号）
文永9年（一二七二）ごろ	「勝尾寺去年々行事智賢」（二六八号）

状案」（二六八号）で「勝尾寺去年々行事智賢」とあることから、年行事は、年ごとの持ち回りの職であったことがわかる。また同申状には数十人の使者を遣わして狼藉をはたらいたといい、寺内のみならず寺領経営に至るまで多様な権能をもったとみられる。

また勝尾寺の合議機関として、「衆議」が指摘できる。前掲の寛元五年（一二四七）二月三日「勝尾寺禁制」（一七六号）「一、山守護人所㆑取㆓斧鉞等㆒不㆑可㆑免事」に「依㆓衆議㆒被㆓免除㆒者」とあり、有職補任に関する「年行事慶意書状」（二五七号）にも「遂㆓衆儀㆒」の外題が付されているのである。

三　院主・有職

勝尾寺が住僧や関係者に対して発令した置文・禁制には、最高責任者の「院主」と「年行事」を含む数人の僧が連署している（表14）。その院主は、阿闍梨や少僧都といった朝廷が認可する僧職の僧であった[17]。

表14　勝尾寺文書の置文・禁制の制定主体

年月日	記事（出典）
寛喜2年（一二三〇）	「院主阿闍梨覚元・年行事慶円並余元老五六輩」（九〇号）
寛元5年（一二四七）2月3日	「院主権少僧都禅覚」、阿闍梨三、その他五、計九人（一七六号）
正平7年（一三五二）3月3日	「院主権律師忍能」「年行事拾賢」「阿闍梨覚円」ほか計一〇人（六六五号）

また文永六年（一二六九）九月三日には、後嵯峨院院宣によって勝尾寺に三人の阿闍梨が設置されており（二五六号）、それを受けて翌年三月十日に「年行事慶意」が、「行善房新阿闍梨御房」に宛て衆議を経て「有職」補任が了解されたことを伝えている（二五七号）。

「有職」は、僧綱に次ぐ阿闍梨・内供奉十禅師・三会已講の総称で、十・十一世紀から寺院を単位とした僧職となり、朝廷によって設置や補任が認可された。ここでは勝尾寺に三人の阿闍梨を設置して、御願を祈ることが後嵯峨上皇から命じられたのである。

四　聖人・修行者・勧進上人・山伏

修行者を指す一般名詞としての呼称もいくつか知られる。

「聖人」は、文治四年（一一八八）九月六日の梶原景時下文（二九号）に、吹田荘に勝尾寺の免田に関して「彼山聖人出来」と記されている。

「修行者」は、「仏経日記」（一四四号）に、建長七年（一二五五）に「修行者」が『法華経』一部を施入したと記されている。

「勧進聖人」は、正安四年（一三〇二）の「沙弥西蓮田畠寄進状」（三九七号）に、「爰有二一人勧進聖人一、自二去六月十八日一、結二三十三人禅徒一、始二不断初後之行法一」と記されている。

「山臥・山伏」は、応永八年（一四〇一）十一月の「山臥頼母子米日記」（八〇〇号）に「山臥衆中」とある。同九年十一月十五日の「山伏中置米年行事人数帳」（八〇二号）、享徳三年（一四五四）三月の「勝尾寺山伏等申状案」（九四八号）からも、「山伏」の語が定着したことがわかる。

五　修行・白山詣・如法経

建久元年（一一九〇）「八月大念仏被借次第注文」（三四号）に、次の記事がある。

注進　建久元年庚戌才次自二八月一大念仏於（此御カ）堂勤始時、被レ借次第

合

定弁房　上執事辛亥年秋、　常文房三番頭辛亥才秋、
定弁房壬子才但是ハ依二観行房所労一其闕借了、　上覚房壬子才秋、
観行房癸丑才秋、
同六年乙卯才、八月念仏、　証道房上執事勤了、大進公所労故、
常陸公修行代官上覚房勤了、　結番代官ハ八月念仏成仏房、

伊賀公白山詣代官上勝房勤了、応生房如法経代官上覚房（但上執事）勤了、

これは、大念仏を執行するに当たり、役僧の名前を書き出したもので、そのうち「常陸公」は「修行」、「伊賀公」は「白山詣」、「応生房」は「如法経」を、それぞれの理由として代理の僧（＝代官）を立てているのである。「常陸公」「伊賀公」などの君名（公名）は父親の官職に由来する僧侶の通称であり[18]、これらの僧も貴族社会の出身者であったと考えられる。それらが、修行・白山参詣・如法経書写といった行為を重要なものとみなして実践していたことがわかる。

六　廻国巡礼行者と久住僧

嘉暦二年（一三二七）十一月三日「阿闍梨行祐田地寄進状」（五二五号）に、

抑当寺、千手観音者、三十三所之随一、往来薫習之霊場也、而廻国巡礼行者、連続参詣、諸人往覆、貴賤不退通夜、爰久住僧善勝・阿闍梨行祐、以㆓私領田㆒、永代彼一飯料田所㆑奉㆓寄進㆒也、

とある。ここには、三十三箇所観音霊場を廻る「廻国巡礼行者」とともに、「久住僧」がみえる。「久住」は特定の場所に長期間留まって修行する僧で、九世紀に顕著になった用語である[19]。

七　座主

『後拾遺往生伝』（長承三年以降、保延五年以前（一一三四～三九）の成立）に「摂津国豊島郡勝尾寺座主証如」がみえるが、『日本往生極楽記』は「摂津国島下郡勝尾寺住僧勝如」と記すだけである[20]。また、すでに指摘したように、寛喜二年（一二三〇）四月二十日の太政官牒（八七号）に「当山第六座主行巡上人、去貞観年中之人也」の記

事がある。同様の記事は、寛元元年（一二四三）五月二十一日付「沙弥心空筆勝尾寺古流記」（一六二号）に、宝亀八年（七七七）の講堂建立に掛けて「以二寺務一付二嘱浄道上人一、第二座主是也」、清和天皇の行幸に掛けて「第六座主行巡上人」とあり、宝亀十一年（七八〇）に仮託された『勝尾寺古流記』（一号）にも、第二座主の浄道がみえる。浄道は、応保元年（一一六一）の覚忠『三十三所巡礼則記』（『寺門高僧記』巻六）に「願主浄道聖人」[21]とあり、「勝尾寺常行三昧堂過去帳」（九四五号）には善仲上人・善算上人・開成皇子・豊南上人・浄道上人・証如上人・行巡阿闍梨・揚勝仙人が記されているが、後者はその後に伝教大師（最澄）・慈覚大師（円仁）といった著名な天台僧を続けている。浄道が草創期勝尾寺の僧として実在した可能性はあるが、「座主」職やその歴代は後世の仮託とみるべきである。

以上の事例を踏まえて、勝尾寺の寺院組織について考えることにしよう。

勝尾寺には、三綱（上座・寺主・都維那）、別当、政所、公文所など、古代以来の主要寺院にみられる寺官や執務機関が存在しない。その代わりに、持ち回りの「年行事」が寺院運営の実務を担っている。また「住僧」「衆徒」「住侶」を主体として文書が発給され、「衆議」が意思決定機関となっている。さらに「聖人」「修行」が十二世紀にみられる。

これらの特色は、清和上皇の参詣の際に「勝尾山」、承平五年（九三五）「摂津国総持寺資財帳案」で「勝尾山寺」、『梁塵秘抄』で「聖の住所」と呼ばれたように、勝尾寺が山岳寺院であることに由来する。すなわち、勝尾寺は本来、三綱や別当が設置・補任されるような寺院ではなく、「政所」も存在せず、定住僧と往来僧（修行のために各地を巡る僧）とが同居していた。そうした状況下では、寺院運営の責任を一年ごとに持ち回りする「年行事」、寺外・寺内への意思表示・意思決定に「住僧」「衆徒」「住侶」が集合して「衆議」を行う方式が現実的であったのである。

寛元五年（一二四七）の「勝尾寺禁制」（一七六号）に、樹木の伐採に関する条項が多いのは、山岳寺院であることによる。山に住んでいない者に「房舎并敷地所領」を付嘱してはならないことや、本尊の縁日に住僧の他行を禁じているのは、定住しない僧が多いからであり、師僧の忌日や堂舎の修理料を強調するのも、寺院への帰属意識を喚起するものである。七十歳未満の尼の常住禁止は、寺僧の老母を想定した条文であり[22]、これも山寺の特質といえる。

文治元年（一一八五）に始まる伽藍再建、寛喜二年（一二三〇）の寺域四至の確定、寛元五年（一二四七）の禁制制定によって、勝尾寺は寺院組織を整備していった。その後になって「院主」職が臨時に設置されたと考えられる。院主は、阿闍梨や僧綱の肩書きをもつ僧がつとめ、当初は置文・禁制の制定の場面にしか登場していない。おそらく朝廷によって他寺の僧が臨時に補任されたのであろう。しかし十五世紀には、年行事をつとめたような寺僧が院主になったとみられる[23]。阿闍梨（有職）は、京都周辺の天台・真言寺院では平安中期に設置が相次いだ僧職である[24]。勝尾寺に文永六年（一二六九）に至ってようやく、その設置が認可されたのである。

第三節　妙香院・浄土寺との関係

一　妙香院僧正の味舌荘施入

勝尾寺文書に、仁安三年（一一六八）正月二十二日に「法眼和尚位」の僧が「霊験掲焉之地」であるにもかかわらず「仏聖灯計事」がないとして、摂津国味舌荘内田一町を勝尾寺に施入した寄進状案が含まれている（一一号）。それを受けて同年正月二十二日に「法眼和尚位」僧の家政機関（別当・行事・院司）が味舌荘下司に下文で勝尾寺への施入を伝え（一二号）、七月十六日にも家政機関（行事・院司）が「慈徳寺領味舌御荘下司所」に下文で勝尾寺仏供料として佃一町の寄進を伝えている（一三号）。さらに味舌荘の施入を「勝尾寺年行寺（事）御房」に伝えた仁安三年四月二十七日の下知状（一四号）には、「妙香院僧正御房御□執達如レ件」の文言がみえる。

要するに、「慈徳寺領」であった摂津国味舌荘が、「法眼和尚位」でのちに「妙香院僧正」と呼ばれる僧によって、勝尾寺に施入されたのである。承安五年（一一七五）三月三十日に「検校法眼房政所」が「慈徳寺領味舌荘」に下文で狼藉の停止を命じたり（一八号）、同年の「勝尾寺住僧等解案」が「味舌御□□本家政所」の裁を申請しているのも（一九号）、勝尾寺が妙香院の傘下に入ったことを示している。さらに建久三年（一一九二）三月二十二日の「下番現在衆交名」（三二号）にも、春念仏は「妙香院法印御房」が下向するのに合わせて三月十三日に始めたとの記事があり、勝尾寺に足を運んだことも知られる。

この「法眼和尚位」（妙香院法印御房・妙香院僧正）が尊忠であることが、平雅行によって指摘されている。[25]その考証とやや重複するが、妙香院およびその検校について、さらに説明を加えておきたい。

二　妙香院とその検校

妙香院は、右大臣藤原師輔の息で天台座主になった尋禅が、比叡山横川の飯室谷に建立した堂舎で、永祚二年（九九〇）二月十四日に一条天皇の御願寺となって、院司・年分度者が置かれ、封戸が施入されたと『山門堂舎』が伝えている。また慈徳寺は藤原詮子が長保元年（九九九）に京都山科に建立した寺院である。

妙香院の寺領については、『門葉記』（巻一三四・寺院四）[26]に、「妙香院管領寺院」として、元慶寺・慈徳寺・成恩院・補陀落寺・法楽寺が挙がっている。また『門葉記』（巻一四〇・雑決一）[27]の「妙香院荘園目録」に、①二二荘（うち一一荘は「九条右府」（藤原師輔）応和元年（九六一）六月五日処分送文所載）、②「別院」二二寺、③「諸国御封物事」、播磨等四箇国からの石高と、元慶寺領・慈徳寺領・観音堂領・光明院領・八条左大臣家遺領・補陀落寺領・安養院領としての二八荘（一寺・一社を含む）、④応和元年六月五日「九条右丞相御譲状」（一一荘）、⑤永祚二年二月十三日「慈忍和尚御遺誡」（別院三寺、荘家一一荘）、⑥建武四年（一三三七）四月「妙香院門跡領并別相伝目録」（二五荘）が挙がっており、そのうち③の「慈徳寺領」に「摂津国味舌荘、年貢七十余石」がみえる。要するに、慈徳寺および寺領の味舌荘が妙香院の配下に位置していたのである。

妙香院の検校職については、『山門堂舎』「妙香院」の項に[28]、「補㆓任検校㆒官符案五通、加㆘尋光僧正譲㆓尋円僧正㆒状□通㆖、大僧都頼賀、阿闍梨尋算、座主仁覚、法印相命、尊忠当時」の記事に続けて、長徳元年（九九五）譲状、長元四年（一〇三一）、康平三年（一〇六〇）、康平五年（一〇六二）、元永二年（一一一九）、長寛二年（一一六四）の検校補任の太政官牒を収録している。また『門葉記』（巻一四二・雑決三）[29]には、慈忍―尋光―尋円―頼賢―頼仁―尋算―仁覚―俊覚―清覚―相命―尊忠―良快―慈源―慈禅―慈実―慈玄―慈深―慈慶―尊道―慈済―道円の系譜が記されている。それらには「妙香院」を「妙音院」「妙高院」と誤記したものや、僧名の異同があるので、『諸門跡譜』『尊卑分脈』『僧綱補任』『天台座主記』の記事を合わせて、各僧侶を確認しておく。

尋禅（慈忍）は、『門葉記』『山門堂舎』『諸門跡譜』『尊卑分脈』に、「妙香院」として登場している。極官は天台座主・権僧正で、藤原師輔の子息である。

尋光は、『門葉記』『山門堂舎』に所見する。法性寺座主・僧正で、藤原為光の息で、師輔の孫に当たる。

尋円は、『門葉記』『山門堂舎』に所見し、前者に「法性寺座主・後飯室権僧正」「中納言義懐子《藤原》」と記されている。後者に収録される長徳元年（九九五）十月十日の譲状は、「奉レ譲、妙香院検校職之事」で始まり、尋光から尋円へのものとみられる。尋禅の弟子である。

尋空は、『諸門跡譜』『尊卑分脈』に所見し、極官は少僧都で、藤原遠度の息で、師輔の孫である。

頼賢は、『門葉記』『山門堂舎』に所見する。後者は「頼賀」と記すが「頼賢」の誤りであろう。『山門堂舎』所収の長元四年（一〇三一）十二月二十六日付の妙香院宛の太政官牒で、尋円の奏状を受けて検校に補任されている。『僧綱補任』によると法成寺座主・権大僧都で、源頼定の息（『尊卑分脈』では孫）で、尋円の弟子である。

頼仁は、『門葉記』に「法橋、中納言俊忠子」と記されている。

尋算は、『門葉記』『山門堂舎』に所見する。後者に収録される康平三年（一〇六〇）十二月二十九日太政官牒では、尋算が尋円の弟子であることを理由に検校補任を申請して認可されている。

仁覚は、『門葉記』『山門堂舎』に所見する。後者に収録される康平五年（一〇六二）十二月の検校職補任の太政官牒は本文を欠いているが、仁覚のものとみられる。また『僧綱補任』には延久元年（一〇六九）条に「妙高院」と記されている。天台座主・大僧正で、源師房の息である。なお『水左記』承暦元年（一〇七七）閏十二月二十一日条に、仁覚が慈徳寺検校の解文を奏上した記事がある。

俊覚は、『門葉記』に所見し、権少僧都で、源俊房の息である。

清覚は、『門葉記』に「妙香院、内供奉」と記されている。

相命は、『門葉記』『山門堂舎』『諸門跡譜』『尊卑分脈』『僧綱補任』に所見する。『山門堂舎』所収の元永二年（一一一九）二月二十日太政官牒は本文を欠いているが、『僧綱補任』に「元永二年二月二十五日宣旨、為二妙香院別当㆒、清覚内供死欠替也」とあり、同書天承元年（一一三一）条にも「妙高院別当」と記されている。また『中右記』元永年二月二十二・二十五日条に相命の妙香院検校補任のことが、長承二年（一一三三）正月二十二日条、保延四年（一一三八）二月二十六日条にも「妙高院僧都」がみえる。極官は法印権大僧都で、藤原宗俊の息である。なお『中右記』元永二年二月二十五日条に、妙香院検校相命・極楽寺検校勝豪の補任記事に続けて「件二箇寺藤氏々寺也、依㆓長者挙㆒被㆑下㆓宣旨㆒者、先例如㆑此」[30]とある。

尊忠は、『門葉記』『山門堂舎』『諸門跡譜』『尊卑分脈』に「妙香院」として登場している。『究竟僧綱任』[31]応保二年（一一六二）条の法眼に「尊忠、妙高院別当」とあり、『山門堂舎』に長寛二年（一一六四）正月四日の検校補任の太政官牒が収録されている。極官は法印もしくは権僧正で、藤原忠通の息である。『明月記』建保元年（一二一三）六月十日条に「妙香院法印師、入滅去三日」の記事がある。

良快は、『門葉記』『尊卑分脈』に所見する。天台座主・大僧正で、藤原（九条）兼実の息である。

慈源は、『門葉記』に所見し、天台座主・大僧正で、藤原（九条）道家の息である。

慈禅は、『門葉記』に所見し、天台座主・大僧正で、藤原（近衛）家実の息である。浄土寺（金剛寿院）の門流に属している。

慈実は、『門葉記』『諸門跡譜』『尊卑分脈』に所見する。天台座主・大僧正で、藤原（九条）道家の息である。

良性は、『諸門跡譜』『尊卑分脈』に所見する。西塔院主・法印で、藤原（近衛）忠良の息である。

慈玄は、『門葉記』に所見する。大僧正で、藤原（九条）実経の息、慈実の弟子である。『尊卑分脈』に「青蓮院」と記されている。

慈深は、『門葉記』に所見する。権僧正で、藤原（九条）家経の息、慈玄の弟子である。『尊卑分脈』に「青蓮院」と記されている。

慈慶は、『門葉記』『諸門跡譜』『尊卑分脈』に所見する。大僧正で、藤原（九条）内実の息で、慈深の弟子である。

尊道は、『門葉記』『天台座主記』に所見する。天台座主、後伏見天皇の皇子で、『天台座主記』に「青蓮院」と記されている。

慈済は、『門葉記』『尊卑分脈』に所見する。天台座主、大僧正で、藤原（九条）経通の息、尊道の弟子である。

道円は、『門葉記』に所見する。天台座主、後光厳天皇の皇子で、尊道の弟子である。『天台座主記』に「青蓮院」と記されている。

上記の妙香院検校・別当のうち、仁安三年（一一六八）に味舌荘の土地を勝尾寺に施入した「法眼和尚位」（のち「妙香院僧正」）は、尊忠がこれに該当する。『諸門跡譜』（中・妙香院）に「尊忠権僧正、法性寺摂政関白忠通《（藤原）》公息、知足院富家入道関白忠実《（藤原）》公孫、相命法印入室、俊堯僧正資[32]」とあり、『山門堂舎』に長寛二年（一一六四）正月四日付の妙香院検校補任の太政官牒が収録されている。九条兼実の弟に当たることもあって『玉葉』にしばしば登場し、嘉応二年（一一七〇）正月二十六日条に「法眼」、治承三年（一一七九）六月一日条に「小《（少）》僧都」、文治元年（一一八五）三月二日条に「法印」の肩書きが確認される。『明月記』建保元年（一二一三）六月十日条から法印が極官であったとみられるが、『諸門跡譜』『尊卑分脈』に「権僧正」と記されており、勝尾寺文書（一四号）の「妙香院僧正」も尊忠を指していると考えて支障はない。「勝尾寺常行三昧堂過去帳」（九四四号）にも、尊忠が登場している。

尊忠の兄弟には慈円（天台座主）や覚忠（園城寺長吏）がおり、特に覚忠は、『寺門高僧記』に応保元年（一一六一）正月に観音三十三所を巡礼したと記されている[33]。覚忠の観音信仰の影響を受けて、尊忠も勝尾寺の観音に帰依するようになったと考えられる。

法然は、土佐に配流される途中で赦免され、承元元年（一二〇七）から五年まで勝尾寺に逗留した。それは、法然に帰依していた九条兼実との関係によるもので、兼実の弟の尊忠、子息の良快が妙香院検校で勝尾寺を管領していたのである[34]。

三　慈禅の活動と勝尾寺・浄土寺

勝尾寺の経営との関係で、妙香院検校の慈禅は注目すべき存在である。

第一に慈禅は、文永三年（一二六六）九月十六日の御教書（二四一号）で美河原荘から仏性米を納入することを、同九年二月二十七日の御教書（二六六号）で外院荘の狼藉停止を、それぞれ勝尾寺年行事に伝えている。これをはじめとして美河原・外院・高山荘の年貢などのことを指示した浄土寺門跡御教書が勝尾寺文書に確認できる。

第二に、勝尾寺が文永六年（一二六九）に祈願寺として阿闍梨三人を設置されたことである。それは同年八月に同寺の住侶らが言上し（二五五号）、九月三日の後嵯峨院院宣によって裁可されたものであるが（二五六号）、浄土寺の慈禅がそれを仲介したと考えられる。勝尾寺文書の同年八月七日の「上番現在者交名」（二五三号）には、「□《(法)》務大僧正法印大和尚位慈禅」と、宗円大徳ほか計八名の伴僧がみえる。一方、『門葉記』（巻一二九・門主行状二）によると慈禅はこの年正月九日に亀山天皇の護持僧になり、六月二十三日に禁裏で薬師法を修している。つまり上記の「上番現在者交名」は、慈禅の禁裏での修法に関連した文書で、勝尾寺からの言上は、慈禅を介して朝廷に提出されたとみることができる。なお『門葉記』によると、慈禅は文永十年に摂津国総持寺に参詣している。

慈禅は、『門葉記』（巻一二九・門主行状二）によると、浄土寺僧正と呼ばれ、関白近衛家実の子息で、叔父の円基の室に入っている。また文永五年（一二六八）十二月二十七日に天台座主になっており、前日の二十六日に勅使が浄土寺に下向したことや、建治二年（一二七六）八月七日に浄土寺で入滅したことが同書にみえる。浄土寺は良源の弟子の明救が京都東山に創建した寺院で、『門葉記』（巻一四一・雑決三）によると、その門主は、鎌倉時代には円基・慈禅・慈基・慈静・尋基・慈勝・慈伝・慈弁など近衛家出身の僧によって独占されている。(35)

近衛家領荘園に着目すると、寛喜二年（一二三〇）正月二十七日の「勝尾寺四至注文案」（七九号）に「南限萱野山近衛殿御領」とみえ、同年十二月の近衛基通政所下文（九一号）で、四至内の伐木・殺生・狼藉の禁止が命じられており、近衛家が勝尾寺の四至を承認したといえる。建長五年（一二五三）の『近衛家所領目録』（『鎌倉遺文』七六三一号）に、「浄土寺前大僧正円基」「摂津国橘御園」「已上七ケ所、嘉貞四年八月廿三日大僧正（円基）入滅之後、僧正慈禅相二伝之一」とあり、摂津国橘御園が、近衛基通から円基・慈禅と相伝され、浄土寺領になったことがわかる。嘉元二年（一三〇四）五月一日の「浄土寺門跡御教書案」では、その橘御園の年貢の一部が勝尾寺に送られている（四〇八号）。

つまり、次のようにいうことができる。（一）慈禅は、妙香院検校であると同時に浄土寺門主でもあった。（二）慈禅は近衛家の出身で、近衛家領が勝尾寺に近接して存在した。（三）そのため慈禅は、美河原荘・外院荘の年貢米を仏性米として納めさせるなど、勝尾寺を支援する行動を起こした。しかしその後、勝尾寺は美河原荘・外院荘・高山荘を寺領と主張するようになり、それを承認しない浄土寺との間で相論が続いたのである。鎌倉時代の勝尾寺の経営の好転や寺領相論は、妙香院・浄土寺・近衛家といった比叡山門跡寺院や貴族社会と密接に結びついていたのである。

第四節　摂津国北部の山岳寺院群

一　「大門寺一切経」にみえる摂北山岳寺院

勝尾寺をその周辺の摂津国北部の山岳寺院群のなかで考える素材として、まず平安末期の勧進写経を取り上げよう。

『大乗壮厳経』巻二十二・奥書[36]には、次のように記されている。

　願主経尊
仁平四年歳次甲戌六月廿二日　勝尾寺住僧忠賀慈久房、依㆓聖人勧進㆒致㆓精誠書㆒了、
願者依㆓写経之功徳㆒□九品之□得□□

すなわちこれは、仁平四年（一一五四）六月二十二日に勝尾寺住僧の「忠賀慈久房」が、「願主経尊」の求めに応じて書写したものである。この経巻は、単独で伝わったが、その年代・場所・願主からみて、「大門寺一切経」のうちの一巻と考えられる。

「大門寺一切経」は、摂津国三島郡石河村（大阪府茨木市）の大門寺に所蔵されていた経巻を、石田茂作（一九五〇年、九五巻）・田中塊堂（一九六二年、九一巻）が紹介し、「大門寺一切経」と命名した古写経である。その後、奈良県大和郡山市の西方寺所蔵の二六二九巻が調査され、『大和郡山市西方寺所蔵一切経調査報告書』（大和郡山

市教育委員会、一九八四年）でその概要と二二七八巻の銘文が紹介されている。

『大和郡山市西方寺所蔵一切経調査報告書』（一九～三三頁、藤原正己「西方寺所蔵一切経と勧進写経」）によるとこの一切経は、①承徳三年（一〇九九）から保安四年（一一二三）の書写経が第一グループ、②「願主経尊」の奥書をもったり、それと同時期に当たる久安六年（一一五〇）から久寿三年（一一五六）の経巻が第二グループ、③文永二年（一二六五）から弘安八年（一二八五）の「僧長賢」「長俊」を願主とする第三グループに大別される。第二・第三グループの経巻には、願主とは別に書写した僧侶やその所属寺院、地名が記されており、勧進写経であった。第二グループの写経時点で他寺の経典が寄進もしくは買得されて本一切経の一部（第一グループ）に構成された可能性がある。第三グループにも多くの写経場所（箕面寺〔九二八号〕、総持寺〔一四九六号〕、四明天台山〔一八六三号〕などの寺院）がみえるが、半数近くが大門寺で書写されている、という。

第二グループの願主については、仁平元年（一一五一）から文治三年（一一八七）までの経巻に「願主経尊」の記事が確認できる（『大和郡山市西方寺所蔵一切経調査報告書』資料篇・銘文集成三八三号・九六六号）。「願主経尊」は、「願主経尊智城房」〔一四三号〕、「願主聖人」〔五七七号〕、「智成坊之一切経也」〔七一三号〕、「願主智城房之《ママ》」〔一〇六二号〕、「願主聖人智城坊」〔一二九四号〕とも記されており、自称か他称かは不明ながら、「智城坊（智成坊）」という房号をもっていたことがわかる。

第二グループの書写場所（寺院）や執筆者（僧）を示す奥書（記事の一部）を挙げると、表15のようになる。

ここに登場した寺院・地名について、若干解説を加えておこう。

観音寺・大門寺は同一の寺院で、「観音大門寺」とも呼ばれている。大阪府茨木市大門に現存する。

真竜寺は、茨木市福井に所在し、大門寺の南に位置する。

表15　大門寺一切経にみえる寺院・地名（仁平元〜文治三年〈一一五一〜八七〉）

寺院・地名	記事〔出典、号数は『大和郡山市西方寺所蔵一切経調査報告書』資料篇・銘文集成〕
観音寺	久安六年八月七日摂州観音寺而書写畢、執筆良意覚乗坊〔一五〇号〕
	願主経尊、仁平二年七月七日摂州観音寺書写畢、執筆良意覚乗坊也〔七四八号〕
	願主経尊、仁平二年八月五日摂州観音寺而書写畢、執筆良意覚乗坊之（ママ）〔八〇三号〕
	仁平二年九月十七日書写了、観音寺住僧暹意実教房、為三本師二人并二親往生極楽頓証菩提一也〔二一〇八号〕
	仁平三年五月朔日観音寺南□西刻許畢、願主経尊〔二一七三号〕
大門寺	摂津大門寺〔五一号〕
	摂津観音大門寺〔七三号〕
	摂州観音大門寺〔七五号・八六号・九六号・一一一号〕
	摂州観音寺〔八五号〕
	摂津国観音大門寺〔八八号・九〇号〕
	観音大門寺〔九二号〕
	大門寺摂州〔九八号〕
	大門寺常住〔八二三号〕
	観音大門寺一切経内、結縁大施主、散位藤原秋道女坂本氏〔八三五号〕
	観音大門寺一切経内、久寿二年乙亥六月廿八日書写畢〔一二五四号〕
	久寿二年七月廿九日未剋之了、観□□□一切経之内為レ令三法久住利二益人天一故也、執筆沙門解祐也〔一二八三号〕
真竜寺	願主経尊、交了、大門寺□□□（真竜寺）〔二〇八号〕
仲山寺	仁平元年三月廿九日仲山寺住僧暇訪〔三九一号〕
	仲山寺結縁僧□末遠女秦氏□各二親尊霊往生極楽也、仁平三年五月九日于レ時書写了〔九七二号〕
	願主経尊、仲山寺書写已了、結縁衆僧宗円後世為二菩提一、上求菩提、下□〔一〇三〇号〕
善峰寺	善峰寺書了、午時〔一二二六号〕
	久寿二年六月六日善峰寺住僧書了、西谷安養房〔一二三一号〕
	久寿二年四月廿二日午時書写了、於二善峰寺西谷一書写了〔一二四〇号〕
円明寺	願主経尊、久寿二年□□三月十日書写了、西山円明寺、願弘〔一二〇三号〕
味舌村	味舌村結縁之願主□村主重谷、願主経尊〔四四九号〕

	味舌村結縁之願主、山口正国、願主経尊〔五一三号〕
	味舌村結縁之願主曽□□〔五二四号〕
忍頂寺泉原村	願主経尊、歳次庚未（仁平元）仲冬月六日於二忍頂寺泉原村一佐伯常近書写畢〔五五八号〕
泉原村	願主経尊、歳次辛未仲冬月十六日　於二泉原村一藤原永包書畢〔六一〇号〕
	願主経尊、歳次辛未仲冬月九日　於二泉原村一野登守未為二後世一書写了〔六一一号〕
沢良宜村	仁平二年八月廿二日書写了、摂津国島下郡中条沢良宜村、蓮花寺住僧為二師君僧永真尊霊離苦得楽一也〔七五五号〕
	願主経尊、摂津国島下郡中条沢良宜村大中臣是久女甲可氏〔七八三号〕
	願主経尊、摂津国島下郡中条沢良宜村住人伴助□女王氏仁平二年歳次壬申八月十六日己卯酉時書写了〔七八四号〕
奈良村	奈良村住人壬生行里女賀茂氏、願以二此劫一者各過去二親祖父祖母為二出離生死往生極楽一書写了〔七八七号〕
田中村	願主経尊、為二田中村惟宗依時女勝部氏現世安隠現世菩提一、書二写之一〔八四二号〕
三宅村	願主経尊、三宅村ニテ書写了〔八四四号〕
大物浜	願主経尊、於レ此袟十巻者摂州大物浜住人他来迎、結儀秦氏、為二各過去二親往生并結縁一、書写如レ右〔九七五号〕

仲山寺は、応保元年（一一六一）の覚忠『三十三所巡礼則記』（『寺門高僧記』巻六）に「十二番、摂津国河辺郡仲山寺」と記されている。兵庫県宝塚市の中山寺に比定される。なお『元亨釈書』（巻十四）慈信伝に、摂州中山の十一面観音像のことがみえる。

善峰寺は、『拾遺往生伝』（上巻十六）によると、源算（因幡国の人で比叡山に学ぶ）が建立した寺院で、『後拾遺往生伝』（上巻十六、中巻九・十）に永暹・義尊・良昭が同寺に住んだ、永暹は出雲国鰐淵寺、義尊は比叡山横川から移住したと記されている。応保元年（一一六一）の覚忠『三十三所巡礼則記』（『寺門高僧記』巻六）の「三十一番、同国西山善峰寺」に当たる。慈円に密教を授けた観性も同寺に住んでいる。京都市西京区大原野小塩町に位置する。

円明寺は、康平五年（一〇六二）二月の僧忠覚譲状案（『平安遺文』九七九号）に「円明寺住僧」が加署しており、京都府乙訓郡大山崎町に円明寺の地名が現存する。しかし「西山円明寺」の「西山」は善峰寺の所在地で、「西山円明寺」「西山善峰寺」いずれも『中阿含経』（巻六・巻五十一〔一二〇三・一二二六号〕）の奥書に登場するので、善峰寺に近接する寺院とも考えられる。

忍頂寺泉原村（泉原村）は、前掲の寛喜二年（一二三〇）閏正月二十七日「勝尾寺四至注文案」に「四至」「東限泉原」とみえ、現在の茨木市泉原に当たる。忍頂寺については、『日本三代実録』貞観二年（八六〇）九月二十日条に、三澄が摂津国島下郡の神峰山に建立した忍頂寺を「真言一院」（真言宗別院）とした記事がある。

田中村・奈良村・沢良宜村・三宅村は茨木市、味舌村は摂津市で、比較的近接した場所に位置している。

以上のように「大門寺一切経」の第二グループは、経尊を願主とし、大門寺（観音寺、摂津国島下郡）を中心として、勝尾寺（同郡）・善峰寺（山城国乙訓郡）・仲山寺（摂津国河辺郡）といった山岳寺院の住僧と、泉原村・田中村・奈良村・沢良宜村・三宅村・味舌村（摂津国島下郡）の住民が協力してなされたものであった（図4参照）。

願主の経尊については、『玉葉』文治元年（一一八五）三月二・五日条に、尊忠（妙香院検校）の配下の「経尊」がみえるが、同一人物と断定はできない。また写経に応じた僧に着目すると、「良意覚乗坊」〔一五〇号〕、「観音寺住僧暹意実教房」〔二一〇八号〕といったように、僧名と房号で示したものがみられる。『大乗壮厳経』の「勝尾寺住僧忠賀慈久房」もその一例である。

二　熊野那智大社文書にみえる摂北山岳寺院群

勝尾寺をはじめとした摂津国の山岳寺院や近隣住民の関係を示すものとして、熊野那智大社文書の旦那売券がある。次の二点に着目しよう。

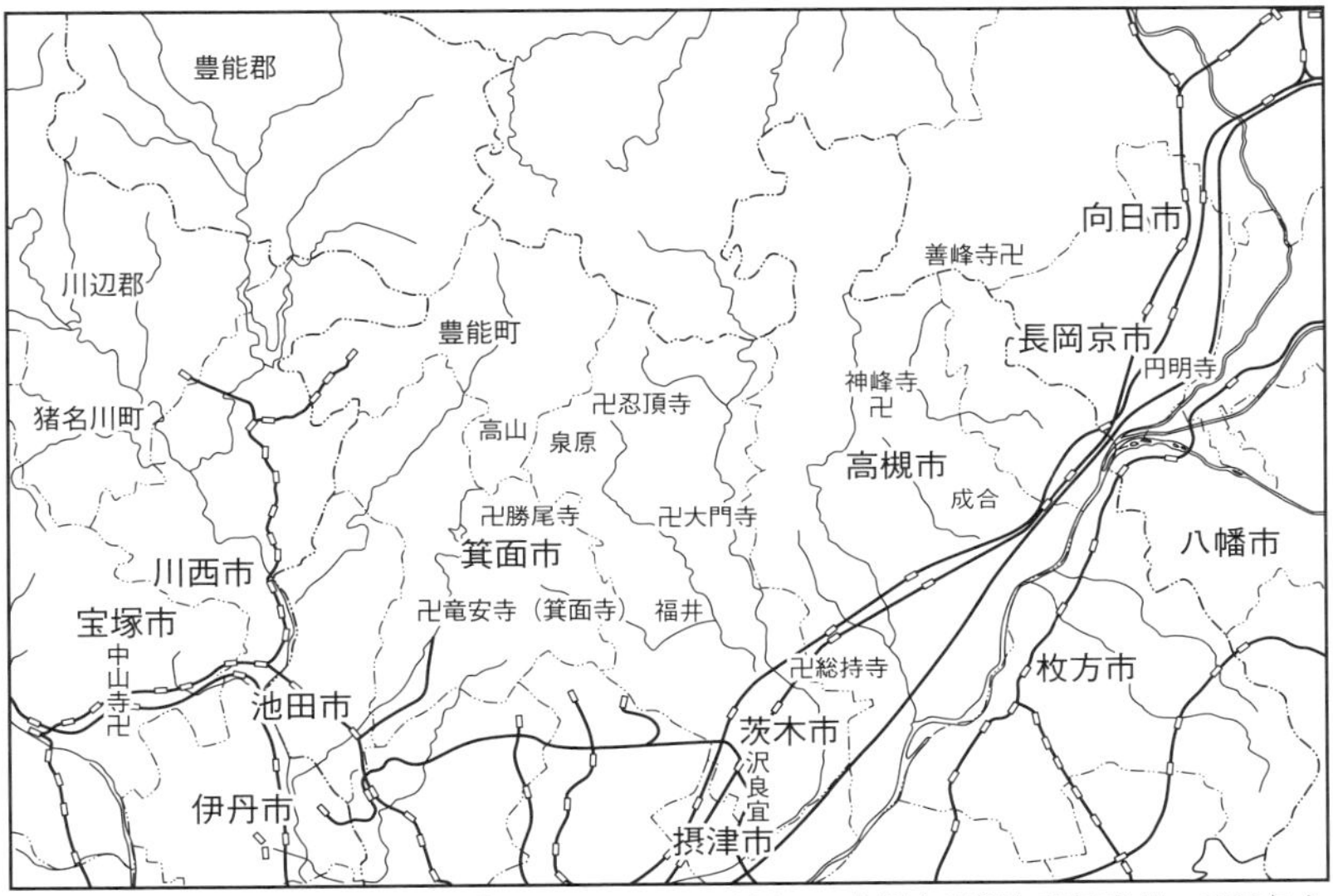

図４　摂津国北部の山岳寺院　（『旅に出たくなる地図　日本編十訂版』帝国書院、2002年をもとに作成）

文安四年（一四四七）十二月十五日の旦那売券に、[37]

A善阿弥知行分上郡忍頂寺・清水寺・霊山寺・加（神）峰山

B本山総持寺宝勝院引伊原木（茨木）一族地家（下）、

C同真竜寺引旦那福井殿地下共、

D勝尾寺先達小池・小坊・漆本、在所木代・切畑・あわ（粟生）一族地下共、同又、貝野（萱野）之一族地下共、是皆勝尾寺引旦那也、

E栄向寺・満願寺・両先達引旦那塩川一族同地下共、

F坂根之日之尾坊引池田一族地下共、

G尊八之持蓮坊引旦那小枝殿一族地下共、

H桜塚善光寺引旦那共、

と、熊野参詣に引率する寺院とその旦那とが列挙されている。ABCDに登場する寺院のうち、勝尾寺は「先達」と位置づけられており、総持寺は「本山」と記されている。「忍頂寺」「真竜寺」「加（神）峰山」は、「大門寺一切経」の書写奥書に登場する寺院である。

また長禄四年（一四六〇）十一月六日旦那去渡状案に、[38]

末代之渡状之事

摂津国総持寺宝勝院引二旦那一、忍頂寺・清水寺・大門寺・真竜寺、此門弟引二旦那一、何之国より参候共、白之川の善阿弥之手次（継）共ニ分渡事、定賢坊より定泉坊ニ此後者御しんたい（進退）とあるへく候、仍為二後日一渡状如レ件、

長禄四年庚辰霜月六日　　定賢三昧済尊

とあり、やはり総持寺宝勝院や忍頂寺・清水寺・大門寺・真竜寺が、旦那を引率する寺院として登場している。さらに長禄三年十一月三日の筑全・快増・仰秀連署奉書（『箕面市史』九七二号）は、熊野三山検校満意の意を受けたものとみられ、宛所は「真竜寺・勝尾寺　山伏御中」となっている。

勝尾寺・忍頂寺・真竜寺・大門寺など摂津国の山岳寺院は、室町時代には山岳修験の霊場として熊野三山と連携していたことがわかる。先にみた「大門寺一切経」とともに、摂津国中部の山岳とそれに連なる麓の寺院・住民の地域的な結合を看取することができる。

三　『那智山瀧本金経門縁起』にみえる摂津国金竜寺

摂津国北部の山岳寺院と熊野との関係に関連して、『那智山瀧本金経門縁起』[39]に着目しよう。同書は、沙門行誉が大治五年（一一三〇）九月二十六日に記したもので、前半は行誉が那智に納めた仏像・経典・仏具の目録、後半は行誉の事績で構成されている。明暦二年（一六五六）の写本で、那智三十六坊の一つ大蔵坊に伝来した。大正七年（一九一八）に発見された「那智経塚」の経筒・仏像・仏具との関係が注目されている。後半部に次のような記事がある。

右、行誉、本洛下人也、生年八歳登二叡山一在二飯室一、十一悲母早世、十三慈父逝去、身為二孤露一心如二浮雲一、十四剃髪受戒、修行為レ業巡二礼諸山一、大治二年齢満二三十一、参二詣那智山一、（中略）宿因所レ摧（催カ）、発二大誓願一、欲レ度二法界衆生一、夙夜惟念願奉レ書二如法金泥大般若経・法花・最勝并五種陁（陀）羅尼一、（中略）秋（大治五年）九月於二京都一、奉レ唱二知識一、請レ被レ加レ銅、又勧二宛法花経一、文字数録二人名一字欲レ満二六万九千余人一、若聞レ不レ及レ見同以二其日記一、皆為二結縁之族一、経供養日将以啓白、爰長老実円聖人、本住二摂（津脱）国金竜寺一、於二五丈尺迦前一修行之間、此経書写之時、自然会遇助成鄭重令レ復二於洛中一同志相代到二処々一、住二家々一、普唱二此事一、

つまり、行誉は八歳で比叡山横川の飯室に入り、得度・受戒して諸山を巡礼し、大治二年（一一二七）に那智に参詣し、衆生救済のために『大般若経』『法華経』『最勝王経』、五種陀羅尼を書写する大願を立てた。大治五年九月には京都で知識（結縁者）を募り、六万九千余人がそれに応じた。このとき摂津国金竜寺の実円が経典の書写に応じたという内容である。また洛中で勧進活動を行った、とも記している。

金竜寺は、保安元年（一一二〇）「摂津国正税帳案」（『平安遺文』補四五号）に「金瀧寺千束」と記され、摂津の国衙から一〇〇〇束の稲を支給されていた寺院である。『発心集』（巻一）に、千観が空也に会って遁世し蓑尾（箕面）に籠りその庵が金竜寺になったと記されており、「大門寺一切経」では『阿毘達磨大毘婆沙論』巻第三十が、弘安五年（一二八二）六月十日に同寺で書写されている（一七一六号）。この寺は、高槻市成合の金竜寺に比定されている。

天台僧行誉が各地を巡り、那智に仏像・経典・仏具を納めるために京都で勧進活動を展開し、摂津国金竜寺の実円もそれに与した。金竜寺もまた摂津国北部の山岳寺院といえる場所に位置している。

おわりに

これまでの考察から特に留意すべき事項を取り上げて、再確認と補足をしておきたい。

第一に、勝尾寺と世俗権力との関係についてである。

総持寺の別院で「聖の住所」であった勝尾寺が、伽藍再建の勧進活動、寺領の四至の確定、衆徒による禁制の制定など、十三世紀にめざましい活動をみせた。それは世俗権力や権門寺院の保護によるものである。尊忠が妙香院検校で、その配下の味舌荘の土地を勝尾寺に寄進し、自ら勝尾寺を訪ねている。尊忠の兄弟には九条兼実・慈円がおり、兼実子息の良快が妙香院検校を継いだ。法然の勝尾寺逗留が、九条兼実の法然への帰依と、妙香院尊忠と勝尾寺の緊密な関係にあったことは先学が指摘するところである。

しかしそれだけでなく、元暦年間（一一八四〜八五）における勝尾寺の堂塔再建事業に「京大工」「四天王寺檜皮大工」「東大寺鋳物師東大寺之新大夫」が動員されているのも、またこうした人脈のもとになされたものと考えられる。慈禅は近衛家の出身で、妙香院検校と浄土寺門主を兼務していた。勝尾寺の周辺に近衛家領が存在したことから勝尾寺の四至を近衛家が認証した。また近衛家領や浄土寺領の美河原荘・外院荘の年貢米を勝尾寺の仏性米として納めさせ、勝尾寺を御願寺として阿闍梨を設置したのである。しかしその後、勝尾寺は、本寺であった「総持寺」や浄土寺と寺領をめぐって争うようになった。

第二に、寺院組織と修行僧（山伏）との関係についてである。

延暦寺には「房主帳」、興福寺には「寺僧帳」が存在したが[40]、勝尾寺では寺僧帳は存在しなかった。房主帳・

寺僧帳は、朝廷の保護を受け、年分度者が与えられたり官寺の処遇を受けた寺院から生まれたのである。これに対して勝尾寺で多くみられた「住僧」という呼称は、『大日本国法華経験記』に頻出し、地方寺院・山岳寺院の定住僧が「住僧」と呼ばれるようになったことを示すものである。また東大寺・興福寺・延暦寺などには、三綱（上座・寺主・都維那）が設置されたが、勝尾寺にはそれが存在しなかった。その代わりに勝尾寺では「年行事」が一年ごとの交代制で運営責任者となった。これらは、当初の勝尾寺構成員が定住僧に限らなかったことに起因するのであろう。

一方、十三世紀半ばに置かれた「院主」は、僧綱・阿闍梨の肩書きをもつ僧で、延暦寺僧などが移住・往来し、あるいは本寺にあって臨時に勝尾寺を監督したとみられる。また十二世紀末の勝尾寺構成員には、「常陸公」「伊賀公」のような君名をもつ出身階層の僧がおり、それが同時に「修行」「白山詣」を行っていた。このように勝尾寺は、異なる類型の僧たちが集うかたちで組織化されたのである。

寛元元年（一二四三）に勝尾寺が京都に薬師像・観音像を運び、絵巻を用いて勧進活動を行ったことは、出開帳の初見として特記すべきである。ここではその歴史的前提として、①北摂の山岳寺院群を対象として勧進写経がなされ、勝尾寺の住僧もそれに応じたこと、②天台僧が熊野の那智に仏像・経典・仏具を納めるために京都で勧進活動を展開し、それに摂津国金竜寺の僧が協力したことを指摘しておきたい。勝尾寺が寺院組織や財源を十分に固めていない時代であるからこそ、勧進活動や他寺院との交流が必要不可欠であったといえる。

応永年間（一三九四～一四二八）になると「小池坊」といった特定の坊が勝尾寺の経営を担うようになり、また一方で「山伏」というグループ呼称が登場している。これは、十二世紀末に君名をもつ僧が「修行」「白山詣」をしていたのとは異なる状況である。河内国金剛寺の建久二年（一一九一）六月一日の阿観置文では、修験行者は斗藪行を専らにして山縁を軽んじ和合しないという理由で、入峰修行の禁止を決めている。[41]「修験行者」「山伏」というグループ呼称や、それを劣ったものとみなす定住僧の認識の登場。それが「修験道」の成立を論じる際の大きな指標といえる。ただし、「修験行者」や「山伏」が寺院組織の外縁部に位置するようになって以降を「修験道史」とするのでは不十分で、それ以前の段階の成立過程を重視することが必要である。

第三に、勝尾寺や北摂山岳寺院群の表象物についてである。

寛喜〜寛元年間（一二二九〜四七）には、寺域四至の確定、京都での勧進活動と連動して、勝尾寺の由緒が喧伝され、百済国皇后が勝尾寺の観音像に帰依した話や、清和朝や光仁朝に財源が与えられた話が創作された。しかし長期的にみると、それらは勝尾寺を含む北摂山岳寺院の表象物として定着してはいない。「大門寺一切経」のうち弘安四年（一二八一）に書写された『須摩提長者経』（一四一九号）には、「山澄和尚御建二立観音大門一、寺住侶と者(ママ)、行基菩薩最初建二立七々院内浄明寺一、隠士堂也」と記されている。ここで大門寺を建てたとされる「山澄和尚」は、『日本三代実録』貞観二年（八六〇）九月二十日条に、摂津国島下郡の神峰山寺において、春に『金光明最勝王経』、秋に『法華経』を読ませ、御願の真言一院（真言別院）とし、忍頂寺の名を賜わりたいと奏上して許された僧である。忍頂寺を建立した三澄が、十三世紀にも記憶されていたのである。

一方、元禄十四年（一七〇一）に岡田渓志が編纂した『摂陽群談』（巻十三・十四、寺院の部）をみると、三澄の建立と伝える寺院は忍頂寺のみである。そして、霊仙寺・大門寺・勝尾寺・願勝寺・善福寺・長承寺が開成皇子の創建として紹介されている。開成皇子は『拾遺往生伝』（巻上二）に、桓武天皇の皇子で勝尾山に登って善仲・善算に従って出家したと記される人物である。要するに、北摂寺院群の表象物（祖師として顕彰される僧）は、中世には忍頂寺を創建した三澄が挙がっていたが、近世には開成皇子によって独占されている。前者は史実の世界、後者はフィクションの世界の人物である。その表象物の入れ替わりが、北摂寺院群やそれを支える社会の歴史的変遷を示しているのである。

註

（1）大田壮一郎「摂津国勝尾寺と足利義持政権」（『室町幕府の政治と宗教』塙書房、二〇一四年）。
（2）小山貴子「中世の寺院における山伏の実態について」（『風俗史学』一〇号、二〇〇二年）。
（3）平雅行「建永の法難と九条兼実」（『鎌倉仏教と専修念仏』法藏館、二〇一七年、初出二〇一二年）。
（4）大田壮一郎「摂津国勝尾寺と足利義持政権」（前掲註（1））。
（5）原田正俊「中世の摂津国における天台系寺院の展開」（鶴崎裕雄編『地域文化の歴史を往く』和泉書院、二〇一二年）。
（6）拙稿「摂津国総持寺と藤原山蔭・摂関家・浄土寺」（大隅和雄編『仏法の文化史』吉川弘文館、二〇〇三年）。
（7）拙稿「平安時代の山岳修行者」（『国史学』二二一号、二〇一七年、本書第三編第五章に収録）。
（8）『続群書類従　二十八輯上』七三頁、五〇頁。
（9）『箕面市史　史料編二』二六号。『摂州島下郡応頂山勝尾寺支証類聚第一縁起』（『大日本仏教全書　一一八冊』四二八～四二九頁）も同様。以下、『箕面市史　史料編二』所収の史料は、号数のみで出典を表示する。
（10）建久元年までの記事は『摂州島下郡応頂山勝尾寺支証類聚第一縁起』（前掲註（9）四二九～四三〇頁）と同じ。
（11）『摂州島下郡応頂山勝尾寺支証類聚第一縁起』（前掲註（9）四三一頁）。
（12）『摂州島下郡応頂山勝尾寺支証類聚第一縁起』（前掲註（9）四二二頁、四二三～四二七頁）も同様。
（13）速水侑『源信』（吉川弘文館、一九八八年）一五六頁。
（14）拙稿「摂津国総持寺と藤原山蔭・摂関家・浄土寺」（前掲註（6））。
（15）『増補史料大成　水左記』一〇三頁。

(16)『弘文荘待賈古書目』三七号（弘文荘、一九七〇年）一〇〇頁一六〇。
(17) 十五世紀の院主については、「勝尾寺常行三昧堂過去帳」（九四四号、宝徳四年（一四五二）までの記事を有する）に、「法印宗忍「前院主小池坊」」「法印良祐「小池坊主大輔公前院主」」がみえ、小池坊が院主や年行事をつとめる房舎の位置づけを獲得していったことがわかる（小山貴子「中世の寺院における山伏の実態について」前掲註(2)）。また永享十二年（一四四〇）以降、土地売券に院主と数名の僧が連署しており（八八一号・九三七号・九四二号）、院主が別当を兼務した「菩提寺」の僧職補任状にも、享徳三年（一四五四）以降、勝尾寺院主の署判が認められる（九五三号・九六五号・一〇二七号・一〇三三号・一〇三五号・一〇七四号・一一一二号）。
(18) 君名については、拙稿「奈良・平安時代の出家」（服藤早苗編『王朝の権力と表象』森話社、一九九八年）を参照されたい。
(19) 拙稿「平安時代の山岳修行者」（前掲註(7)）。
(20) 勝如（証如）については、平林盛得「沙弥教信説話の変貌」（『聖と説話の史的研究』吉川弘文館、一九八一年、初出一九六六年）を参照されたい。
(21)『続群書類従　二十八輯上』七三頁。
(22) 天禄三年（九七二）の天台座主良源遺言（『平安遺文』三〇五号）に、苗鹿院（横川の山麓）に源漸の母が居住していたことがみえる。
(23) 小山貴子「中世の寺院における山伏の実態について」（前掲註(2)）。
(24) 拙稿「僧綱―有職制の成立」（『平安時代の国家と寺院』塙書房、二〇〇九年、初出一九九五年）。
(25) 平雅行「建永の法難と九条兼実」（前掲註(3)）。なお堀大慈「横川仏教の研究」（大隅和雄ほか編『日本名僧論集第四巻　源信』吉川弘文館、一九八三年、初出一九七六年）が妙香院に言及しているが、初期の記述に留まっている。
(26)『大正新脩大蔵経　図像十二巻』三一八～三二三頁。
(27)『大正新脩大蔵経　図像十二巻』三七一～三七三頁。

(28)『新校群書類従　第十九巻』一七六〜一七七頁。なお同書一七四〜一七六頁には「妙音院」と記されているが、「妙香院」の誤りである。
(29)『大正新脩大蔵経　図像十二巻』三七九頁。
(30)『増補史料大成　中右記五』一一四頁。
(31)横内裕人「高山寺旧蔵『究竟僧綱任』―解題・影印・翻刻―」（『日本中世の仏教と東アジア』塙書房、二〇〇八年、初出二〇〇一年）。
(32)『新校群書類従　第三巻』五一二頁。
(33)速水侑「観音信仰と霊験利益」（『平安仏教と末法思想』吉川弘文館、二〇〇六年、初出一九九五年）。
(34)平雅行「建永の法難と九条兼実」（前掲註(3)）。なお鎌倉・室町時代の妙香院については、大田壮一郎「初期本願寺と天台門跡寺院」（大阪真宗史研究会編『真宗教団の構造と地域社会』清文堂出版、二〇〇五年）に言及がある。
(35)拙稿「摂津国総持寺と藤原山蔭・摂関家・浄土寺」（前掲註(6)）。
(36)註(16)に同じ。
(37)米良文書。『史料纂集　熊野那智大社文書　第一』二八九号。なおGの「尊八」は「尊鉢」で池田市鉢塚、Hの「桜塚」は豊中市に所在する。
(38)『史料纂集　熊野那智大社文書　第二』四〇〇号。
(39)東京国立博物館編『那智経塚遺宝』（東京美術、一九八五年）三二〇〜三二九頁に本文、一九七〜二〇一頁に研究史が紹介されている。後半部冒頭の「行誉、本洛下人也」は第三者の視点に立った書き方であり、行誉の文章をのちに書き改めたものとみられる。
(40)拙著『平安時代の国家と寺院』（前掲註(24)）二一〇頁。
(41)金剛寺文書（黒田俊雄編『訳注日本史料　寺院法』集英社、二〇一五年、四五〇頁）。

第三編　山岳修行者と観念世界

第五章　平安時代の山岳修行者

はじめに

ここでいう「山岳修行者」は、山に籠って修行したり、それによって獲得した呪力を世俗から期待される宗教者のことである。平安時代の山岳修行者を取り上げる理由は次の通りである。古代の山岳修行者については、薗田香融「古代仏教における山林修行とその意義」（一九五七年）[1]、根井浄「日本古代の禅師について」（一九八〇年）[2]といった研究があり、山林修行は私度僧や民間僧の独占ではなく、官僧も山に入って求聞持法を勤修したことや、山林修行による治病能力が期待され、天皇を護持する内供奉十禅師の職が成立したことが明らかになった。しかし両者の研究は、八・九世紀を対象としており、十世紀以降の状況については言及していない。

その一方で、長谷川賢二「修験道史のみかた・考えかた」（一九九一年）[3]は、従来の修験道史研究が抱えていた「超歴史的庶民信仰論」といった負の側面を指摘し、修験道は徐々に形成されたものであり、その段階把握が重要であると指摘している。そして、「修験」という用語の初見は『日本三代実録』貞観十年（八六八）七月九日条で、そこでは験力を発揮する僧の能力を指していたが、『今昔物語集』（十七巻十八）に、修験を好み諸山を廻って難行苦行したとあるように、験力を得るための行為や過程を示す語に転じ、十三世紀末の「仏名院所司目安案」（醍醐寺文書）では山伏と修験がセットで捉えられており、さらに『寺徳集』『後愚昧記』が顕教・密教・修験道を並列の関係で登場させていることから、宗教体系としての修験道の成立は十四世紀であるとの見通しを示している。

徳永誓子「修験道成立の史的前提」（二〇〇一年）も、成立過程の体系的把握を目指し、山岳修行と験力との関係を論じた。そこでは十世紀に登場した「験者」は修験者と同義ではなく、八・九世紀の禅師に比べて修行期間が限定的で、修行時以外には持戒・清浄の要件が低下していると指摘した。また験者には山岳修行ではなく密教によって験力を獲得した者がいるとし、平安時代には修験道が未確立であったと結論づけている。また徳永は「修験道の成立」（二〇一五年）において、修験道の成立や山伏の独自性の顕現について「平安時代中後期を画期とする根拠を、これまでの研究は明示してこなかった。その点を厳密に詰める作業が必要となろう」と述べている。[4]

要するに、八・九世紀の「山林修行」「禅師」を対象とした薗田・根井の研究と、「修験道」の成立過程を探る長谷川・徳永の研究とが、連動していないのである。長谷川や徳永が「修験」「験者」の語を前提として論を展開しているのは、修験道が原始・古代から連綿と続いてきたのではなく、中世に成立した宗教であるとの見通しに立っているからであろう。確かに薗田や根井が取り上げた「山林修行」「禅師」をもって「修験道」とみなすことはできない。しかし検討すべきは、山岳修行者の奈良時代までと平安時代以降との連続面・非連続面の両方であり、それらの事例を収集・検討したうえで、問題を整理しなければならないのである。

そこで、本章では平安時代およびそれに先行する時代も含めて、山岳修行者の行動と、周囲の社会がそれをどのように認識・処遇していたかを検討したい。具体的には、第一に、山岳修行者に対する呼称に着目し、「禅師」から「行者」「山伏」に転じることを指摘する。第二に、平安時代の山岳修行者の行動に着目し、「久修練行」

「安居」「巡礼」という共通する修行形態を指摘し、その意味を考察する。第三に、山岳修行者の社会的地位を、宮廷社会、貴族社会、上皇の参詣、寺院社会との関係から考える。

第一節　山岳修行者の呼称

一　禅師・内供奉十禅師・寺院十禅師

平安初期に成立した『日本霊異記』には、山寺や山岳で修行した禅師や、その呪力で治病を行った僧がみえる。すなわち、①聖武朝に吉野の峰に入って修行した広達禅師（中巻二十六）、②紀伊国牟婁郡熊野村で修行した永興禅師（下巻二）、③伊予国石鎚山の浄行禅師寂仙が菩薩と呼ばれた話（下巻三十九）、④持統朝に「百済禅師」多羅常が大和国高市郡の法器山寺に住み、浄行を修し看病に通じ、死に瀕した人を蘇生させた話（上巻二十六）、⑤粟田卿が治病のために「禅師・優婆塞」を求め、吉野で修行した御手代東人が応じた話（上巻三十一）である。

根井浄の研究によると、禅師の「禅」は六波羅蜜のうちの禅波羅蜜のことであって、菩提達摩の法脈に連なる禅宗に引きつけて考えるべきではなく、禅師には修行によって得られた呪力、とりわけ治病能力が期待されたという[5]。『続日本紀』から治病能力の顕著な事例を挙げると次のようになる。

・天平勝宝八歳（七五六）四月壬子（二十九日）条

遣二医師・禅師・官人各一人於左右京四畿内一、救二療疹疾之徒一、

・天平勝宝八歳五月丁丑（二十四日）条

勅、奉二為先帝陛下（聖武）一屈請看病禅師一百廿六人者、宜レ免二当戸課役一、但良弁・慈訓・安寛三法師者、並及二父母両戸一、然其限者終二僧身一、又和上鑑真・小（少）僧都良弁・華厳講師慈訓・大唐僧法進・法華寺鎮慶俊、或学業優富、或戒律清浄、堪二聖代之鎮護一、為二玄徒之領袖一、加以、良弁・慈訓二大徳者、当二于先帝不予之日一、自尽二心力一、労二勤昼夜一、

前者は、医師・禅師・官人が京内・畿内の病人を治療するために派遣されたというもので、看病に当たる「禅師制」が成立していたと舟ヶ崎正孝が指摘している。[6] 後者は聖武太上天皇の病気平癒に功績のあった看病禅師一二六人の本籍の課役を免除するという記事である。そのなかに良弁・慈訓・安寛という僧綱構成員が含まれていることや、一二六人という人数からすると、禅師は僧界での上下関係とは別の、治病能力を有する僧たちであったと考えられる。

こうした禅師は、光仁朝に天皇を守護する十禅師として制度化している。『続日本紀』宝亀三年（七七二）三月丁亥（六日）条に、

禅師秀南・広達・延秀・延恵・首勇・清浄・法義・尊敬・永興・光信、或持戒足レ称、或看病著レ声、詔充二供養一、並終二其身一、当時称為二十禅師一、其後有レ闕択二清行者一補レ之、

とあり、秀南など一〇僧が持戒と看病の名声をもって供養を受け、十禅師として認証され、その職は欠員が出ると補充されることになった。そこに登場する広達は、『日本霊異記』（中巻二十六）に吉野で修行したと記される僧である。この十禅師の設置は、道鏡の失脚に伴う内道場僧の総入れ替えによるもので、[7] 宝亀三年三月二十一日に童子と正税稲が支給されていることから、十禅師は恒常的に内道場に供奉したのではなく、日常は山岳修行をしており、必要な時だけ参向したとみられる。[8] そして十禅師は、最澄の時から内供奉十禅師という僧職として固

定している。(9)

また平安初期には、寺院を単位とした十禅師も成立した。その早い例は梵釈寺と常住寺で、延暦十四年（七九五）九月十五日詔、承和十四年（八四七）閏三月八日太政官符にそれらが確認できる。(10)延暦寺では、承和十四年（八四七）二月に定心院十禅師、嘉祥三年（八五〇）九月十五日に総持院十四禅師、天安三年（八五九）正月二十七日に四王院七禅師が、それぞれ設置され、貞観十四年（八七二）十一月一日太政官符では、それらが比叡山から出ることが禁止されている。(11)これら寺院十禅師も、内供奉十禅師とともに、山岳で修行する禅師が天皇を護持するものといえる。

以上のように、奈良時代の禅師は、山林で修行し、治病能力を期待された存在であった。光仁朝には天皇の身体護持を担う十禅師という僧職となり、やがて内供奉十禅師となった。また延暦寺などで寺院単位の十禅師も置かれたのである。これら禅師のその後の展開については、船岡誠の研究によれば、十・十一世紀に寺院十禅師は次第に地位を低下させていき、十二世紀の延暦寺では鎮魂機能を担うようになり、また興福寺では「禅衆」と呼ばれる下層のグループが確認できるという。(12)山岳修行者や治病能力を期待された僧侶が「禅師」と呼ばれ登用されたのは八・九世紀が頂点であり、十世紀以降については「禅師」を取り上げるだけでは、山岳修行や験力を論じることはできないのである。

二　行者・行人・山伏

山岳修行によって呪力を獲得したり、それによって朝廷に登用されたのは「禅師」だけではない。「練行」「行者」など、「行」の文字を含む肩書きで呼ばれた者も確認できる。八世紀については、『日本霊異記』（上巻三十五）に、「練行沙弥尼」が河内国の平群山寺に住み「知識」（信者）を引率したと記されている。また『続日本紀』天平宝字二年（七五八）八月庚子朔条には、「天下諸国隠二於山林一清行逸（近）士十年已上、皆令二得度一」と、山林にいる「清行逸（近）士」に得度を許可する政策がみえる。このような行者の登用は九世紀に顕著になっている。

第一に、諸国の行者に読経や祈祷を命じた事例で、次の通りである。

『続日本後紀』承和四年（八三七）六月壬子（二十一日）条

勅、如レ聞、疫癘間発、疾苦者衆、夫銷二殃未然一、不レ如二般若之力一、宜レ令下五畿内七道諸国内行者、廿口已下十口已上、於二国分僧寺一始レ自二七月八日一、三箇日、昼読二金剛般若一、夜修二薬師悔過一迄二于事竟一、禁中断殺生上、

『続日本後紀』承和九年（八四二）三月庚戌（十五日）条

宜下仰二五畿内七道諸国一、簡二修行不退者二十人一、於二国分寺一、三ヶ日間、昼読二金剛般若経一、夜修中薬師悔過上、

『日本文徳天皇実録』仁寿二年（八五二）三月壬午（十六日）条

請二高僧及沙弥練行者各三十二人一於二東宮一、転二大般若経一、限二三日一訖、

『日本文徳天皇実録』仁寿二年十二月丁亥（二十六日）条

勅二五畿内七道諸国一、請二練行僧一読二金剛般若経一、以資二疫神一

九世紀における「行者」への読経命令は、全国を対象にした点に特徴があり、特に承和年間のそれは、疫病の流行に対応した政策といえる。当該期には、諸国の寺院を定額寺に、神社を名神社に指定しており、その一環として行者にも注目が集まったようである。

第二に、得度・受戒を許可した事例で、『尊意贈僧正伝』[13]に、

爰王城之北山、有㆓幽遠之精舎㆒、号曰㆓度賀尾寺㆒、有㆓苦行僧㆒、名曰㆓賢一㆒、以㆓般若心経㆒為㆓其持呪㆒、呪伝自㆑本也、貞観《清和天皇》御宇、依㆓呪伝業㆒、得度受戒也、

とある。また「持呪」の能力をもつ者に得度を許した例については、

『続日本後紀』承和十五年（八四八）二月戊申（十八日）条

読経事畢、施㆑物如㆑常、更有㆑勅、施㆓百僧度者各一人㆒、亦遣㆓中使於八省院㆒、別試㆓持経持呪抜萃者㆒、於㆑是、負㆑笈杖㆑錫自㆓四方㆒至者数百人、就中及第者七十余人、並聴㆓得度㆒、皆以㆓延字㆒居㆓名上㆒、

『日本文徳天皇実録』斉衡三年（八五六）八月辛未朔条

別遣㆓勅使於神泉苑㆒、試㆓諸持呪有㆑験者㆒聴㆑度、

といった例が知られる。

十世紀に目を転じると、『蜻蛉日記』（中）に、「ある修行者、御嶽より熊野へ、大峯どほりに越えけるがことなるべし」と、「修行者」がみえる。一方で、『大和物語』では、「行ひしに深き山に入りなむとす」（横川）、「鞍馬といふ所にこもりていみじう行ひをり」（うぐひすの声）、「山林に行ひたまふとも」（苔の衣）、といったように、山岳での修行を「行ひ」と表現している。そして『源氏物語』（柏木）に、「かしこきおこなひ人《行人》、葛城山より請じ出でたる」[14]と、修行者を示す「行人（おこなひびと）」の語が確認できる。また『うつほ物語』（忠こそ）では、「鞍馬より、若くより籠れる行ひ人の、（中略）山伏、年若かりしより鞍馬の山に籠りて」[15]と、「行ひ人」と「山伏」とが同じ意味で用いられている。

「山伏」の史料上の初見は、昌泰元年（八九八）の宇多上皇の吉野参詣に随行した素性の和歌「このみゆき《御幸》、ちとせ《千年》かへでも見てしかな、かかる山ぶし《山伏》、時にあふべく」である。『大和物語』の「亭子の帝《宇多》（中略）御ぐし

おろしたまひて、ところどころ山ぶみしたまひて行ひたまひけり」の記事と合わせると、本来「山伏」の語は、「山踏み」で、山の霊場を訪ねるという意味の動詞であったと推定できる。[16]

要するに、八世紀には「禅師」が山岳修行者の代名詞であったが、九世紀には「行者」など「行」の文字を含む複数の表現に転じ、およそ十世紀から「行人」や「山伏」の語が普及したのである。

「行者」の語の定着を端的に示すのが、役小角の呼称である。役小角は『続日本紀』文武天皇三年（六九九）五月丁丑（二十四日）条、『日本霊異記』（上巻二十八）では役君小角・役優婆塞と呼ばれていたが、十世紀後半成立の『三宝絵詞』（中巻）では「役優婆塞」とともに「行者」や「役行者」とも呼ばれている。そして十一世紀の『新猿楽記』（後掲）では「役行者」と記されているのである。

また「行者」のその後の用例については、仁平二年（一一五二）正月二十二日の葛川常住僧等解[17]が注目される。それは杣人が恣意的に山に入らないよう求めた常住僧の解状を、「行者」二一人が連署して裁許を下したもので、「行者」の大半は阿闍梨で、その他に内供奉・西塔院主・律師・権少僧都・法眼・法橋も含まれている。要するに「行者」は僧綱・阿闍梨などの僧職とは異なる範疇で、山岳修行者のグループの総称として定着しているのである。

三　僧侶の二類型——学（智）と行——

「禅師」や「行者」の位置づけについて考えよう。そこで注目すべきは、奈良時代の国家が僧侶を学・行の二つの類型で認識・把握していたという若井敏明の指摘である。[18]すなわち、『続日本紀』養老二年（七一八）十月庚午（十日）条に、

太政官告二僧綱一曰、智鑑冠レ時衆所二推譲一、可レ為二法門之師範一者、宜下挙二其人一顕中表高徳上、又有下請益無レ倦継二踵於師一、材堪二後進之領袖一者上、亦録二名薦一挙而牒レ之、五宗之学、三蔵之教、論討有レ異、弁談不レ同、自能該二達宗義一、最称二宗師一、毎レ宗挙人並録、次徳根有二性分一、業亦麁細、宜下随二性分一、皆令上就レ学、凡諸僧徒、勿レ使二浮遊一、或講二論衆理一、学二習諸義一、或唱二誦経文一、修二道禅行一、各令下分レ業、皆得二其道一、其崇二表智徳一、顕紀中行能上、所下以燕石・楚璞各分二明輝一、虞韶・鄭音不上雑二声曲一、将須下象徳定水瀾波澄二於法襟一、竜智恵燭芳照聞中於朝聴上、

とあり、法門の師範たる者の名簿を作成して提出させる命令において、僧の能力として「或講二論衆理一、学二習諸義一」「或唱二誦経文一、修二道禅行一」の二つが挙がっている。また天平宝字四年（七六〇）七月に良弁らが僧位の制定を提案した際には、「伝灯」「修行（修学）」「持経」の三もしくは四類型での僧侶把握（僧位）が提案されたが（『続日本紀』）、平安初期には「伝灯」「修行」の二系列の僧位で固定化している。

さらに次の記事も、学（伝灯・智）と行（修行）の二類型で僧侶が把握されたことを示している。

『続日本紀』延暦四年（七八五）七月癸丑（二十日）条

宜乙仰二諸司一、択下其修行・伝灯無二厭倦一者上、景迹歯名、具注申送甲、

『類聚国史』（巻一八六・仏道十三・施物僧）延暦二十一年（八〇二）二月庚寅（二日）条

僧綱言、智行二科僧四十三人、身住二伽藍一、志研二聖教一、伝灯之労無レ怠、瑩珠之勤不レ倦、望施レ物者、（下略）

『続日本後紀』承和五年（八三八）十月丁酉（十三日）条

詔曰、（中略）宜下智徳翹楚為二道棟梁一者、無レ問二隠顕一、不レ限二員数一、同共選挙上、其道業優潤能堪二伝灯一、及

精進苦行衆所二共知一、毎二大寺一簡二択七人已下一、（中略）皆三年一度造レ簿、十月之内、為レ例進レ之、

これらの記事の「伝灯」「智」は、養老二年の太政官布告がいう「唱二誦衆理一、学二習諸義一」に相当し、理論や知識を主体とするものといえる。一方の「修行」「行」「苦行」は「唱二誦経文一、修二道禅行一」に相当し、経文の唱誦、禅行の修道ということになる。

こうした学（智）・行の二類型は、日本への仏教伝来とほぼ同時に成立したとみられる。『日本書紀』敏達天皇六年（五七七）十一月庚午朔条に、

百済国王付二還使大別王等一、献二経論若干巻并律師・禅師・比丘尼・呪禁師・造仏工・造寺工六人一、遂安二置於難波大別王寺一、

とあり、このうち律師・禅師・呪禁師が「行」を担う宗教者であった[19]。また教学への理解を指す「学」に対して「行」はいくつかの行為を指したようである。右の敏達天皇六年の律師・禅師・呪禁師の記事から、①持戒、②禅定（瞑想）、③呪文が「行」に含まれたことがわかる。また『僧尼令』の2卜相吉凶条「凡僧尼、卜二相吉凶一、及小道巫術療レ病者、皆還俗、其依二仏法一、持レ呪救レ疾、不レ在二禁限一」は、④呪による治病行為、13禅行条「凡僧尼、有二禅行修道一、意楽二寂静一、不レ交二於俗一、欲下求二山居一服レ餌上者、（下略）[20]」は、⑤山岳修行を示しており、いずれも「行」に属するものである。

本郷真紹は、宝亀年間（七七〇～八一）における僧綱の変質を論じるなかで、八世紀には義淵・玄昉・鑑真・良弁・道鏡らが治病能力によって少僧都以上に直任されたことを指摘しており、「教学仏教」と「呪術仏教」との双方によって国家仏教が

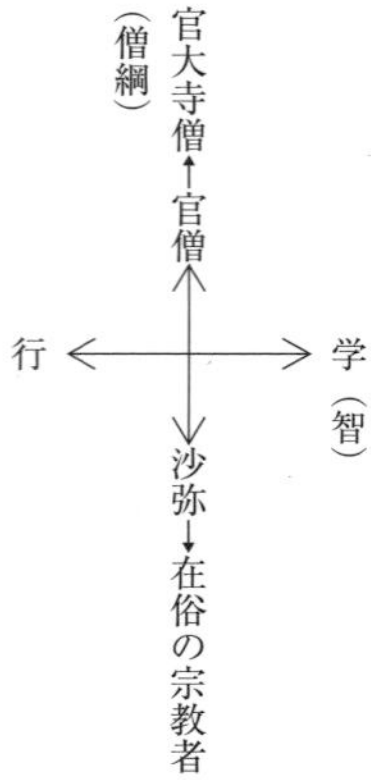

図5　僧侶の能力（学・行）と社会的地位をはかる座標軸

成り立っていたと評価している。(21)若井や本郷が指摘するように、この時代の僧侶の能力には、「学（智）」と「行」とがあり、それとまた別の範疇として、官大寺僧（僧綱）・官僧・沙弥など僧侶の社会的地位があった。要するに僧侶の能力と社会的地位をはかる座標軸として、図5のような基準が存在するのである（学・行は対象者によって広がり方が異なる。社会的地位は対象者による）。

日本古代の仏教を担った僧には、「学」と「行」を担うグループが存在したのであり、ここでは特に後者の展開を把握しなければならないのである。

第二節　山岳修行の場所と形態

一　久住と久修練行

学と行の二類型を示す記事が、『新猿楽記』に次のように記されている。(22)

次郎者、一生不犯之大験者、三業相応之真言師也、久修練行年深、持戒精進日積、両界懸レ鏡、別尊琢レ玉、五部真言雲晴、三密観行月煽、梵語悉曇舌和、立印加持指嫺、唱礼九方便無レ滞、修法芥子焼有レ験、護摩天供為二阿闍梨一、許可灌頂為二弟子一、凡真言之道究レ底、苦行之功抜レ傍、遂二十安居一、満二一落叉一度々、通二大峯・葛木一、踏二辺道一年々、熊野・金峯・越中立山・伊豆走湯・根本中堂・伯耆大山・富士御山・越前白山・高野・粉河・箕尾・葛川等之間、無レ不二競レ行挑一レ験、山臥修行者、昔雖二役行者・浄蔵貴所一、只一陀羅尼之験者也、今於二右衛門尉次郎君一者、已智行具足生仏也、五郎者、天台宗学生、大名僧也、因明・内明通達、内教・外典兼学、倶舎・唯識懸㆓舌端㆒、止観・玄義収㆓臆中㆒、三十講提婆品、内論議（義）第一番、宏才博覧、而論議（義）決択之吻、破㆓満座惑㆒、当弁利口、而説経教化之声、驚㆓衆会睡㆒、大意・釈名不㆑朦、入文判釈分明、梵音・錫杖之匂如㆑花、題名諷誦之詞似㆑蝶、（中略）仍南北二京揚㆑名、公私請用不㆑遑、但所㆑歴者堂行堂衆、所㆑期者天台座主了、

すなわち、次郎は「大験者」の典型であり、真言師・久修練行・持戒精進・梵語・修法芥子・護摩天供・十安居および「通㆓大峯・葛木㆒踏㆓辺道㆒年々」が、それを象徴するものとして挙がっている。また山臥修行者の前例として役行者（役小角）と浄蔵とが登場しているのである。後者の五郎が「学生」の典型で、因明・倶舎・唯識・止観（『摩訶止観』）・玄義（『法華玄義』）・三十講（法華三十講）・内論義などを象徴として列挙しているのと対照的である。

そこにみえる「久修練行」「安居」「通㆓大峯・葛木㆒踏㆓辺道㆒年々」は、「行」を担う僧の修行形態を示していると考えられる。以下それらの実例を取り上げて検討することにしよう。

「久修練行」（A）およびそれに近似する「苦修錬行」（a）、「久住」（B）の事例は、次の通りである。

『類聚国史』（巻一八六・仏道一三・施物僧）弘仁五年（八一四）六月甲午（十九日）条

僧最澄、久㆓住比叡山㆒、学行共勤、施㆓近江国稲四百束㆒、以充㆓山資㆒、（B）

『続日本後紀』承和七年（八四〇）七月辛丑（二十八日）条

勅、正月金光明会講（読）師、以㆓持律・持経及久修練行禅師㆒、輪転請用、（A）

『日本三代実録』貞観十三年（八七一）十二月二十五日丙寅条

僧綱申牒、承和七年七月廿八日格云、正月最勝御斎会読師、以㆓持律・持経及苦修練行三色禅師㆒、輪転請用、

貞観六年十二月十五日宣旨偁、以二内供奉十禅師一次第請用、而頃年（中略）不レ論二十禅師・三色僧一、請二其中英者一、（a）

『延喜式』（巻二十一・玄蕃寮）1御斎会条

其講師者、経二興福寺維摩会講師一者便請レ之、読師者、内供奉十禅師、及持律・持経・久修練行三色僧、逓以請用、（A）

『天台南山無動寺建立和尚伝』[23]

占二叡嶺之南岫一、聊構二草庵一、苦修錬行、三年之間、行二六時一、為レ鎮二護天下国土一、四季転二読般若一、（a）

『尊意贈僧正伝』[24]

元慶二年（八七八）春、賢一永出二久住之伽藍一、遠入二越州之白山一、（B）

『扶桑略記』延喜九年（九〇九）四月四日条

浄蔵為レ恐二勅勘一、籠二居横川（比叡山）首楞厳院一、三箇年間、苦修練行、（a）

『醍醐寺要書』天暦三年（九四九）十二月七日醍醐寺宛太政官牒[25]

以二当寺久住有レ労真言修学僧一、補二任年中臨時第弐所レ闕諸国講読師一人一事、（B）

『権記』長保二年（一〇〇〇）正月二十日条[26]

熊野別当増皇久二住於彼山一而修行、（B）

『本朝続文粋』（巻十一・記・白山上人縁起）

爰西因者、本是肥前国松浦郡人也、齢十有四、出家求レ道、離二本郷一、登二台山（比叡山）一、登レ壇受レ戒、其後年々歳々、在々処々、難行苦行、無レ有二休息一、遂到二此山（白山）一、永為二其棲一、久修練行、四二十｜三｜年于茲一矣、（A）

『孝養集』（巻下）[27]

又有験の久修練行のしるしには爰に徳を開き給べき也、（A）

『山槐記』治承三年（一一七九）十月二十五日条[28]

今日為㆓蔵人頭左中弁経房（藤原）朝臣奉行㆒、被㆑仰㆘可㆓和平㆒之由於堂衆㆖、於㆓久修練行之輩㆒者、如㆑本可㆓帰住㆒、至㆓于濫行張本者㆒、可㆓召進㆒之由、仰遣云々、（A）

『正法眼蔵』（第二十五・渓声山色）[29]

たとへば、初心始学にもあれ、久修練行にもあれ、伝道授業の機をうることもあり、機をえざることもあり、（A）

これらの事例のうち、漢字表現に注目すると、「久修練行」「苦修練行」の「久」および「苦」の文字は、『続日本後紀』『日本三代実録』からわかるように通用されている。さらに「久修」と「久住」が近似の関係にあることも、『叡山大師伝』延暦二十年（八〇一）の記事「今最澄闍梨久居㆓東山㆒、（中略）自㆑非㆓久修業所得㆒、誰敢体㆓此心㆒哉」[30]から窺える。また『類聚国史』（巻一八六・仏道十三・施物僧）に延暦十六年四月に延尊・聖基・善行・文延の四僧が「在㆓山中㆒苦行修道」を理由に大和国の稲四〇〇束を支給されたとあることや、『本朝続文粋』（巻十二・願文上・鳥羽院参㆓御熊野山㆒願文）に「於㆑是修練之侶、寔繁有㆑徒、或占㆓洞壑㆒、以久住」とあるのも、その類例である。一方で『正法眼蔵』では「初心始学」に対する用語として「久修練行」が使用されており、十三世紀には意味が変わっている。

「久住」の早い例が最澄であることに着目すると、最澄の「勧奨天台宗年分学生式」（八条式）の第五条にも、年分度者を「久住」させるとの規定がみえる。[31]それは、『続日本後紀』承和元年（八三四）九月戊午（十一日）条の護命卒伝に「月之上半入二深山一、修二虚空蔵法一、下半在二本寺一、研二精宗旨一」と記されるような、月の半ばごとに平地の本寺と深山とで「研二精宗旨一」「修二虚空蔵法一」するのではなく、専ら山岳に籠る修行を示している。『扶桑略記』延喜二十三年（九二三）七月二十三日条に「予（陽勝）住二此山（金峯山）一五十余年」とあり、『大日本国法華経験記』(32)にも、「籠居精進逕二数十年一」（上巻二十一）、「登二金峯山一止二住蘚岳一、数十余年」（中巻四十九）という類例がみえる。要するに、長期にわたって同じ山に籠って修行したことを強調するのが、平安時代の行者の特徴なのである。(33)

二　安居

山岳での「安居」が九世紀から登場している。その事例は以下の通りである。

『天台南山無動寺建立和尚伝』

貞観元年（八五九）己卯発二大願一、限二三箇年一、絶二粒飡一食二蕨類一、安二居於比羅山（近江国高島郡）西阿都河之滝一、祈二請知恵一、（中略）同四年登二金峯山一、三箇年安居、（中略）安居已帰二於本山（比叡山）一、

『扶桑略記』寛平三年（八九一）夏条

増命、安二居山上一、叡岳南嶺透（秀）厳如レ舌、

『扶桑略記』延喜元年（九〇一）八月条

又籠二城石室一、有下行二安居一僧上、数日不レ食、誦二法華経一、

『道賢上人冥途記』(34)

攀二登此山（金峯山）一、従レ深弥深入、企二勤修精進一、（中略）始自二去四月十六日（延喜二十一年）一、安居苦行、二時講二法花・涅槃一、三時修二真言大法一、至二去七月中一、雖二安居已満一、頻被二風雨一不レ能二帰去一、

『大法師浄蔵伝』[35]

或於二松尾社一、結二夏安居一之間、（中略）於二白山一安居、（中略）又於二金峯山一安居薫修、（中略）於二横川一結夏、（上巻十六、愛太子山鷲峰仁鏡聖）

『大日本国法華経験記』

・籠二居深山一、作二九旬勤一数十余度、（上巻十六、愛太子山鷲峰仁鏡聖）

・登二江文巓一、一夏籠行、（上巻二十、叡山西塔蓮坊阿闍梨）

・又熊野松本峰、（中略）又籠二笙石室一、有下行二安居一僧上、数日不レ食、（中巻四十四、叡山西塔宝幢院陽勝仙人）

・処々霊験、必勤二安居一、（中巻五十四、珍蓮法師）

・於二普賢御前一、一夏九旬、難行苦行、（中巻五十八、廿七品持経者蓮尊法師）

・住二雪彦山一、苦行誦経、以二一百栗一、過二百日安居一、（中巻七十四、播州雪彦山玄常聖）

・沙門明蓮、（中略）住二法隆寺一、（中略）長谷寺・金峯山、各期二一夏一、（中略）参二詣伯耆大山一、一夏精進、（中巻八十、七巻持経者明蓮法師）

・即参二詣蔵王（金峯山）大菩薩宝前一、一夏九旬、（下巻九十三、金峯山転乗法師）

安居は夏安居ともいい、雨期に外出を避け一箇所に集住して学問・修行にはげむ行事で、インドに端を発し、日本では天武天皇十二年（六八三）に始まった。そして延暦二十五年（八〇六）四月二十五日の太政官符で、十五大寺の安居において『仁王般若経』を講じることが命じられている。[36]また東寺では空海の奏上によって天長二年（八二五）四月に『守護国界主陀羅尼経』を講じることになった。[37]さらに安居の講師（「夏講」）をつとめた僧は、諸国講師に補任されるなど、[38]僧界での昇進ルートが九世紀に成立したのである。

一方で、『天台南山無動寺建立和尚伝』が示すように、相応は金峯山に登って三年安居したという。また『大日本国法華経験記』では、こうした山岳での安居を「九旬」「一夏」と表現している。「九旬」は四月から七月までの九〇日間を指す語である。大峯修験に関する十四世紀の『山伏帳』にも歴代の「夏一」（安居の回数が最も多い修行者）が記されており[39]、その淵源が平安時代にさかのぼることが判明する。また『古今著聞集』（巻二釈教第二・四十六）の浄蔵の説話に「七月十五日安居のおはる夜、験くらべを行けるに[40]」とあって、安居の終了時に験比べが行われたことがわかる。

このように、九世紀において安居は、大寺に籠って経典を講説するか、山岳に籠って修行するかという、二極化が進んでおり、それが学僧と行者との二類型の顕在化を意味したのである。

三　巡礼

『新猿楽記』には「通二大峯・葛木一、踏二辺道一年々」とあり、さらに熊野・金峯・越中立山をはじめとした各地の霊場が列記されている。こうした霊場を廻って修行した僧の早い例は、三修である。すなわち、『日本三代実録』元慶二年（八七八）二月十三日条に、

詔以二近江国坂田郡伊吹山護国寺一、列二於定額一、沙門三修申牒偁、少年之時、落髪入道、脚二歴名山一、莫レ不二周尽一、仁寿年中登二到此山一、即是七高山之其一也、

と記されている。三修は、『僧綱補任』によると東大寺・法相宗の僧で、寛平七年（八九五）に「已講」の労により権律師になっている。

天台僧の皇慶は、『谷阿闍梨伝』に斗藪を好んで諸国を経遊したことが記されている。すなわち、皇慶は長徳年間（九九五～九九）に比叡山を発し、伊予・筑前・肥前・丹波を巡行し、永承四年（一〇四九）に比叡山東塔で

没している。そのなかで皇慶は伊予守藤原知章を護持し、鎮西で東寺僧から密教を学び、背振山で「一夏修練」し、丹波で国司の命を受けて公家のために修法している。

また『大日本国法華経験記』には、「巡行」「巡礼」「巡遊」などの用語で各地を廻った僧が登場している。以下の通りである。

・沙門義睿、巡二行諸山一修二行仏法一、従二熊野山一入二於大峯一往二金峯山一、　（上巻十一、吉野奥山持経者某）

・沙門法空、下野国人、法隆寺僧、（中略）巡二礼二荒（下野国）・慈光（武蔵国）等東国諸山一、（中略）巡二遊一切霊験一、無二定住所一、　（中巻五十九、古仙霊洞法空法師）

・亦往二詣金峯・熊野等諸名山、志賀・長谷等諸霊験一、住二於一々霊験名山一、読二誦千部妙法経一、日本国中一切霊所、無レ不二巡礼一、必誦二千部一、　（中巻六十、蓮長法師）

・有二一修行比丘一、其名不レ詳、行二鎮西一巡二遊諸国一、　（中巻七十三、浄尊法師）

・巡二礼処々霊験勝地一、　（下巻八十六、天王寺別当道命阿闍梨）

さらに青蓮院門跡所蔵の『瑜祇経西決』（青蓮院聖教）の書写奥書には、「去長寛年中、仮闍梨（円長）、為二修行巡礼一、令レ参二伯大山基好草庵一、数月同宿、其間真言書等少々被二書写一了」(41)と記されている。つまり比叡山の円長が長寛年間（一一六三～六五）に「修行巡礼」として伯耆国大山の基好のもとに赴いているのである。

巡礼僧というと、上記の『大日本国法華経験記』の「無二定住所一」「日本国中一切霊所、無レ不二巡礼一」といった記事から、国家の庇護や大寺院から離れて霊場を巡る「聖」を連想しがちである。(42)しかし、三修はのちに三会已講の労で権律師に補任されており、また皇慶は、斗藪・巡礼とともに、密教の修学、典籍の書写、僧侶との交流、国守のための修法を行っている。また円長はのちに比叡山西塔院主に就任している。(43)巡礼する僧には、さま

ざまな階層の僧がいたとみるべきである。(44)

四　久住・安居・巡礼の淵源

『新猿楽記』の記事を手がかりとして、平安時代の山岳修行者の行動が、久修練行・安居・巡礼といった表現で認識されていることを指摘した。これは奈良時代にはみられなかった行動様式である。

そうした事象が現われた背景として、中国天台山や天台教学の影響が指摘できる。『入唐求法巡礼行記』開成四年（八三九）閏正月十九日条には、円仁が揚州において天台山の様子を聞いた記事があり、(45)

敬文答云、国清寺（天台山）常有二一百五十僧一久住、夏節有二三百已上人一泊、禅林寺常有二四十人一住、夏節七十余人、

と記されている。つまり、天台山国清寺の僧の数は、一五〇僧が「久住」し、「夏節」（安居）には三〇〇以上の僧が宿泊することになっている。また禅林寺には常に四〇僧が住み、夏節には七〇余人になる、という内容である。天台山に常住している僧を「久住」と表現し、安居（＝夏節）の期間だけ参集する僧もいるというのである。こうした天台山のありかたを、最澄や円仁・円珍が認識し、それが日本の天台僧の行動を規定したのであろう。天台教学の大成者・智顗が『摩訶止観』（巻四下）において、修行に適した閑居静処として、「一、深山遠谷、二、頭陀抖擻、三、蘭若伽藍」(46)の三つを挙げていることが、「久住」「安居」「巡礼」の教理的な裏付けとなったとみることもできる。

そして実際、それらの記事がみえる早い例は、天台僧の伝記である。相応の伝記『天台南山無動寺建立和尚伝』に「苦修錬行」「安居」が登場していた。また『尊意贈僧正伝』に「四月八日（元慶六年）、落髪出家、始レ従二彼日一一百日、日参二修中堂一、安夏之後、為レ謁二親母一、辞レ師下レ洛、厥頃南北二京霊験聖跡悉以巡礼、或精舎一日三日、或

伽藍五日七日、勤修練行」と記されているのである。

巡礼については、各地を移動することが多い中国仏教界の様子が日本に伝わったことが考えられる。入唐僧の影響についていえば、先に名山を巡った早い例として挙げた三修は、『血脈類聚記』(一・本朝真言伝法灌頂師資相承血脈)に、「僧正宗叡付法十一人」「安祥寺恵運入室云々、入唐歟」(47)と記されている。三修の出家時の師である恵運は、承和九年(八四二)から十四年まで入唐して長安や五台山を巡礼した僧である(48)。また密教の師である宗叡は、比叡山で学んだのち、越前国白山に籠り、貞観四年(八六二)ごろに入唐して五台山・天台山・長安を巡り、貞観八年に帰朝し、元慶三年(八七九)から翌四年まで清和上皇を先導して大和国の東大寺・香山・神野・比蘇・竜門・大滝、摂津国の勝尾山、丹波国の水尾山を巡っているのである(49)。

第三節　山岳修行者の社会的地位

一　宮廷社会

八世紀には、治病能力をもつ禅師が広い階層から登用され、その流れのなかで十禅師(内供奉十禅師)という天皇護持の僧職が成立した。しかし、十世紀以降の内供奉十禅師は、僧綱に次ぐ僧界の上層部に位置づけられており、その変質が窺える(50)。それでは平安時代に成立した「護持僧」はどうか。堀裕の研究によると、清和天皇の真雅・宗叡、陽成天皇の遍昭など、天皇の幼少時から近侍した僧が登場し、それらの活動は必ずしも看病が表に出ていないという(51)。また十一世紀には「護持僧」の語が登場し、「夜居供」をつとめる僧の増加が制限されている。護持僧の文言、護持宣命、夜居、常時天皇に近侍、護持僧のみが行う修法などを基準に、堀が検出した「護持僧」は、東寺・山門・寺門の密教僧で、東寺長者・天台座主・園城寺長吏を含んでいる。

そうした僧界上層部とは別に、山岳修行者が天皇・皇族を護持したケースが存在する。『天台南山無動寺建立和尚伝』によると、相応は「西三条女御」（藤原良相の娘）を看病したのち、近江国比羅山西の阿都河の滝で安居していたが、貞観三年（八六一）に清和天皇の勅によって内裏に参入して阿比舎法を勤修している。浄蔵については、『新猿楽記』や『二中歴』（十三・名人暦・験者）に「浄蔵貴所」[52]と記されている。その貴所の呼称について、『渓嵐拾葉集』（巻四・二間御加持事）では、「示云、内裏内侍所奉二安置一処、二間也、是亦号二貴所一也、故二間御加持参僧貴所云也、山門浄蔵貴所云是也」[53]と、内裏の「二間」を「貴所」ともいい、浄蔵が二間で天皇を加持したことによると説明している。しかし浄蔵は「二間」に定期的に祗候していたわけではない。『拾遺往生伝』（中巻一）によると、浄蔵は「京極更衣」（宇多御息所、藤原褒子）や「醍醐内親王」、「南院親王」（光孝皇子是忠親王）の病気を加持しており、そこから「貴所」と呼ばれたのであろう。つまり相応・浄蔵ともに、堀が定義した護持僧の範疇から外れているのである。

次に宮廷社会から山岳修行者が注目を集めた場面として、仏名会の「野臥」を取り上げよう。宮中の仏名会は、十二月にその年の罪業を懺悔する法会で、すでに天平宝字八年（七六四）に確認できるが、承和年間（八三四〜四八）に南都僧の静安によって整備された[54]。『権記』長保二年（一〇〇〇）十二月十九日条に、「御仏名来廿一日可レ行、（中略）仰云、至二于野臥一非レ有二定事一、為レ試二其能一臨時所レ召也」[55]という記事があり、仏名会に「野臥」が臨時に招かれたことが知られる。「野臥」は山岳に限らず林野で修行していた行者であろう。その始まりを『帝王編年記』は承和五年（八三八）として説明しているが、和歌森太郎が指摘するように、それは史実とはいえない。[56] 一方で『小右記』永観二年（九八四）十二月十九日条には「初夜権律師真喜定額・成真定額」という記事があり、「野臥」ではない一般の請僧が「定額」と呼ばれたことがわかる。[57]

この「野臥」と「定額」との別に着目して、浄蔵の伝記を検討してみよう。『拾遺往生伝』（中巻一）や『大法師浄蔵伝』によると、浄蔵は醍醐朝に梵音、村上朝に導師として仏名会に加わっている。『大法師浄蔵伝』は、醍醐朝について「為二定額一、参二勤御仏名一」、天暦年間（九四七〜五七）について「為二定額第一一、勤二仕仏名導師一」と記すが、『拾遺往生伝』は浄蔵を定額僧とはしないで、醍醐朝に「定額僧平寒」からその参加を誹謗されたが、蔵人源公忠の梵音の適任者であるとの発言で立場を挽回したと記されている。この件は成立年代の早い『拾遺往生伝』に従うべきであり、『大法師浄蔵伝』は村上朝の定額僧の立場を醍醐朝までさかのぼらせて表記したと考えられる。[58] 浄蔵は醍醐朝の仏名会には野臥の立場で加わったのであり、浄蔵を契機として、野臥を臨時に請用することが恒例化したのかもしれない。

先に挙げた御斎会読師への「持律・持経及久修練行禅師」の登用は、教理への理解ではなく暗唱や読経の能力に期待したものであった。[59] 一方の仏名会は、『権記』の記事や浄蔵の例から、無名の僧がもつ能力を試験して登用する場であり、懺悔の儀式や、仏名会で設置される地獄変に関連する宗教的な能力が期待されたとも考えられる。[60]

二　貴族社会

貴族の護持に当たる山岳修行者としては、九条兼実のもとに出入した智詮が指摘できる。[61] 智詮は『玉葉』に嘉応二年（一一七〇）から建久三年（一一九二）まで所見する。承安三年（一一七三）九月二十三日に兼実が妻の護身のために不動供を勤修させた際には、「件僧千日籠二大峯一聖厳冬籠」[62]と、智詮が大峯に参籠した経験をもつと記している。また『玉葉』建久二年（一一九一）十月十五日条で、中宮任子の病気を平癒させた信円・慈円・智詮の三者を兼実は「惣而謂二顕・密・行之三ヶ事一、皆顕二其験一」と評している。つまり「顕」（顕教）の信円、「密」（密教）の慈円、「行」の智詮による三方面からの祈祷が功を奏したという意味である。さらに『玉葉』によると安元二年（一一七六）から寿永二年（一一八三）の間に智詮は六度にわたって熊野に参詣しており、そのうちの五度は九条家の祈願に関するものであり、治承三年（一一七九）に兼実の子の良経が熊野に参詣した際には、その先達をつとめている。

国司の護持僧については、『朝野群載』（巻二十二・諸国雑事上）所収「国務条々事」に「一、可レ随二身験者并智僧侶一両人一事」とあり、国の祈祷と自身の護持のために験者・智僧侶の両人を随身（随伴）することが規定されている。国司に従った僧は、その子であるケースが確認できるという[63]。しかし、先に紹介した皇慶は年少時から比叡山東塔で密教を学んだ僧で、斗藪を好み巡礼先の伊予や丹波において国司のための祈祷に従事している。『大日本国法華経験記』（中巻五十二）に載る仁慶も、比叡山の僧で「離二去本山一、下二住華洛一、及二趣遠国一、或為二修行一、或随二国司一、如レ是奔波遥二歴世路一」とあり、各地を巡る修行とともに国司を護持していたことが判明する。要するに国司を護持する僧侶は、赴任時から国司に随行して任国に常住していたとは限らないのである。

三　上皇の霊山参詣

「行者」が宮中や貴族邸宅に出向くのとは逆に、上皇が霊山に参詣し、そこで「行者」と接することがある。
宇多上皇は、『扶桑略記』によると、昌泰元年（八九八）十月に吉野、同三年七月に金峯山、延喜四（九〇四）・

五年に比叡山、同七年十月には紀伊国熊野山に、それぞれ参詣している。また『日本紀略』延喜五年九月条にも上皇の金峯山参詣がみえる。『後撰和歌集』（巻十九・離別・羇旅・一三六二）には「法皇（宇多）とほき所に山ぶみしたまうて、京にかへりたまふに（下略）」の詞書で、僧正聖宝の歌が載っており、[64] 昌泰三年の金峯山参詣に聖宝が従ったことがわかる。その伝記『醍醐根本僧正略伝』には、[65]

於㆓金峯山㆒建㆑堂、并造㆓居高六尺金色如意輪観音、并彩色一丈多門（聞）天王・金剛蔵王菩薩像㆒、於㆓現光寺㆒、造㆓弥勒丈六、并一丈地蔵菩薩像㆒、金峯山要路吉野河辺設㆑船、申㆓置渡子徭丁六人㆒、

と、聖宝が金峯山に金剛蔵王菩薩像などを安置し、吉野川に船を設置したという記事がある。年代は明記していないが、宇多上皇の金峯山参詣の前後であり、その参詣を契機として、仏像や交通施設が整えられたのである。

また白河上皇は、寛治二年（一〇八八）二月に高野山に参詣しており、その勧賞として同寺に阿闍梨三名が設置されている。また同四年正月の熊野参詣では、先達をつとめた増誉が熊野三山検校に補任され、熊野別当の長快が法橋に叙せられた。[66] さらに同六年七月の金峯山参詣では、阿闍梨三名が設置され、「久住者上﨟」の高算が法橋に叙せられている。[67] さらに『本朝世紀』仁平三年（一一五三）三月五日条によると、鳥羽上皇の熊野行幸の勧賞として本宮・新宮・那智の僧が僧綱（権大僧都・権律師・法橋）や阿闍梨に補任されている。

熊野山・金峯山は、保元元年（一一五六）閏九月十八日の公家新制で諸寺諸山の悪僧の停止が命じられた際に、「三寺」興福寺・延暦寺・園城寺とともに、「両山」として登場し、その「夏衆・彼岸衆・先達・寄人」の非行が糾弾されている。[68] そうした集団が急速に形成された背景として、上皇の行幸と、それに伴う僧職の設置、山岳修行僧の僧綱への叙任を指摘することができるのである。

宮廷社会・貴族社会・上皇の霊山参詣を取り上げて、山岳修行者の地位を考えてきた。それら僧俗の関係に共

通するのは、日常的に近侍する護持僧とは異なり、接点が非日常であったり、断続的であったりしたことである。それは山岳修行者が組織化・制度化していない存在であったからで、俗人が期待した験力もそのことと不可分の関係にあったのではなかろうか。

四　寺院社会

山岳修行者の寺院社会での位置づけに目を転じよう。

第一に、僧侶の類型についてである。奈良・平安時代には、「学」「行」の二つの類型で認識されていた。しかし、十二世紀末に九条兼実は『玉葉』において「顕・密・行」という三類型で僧侶を捉え、智詮を「行」の代表者と認識していた。また慈円が建永元年（一二〇六）に記した「大懺法院条々起請事」には、供僧器量事として「僧徒有二四種一、一者顕宗、二者密宗、三者験者、四者説経師也」[69]と記されており、顕宗・密宗・験者・説教師という僧侶の四類型が認められる。

第二に、山岳修行者とそれ以外の寺僧との関係についてである。建久二年（一一九一）六月一日の河内国金剛寺の阿観置文に次のような記事がみられる[70]。

一、可レ禁二制入峯修行一事、

右、修験行者、専二斗藪行一、軽二住山縁一、故不二和合一之事、定出来歟、仍制二止之一者也、

すなわち、同じ寺の構成員であっても、斗藪行を専らにする修験行者は、それ以外の住僧に比べて和合の精神を軽んじる傾向が強いという理由で、入峯修行が禁止されている。このことは、『大日本国法華経験記』に「〇〇寺住僧」の表現が頻出するのとともに、寺院に常住する僧とそうではない僧との別が意識されたことを示してい

る。

第三に、寺院構成員の階級分化についてである。「学・行」という類型は、僧侶の能力をはかるものであって、社会的な上下関係を示すものではなかった。しかし、そうした本来の意味を離れて、平安後期には「行」に由来する呼称を伴う下層階級が成立している。その代表が「久住者」（「苦住者」）である。まずその事例を挙げよう。

『中右記』寛治六年（一〇九二）七月十七日条(71)

後聞、勧賞、高算叙二法橋一、金峯山久住者上臈、

『愚管抄』（巻四・鳥羽）(72)

山ノ良真ヲメシテ、中堂ノ久住者二十人グ(具)シテ参リテ、イミジク祈ヤメマイラセテ、

『長秋記』長承二年（一一三三）七月二十一日条

今日午時許、叡山西塔学徒責二中堂苦住者等一、焼二一和尚房一、切二二和尚房一、責二落苦住者等於一谷一、一両人射云々、事発者、庚申東塔学生等遊戯、恣模二苦住者体一、為二散楽一、苦住者等各(怒)二此事一、

『玉葉』元暦元年（一一八四）九月十三日条

以二観性法橋一修二文殊八字供一、二七日、以二晴暹阿闍梨一修二仏眼供一、三七日、於二(比叡山)中堂一以二久住者三人一薬師経読経、七ヶ日、於二無動寺一以二久住者一一洛叉念誦、二七日、

『高野山文書』承久三年（一二二一）十月晦日権大僧都静遍奉書(73)

一山禅侶之中、有二六重階位一、所謂阿闍梨・山籠・入寺・三昧・久住者・衆分也、

「久住者」の史料上の初見は『中右記』寛治六年（一〇九二）七月十七日条で、白河上皇の金峯山行幸の勧賞として、法橋に叙せられた高算が久住者の上臈であったという記事である。ところが『長秋記』長承二年（一一三

三）七月二十一日条の延暦寺の事例では、「学徒」と「中堂苦住者」、すなわち学侶と堂衆との抗争を示すものとして「苦住者」が登場しており、『愚管抄』の記事も久住者を寺内の中下層階級とみなすことができる。また平治元年（一一五九）九月の金剛峯寺政所下文[74]には、阿闍梨（六人）・山籠（二一人）・入寺（四二人）・三昧（六人）・久住者（一五人）・山上預（一人）の構成員が署判を加えており、承久三年（一二二一）十月の権大僧都静遍奉書も、久住者が高野山内の下層階級として定着したことを示している。

「久住」は、山に久しく住む修行僧として平安初期に登場し、「久修練行」という語を生んだ。しかし、そうした僧であっても、内供奉十禅師・寺院十禅師のような僧職に就く者は一部であり、それらの僧職に就いていない「久住者上臈」が白河上皇の金峯山参詣で注目されたこともあるが、「久住の修行者」という原初的な属性に留まった者は、けっきょく寺内の低い階層として定着したのである。さらにいえば、十二世紀の延暦寺・金峯山・金剛峯寺・興福寺で確認できる「久住者」「禅衆」「夏衆」は、「久住」「禅師」「夏安居」という「行」に由来する呼称である。本来の「学」「行」の二グループのうち、「学」（または顕密）の優位のもとに「学侶」と「行人（堂衆）」という寺内階層が、十世紀から十二世紀の間に形成されたのである[75]。

おわりに

平安時代の山岳修行者の変遷を、呼称、修行形態、社会的地位の三点から検討してきた。結論は次の通りである。（一）奈良・平安時代の僧侶は、「学」「行」の二つの類型で認識されていた。そのうち「行」を担う僧は、九世紀まではおよそ「禅師」と呼ばれ、そのなかから内供奉十禅師や寺院十禅師という僧職が成立した。しかし九世紀には「行者」など「行」の文字を含む複数の呼称が登場して「禅師」を凌駕し、十世紀になると「行者」とともに「行人」「山伏」の語が普及した。(二) 奈良時代の山岳修行は求聞持法の勤修に象徴されるが、平安時代のそれからは、久修練行・安居・巡礼という行動様式が読み取れる。それが明確にわかるのは天台僧であり、そのモデルは中国天台山の「久住」僧や、「夏節」に寺外から参集する僧であった。(三) 平安時代の山岳修行者は、宮中仏名会・祈祷・霊山参詣という非日常の場面で天皇・貴族・上皇から注目された。平安末期になると僧侶の「顕」「密」「行」という類型が成立し、また斗藪する修験行者が寺院内の一般の住僧と峻別されたり、「久住者」「禅衆」「夏衆」など「行」に由来するグループが下層階級に位置づけられた。

はじめに触れた長谷川・徳永説は、「修験」「験者」の語を重視し、また組織化の観点から平安時代には修験道が未成立であったと評価している。それに対して本章は、「禅師」から「行者」「山伏」への呼称の転換や、修行形態や社会的地位の変化を指摘して、平安時代が山岳修行者にとって大きな転換期であったと評価するものである。もちろんそれらは、山岳修行者たちが自主的に久住・安居・巡礼の修行方式を打ち立てたという側面と、在俗者が山岳修行者へ関心を高め、「行者」と呼んだり、その行動を記録するようになった側面とからなっている。ここでは後者の側面に関して、平安時代における霊山に対する信仰の発達が、山岳修行者への注目度を上昇させ、修験道の思想基盤の構築に寄与したとの見通しを示しておきたい。

第一に、中国の霊山と日本のそれを対比したり、日本国内の霊場を列挙するという、国土意識の発達である。名山を巡った三修が伊吹山を「七高山之其一也」と述べているのは、承和三年(八三六)に比叡・比良・伊吹・神峰・愛宕・金峯・葛木の七高山での薬師悔過勤修が命じられたことに由来する。そこに置かれた七高山阿闍梨は実体が乏しいが、中国の三山五岳を意識したものであった。[76] また金峯山は中国の金峯山が飛来したものであるとの話を、『吏部王記』承平二年（九三二）二月十四日条が伝えている。[77] さらに『新猿楽記』『大日本国法華経験記』『梁塵秘抄』には、諸国の山岳霊場が列挙されている。このことは、和歌の世界において各地の歌枕が成立するように、行者が修行巡礼する霊場が、京都の人たちに広く知られ、日本国とその地理を認識する題材になったことを示している。

第二に、霊山に対する神秘性の付与である。金峯山には蔵王権現（金剛蔵王）がいるとの認識が、『醍醐根本僧正略伝』『道賢上人冥途記』や、寛弘四年（一〇〇七）の藤原道長の金峯山経筒銘[78]から窺える。また金峯山、越中の立山、東大寺の東山などに、地獄への入口が存在するとの話が、『道賢上人冥途記』『大日本国法華経験記』（下巻一二四）『今昔物語集』（十九巻十九）にみえる。[79] さらに金峯山が女人の登山を拒むという話も『本朝神仙伝』（都藍尼）に所見する。同書が白山の泰澄を立項しているのも注目すべきで、霊山には開山の僧が存在するという認識が形成されたことを示している。こうした観念的な霊山信仰を推進したのは、僧侶の宗教的な言説であるとともに、上皇・天皇ら為政者の信心、さらには大江匡房・藤原敦光ら文人貴族の文筆活動であった。

註

（1）　薗田香融「古代仏教における山林修行とその意義」（『平安仏教の研究』法藏館、一九八一年、初出一九五七年）。なお本章では「山岳修行」の用語を使用するが、先行研究の論題や内容紹介に関しては、その表記に従い「山林修行」も用いることにする。

（2）　根井浄「日本古代の禅師について」（『仏教史学研究』二二巻二号、一九八〇年）。

（3）　長谷川賢二「修験道史のみかた・考えかた」（『修験道組織の形成と地域社会』岩田書院、二〇一六年、初出一九九一・二〇一五年）。

（4）徳永誓子「修験道成立の史的前提」（『史林』八四巻一号、二〇〇一年）、同「修験道の成立」（時枝務・長谷川賢二・林淳編『修験道史入門』岩田書院、二〇一五年）。

（5）根井浄「日本古代の禅師について」（前掲註(2)）。二葉憲香「古代仏教における禅行について」（『日本古代仏教史の研究』永田文昌堂、一九八四年、初出一九六二年）も同様。

（6）舟ヶ崎正孝「禅師仏行の醸成とその普遍化」（『国家仏教変容過程の研究』雄山閣出版、一九八五年、初出一九七一年）。

（7）佐久間竜「賢璟」（『日本古代僧伝の研究』吉川弘文館、一九八三年、初出一九六九年）。

（8）『類聚三代格』（巻三）。根井浄「日本古代の禅師について」（前掲註(2)）。

（9）本郷真紹「内供奉十禅師の成立と天台宗」（『律令国家仏教の研究』法藏館、二〇〇五年、初出一九八五年）。

（10）『類聚国史』（巻一八〇・仏道七・諸寺）、『類聚三代格』（巻三・定額寺事）。

（11）『続日本後紀』承和十四年（八四七）二月庚申条、『日本文徳天皇実録』嘉祥三年（八五〇）九月己丑（十五日）条、『九院仏閣抄』四王院条、『類聚三代格』（巻二・修法灌頂事）。

（12）船岡誠『日本禅宗の成立』（吉川弘文館、一九八七年）。延暦寺の法華三昧を修する六禅師は康治元年（一一四二）八月の官宣旨（『平安遺文』二四七七号）、興福寺の禅衆は、治承五年（一一八一）六月の興福寺学衆新制（『平安遺文』三九六八号）。なお、船岡の「行的僧侶としての禅師」（二五六頁）という視点には賛意を表するが、山林修行僧・寺内下層部僧としての奈良・平安時代の禅師・禅衆と、菩提達摩の法脈に連なる鎌倉時代の禅師との関係説明が、同書には不足している。

（13）『続群書類従　八輯下』七二三頁。

（14）『新編日本古典文学全集　蜻蛉日記』二四七頁。『新編日本古典文学全集　大和物語』二八二・三三〇・四〇七頁。『新日本古典文学大系　源氏物語四』七頁。なお「おこなひひと」を『新編日本古典文学全集　源氏物語4』二九二頁は「行者《おこなひびと》」と表記している。

(15)『新編日本古典文学全集　うつほ物語1』二三六～二三七頁。

(16)『後撰和歌集』（巻十五・雑一・一〇九二、『新編国歌大観　第一巻』五六頁）、『日本古典文学全集　大和物語』二五三～二五四頁。素性の和歌にみえる「山伏」については、村山修一『山伏の歴史』（塙書房、一九七〇年）一三八頁、堀池春峰「修験道と吉野」（『南都仏教史の研究　下　諸寺篇』法藏館、一九八二年、初出一九七二年）に言及がある。なお『扶桑略記』昌泰元年（八九八）十月二十三日条に宇多上皇の吉野参詣に素性が随行した記事がある。

(17)村山修一編『葛川明王院史料』（吉川弘文館、一九六四年）一四四号。菊地大樹の教示による。

(18)若井敏明「奈良時代の僧侶類型」（『続日本紀研究』三三五号、二〇〇一年）。なお菊地大樹「奈良時代の僧位制と持経者」（『中世仏教の原形と展開』吉川弘文館、二〇〇七年、初出一九九六年）、同『鎌倉仏教への道』（講談社、二〇一一年）も、学・行の僧侶の二類型を指摘している。

(19)こうした「行」の仏教者は中国や朝鮮半島においても存在した。新川登亀男「日朝にみられる「禅師」」（『史聚』一四・一五合併号、一九八一年）は、『三国遺事』にみえる禅師が瑜伽（唯識）教学と呪術・看病に関係したことを指摘している。また吉田一彦「宗叡の白山入山をめぐって」（『仏教史研究』五〇号、二〇一二年）は、『続高僧伝』（巻二十・釈明浄伝）に登場する恵融が禅業・山居・服食・呪水・治病に長けたことを紹介している。

(20)『日本思想大系　律令』二一六・二一九頁。

(21)本郷真紹「宝亀年間に於ける僧綱の変容」（前掲註(9)書、初出一九八五年）。

(22)『日本思想大系　古代政治社会思想』三〇五～三〇六頁。

(23)『新校群書類従　第三巻』八二〇頁。

(24)註(13)に同じ。

(25)『続群書類従　二十七輯上』四〇頁。

(26)『史料纂集　権記一』一七六頁。以下『権記』は『史料纂集』による。

(27)『浄土宗全書　続十五巻』七一頁。

(28)『増補史料大成　山槐記二』三〇八頁。『長秋記』『兵範記』も『増補史料大成』による。

(29)『日本思想大系　道元　上』二九五頁。

(30)『伝教大師全集　巻五』附録一二～一三頁。

(31)『伝教大師全集　巻一』一五頁。

(32)『日本思想大系　往生伝・法華験記』五二二・五三五頁。以下同じ。同書の性格については、荻美津夫「『大日本国法華経験記』と越後」（速水侑編『奈良・平安仏教の展開』吉川弘文館、二〇〇六年）を参照。

(33)牛山佳幸「山寺の概念」（『季刊考古学』一二一号、二〇一二年）は、山寺を、奈良時代からみられた「里山系寺院」と、平安時代以降に展開した「霊山系寺院」とに分類して考えることを提唱している。この仮説も、山岳修行者の存在形態が奈良時代までと平安時代以降とで異なるという見通しを立てているようである。

(34)中野玄三『六道絵の研究』（淡交社、一九八九年）一六六頁。

(35)『続々群書類従　第三　史伝部』四六五～四七二頁。

(36)『類聚三代格』（巻二・経論并法会請僧事）。

(37)『東宝記』（第五・安居講）。

(38)『類聚三代格』（巻三・諸国講読師事）斉衡二年（八五五）八月二十三日官符。

(39)「経二諸司・夏一・執行等三職一之仁」「経二夏一・執行等二職一之仁」「夏一一職」などの僧名が列挙されている（『修験道章疏　三』三八六～三八七頁）。なお熊野本宮の安居のことは、「熊野山略記」（地方史研究所編『熊野』一九五七年、四二二頁）に「本宮安居一百ケ日供花事、自二四月八日一至二于七月十四日一」とみえる。

(40)『日本古典文学大系　古今著聞集』八二頁。

(41)吉水蔵聖教調査団編『青蓮院門跡吉水蔵聖教目録』（汲古書院、一九九九年）三〇三頁。

(42)井上光貞「聖・沙弥の宗教活動」（著作集七『日本浄土教成立史の研究』岩波書店、一九八五年、初版一九五六年）は、僧尼令に僧尼の寺院定住が規定されていたことと、『大日本国法華経験記』（中巻六十）にみえる蓮長のような日本国中の霊場を巡礼する僧とを対比して、聖の巡礼・遊行が律令体制の弛緩とともに活発に展開したと説明している。しかし近年では、船田淳一「中世巡礼の精神史」（『日本思想史学』四五号、二〇一三年）のように、巡礼の諸段階を歴史的に捉えようとする試みもなされつつある。

(43)『僧官補任』。拙稿「平安末期における天台僧の修行巡礼」（『倉敷の歴史』一九号、二〇〇九年、本書第一編第二章第二節に収録）を参照されたい。

(44) 巡礼僧の位置づけは、奈良時代の官大寺僧の往来や、天台宗の別院・別所の全国的な展開も踏まえて考える必要がある。僧侶の八・九世紀の都鄙間交通については、鈴木景二「都鄙間交通と在地秩序」（『日本史研究』三七九号、一九九四年）を、天台宗の別院・別所については、高木豊『平安時代法華仏教史研究』（平楽寺書店、一九七三年）を参照。なお長谷川賢二「修験道史のみかた・考えかた」（前掲註(3)）も、中世の修験者について遊行性が強調されたのは説話などのイメージを過大に評価したためと指摘している。

(45)『大日本仏教全書　一一三冊』一八六頁。

(46)『大正新脩大蔵経』四六巻四二一頁中段。

(47)『大日本史料　第一編之二』六七五頁。三修については、①『真言付法血脈図』、②『東寺血脈小野本・末』、③『伝法灌頂相承略記』に宗叡の弟子として挙がり、①「律師、東大寺、法相宗、七十三卒」、②「律師、安祥寺、花厳宗、恵運入室、入唐」、③「恵運入唐帰朝相共云々、安祥寺恵運入室、住㆓東大寺㆒、元法相宗」（①湯浅吉美「東寺観智院金剛蔵『真言付法血脈図』の翻刻」『成田山仏教研究所紀要』二九号、二〇〇六年）、②同「東寺観智院金剛蔵『東寺血脈小野本・末』（真言付法相承血脈次第）の翻刻」同上誌三二号、二〇〇九年、③同「東寺観智院金剛蔵『伝法灌頂相承略記』（兼意撰）の翻刻（その三）」同上誌三五号、二〇一二年）と記されている。また『覚禅鈔』（五大虚空蔵）に「三修律師請来唐本五大虚空木像、安㆓置安祥寺大日堂㆒」（『大日本仏教全書　四八冊　覚禅鈔四』一三〇五頁）とある。なお佐藤愛弓「学僧たちの説話」（『山辺道』五七号、二〇一七年）も三修に関する研究である。

(48) 恵運については、『安祥寺伽藍縁起資財帳』（『平安遺文』一六四号）、『入唐五家伝』を参照。

(49)『日本三代実録』元慶三年（八七九）五月八日、四年十二月四日、八年三月二十六日条。吉田一彦「宗叡の白山入山をめぐって」（前掲註(19)）を参照。

(50)垣内和孝「内供奉十禅師の再検討」（『古代文化』四五巻五号、一九九三年）、拙稿「僧綱―有識制の成立」（『平安時代の国家と寺院』塙書房、二〇〇九年、初出一九九五年）。

(51)堀裕「護持僧と天皇」（大山喬平教授退官記念会編『日本国家の史的特質　古代・中世』思文閣出版、一九九七年）。

(52)『改定史籍集覧　第二十三冊』二四二頁。

(53)『大正新脩大蔵経』七六巻五一一頁下段。なお「内侍所」は神鏡を安置する「所」で温明殿にあったが、天慶元年（九三八）七月十三日に地震を理由に「貴所」（神鏡）とともに「後涼殿」（清涼殿）に遷されたと『貞信公記抄』が伝えている（所京子「「所」の成立と展開」『平安朝「所・後院・俗別当」の研究』勉誠出版、二〇〇四年、初出一九六八年）。

(54)仏名会については、和歌森太郎「仏名会の成立」（著作集二『修験道史の研究』弘文堂、一九八〇年、初出一九四三年）、勝浦令子「八世紀の内裏仏事と女性」（『日本古代の僧尼と社会』吉川弘文館、二〇〇〇年、初出一九九五年）を参照。

(55)『史料纂集　権記二』七〇頁。なお和歌森太郎「仏名会の成立」（前掲註(54)）が指摘するように、『御堂関白記』長和四年（一〇一五）十二月二十三日条、『春記』長暦二年（一〇三八）十二月二十二日条、『長秋記』大治五年（一一三〇）十二月十九日条にも、野臥のことがみえる。

(56)和歌森太郎「仏名会の成立」（前掲註(54)）。

(57)『江家次第』（巻十一・十二月・御仏名）所収永承元年（一〇四六）十二月二十一日の「書様」に、御導師・権御導師・次第僧が記されている（『神道大系　江家次第』五四一～五四二頁）。

(58)『拾遺往生伝』の成立は十二世紀前半であり、『大法師浄蔵伝』の成立は寛喜三年（一二三一）である（平林盛得「浄蔵大法師霊験考序説」『聖と説話の史的研究』吉川弘文館、一九八一年、初出一九七六年）。

(59)根井浄「日本古代の禅師について」（前掲註(2)）。

(60) 相応・尊意も仏名会を行っている。また『仏名経』が説く地獄に基づいて内裏仏名会に地獄変が設置されており（『政事要略』巻二十八・年中行事）、それらを合わせて、仏名会と山岳修行者との関係をさらに考えるべきであろう。
(61) 小原仁「九条家の祈祷僧」（『中世貴族社会と仏教』吉川弘文館、二〇〇七年、初出二〇〇〇年）。
(62) 『図書寮叢刊　玉葉二』二六九（二七三）頁。以下『玉葉』は『図書寮叢刊』による。
(63) 西口順子「いわゆる「国衙の寺」」（『平安時代の寺院と民衆』法藏館、二〇〇四年、初出一九八一年）。
(64) 『新編国歌大観　第一巻』六三頁。
(65) 大隅和雄『聖宝　理源大師』（醍醐寺寺務所、一九七六年）一六七頁。聖宝については、佐伯有清『聖宝』（吉川弘文館、一九九一年）も合わせ参照。
(66) 『扶桑略記』寛治二年（一〇八八）二月二十七日条、『寺門伝記補録』（第十三・長吏高僧略伝上）、『初例抄』（上・熊野僧綱例）。
(67) 『中右記』寛治六年七月十七日条。なお、宮内庁書陵部所蔵伏見宮記録「御造仏並宸筆御経供養部類記」が引く「江記逸文」（ヘザー・ブレーア「「江記逸文」翻刻」『説話文学研究』四九号、二〇一四年）にも、同日の阿闍梨三人の設置や高算の活動が記されており、「修験練行之一和尚」の文言もみえる。
(68) 『兵範記』保元元年（一一五六）閏九月十八日条。水戸部正男『公家新制の研究』（創文社、一九六一年）を参照。
(69) 『門葉記』巻九十一・勤行二（『大正新脩大蔵経　図像十二巻』九頁上段）。
(70) 金剛寺文書（黒田俊雄編『訳注日本史料　寺院法』集英社、二〇一五年、四五〇頁）。
(71) 『大日本古記録　中右記一』一四三頁。
(72) 『日本古典文学大系　愚管抄』二〇四頁。なお『天台座主記』三十七世・仁覚の嘉保二年（一〇九五）十月二十四日条にも「中堂久住者」がみえる。
(73) 『大日本古文書　高野山文書　一巻』二六九号。
(74) 『大日本古文書　高野山文書　一巻』三四四号。なお『根来要書』所収の長承三年（一一三四）六月四日金剛峯寺官

符請状にも、「久住者六人」がみえる（『訳註日本史料　寺院法』三九六頁）。

(75)　中世後期に寺院社会の下層に位置した堂衆（行人・禅衆・夏衆）は、修験道の主要な担い手であったという（関口真規子『修験道教団成立史』勉誠出版、二〇〇九年、七頁）。また、『小右記』万寿四年（一〇二七）六月八日条に「大峯聖」が京都に大峯堂を建てて地蔵菩薩像を安置したと記されており、山岳修行者のなかから「聖」と呼ばれる布教僧が登場したことが指摘できる。

(76)　拙稿「七高山薬師悔過と七高山阿闍梨」（『延喜式研究』三〇号、二〇一五年、本書第三編第六章に収録）。

(77)　『史料纂集　吏部王記』六〇頁（九条家本『諸山縁起』所収逸文）。手島崇裕「入宋僧と三国世界観」（『平安時代の対外関係と仏教』校倉書房、二〇一四年、初出二〇〇八年）を参照。

(78)　『平安遺文　金石文編』八六号。

(79)　『入唐求法巡礼行記』開成五年（八四〇）五月二十一日条に、円仁が五台山において燋石群を目にし、それにまつわる地獄の話を聞いたことがみえる。霊山に地獄への入口が存在するとの認識は、円仁の唐での見聞に影響を受けて成立した可能性がある。

第六章　七高山薬師悔過と七高山阿闍梨

はじめに

筆者は、「伝法阿闍梨職位と有職」において、密教の師範としての阿闍梨が、天台・真言の宗単位で成立し、やがて寺院を単位に員数を定めた僧職に転じたことを指摘した。(1) その際、分析を保留した関連事項に、「七高山阿闍梨」がある。『釈家官班記』では、それが比叡山・比良山・伊吹山・愛宕山（愛護山）・神峰山・金峯山・葛木山の七高山で薬師悔過を勤修する阿闍梨と説明されている。

七高山阿闍梨に言及した先行研究については、堀池春峰が『続日本後紀』承和十五年（八四八）二月戊申（十八日）条の「持経・持呪抜萃者」に試験を課して得度を許可した記事に注目し、「負レ笈杖レ錫」の者数百人が「金峯山や葛木山など、七高山をはじめ諸方の修験者であった」と推定している。(2) また五来重も『釈家官班記』や、『日本三代実録』元慶二年（八七八）二月十三日条の伊吹山護国寺の記事をもとに、「七高山阿闍梨を重んじた」と指摘しており、(3) 長岡龍作も七高山が「山林修行者の行場として機能していたものと考えられる」と述べている。(4) これらの指摘に従えば、七高山が九世紀に修験者の拠点となっており、各山の寺院に阿闍梨が設置されたということになる。

しかし、それらは七高山阿闍梨や七高山の薬師悔過の実態を十分に検討して導き出された結論ではない。七高山の薬師悔過や七高山阿闍梨の関係史料は多くないが、問題点を整理して、『延喜式』などの法制史料に規定がないことの意味や、七高山に対する僧俗の認識を論じることが必要と考える。

そこで本章では、第一に七高山薬師悔過・七高山阿闍梨の基礎史料を紹介し、第二に薬師悔過の系譜を追い、第三に関連官符と南都僧の動向を指摘し、第四に七高山と国土意識との関係を論じ、第五に七高山阿闍梨の実態を考えることにしたい。

第一節　七高山の薬師悔過を記す史料

七高山の薬師悔過について記す史料を三点挙げよう。

『口遊』(5)

比叡・比良・伊吹・神峰・愛宕・金峯・葛木、（謂二之七高山一）

今案、比叡山在二近江国志賀郡一、比良在二同国高島郡一、伊吹山在二美濃国不破郡一、神峰在二摂津国島上郡一、愛宕護（ママ）山在二山城国葛野郡一、金峯山在二大和国吉野郡一、葛木山在二同国葛木上郡一、依二承和三年三月十三日官符一、春秋二時、各九箇日修二薬師悔過一、料毎レ寺給二穀五十斛一、但伊吹山字国史所レ注異吹也、猛風常異二他山一之義也、今改二異字一為二伊字一未レ詳、

『二中歴』第四(6)

七高山、比叡・比良・伊吹・神峰・愛宕・金峯・葛木、并七

今案、比叡在二近江国志賀郡一、　比良在二同国高島郡一、　伊吹在二美濃国不破郡一、　神峰在二摂津国島上郡一、　愛宕護在二山城国葛野郡一、　金峯在二大和国吉野郡一、

葛木在二同国葛木郡一、　「皆被レ置二有職一口一也」或本

已上、承和三三十三日、符、春秋二季、各三十九日修レ之、毎レ寺給二穀五十石一、

『釈家官班記』上(7)

阿闍梨七高山阿闍梨事、在二為憲(源)口遊一、

近江国比叡山、比良山、　美濃国伊吹山、　山城国愛護山、　摂津国神峰山、　大和国金峯山、葛木山、

毎レ寺給二穀五十斛一、

右、承和三年三月十日宣偁、春秋各四十九日、於二件山一、修二薬師悔過一、祈二天下五穀一也、勅以二高僧一云々、阿闍梨引二率伴僧一云々、七高山阿闍梨也、

これらによると、比叡・比良・伊吹・神峰・愛宕（愛護）・金峯・葛木（葛城）の七高山において、春秋に薬師悔過を勤修する仏事が、承和三年（八三六）三月十三日（十日）の官符に由来するという。ただ日数については、九日・三十九日・四十九日と異同がある。また「七高山阿闍梨」は『釈家官班記』だけにみえる文言で、「皆被レ置二有職一口一也」の記事も『二中歴』の追記でしか確認できない。

七高山については、『伊呂波字類抄』の「膽吹《イフキ》山美濃国不破郡」、「葛木《カツラキ》大和国葛上郡」「愛宕護山《アタコヤマ》山城葛野郡」「金峯《ミタケ》山大和国吉野郡」のそれぞれの記事に「七高山之一也」とあり、(8)『拾芥抄』（下・七高山部第六）にも、「七高山、比叡在二近江国志賀郡一、比良在二同国高島郡一、伊吹在二美乃国不破郡一、本異吹也、愛岩(宕)護在二山城国葛野郡一、金峯在二大和国吉野郡一、神峰在二摂津国清(衍)島上ノ郡一、葛木在二大和国葛上郡一(9)」という記事が確認できる。

次に、七高山での薬師悔過勤修や、寺院建立を示す事例を取り上げよう。

伊吹山については、『日本三代実録』元慶二年（八七八）二月十三日己卯条に、

詔以二近江国坂田郡伊吹山護国寺一、列二於定額一、沙門三修申牒偁、少年之時、落髪入道、脚二歴名山一、莫レ不二周尽一、仁寿年中、登二到此山一、即是七高山之其一也、観二其形勢一、四面斗絶、人跡希至、昔日深草聖皇（仁明天皇）、令下建二一精舎一、修中薬師念仏上、三修居止以降、歳月漸積、堂舎有レ数、誠非三雲構庶二幾霊山一、望請天慈、賜レ預二定額一、故従二其所レ請、

と記されている。すなわち、伊吹山護国寺が定額寺に列した際に三修が同寺の由来を述べた記事であり、仁明天皇の時にこの山に寺院を建てて「薬師念仏」を勤修したことがあり、その後、仁寿年間（八五一～五四）に三修が居住してから堂舎が整備されたという。三修は、『僧綱補任』によると菅野氏の出身で、法相宗・東大寺に属し、寛平六年（八九四）に維摩会講師、同七年に権律師となり、昌泰三年（九〇〇）に入滅した僧である。

神峰山については、『日本三代実録』貞観二年（八六〇）九月二十日丁卯条に、

伝灯満位僧三澄奏言、神峰山寺在二摂津国島下郡一、三澄奉二為国家一所二建立一也、春演二説最勝王経一、秋吼二講法華妙典一、請為二御願真言一院一、賜二名忍頂寺一、詔許レ之、

とある。三澄の申請で神峰山忍頂寺が、御願の真言宗「一院」に指定されたという記事で、「真言一院」は真言宗別院の意味であろう。そこで三澄は、春秋に『金光明最勝王経』『法華経』を講説してきたことを実績として挙げている。そして『延喜天暦御記抄』[10]に、

天暦七年四月廿六日、左大臣（藤原実頼）令二国光（藤原）奏一、七高第四神峰山忍頂寺住僧泰運等申、重給二官符一、任レ窓（宣旨）勤修年来之間、相料（不断カ）御願状文副二官符案一、仰依レ請、令レ給二官符一、

と、天暦七年（九五三）になって「七高第四神峰山忍頂寺」の住僧泰運が天皇の御願として勤修してきた仏事の財源を申請し、認可の官符が下ったという記事がある。薬師悔過もその仏事の一つであったとみることができる。

金峯山については、『金峯山草創記』に次のような記事がある。(11)

一、代々帝王御帰依事（中略）
朱雀院御宇　天慶七年、賜二七高分（山）薬師悔過官符一、
村上天皇御宇　天歴（暦）三年、賜二嶺四至并薬師悔過之官符一、（中略）
一条院御宇　長徳三年、検校蔵花（算）、賜二薬師悔過阿闍梨官符一、（後略）

すなわち、天慶七年（九四四）、天暦三年（九四九）などに七高山での薬師悔過の官符が下ったことを示す記事である。また『熊野権現金剛蔵王宝殿造功日記』には、寛治六年（一〇九二）七月十七日に白河上皇が金峯山から帰京した記事に続けて、(12)

被レ行二山司勧賞一、以二大法師高算・経昭等一、為二法橋一、置二阿闍梨三人一、至二于高算一者、為二当山薬師悔過阿闍梨一、久経二暦（歴）山内一、於二経昭一者、検校懐真弟子也、代二懐真一営二御儲事一、仍所二抽補一也云々、此阿闍梨者、浄行者宿老乎所レ被二補任一也、不レ可二強縁計一、

と記されている。つまり白河上皇行幸の勧賞として高算・経昭の二人が法橋上人位に叙せられ、また金峯山に三人の阿闍梨を設置することになったといい、そこでは高算を「当山薬師悔過阿闍梨」であると説明しているのである。なお、このとき高算が法橋に叙任されたことなどが『中右記』同年月日条にもみえる。

第二節　薬師悔過と南都僧

一　薬師悔過の系譜

七高山の薬師悔過の位置づけを考えるために、『薬師経』と薬師悔過について概観しておこう。『薬師経』には漢訳が四点あり、そのうち玄奘訳の『薬師瑠璃光如来本願功徳経』（一巻）には、この経を読むことで「衆疾疫難、他国侵逼難、自界叛逆難、星宿変怪難、日月薄蝕難、非時風雨難、過時不雨難」の七難を避けることができると記されている。(13)

日本における『薬師経』の史料上の初見は、『日本書紀』朱鳥元年（六八六）五月癸亥（二十四日）条で、「天皇（天武）体不㆑安、因以於㆓川原寺㆒説㆓薬師経㆒、安㆓居于宮中㆒」と、天武天皇の病気平癒を目的に川原寺（弘福寺）で『薬師経』を講説させたという内容である。そして『続日本紀』には次の記事が確認できる。

養老四年（七二〇）八月壬午（二日）条

令㆔都下四十八寺一日一夜読㆓薬師経㆒、（中略）為㆑救㆓右大臣（藤原不比等）病㆒也、

天平十六年（七四四）十二月壬辰（四日）条

令㆓天下諸国薬師悔過㆒七日、

天平十七年九月癸酉（十九日）条

天皇（聖武）不予、（中略）又令㆔京師・畿内諸寺及諸名山・浄処行㆓薬師悔過之法㆒、

天平十七年九月甲戌（二十日）条

令下京師及諸国写二大般若経合一百部一、又造二薬師仏像七軀、高六尺三寸一、并写中経七巻上、

天平勝宝二年（七五〇）四月辛酉（四日）条

勅、比来之間、縁レ有レ所レ思、帰二薬師経一、行道懺悔、冀施二恩恕一、兼欲レ済レ人、尽洗二瑕穢一、更令二自新一、仍可下大二赦天下一、并免中今年四畿内調上、（下略）

養老四年の読経は藤原不比等の、天平十七年の悔過は聖武天皇の病気平癒を目的としたものである。そして、天平十七年には京師・畿内のみならず、諸国で薬師悔過を行い、薬師像を造ることが命じられている。薬師悔過は薬師如来を本尊として、罪過を懺悔する儀式で、天平勝宝二年のそれは孝謙天皇の信仰を示すものといえる。また天平宝字六年（七六二）四月一日の造東大寺司告朔解（正倉院文書）にも「供二奉薬師悔過所一」が確認できる（正五―一九四）。

薬師如来像については、比叡山延暦寺の根本中堂にそれが安置されていたことが『伝述一心戒文』（巻中・年分二度者不レ寄二義真・円澄両大徳一寄二中堂薬師仏并比叡大神一文）や『日本三代実録』仁和二年（八八六）七月五日条の記事から知られる。また神護寺の薬師像は平安初期の作であり、同寺が愛宕山域に位置することから、長岡龍作は七高山の薬師悔過と関連づけて捉えている[14]。

九世紀については、天長から承和にかけて薬師悔過の勤修が多く知られる。すなわち、『続日本後紀』天長十年（八三三）六月癸亥（八日）条に、「勅曰、如レ聞、諸国疫癘、夭亡者衆、（中略）昼転二金剛般若経一、夜修二薬師悔過一」とあり、また承和四年（八三七）四月丁巳（二十五日）条に、天地災異のために諸寺において毎月三旬の三箇日、昼は『大般若経』を読み、夜は「薬師宝号」を讃えるという記事、同年六月壬子（二十一日）条には、

疫癘への対応として、諸国国分寺において昼は『金剛般若経』を読み、夜は薬師悔過を勤修するとの記事が確認できる。それらは三月・四月・六月など季節の変わり目に集中しており、勤修日数は三日や七日が多い。また奈良時代までは天皇や大臣の病気平癒をおもな目的としていたが、平安初期になって全国的な疫病除去を目的としたものに転じたと、佐藤道子や西尾正仁が指摘している(15)。

承和三年の七高山での薬師悔過の勤修命令も、上記の流れのなかに位置づけることができよう。なお七高山薬師悔過の勤修期間が、史料によって九日・三十九日・四十九日と異なっていたが、この時期の薬師悔過の実例からすれば、三十九日・四十九日は長すぎる。また九日も七日の誤写の可能性が考えられる。

二　関連官符と南都僧

七高山の薬師悔過勤修が承和三年（八三六）に発令されたことは、『続日本後紀』にはみえない。しかし、次のような太政官符が『類聚三代格』（巻二）に収録されている。

太政官符

応三毎年令レ講二仁王・最勝両部大乗一事

右、少僧都伝灯大法師位明福表偁、転レ災成レ福、尤般若之勝力、護レ国利レ民、是大乗之冥助、仍須下毎レ寺夏中初一日、二時講二読仁王般若一、秋首一七日間、開中演最勝王経上、使二水旱無レ至、耕農得レ所、風霜有レ時、穀実豊稔一、望請、下二知京畿有レ食諸寺一、選二請智行者一、将レ講二件経一者、権中納言従三位兼行左兵衛督藤原朝臣良房宣、奉レ勅、宜下下二符所司一、依レ件令上行レ之、

承和三年三月廿五日

すなわち攘災招福・年穀豊穣を目的に、『仁王般若経』『金光明最勝王経』を諸寺において夏秋に講説することを明福が提案し、認可されたというものである。ここでは七高山の薬師悔過はみえないが、御斎会や国府の仏事では『金光明最勝王経』の講説と対をなして吉祥天悔過が行われたことが知られている。[16] 承和三年三月には、諸寺で『仁王般若経』『金光明最勝王経』を講説させ、七高山で薬師悔過を行うことが命じられたと考えられる。『口遊』『二中歴』『釈家官班記』が記す承和三年三月十三日（十日）の官符そのものは残っておらず、後世の言説に基づく架空の官符の可能性もないわけではない。しかし、前掲の『日本三代実録』元慶二年（八七八）二月十三日条では、三修が伊吹山を「七高山」の一つと捉え、「昔日深草聖皇（仁明天皇）、令下建二一精舎一、修中薬師念仏上」と記していた。仁明朝に伊吹山に仏堂施設が建てられ、そこで薬師悔過が始まったことは否定できないのである。

七高山の薬師悔過は、『続日本後紀』に該当記事がなく、『延喜式』『類聚三代格』などの法制史料にも規定が見当たらない。つまり、それは実施や法制的な裏付けが不十分であったからだと考えられる。

まず第一に勤修主体が不明確なことである。三修が仁寿年中（八五一～五四）に伊吹山に入って堂舎を整備したという『日本三代実録』の記事は、仁寿年間までは伊吹山に専住僧・寺院が整備されていなかったことを示している。また、そこにみえる伊吹山護国寺が美濃国不破郡ではなく近江国坂田郡に所在していることや、『日本三代実録』貞観二年（八六〇）九月二十日条の神峰山寺（忍頂寺）の所在地が摂津国島下郡で、『口遊』などが記す摂津国島上郡の神峰山と齟齬していることも、[17] 承和三年の薬師悔過勤修命令と、寺院の建立・整備との間に時期の隔たりがあったことを示唆しているようである。

第二に、『口遊』『二中歴』『釈家官班記』には「毎レ寺給二穀五十斛一」と財源が規定されているが、神峰山忍頂寺は天暦七年（九五三）になって仏事の財源認可の官符が下っており、また金峯山についても、天慶七年（九四四）、天暦三年（九四九）に薬師悔過の官符が下っている。朝廷や国府による財源確保が承和三年の官符では不十分で、十世紀になって神峰山や金峯山が個別に財源を申請して初めてそれが認められたのである。

七高山の薬師悔過の位置づけを探るに当たり、承和三年（八三六）三月二十五日官符の提案者である明福に注目しよう。明福は、『元亨釈書』（巻三）によると津氏の出身で、賢璟の弟子である。『僧綱補任』によると弘仁十四年（八二三）に法相宗・興福寺僧として維摩会講師をつとめ、天長四年（八二七）に律師、承和二年（八三五）に少僧都、同十年大僧都となり、嘉祥元年（八四八）八月に入滅している。

また当該期の南都僧に注目すると、静安の活動が視野に入ってくる。(18) すなわち、『日本三代実録』貞観九年（八六七）六月二十一日条に、

詔以㆓近江国滋賀郡比良山妙法・最勝両精舎㆒為㆓官寺㆒、故律師伝灯大法師位静安所㆑建也、静安弟子伝灯大法師位賢真従㆑唐還㆑此、自申㆑牒請㆑預㆓於官寺㆒、従㆑之、

とあり、『類聚三代格』（巻二）所収の承和九年（八四二）十二月二十七日官符では、近江国妙法寺・最勝寺に年分度者を配置し、『法華経』『金光明最勝王経』を読むことが命じられている。

静安は、『僧綱補任』によると元興寺僧で、承和五年（八三八）に律師となり、同十一年に入滅した僧である。『続日本後紀』承和五年十二月己亥（十五日）条に、内裏清涼殿での「仏名懺悔」の記事があり、講師を律師静安と願安・実敏・願定・道昌がつとめたと記されている。そして『類聚三代格』（巻二）所収の貞観十三年（八七一）九月八日官符が引く元興寺僧賢護の牒では、「先師故律師伝灯大法師位静安、承和年中、奉㆑勧㆓国家㆒礼㆓拝仏名㆒、始行㆓内裏㆒漸遍㆓天下㆒、遂詔㆓諸国㆒並令㆑修㆑之」とあり、静安が承和年間に内裏で始めた仏名会が諸国でも行われるようになったとしている。

これらは、『金光明最勝王経』の講説や、罪過を懺悔する仏事が、承和年間に開始されたという点で、七高山の薬師悔過と一連の動きとみることができる。また近江国の比良山に妙法寺・最勝寺、伊吹山に護国寺が、南都僧によって建立されたことも注目すべきである。さらに承和に入ったころには、疾病除去を目的に読経や悔過が盛んに行われ、空海の提案で後七日御修法が始まり、天台僧の諸国講師補任が認可されるなどの動きがみられる[19]。そうしたことからすれば、七高山での薬師悔過の勤修は、南都僧が考案した護国仏事の一つと位置づけることができるのである。

第三節　七高山と国土意識

一　国境の地

七高山を地理の観点から捉えた長岡龍作は、「金峯山を例外として、皆、国境にある山という共通性をもっている」と指摘している[20]。すなわち、比叡（近江国滋賀郡）・比良（近江国高島郡）は近江・山城の境、伊吹（美濃国不破郡）は美濃・近江の境、神峰（摂津国島上郡）は山城・摂津・丹波の境、愛宕（山城国葛野郡）は山城・丹波の境、葛木（大和国葛木上郡）は大和・河内・紀伊の境に、それぞれ位置している。また金峯（大和国吉野郡）は国境ではないが、紀伊国熊野に達する大峯の入口である。

こうした場所で勤修される七高山薬師悔過は、長岡龍作が指摘するように、四角四境祭と共通した性格をもっている。四角四境祭は、『続日本紀』宝亀元年（七七〇）六月甲寅（二十三日）条に「祭二疫神於京師四隅、畿内十堺一」、『続日本後紀』承和四年（八三七）六月癸丑（二十二日）条に「遣二使山城・大和・河内・摂津・近江・伊賀・丹波等七国一、鎮二祭彼疆界一、以禦二時気一」とあるように、国境の要所を鎮め祭り、疫病の侵入を防ぐ祭祀である(21)。

二　畿内近国の境界

それとともに、七高山は、いわば畿内近国の境界に立つ霊山である。

伊吹山が所在する美濃国不破郡は不破関が置かれた場所である。また『扶桑略記』天慶三年（九四〇）正月二十四日条に「有レ勅、遣二延暦寺阿闍梨明達於美濃国中山南宮神宮寺一、令レ修二調伏四天王法一」と記されるように、美濃国不破郡の中山南宮神宮寺（仲山金山神社）で四天王法が勤修されており、それは平将門調伏の祈祷のうち、最も東の地で行われたものである。

一方、保安三年（一一二二）の「摂津国出挙帳」（『平安遺文』補四七号）に「国分寺諸定額寺忍頂四天王料参仟束」という記事がみられる。忍頂寺は先にみたように神峰山に三澄が建立した寺院である。ここでは国分寺のみならず神峰山忍頂寺においても「四天王料」が設けられていることに着目したい。

『類聚三代格』（巻二）宝亀五年（七七四）三月三日付太政官符「応レ奉レ造二四天王寺埝像四軀一事」は、大宰府大野城に四天王像を安置した四王院を建て、四僧が像の前で四天王法を勤修するよう命じている。それは『金光明最勝王経』四天王護国品の説によるもので、昼は同経を読み、夜は神呪を誦すという内容である。またこの仏事に悔過が伴ったことも弘仁十一年（八二〇）三月四日大宰府牒（『平安遺文』四九〇〇号）から知られる。さらに貞観九年（八六七）五月二十六日には伯耆・出雲・石見・隠岐・長門にも勤修命令が下り、出羽国でも四王寺が存

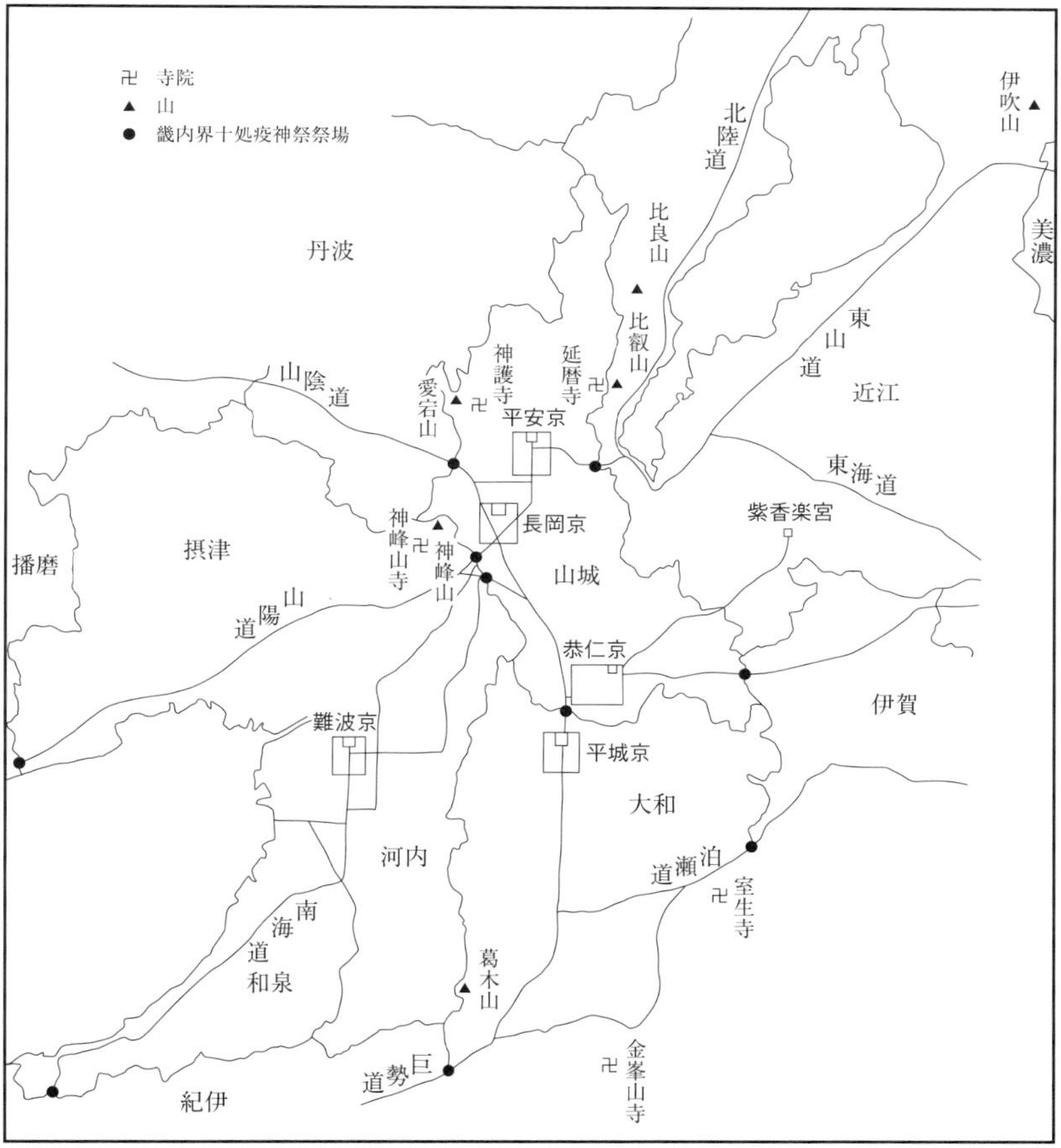

図６　七高山と関係寺院（長岡龍作「神護寺薬師如来像の位相」『美術研究』359号、1994年をもとに作成）

在したことが、『日本三代実録』や『類聚国史』（巻一七一・災異五・地震、天長七年（八三〇）正月癸卯（二十八日）条）から知られる。『延喜式』（巻二十六・主税上）には、5出挙本稲条「出羽国、正税廿五万束、（中略）四天王修法僧供養并法服料二千六百八十束」、64伯耆四天王寺条「凡伯耆国四天王寺修法稲四千四百九十束三把、用二当国正税一充レ之」の条文をはじめ、出雲国・長門国の四天王寺の修法料も規定されている（65出雲四天王寺条・66長門四天王寺条）。それらは、三上喜孝が指摘するように、日本列島の辺境に位置しているのである。[22]

そうしたことを踏まえると、伊吹山・神峰山はある種の畿内（東は近江を含み、西は山城まで）の東・西に位置し、四天王法が勤修されるような境界の場であるといえる。また七高山はいずれも畿内近国の外縁部に位置する山であり、現行地名でいえば京都・奈良・大阪に流れ込む水が降る分水界に当たっている。そこで行われる薬師悔過に、攘災招福の効果が期待されたのである。

三　三山五岳と七高山

七高山の薬師悔過が発令された承和三年（八三六）は、仁明朝であるが、嵯峨上皇がなお実権を握っていた時代である。ここでは桓武天皇・嵯峨天皇の政治意識という観点から七高山の位置づけを考えてみたい。桓武天皇は皇位継承の事情から自らを新王朝の祖と認識し、延暦四年（七八五）十一月に河内国交野において中国皇帝を模した郊祀を行い、また東寺・西寺・佐比寺・八坂寺・野寺（常住寺）・出雲寺・聖神寺の七寺を、先祖を祭る盂蘭盆会を行う寺としており、従来とは異なる祭祀や仏事を意図していたことが知られる。[23]また桓武や嵯峨は畿内を盛んに行幸しており、特に嵯峨は弘仁六年（八一五）四月に近江国滋賀郡韓崎まで出向いて崇福寺・梵釈寺を訪ねている。

こうした点を踏まえて七高山をみると、嵯峨上皇や仁明天皇が、中国の三山五岳を意識していたのではないかと考えられる。つまり、三山五岳は『史記』（封禅書）に登場する霊山で、三山は蓬萊・方丈・瀛洲、五岳は泰山・衡山・華山・恆山・崇山を指す。三山は不老不死の薬があるという伝説上の場所であるが、五山は舜帝・禹帝が廻って天・地を祭る封禅の儀式を行った場所であるといい、封禅は後漢の光武帝から実際に確認でき、前漢から始まった皇帝の儀式と考えられている。(24) 桓武天皇が行った郊祀も『史記』（封禅書）に記されるもので、また嵯峨天皇が『史記』を読んだことも『類聚国史』（巻二十八・帝王部八・天皇読書、弘仁七年六月己酉（十五日）条）から知られる。要するに、桓武や嵯峨は中国皇帝の国土統治を意識していたのであり、七高山薬師悔過もその意識を反映したものとみられるのである。

第四節　七高山阿闍梨

第一節・第三節の考察から、承和三年（八三六）に七高山で薬師悔過を行う命令が出たものの、寺院の整備、財源の確保が遅れ、十世紀になって金峯山・神峰山が個別に官符を受けたことが判明した。

そうすると、『釈家官班記』の記事をもとに、七高山阿闍梨を常置の僧職と考えてよいかという疑問が生じる。金峯山については、『金峯山草創記』に長徳三年（九九七）の蔵算が、『熊野権現金剛蔵王宝殿造功日記』に寛治六年（一〇九二）の高算が、それぞれ薬師悔過阿闍梨として確認できたが、それ以外はどうであろうか。

『朝野群載』（巻十六・仏事上）には「挙㆓七高山阿闍梨㆒」の表題で次の文書が収録されている。(25)

阿闍梨法印権大僧都経範、誠惶誠恐謹言

請下特蒙二天恩一、任二先例一、被上下二　宣旨愛宕山五台峰清涼寺阿闍梨一状

伝灯大法師忠範年□□臈□□　東大寺

右、謹検二案内一、入唐法橋上人位奝然、依二奏状一、愛宕山五台峰、因二准大唐五台山一、奉二為鎮護国家一、毎年於二神宮寺一、可レ修二文殊秘法一、即便奏聞、申二置阿闍梨一先了、而忠範伝二受両界三密一、研二学諸尊瑜伽一、兼問二三論之窓一、達二四教之門一、誠是顕密之宗匠、門徒之師範也、望請、天恩被レ下二宣旨一、将下仰二明時之憲法一、悦中祖跡之不朽上、仍勒二事状一謹請二処分一、

康和五年八月廿二日　法印権大僧都経範

これは、康和五年（一一〇三）に経範（前東大寺別当）が東大寺僧忠範を愛宕山清涼寺の阿闍梨に推薦したものである。そこには愛宕山が唐の五台山に匹敵するとの文言がみえる。それは十世紀後半に五台山を巡礼した奝然が帰朝後に愛宕山清涼寺を建立したことによるもので、『小右記』永祚元年（九八九）五月三十日条に「義蔵法師為二五台山阿闍梨一〔此度始置二一人一、前大僧都元杲・法橋奝然等解文云々、〕[26]」と記されるように、奝然らの申請によって清涼寺に阿闍梨一名が設置されたのである。愛宕山は七高山の一つではあるが、ここでの阿闍梨は承和三年（八三六）の薬師悔過勤修命令によるものではなく、奝然の申請によって永祚元年に設置された清涼寺の阿闍梨である。『朝野群載』の編者は承和三年に始まった七高山薬師悔過と、永祚元年の清涼寺に附属する阿闍梨とを峻別しないで、「挙二七高山阿闍梨一」の表題を付しているのである。

次に、鎌倉時代に仁和寺の行遍が記した『参語集』の次の記事に注目しよう。[27]

一、七高山有職事

嵯峨天皇の御時、七高阿闍梨を被二始置一之《（也）》、薬師法を此の七高所に被レ置レ之、其の阿闍梨也、一法阿闍梨と

も云レ之、さが《嵯峨》の金剛寺には延命法を被レ置レ之、素光寺には孔雀経法を被レ置レ之、此等は皆一法阿闍梨也と云々、同き御時、被レ憑二思食一、僧十人を内供奉十禅師と名けて、十人ありけりと云々、

（中略）

一、愛宕護并素光寺建立事

あたご《愛宕》をば慶俊僧都建レ之、素光寺をば千攀《挙》僧都建二立之一、孔雀明王を安置す、一法阿闍梨の内と云々、

「七高山有職事」の項では七高山阿闍梨・一法阿闍梨・内供奉十禅師の三者が登場している。つまり、①七高山阿闍梨は、嵯峨天皇の時に薬師法を七高山で勤修することになり、それを担う阿闍梨のことで、一法阿闍梨と呼ばれる。②嵯峨の金剛寺に延命法を、素光寺に孔雀経法を勤修する一法阿闍梨が置かれている、③内供奉十禅師は十人からなる、というものである。そして②の一法阿闍梨に関連して、「愛宕護并素光寺建立事」の項が成り立っている。また第一条③の内供奉十禅師は『続日本紀』宝亀三年（七七二）三月丁亥（六日）条に設置が記される僧職であるが、その説明はなされていない。つまり『参語集』の記事は七高山の薬師悔過や七高山阿闍梨そのものの説明が少なく、それと似て非なる僧職の説明が大半を占めているのである。

『参語集』の「七高山有職事」という表題は、（A）七高山での薬師悔過という仏事と、（B）密教の師範としての阿闍梨職（有職）の二つの事項が合体した語である。（A）七高山での薬師悔過は、承和三年（八三六）に勤修が命じられたが、それを担う僧侶の資格や選定方法については何ら規定されず、また財源も確保されなかったことは先に述べた通りである。一方の（B）密教の師範としての阿闍梨については、真言宗では承和十年（八四三）に、天台宗では貞観十三年（八七一）に、それにふさわしい僧を教団代表者が朝廷に推挙し裁可を仰いで認証する制度が成立した。そして十世紀になると、それらは寺院を単位に定員を定めて官許を仰ぐ僧職（有職）と

なり、特に一条朝から阿闍梨職を設置する寺院が増加している[28]。

『朝野群載』に載る愛宕山清涼寺の阿闍梨は、（B）寺院単位に定員を設けて官許を経て補任される諸寺阿闍梨の一つであり、（A）承和三年の薬師悔過勤修命令に依拠したものではなかった。一方で金峯山については、長徳三年（九九七）に蔵算、寛治六年（一〇九二）に高算が薬師悔過阿闍梨として確認できる。ただし、それは承和三年から僧職として連綿と補任が続いてきたわけではなく、十世紀前半に金峯山・神峰山が薬師悔過の勤修やその財源を朝廷に申請してから成立したものであり、金峯山の薬師悔過阿闍梨の具体的な初見が長徳三年であることからすれば、多くの寺院が密教の阿闍梨職の設置を要求する潮流のなかで、金峯山がその設置を申請したと解釈することができる。

七高山のなかには、比叡山延暦寺のように弘仁年間（八一〇～二四）から教団組織を整備したものも存在する。そこでは仁明天皇が承和十三年（八四六）に比叡山に定心院を建立し、翌年に十禅師を設置し、また文徳天皇も総持院十四禅師、四王院七禅師を置いている[29]。つまり比叡山延暦寺は、天皇護持の僧職や密教修法の展開が顕著であったといえる。また愛宕山の神護寺では九世紀に薬師像が造られており、十世紀末には奝然が建てた清涼寺が愛宕山を代表する寺院になり、清涼寺に付属する阿闍梨職が置かれている。しかし金峯山ではそうした僧侶集団の組織化や密教修法の展開は顕著ではない[30]。要するに、七高山の各々は、僧団組織や仏事勤修という点で一様ではなく、組織化が遅れ密教修法などのめぼしい仏事がみられない金峯山においてこそ、薬師悔過が重要とみなされ、薬師悔過阿闍梨という僧職が十世紀末に成立したのである。

おわりに

七高山の薬師悔過は、承和三年（八三六）三月に命じられたが、それを担う僧侶と寺院、国府による財源確保が未確立で、その仏事が永続的に行われたかどうか疑わしい。年代を経過してから、伊吹山に三修が常住して護国寺を建立したり、金峯山・神峰山が財源確保の官符を申請する動きがみられるのである。『釈家官班記』は、寺院を単位に定員を限り官許を経て補任される阿闍梨職に続けて、「七高山阿闍梨」の項を設けて紹介しているが、両者は本来別のもので、『朝野群載』が伝える「挙二七高山阿闍梨一」の挙状も両者を混同した表題である。従って、『釈家官班記』の記事や、堀池春峰・五来重の指摘をもとに、承和年間に七高山のそれぞれに修験者集団が確立しており、各修験者集団から薬師悔過を勤修する七高山阿闍梨が選出され、朝廷がそれを認証していた、というようなことを想定してはならないのである。

しかし、七高山薬師悔過や七高山阿闍梨の実体が乏しいにもかかわらず、「七高山」は『口遊』『二中歴』『拾芥抄』などに登場しており、広く知られた事項であった。そのことの意味は改めて考えるべきで、それは中国の三山五岳に対応する日本の七高山という意識によるのではなかろうか。愛宕山清涼寺の阿闍梨申請文には、中国の五台山に対置するとの文言があり、また比叡山定心院の建立についても「神仙之窟」「名山記」「禅定之十仙」など中国の霊山を意識した讃辞が知られ[31]、金峯山も中国の金峯山が日本に出現したものとの説が『吏部王記』にみえる[32]。さらに大江匡房の『本朝神仙伝』には、陽勝の弟子の童が「三山五岳」を経歴したとの記事があり、『拾芥抄』（下・七高山部第六）は、日本の「七高山」と「五岳、漢朝」とを並記して説明しているのである[33]。九世紀に登場した「七高山」やそこでの薬師悔過は、『延喜式』などの法制史料に組み込まれることはなかったが、中国に対して自国を認識する「本朝意識」(34)のもとで長期にわたって人々に記憶されることになったのである。

註

(1) 拙稿「伝法阿闍梨職位と有職」（虎尾俊哉編『律令国家の政務と儀礼』吉川弘文館、一九九五年）。拙著『平安時代の国家と寺院』（塙書房、二〇〇九年）三二〇〜三二二頁も同様。

(2) 堀池春峰「修験道と吉野」（『南都仏教史の研究　下　諸寺篇』法藏館、一九八二年、初出一九七二年）。

(3) 五来重「鞍馬山縁起とその修験道文化」（著作集四『寺社縁起と伝承文化』法藏館、二〇〇八年、初出一九八一年）。

(4) 長岡龍作「神護寺薬師如来像の位相」（『美術研究』三五九号、一九九四年）。

(5) 『続群書類従　三十二輯上』六四頁。引用史料のうち、「神岑山」「神峰山」「金峯山」「金峰山」のように異なる字体で表記されたものがあるが、本章では「神峰山」「金峯山」で統一する。

(6) 『改定史籍集覧　第二十三冊』八七〜八八頁。

(7) 『新校群書類従　第十八巻』五九一頁。

(8) 正宗敦夫編『伊呂波字類抄』（風間書房、一九八八年）による。

(9) 『新訂増補故実叢書　拾芥抄』四三一〜四三二頁。

(10) 所功編『三代御記逸文集成』（国書刊行会、一九八二年）一〇〇頁。『大日本史料　一編之九』九三二〜九三三頁も合わせ参照。

(11) 首藤善樹編『金峯山寺史料集成』（金峯山寺、国書刊行会、二〇〇〇年）四八頁。

(12) 『真福寺善本叢刊　第十巻』（臨川書店、一九九八年）二四〜二五頁。『大日本史料　三編之二』五九九〜六〇〇頁も同様。川崎剛志「『熊野権現金剛蔵王宝殿造功日記』という偽書」（『説話文学研究』三六号、二〇〇一年）によると、同

書は永長元年（一〇九六）に焼失した熊野宝殿の再建事業を白河上皇の行幸と絡めて説明した内容で文治年間（一一八五～九〇）までの記事を含み、日記の形態を取っているが、史実とは認め難い記事があるという。ただし、この記事は『中右記』と符合するところが多く、一定度の信憑性があると考えられる。

(13)『大正新脩大蔵経』一四巻四〇七頁下段。『薬師経』と滅罪との関係については、西田長男「仏家神道の成立」（『日本神道史研究　第一巻　総論編』講談社、一九七八年、初出一九四〇年）、吉田靖雄「密教信仰と現世利益」（『日本古代の菩薩と民衆』吉川弘文館、一九八八年、初出一九七五年）、笹生衛「古代東国における「罪」の信仰とその系譜」（『日本古代の祭祀考古学』吉川弘文館、二〇一二年、初出二〇一〇年）を参照。

(14) 長岡龍作「神護寺薬師如来像の位相」（前掲註(4)）。

(15) 佐藤道子「薬師悔過の形式」（『悔過会と芸能』法藏館、二〇〇二年、初出一九九〇年）、西尾正仁「律令国家における薬師信仰」（『薬師信仰』岩田書院、二〇〇〇年、初出一九八四年）。

(16) 吉田一彦「御斎会の研究」（『日本古代社会と仏教』吉川弘文館、一九九五年、初出一九九三年）を参照。

(17) 長岡龍作「神護寺薬師如来像の位相」（前掲註(4)）の註(72)、『新修茨木市史　第四巻　史料編　古代中世』（茨木市、二〇〇三年）五二～五三頁が、この点について言及している。

(18) 静安については、長坂一郎「平安時代前期における南都諸宗の地方寺院経営と木彫像の制作」（『仏教芸術』二〇六号、一九九三年）、同『神仏習合像の研究』（中央公論美術出版、二〇〇四年）一〇七～一一〇頁を参照。

(19)『続日本後紀』によると、承和三年（八三六）には、攘災招福の読経が以下のように行われている。五月九日、水害疫気の災に対し東大寺真言院で息災増益法を行わせる。六月一日、東西寺・十三大寺・畿内諸寺で読経、雨を祈る。八月二十四日、五〇僧が八省院で『大般若経』を読み疫気を攘う。十一月一日、転禍作福のために五畿七道の僧に国内の「名神社」で『法華経』を読ませる。また『続日本後紀』承和元年十二月乙未（十九日）条に後七日御修法の開始、同二年十月己丑（十八日）条に天台僧の諸国講読師補任が記されている。

(20) 長岡龍作「神護寺という「場」と薬師如来像」（『朝日百科日本の国宝6　近畿4・京都』朝日新聞社、一九九九年）。

(21) 岡田莊司「陰陽道祭祀の成立と展開」（『平安時代の国家と祭祀』続群書類従完成会、一九九四年、初出一九八四年）。

(22) 三上喜孝「古代日本の境界意識と仏教信仰」（鈴木靖民編『古代日本の異文化交流』勉誠出版、二〇〇八年）。

(23) 黒須利夫「七寺・七廟考」（あたらしい古代史の会編『王権と信仰の古代史』吉川弘文館、二〇〇五年）。なお、西本昌弘「平安京野寺（常住寺）の諸問題」（古代学協会編『仁明朝史の研究』思文閣出版、二〇一一年）が野寺（常住寺）と薬師信仰について言及している。

(24) 吉川忠夫「五岳と祭祀」（『現代哲学の冒険15　ゼロ・ビットの世界』岩波書店、一九九一年）、金子修一「漢代の郊祀と宗廟と明堂及び封禅」（『古代中国と皇帝祭祀』汲古書院、二〇〇一年、初出一九八二年）。『隋書』（礼儀二）によると、大業年中（六〇五～一七）に煬帝は五岳の祭祀を道士に行わせており、また『仏祖統紀』（巻四十）によると粛宗の至徳二年（七五七）に五岳に寺が建てられている。なお、日本では神亀五年（七二八）書写の『大般若経』巻二六七の発願文（『寧楽遺文　中巻』六一一頁）や、空海の『三教指帰』巻中に「五岳」の文言がみえる。

(25) 『新訂増補国史大系　朝野群載』四〇九頁。

(26) 『大日本古記録　小右記二』一八三頁。

(27) 『国文東方仏教叢書　随筆部』（東方書院、一九二六年）四三(45)～四四(46)頁。なお素光寺は不詳であるが、慶俊は『僧綱補任』によると天平勝宝八歳（七五六）に律師、宝亀元年（七七〇）に少僧都となり、同九年に入滅している。真言宗・大安寺で「愛宕寺根本師」と呼ばれた。佐久間竜『日本古代僧伝の研究』（吉川弘文館、一九八三年、一一八～一一九頁）によると、珍皇寺は当初は愛宕郡に所在していたという。千挙（千攀）は『僧綱補任』によると、真言宗・東大寺の僧で、安和二年（九六九）に権律師、天延元年（九七三）に東寺長者となり、天元三年（九八〇）に入滅しており、「素光寺門跡遍勝寺円椿大法師之受法弟子、円椿者益信僧正受法弟子」と記されている（平林盛得・小池一行編『五十音引僧綱補任　僧歴綜覧』笠間書院、一九七六年、二〇三頁）。また『門葉記』（巻五十三・長日如意輪法五）の「護持僧補任」に冷泉朝の護持僧として「千攀権律師素光寺、遍勝内供弟子」（『大正新脩大蔵経　図像十一巻』四八八頁中段）が載る。素光寺については、『中右記』長治元年（一一〇四）五月二十九日条に「素光寺別当律師寛智」がみえる。

（28）拙稿「伝法阿闍梨職位と有職」（前掲註（1））。

（29）『続日本後紀』承和十三年（八四六）八月丙戌（十七日）条、同十四年二月庚申条、『日本文徳天皇実録』嘉祥三年（八五〇）九月己丑（十五日）条、『延暦寺故内供奉和上行状』『九院仏閣抄』。

（30）『伝述一心戒文』（巻上・被㆓最初年分試㆒及弟（第）得度聞㆓伝宗旨㆒文）や『天台南山無動寺建立和尚伝』によると、天台宗の光定・相応が金峯山に登っており、金峯山では特定の宗派・寺院の意識が発達していないことがわかる。

（31）『続日本後紀』承和十三年八月丙戌（十七日）条。

（32）『吏部王記』承平二年（九三二）二月十四日条（九条家本『諸山縁起』所収逸文）。

（33）『伊呂波字類抄』には、多武峰が東西南北を伊勢高山・金剛山・金峯山・大神山に囲まれた神仙霊窟で、唐の五岳に異ならないとの記事がある。これも類例である。

（34）平安時代の本朝意識については、小原仁「摂関・院政期における本朝意識の構造」（『中世貴族社会と仏教』吉川弘文館、二〇〇七年、初出一九八七年）を参照。なお、手島崇裕「入宋僧と三国世界観」（『平安時代の対外関係と仏教』校倉書房、二〇一四年、初出二〇〇八年）は、入宋僧の言説などに基づいて独自の三国世界観が形成されたことを論じ、金峯山は五台山が飛来してきたものであるというような、五台山の虚像化、日本への取り込みを指摘している。国土（世界）や霊山に対する認識がどのように変遷したかは、重要な問題である。

第四編　中近世における古代的権威の創出

第七章　常陸国東城寺と最仙・広智

はじめに

東城寺は、筑波山系の南端、霞ヶ浦を臨む山腹に位置する。現在地より高い場所の旧跡地から国分寺系の瓦が発見され、経塚から保安三年（一一二二）・天治元年（一一二四）の経筒が出土している。また同寺には嘉禎三年（一二三七）の木造広智坐像や、建長五年（一二五三）の結界石などが伝わり、『常州東城寺来由記』によると、平安初期に最仙が創建し、その後を広智・円仁が引き継いだという。

東城寺の創建や変遷を理解し、説明するには、多くの困難が伴う。創建時の状況を示す古代の文献史料は皆無で、瓦の様式や、経筒に刻まれた銘文などを、どのように活用するか、あるいは江戸時代に書かれた寺院縁起の内容をいかに理解するかという課題が横たわっているからである。特に最仙が建立したといわれる寺院は茨城県に複数存在する。また広智坐像については、平安時代の天台宗の地方展開に関連する遺物として積極的に位置づける見解[1]と、信仰上の伝承とみるほうが無難と捉える見解[2]とが併存している。

これらの問題に取り組むに際して、まず示唆的な先行研究を挙げておきたい。第一に、古代の地方寺院に関しては、国分寺系瓦の存在や分布が、私寺を定額寺に指定する政策を反映したものと考える研究が登場している[3]。第二に、平安時代の天台宗の関東地方での展開に関しては、『慈覚大師伝』や「徳円印信之類」（園城寺文書）から広智の活動を明らかにした研究や、『僧妙達蘇生注記』にみえる東国豪族の造寺活動に注目する研究が存在する。(4)第三に、古代の僧の寺院開基伝承については、報恩大師と備前国の寺院との関係について論じた研究があり、(5)そこでは寺院縁起・説話史料の比較検討、縁起が書かれた時代の状況を踏まえて、その事象を検証する手法が採られている。

本章では、以上の先行研究の成果や手法に学びながら、東城寺の歴史的変遷と、最仙・広智に関する伝承を考察することにしたい。具体的には、第一に、国分寺・定額寺・村落内寺院・山岳寺院などの類型や相互の関係について整理し、そのうえで国分寺系瓦が発見された東城寺の位置づけを探る。第二に、広智の活動や東城寺経塚出土の経筒銘文を確認し、『僧妙達蘇生注記』を視野に入れて、平安時代の関東地方での東城寺の位置づけを考察する。第三に、鎌倉～室町時代の東城寺の実情を資（史）料から探り、江戸時代の状況を踏まえて最仙・広智の創建伝承の展開を検証する。

第一節　古代寺院の類型と東城寺

一　東城寺の国分寺系瓦

東城寺の創建を考えるうえで重要な考古資料に瓦がある。高井悌三郎の研究によると、東城寺の本堂はもとは裏山の山頂に近い「堂平《どうだいら》」に位置していたといわれ、その場所から①単弁八葉花文軒丸瓦（面径一五・〇、中房径三・〇、瓦厚四・〇センチメートル）、②唐草文軒平瓦（上弦二八・〇、下弦二七・五、弧深三・五、瓦当厚五・八セン

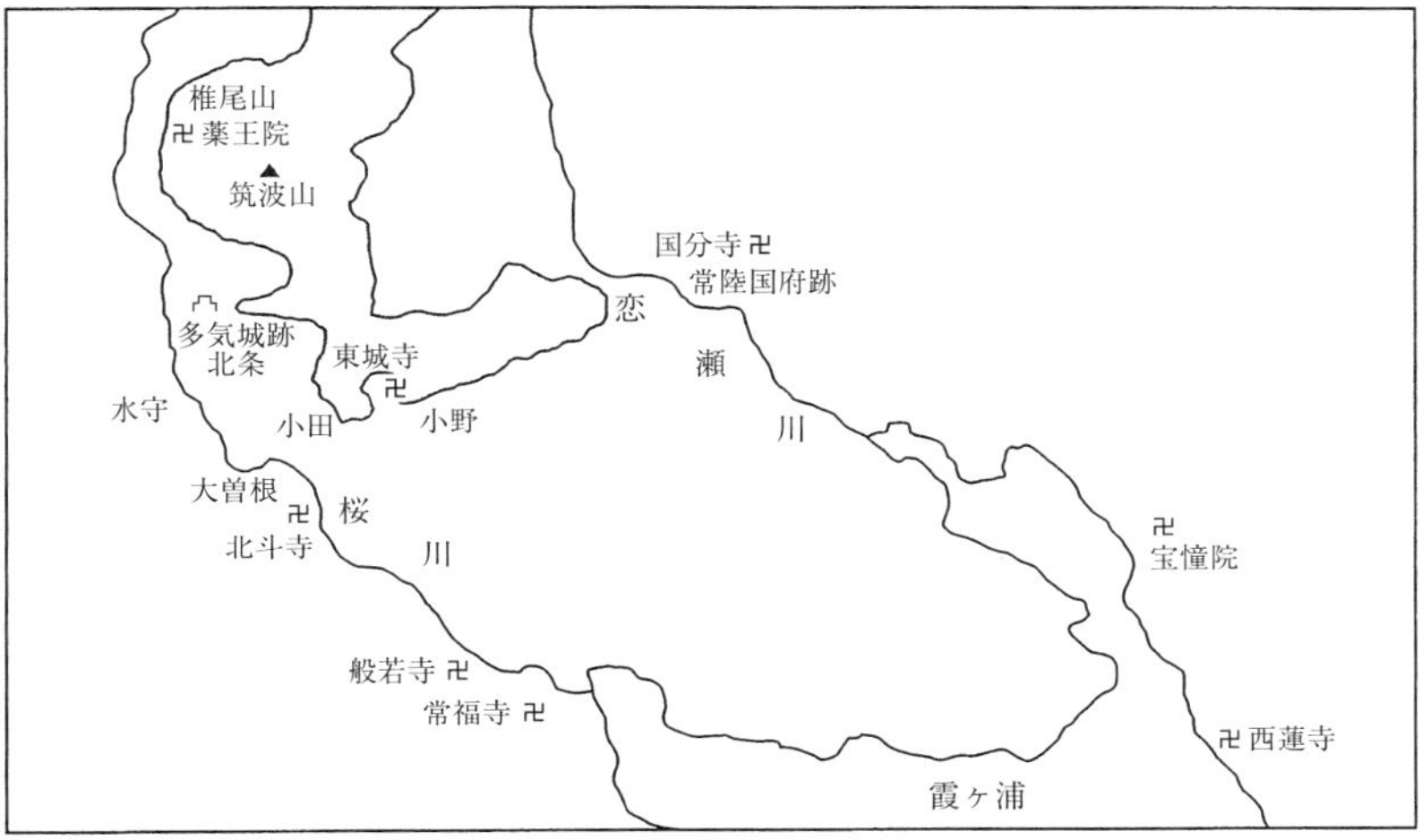

図７　東城寺周辺略地図（著者作図）

チメートル）、③塼、④平瓦・丸瓦が採取されている。そして高井は、①について「この様式は筑波廃寺を中心に、筑波地方の古代寺院跡に多くみられる単弁八葉花文軒丸瓦の退化型である」、②について「中心装飾の左右に唐草文が均正に三転し、外区に小粒の珠文を点ずる。常陸国分寺軒平瓦にほとんど同笵かとみられるように酷似する」と指摘しているのである。[6]

　また黒澤彰哉は、筑波山塊に位置する古代寺院址を、「筑波山系山岳寺院」という概念で包括して、瓦などの出土遺物から分析し、（一）八世紀中葉までさかのぼる寺院として、山尾権現廃寺・作佐部廃寺、（二）奈良末から平安前期の成立寺院として高倉廃寺、（三）九世紀成立の寺院として東城寺・椎尾山薬王院・山王台廃寺が指摘できると主張した。また（一）の瓦は郡内の造瓦組織で生産されている、（二）の瓦は国分寺造瓦所で作成された瓦が運ばれた、（三）の瓦は共通性を欠く（東城寺は筑波系と常陸国分寺系、椎尾山薬王院は新治系、山王台廃寺は佐渡国分寺系）という。[7]

　国分寺と同笵・同系統の瓦が、国分寺以外の寺院から出土することについて、菱田哲郎は全国に視野を広げて次のように説明している。同一の寺院址から、白鳳期の瓦、国分寺系の瓦が合わせて出土するのは、白鳳期に建てられた寺院の補修瓦として国分寺系瓦が使用されたことを示している。一方、国分寺建立のころから、地方豪族建立の寺院を定額寺に指定し、国府がそれを管理する体制が取られたことが文献史料からわかる。従って、国分寺に先行して存在した寺院から、国分寺系瓦が出土することは、その寺院が定額寺に指定されたことを示しているのである、と。[8] この指摘を受けて、国分寺系・国府系の瓦を伴う寺院址に注目が集まり、各地の古代寺院の位置づけが改めて見直されているのである。[9]

それでは、東城寺は、どのように位置づけられるのであろうか。古代の文献史料から判明する寺院の類型を手がかりに考えることにしたい。

二　定額寺と村落内寺院

(1) 定額寺

ここでは、定額寺・村落内寺院など、古代寺院の類型や特質について、概観しておこう。地方豪族が寺院建立を始めるのは、七世紀末の天武朝が画期といわれる。『日本書紀』天武天皇十四年（六八五）三月壬申（二十七日）条に「詔、諸国毎レ家、作二仏舎一乃置二仏像及経一、以礼拝供養」との命令が記録されている。各地に残る白鳳期の寺院址は、この命令に従って地方豪族が建立したものと考えられ、茨城県では、新治廃寺（筑西市）・茨城廃寺（石岡市）・結城廃寺（結城市）が白鳳期から奈良時代前半の建立とみられ、新治廃寺跡や茨城廃寺跡から出土した「新大領」「茨木寺」のヘラ書須恵器や墨書土器などから、寺院が郡家（郡衙）に隣接して建てられたことが判明したのである。[10]

地方豪族の寺院建立に対して、一定の基準を満たさないものを整理するという法令が発せられている。すなわち『続日本紀』霊亀二年（七一六）五月庚寅（十五日）条に次のようにみえる（本書序論九頁に史料を引用）。第一に、伽藍を修造せずに寺額や寺田を要求している現状があり、そのようなものは数箇寺を合併する。それには国司・国師・寺僧・檀越が立ち会う。第二に、僧尼がいないのに檀越が資財・寺田を専有している現状があり、そのようなものには国師・寺僧と国司・檀越が立ち合い資財を記録する、という内容である。

この法令を前提として、八世紀半ばから、定額寺が登場している。[11] 定額寺は、国分寺に次ぐ寺格として、天平勝宝元年（七四九）からみられる。『続日本紀』同年七月乙巳（十三日）条には、大安寺以下の主要寺院や国分寺の墾田の所有面積を規定した記事があり、「定額寺」は一〇〇町と規定されている。そして天平宝字四年（七六〇）に大和国普光寺が定額寺に指定されたのをはじめ、十世紀までに約六〇の事例がみられ、所在地は陸奥・出羽から伊予・肥後までに及んでいる。定額寺に指定される際には、灯分料・修理料の施入、一定数の年分度者や常住僧の設置、寺号の認証や寺額の賜与などの権益が認められている。つまり、僧尼の常住、伽藍の整備、財源の確保、寺名の確定などの条件を満たした寺院が定額寺に指定されたといえるのである。九世紀には、祈雨などの読経が国分寺・定額寺に命じられるようになり、また別当・三綱の運営責任者が設置され、資財帳を作成して提出することが義務づけられている。また国分寺の焼失・顚倒に対応して、定額寺を国分寺に指定し直している例が知られる。

関東地方の定額寺の事例としては、常陸国の鹿島神宮寺が指摘できる。『類聚三代格』（巻二）嘉祥三年（八五〇）八月五日官符が引く承和三年（八三六）六月十五日官符によると、天平勝宝年中（七四九〜五七）に修行僧の満願が到来し、神のために発願し、寺を建て、『大般若経』六〇〇巻を書写、仏像を図画し、八年にわたって住持したという。そして嘉祥三年（八五〇）になって僧五人を置き、それに欠員が出れば補充する、それは国分寺僧に準じた方式であると決められている。さらに『類聚三代格』（巻三）天安三年（八五九）二月十六日官符では、この神宮寺は天平勝宝年間に鹿島宮司の中臣鹿島連大宗、大領（郡司）中臣千徳、満願が建立し、承和四年（八三七）に定額寺となったといい、天安三年（八五九）になって修理料を確保し、宮司と氏人が修理を監督することが規定されたという。

（2）村落内寺院

しかし、定額寺に指定されないような小規模な寺院や、諸条件を満たさない施設も存在した。それが「村落内寺院」である。[12]これは、掘立柱建物や竪穴住居遺跡から、仏教関係の文字を記した墨書土器や、瓦塔などが出土するもので、千葉県の事例から概念化された。千葉県東金市の作畑遺跡・久我台遺跡という約三キロメートル離れた場所で、僧名「弘貫」の墨書土器が、各々出土したことは、「村落内寺院」が暫定的な布教の場所であったことを示している。[13]

古代の地方寺院は「国分寺・国分尼寺―定額寺―その他の寺院」といったランク付けが可能であろう。「その他の寺院」のなかに、僧尼の常住、伽藍の整備という条件を備えていない「村落内寺院」が含まれるのである。

常陸国（茨城県）の村落内寺院のうち、出土した墨書土器の事例を挙げると、寺畑遺跡（土浦市）の「千手寺」（千手観音の安置を示すか）、長峯遺跡（土浦市）の「長谷寺」、根鹿北遺跡（土浦市）の「仏」、ヤツノ上遺跡（牛久市）の「仏」、幸田台遺跡（稲敷市）の「賢証」「新安」（僧名か）、奥谷遺跡（茨城町）の「西寺」などが指摘できる。[14]

三　山岳修行と山岳寺院

（1）山岳修行

ここでは古代の山岳寺院を考えるために、山岳修行についての特質を指摘しておきたい[15]。

第一に、僧尼が山岳修行をする際には、申請・許可が必要であったことである。『僧尼令』13禅行条には、僧尼が山に籠って修行する場合は、所属寺院の三綱がそのことを取りまとめ、都の寺院の場合は、僧綱・玄蕃寮に上申し、地方寺院の場合は国司・郡司が取りまとめて、いずれも太政官の認可を仰ぎ、裁可されたならば修行の山を報告し、他の場所に移ることは認めないと規定されている。

第二に、山岳修行は、都の主要寺院の僧も行い、山岳寺院はそれらと密接に関係していたことである。『続日本後紀』承和元年（八三四）九月戊午（十一日）条の護命卒伝によると、月の前半は深山に入って修行し、月の後半は「本寺」で教学研究を研鑽したという。護命は大僧都の地位にあり、奈良の仏教界を代表して最澄を批判したことでも有名な僧であるが、奈良時代・平安初期の山岳修行は、平地のしかるべき寺院に拠点を置く僧が、期間を決めて山で修行するという形態を取っていたのである。ただし最澄の場合は事情が異なる。最澄は『叡山大師伝』によると、近江国分寺僧となり、その後に山林に入り比叡山に草庵を建てており、『類聚国史』によると弘仁五年（八一四）に比叡山に久しく住んで学・行に励んだことで褒賞されている。九世紀には山岳修行者が「久住」や「久修練行」の語をもって呼ばれるようになり、その最初の例が最澄である（本書第三編第五章参照）。

第三に、まだ正式に僧尼になっていない者が山岳修行をしている場合もあり、そのなかから正式な僧に取り立てられるケースもあった、ということである。『続日本紀』天平宝字二年（七五八）八月庚子朔条の「天下諸国隠二於山林一清行近士十年已上、皆令二得度一」という記事がそれを端的に示している。また、延暦四年（七八五）十月五日官符（『類聚三代格』巻二・昌泰四年（九〇一）二月十四日官符所引）には、「僧尼・優婆塞・優婆夷等、読二陀羅尼一、以報二所怨一、行二壇法一、以縦二呪詛一、自レ今以後、非レ預二勅語一、不レ得下入二山林一、住二寺院一、読二陀羅尼一、行中壇法上」とあり、僧尼と並んで優婆塞・優婆夷という在家信者も記されている。山岳修行者で正式な僧に取り立てられる者がいる一方で、浮浪・逃亡の人が修行者と自称するようなケースも想定できる。

第四に、山岳修行によって得られた呪力が重視されたことである。『続日本紀』宝亀三年（七七二）三月丁亥（六日）条には、戒律を保つことに優れたり、病気治癒に名声を上げた一〇人の僧を褒賞し、十禅師の設置を決めたことがみえる。その一〇人の一人である広達は『日本霊異記』（中巻二十六）によると上総国武射郡の人で、「吉野金峯」（大和国の金峯山）で山岳修行をしていたという。『叡山大師伝』に最澄が「預二内供奉例一」と記されており、その十禅師は「内供奉十禅師」という僧職に発展していった。この十禅師の設置は道鏡の失脚に伴う内道場の再編成と考えられ、新設された十禅師は、天皇に常に近侍するのではなく、日常は山林で修行し、必要に応じて天皇のもとに参上したとみられる(16)。

以上から次のようにいえよう。山岳修行は、国分寺や奈良の寺院に所属する正式な僧が期間を限って行っており、山岳寺院は国分寺や大寺と密接に関係していた。また正式な僧といえない沙弥や、優婆塞・優婆夷といわれる在家信者も山岳修行を行っており、そのなかから正式な僧になる者もいた。山岳寺院は、それだけで独立した経営を行っていたのではなく、麓の村落や平地の寺院に支えられていたと考えるべきである。

（2）平安時代の山岳寺院

九世紀には、山寺が祈雨の対象に含まれたり、定額寺に指定される事象が登場している。祈雨については、『日本紀略』弘仁九年（八一八）四月乙亥（二十二日）条に、「奉二幣伊勢大神宮一、又令二諸大寺及畿内諸寺・山林禅場等転経礼仏一、祈レ雨也」、『続日本後紀』承和六年（八三九）四月戊辰（十七日）条に「令レ読二仁王経於十五大寺一、兼通二城外崇山有験之寺一、同俾二転経一」などの記事があり、雨乞いを命じられた対象に、十五大寺とともに「山林禅場」「崇山有験之寺」が登場しているのである。

山寺の定額寺への指定については、『続日本後紀』承和八年二月戊申（七日）条に紀伊国高野山金剛峯寺、『続日本後紀』同十四年十二月丙辰（二十一日）条に大和国長谷寺・壺坂寺、『日本三代実録』元慶二年（八七八）二月十三日条に近江国伊吹山護国寺などの記事があり、また『河内国観心寺縁起資財帳』によると、同寺は承和十年に定額寺に指定されたという。さらに、『叡山大師伝』に弘仁十四年（八二三）二月二十六日に比叡山寺が「延暦寺」号を与えられたとみえることや、『日本三代実録』貞観二年（八六〇）九月二十日条が、摂津国島下郡の神峰山寺が「忍頂寺」の寺号を与えられたと伝えるのも、定額寺への指定もしくはそれに類する処遇と捉えられる。

以上から次のように考えられる。平安時代には山岳修行の呪力に期待が集まり、山岳修行の場が「寺院」であるとの認識が高まり、常住僧・修理料などを備えた定額寺（御願寺）に指定されるものも登場した。そうした動きを踏まえて、国内の主要な山岳宗教施設に国分寺と同じ瓦を供給して、堂舎を整備させることが始まったのである。

（3）補陀洛山神宮寺と筑波山寺

関東地方の山岳寺院で、九世紀に山寺のかたちを整えたことが明らかな事例として、下野国の補陀洛山神宮寺が指摘できる。『遍照発揮性霊集』（巻二）によると、勝道は下野国の人で、神護景雲元年（七六七）に補陀洛山（日光男体山）の登頂に挑み、延暦元年（七八二）に登頂に成功したという。その間、勝道は神祇のために経典を書写し、仏画を描いて山頂で供養することを誓願し、同三年に南湖（中禅寺湖）に神宮寺を建立し、北に移動している。延暦年間（七八二～八〇六）に上野国講師となり、下野国都賀郡の城山に「華厳精舎」を建立して布教活動を行い、大同二年（八〇七）の旱魃の際には補陀洛山で祈祷して雨を降らせたという。

また常陸国筑波山には、明治維新の廃仏毀釈までは、中禅寺が存在していた。文献史料でその存在が確認できる初見は、十二世紀後半に編纂された十巻本『伊呂波字類抄』の「筑波寺、在常陸国」という記事であろう[17]。同書には、日本列島各地の寺院や神社が、簡略な縁起を伴って記されているが、筑波寺にはそれ以上の記事はない。考古遺物では、現在の筑波山神社境内から出土した瓦の年代は、平安中期以前とみる説と、平安末・鎌倉初期とみる説とが併存しており、その創建時期を限定することはできない[18]。

憶測するなら、筑波山の脇の麓に位置する椎尾山薬王院（桜川市）、山塊の周縁に位置する東城寺が先に建てられ、のちに筑波山の中腹に筑波山寺（中禅寺）が遅れて建てられたのではなかろうか。そう考えるのは、最澄が「神宮禅院」で山林修行を始めたと伝える『叡山大師伝』の記事からである。神宮禅院は、比叡山麓の坂本に位置する日吉神社の背後、八王子山の後背地に位置すると伝えられ、その遺跡が発掘されている[19]。つまり、比叡山という最も高い山ではなく、その脇の比較的低い山から修行場や寺院が成立したことが窺えるのである。

第二節　平安時代の天台宗と東城寺

一　広智と徳一

東城寺の創建に最仙・広智が関係したとの説を検証するために、ここでは平安時代に成立した史料や、当時の文書から関係記事を提示しておきたい。その際、最仙については該当するものが見当たらないので、広智に重点を置くことにする。また広智と同時代の僧で、最澄と教理上の論争を展開した徳一にも注目したい。それは、筑波山寺（中禅寺）を創建したのが徳一であるという伝承が残っているからである。

(1) 広智

最澄との関係　『叡山大師伝』によると、最澄は弘仁六年（八一五）ごろに東国に布教に出向いており、

上野国浄土院一乗仏子教興・道応・真静、下野国大慈院一乗仏子広智・基徳・鸞鏡・徳念等、本是故道忠禅師弟子也、　（『伝教大師全集　巻五』附録三一頁）

と、上野国・下野国において、道忠の弟子たちに迎えられており、そのなかに広智も含まれている。「上野国浄土院」（浄法寺・緑野寺）は群馬県藤岡市に、「下野国大慈院」（大慈寺・小野寺）は栃木県栃木市に各々現存する。

広智らは道忠の弟子である。道忠については、最澄が近江国分寺僧であったころに、道忠の助力で写経を完成させたという記事が『叡山大師伝』にみえ、「有㆓東国化主道忠禅師者㆒、是此大唐鑑真和上持戒第一弟子也」（『伝

教大師全集　巻五』附録七頁）と記されている。つまり道忠は東国で多くの人を導く存在であり、鑑真の弟子であるということである。下野国薬師寺に戒壇が建てられたことから、戒律に通じた鑑真の弟子が派遣されたとみられ、道忠はその一派であったと考えられる。

円仁・安恵との関係　『日本三代実録』貞観六年（八六四）正月十四日条の円仁卒伝に、下野国で円仁が誕生する際のこととして、「当二産時一有二紫雲一、見二其家上一、家人無レ見、于レ時有レ僧、名曰二広智一、国人号二広智菩薩一、広智覩二望雲気一（中略）年甫九歳、付二託広智菩薩一」と記されており、また『慈覚大師伝』には広智について「是唐僧鑑真和尚第三代弟子也、徳行該博、戒定具足、虚レ己利レ他、国人号二広智菩薩一」と記されている。円仁が生まれる時に家の上に紫雲がたなびいていることを「広智菩薩」が発見し、円仁は九歳でその広智に従ったという内容である。

安恵については、『拾遺往生伝』『元亨釈書』にも伝記が載るが、尊経閣文庫蔵『類聚国史』抄出紙片の安恵卒伝（『日本三代実録』貞観十年四月三日条の逸文）に注目したい。そこには「乃於二七歳一、師二事当時名僧広智一、々々住二彼土小野山寺一、国人号為二菩薩一、広智心深愛レ奇、授二法華・金光等経一、異二其器量一、付二属延暦寺座主最澄大師[20]一」と、下野国で生まれた安恵が七歳で広智に従い、広智はその才能を悟って十三歳の安恵を最澄に付したと記されている。「小野山寺」は大慈寺のことである。

要するに広智は、下野国出身の円仁・安恵を、最澄のもとに連れて行ったのである。円仁は三世天台座主に、安恵は四世天台座主に就任することになる僧である。

徳円との関係　徳円は円珍の密教の師匠であり、その関係文書が「徳円印信之類」として園城寺に伝わっている。それによると徳円は下総国猿島郡の出身で、沙弥の時には安証と名乗ったことが知られている（『園城寺文書』三六―四)[21]。大同三年（八〇八）六月の広円遺言には、盛澄・基徳・広智・得念・安証（徳円）に対して最澄から授かった灌頂の公験や唐の天台山の仏具などを授けると記されている（『園城寺文書』三六―六）。そこにみえる基徳・広智・得念の三名は、『叡山大師伝』に記されるように、弘仁六年（八一五）に東国に出向いた最澄を下野国で出迎えた人物である。

広智と徳円との関係は、承和九年（八四二）五月十五日の徳円付嘱円珍印信（『園城寺文書』三七）にも次のようにみえる。

> 澄（最澄）阿遮（闍）梨去大同五年五月十四日、比叡山止観院妙徳道場、伝二授広智阿闍梨一、皆有二印信一、師々相付也、復澄阿遮（闍）梨去弘仁八年三月六日、下野州大慈山寺伝二付弟子徳円一、印署未レ蒙、大師遂没去、天長七年潤（閏）十二月十六日、為レ取二印信一於二野州大慈山道場一、更受二広智阿闍梨一、方給二印信一、今阿闍梨徳円嗣二師跡一故、伝二授弟子僧円珍一

すなわち最澄が唐から伝えた密教は、大同五年（八一〇）に比叡山において最澄から広智に、天長七年（八三〇）に下野国の大慈寺において広智から徳円に、そして承和九年（八四二）に比叡山において徳円から円珍に伝授されたのである。

また承和二年（八三五）に二世座主の円澄は「雄（小）野千部院大和上」に対して書状を宛て、「入京」（比叡山への来訪）を促している。その書面には「仁（円仁）与徳（徳円）、大禅師（広智）之所レ生子也、一入唐也、一入京也、此世之栄、誰争二此事一」とみえる（『園城寺文書』三六―五）。つまり円仁・徳円はいずれも広智の弟子で、円仁は入唐が決まり、徳円は天長二年（八二五）に補任された下野国講師の任（『園城寺文書』三六―一〇）を終えて比叡山に戻ったということである。このことから、広智が円仁と徳円を、関東から最澄のもとに送り出したことがわかるのである。

空海との関係　空海の手紙を集成した『高野雑筆集』[22]には、弘仁六年（八一五）ごろとみられる広智宛の次の書状が含まれており、密教経典を広智のもとに送るので、書写して広めてほしいと依頼した内容である。

幽蘭無レ心而気遠、美玉得君価（深）貴、闍梨（広智）僻二処之（遐）方一、善称興（与）二風雲一而周普（遍）、甚々善々、貧道遊二大唐一、所レ習二得一真言秘蔵、縁二其本未レ多、久滞二講伝一、今思、乗二衆機之縁力一、書二写神道（通）之宝蔵一、所以差二弟子僧康守一、発二向彼境一、冀乗二彼金剛薩埵之悲願一、扣二勧待雨之種子一、今因二康守金剛子一、不宣、釈空海白、

三月廿六日

下野広智禅師侍童

徳一との関係　『天台霞標』は、明和八年（一七七一）に金竜敬雄が天台宗の史料を集めて、人物ごとに配列した典籍である。そのなか（二編巻之二）には、最澄の支持者であった伴国道が、天長二年（八二五）八月に義真・円澄に宛てた書状が含まれており、そこには、

又京畿近国、漸扇二妙風一、坂東諸国、未レ聞二其義一、此則常陸僧借（僧）位伝灯大法師位徳溢、空拘二権教一、未レ会二真実一之所レ致也、経云、（中略）溢公罪如二経説一、禅師以二去弘仁八年一、為レ令三一切衆生、直至二道場一、結二縁八島之内一、奉レ写二法華経六千部一、今聞、下野国小野寺沙弥広智、伏依二師教一写二千部一、毎年行レ檀（壇）、毎日長講、揚二一乗奥義一、述二十如之妙旨一、正法将来、若人更起、所謂為二如来之使一、行二如来之事一、是以左相君（藤原冬嗣）、遥加二随喜一、持（特）奏令レ度、今使二円教東被一、唯憑二斯人一、努力努力、

と記されている[23]。前半は、坂東に天台宗が広まっていないのは、常陸国に徳溢（徳一）がおり、釈迦の仮の教え（三乗思想を指す）に拘泥し、真実の教え（一乗思想）に未だ接していないからであるという内容である。

後半は広智の東国での写経・講経を賞賛した内容で、広智のことを「如来之使」とまで呼んでいる。ここで特

に注目すべきは、「下野国小野寺沙弥広智」および「是以左相君（藤原冬嗣）、遥加㆓随喜㆒、特奏令㆑度」という記事である。「沙弥」は、得度を済ませたが受戒していない見習い僧のことである。一方で、広智はこの天長二年（八二五）まで得度の手続きを取っておらず、左大臣藤原冬嗣の好意によって特にそれを許されたと記されているのである。田村晃祐は、『叡山大師伝』には在家信者を示す「一乗仏子」のような呼称で呼ばれた僧が多く、関東地方では得度・受戒の手続きが不徹底であったと指摘している。[24] 広智の場合、円仁・安恵・徳円を最澄に付託し、比叡山で最澄から灌頂を受けていたにもかかわらず、この時に初めて正式に得度の手続きを済ませたのである。

なお広智が写経活動に携わっていたことは、前掲の円澄や空海の書状からも窺える。また『続日本後紀』承和元年（八三四）五月乙丑（十五日）条、同二年正月庚申（十四日）条に、相模・上総・下総・常陸・上野・下野に対して一切経の書写を命じた記事があり、それに関係していたことが知られる。

以上から次のことが判明した。①鑑真―道忠―広智という系譜が確認でき、道忠や広智は東国で活動した。②広智は、下野国で弟子とした円仁・安恵を最澄に従わせた。③大同五年（八一〇）には比叡山で最澄から密教を伝授され、それは徳円―円珍へと伝えられた。弘仁六年（八一五）ごろに最澄が東国に赴いた際には、下野国大慈寺で出迎えた。④そのころ空海から経典を送られている。⑤天長二年（八二五）の伴国道の書状では、その写経活動が賞賛されており、藤原冬嗣の意向で正式に得度が許された。⑥承和二年（八三五）には、二世座主の円澄が下野国小野寺（大慈寺）の広智に対して入京を勧めている。

（2）徳一

最澄は『照権実鏡』に「弘仁八年歳次丁酉二月日、依㆘陸奥仏性抄判㆓法華㆒為㆖権、且作㆓此鏡㆒」、『守護国界

章』に「奥州会津県溢和上」（『伝教大師全集　巻二』一一〜一二頁、一五二頁）と記しており、弘仁八年（八一七）ごろに陸奥国会津にいた徳一（徳溢・得一とも）と論争している。一切衆生はいずれも悟りを開くことができるとの一乗思想を主張する天台宗の最澄と、衆生は声聞・縁覚・菩薩の三種に分かれるとの三乗思想を主張する法相宗の徳一との立場の相違によるもので、三一権実論争と呼ばれる。この論争は著作の応酬をもってなされ、最澄は『照権実鏡』『守護国界章』『法華秀句』などを、徳一は『仏性抄』『中辺義鏡』『恵日羽足』『遮異見章』を著している。しかし最澄の著作が現存するのに対して、徳一の著作の大多数は最澄の著作に引用されたかたちでしか伝わらない。

寛治八年（一〇九四）成立の『東域伝灯目録』には「同（唯識）論同異補闕章二巻」など、「東大寺徳一」の著作が列挙されている。このことから徳一は当初は奈良にいた僧侶とみられる。そして弘仁八年（八一七）には陸奥国におり、また前掲『天台霞標』所収の伴国道の書状にみえるように天長二年（八二五）には常陸国にいたことが知られる。徳一の著作で現存するのは、『真言宗未決文』のみで、その内容は真言宗に疑問をもち、それを空海に質問したものである。

『高野雑筆集』には、空海から徳一に宛てた次のような書状が含まれている。

摩騰不レ遊、振旦久聾、康会不レ至、呉人長聾、聞導（道）、徳一菩薩、戒珠氷（如）レ玉、智海泓澄、斗藪離レ京、振レ錫東往、始建二法幢一、開二示衆生之耳目一、大吹二法螺一、発二揮万類之仏種一、咨伽梵慈月、水在影現、薩埵同事、何趣不レ到、珍々重々、空海入二大唐一、所二学習一秘蔵法門、其本未レ多、不レ能二広流伝一、思下欲乗二衆縁力一書写弘揚上、所以差二弟子康守一、馳二向彼境一、伏乞願（顧彼）二被弘道一、助遂二少願一、幸々甚々、委曲載レ別、嗟雲樹長遠、誰堪二企望一、時因二颪雲一、恵及二金玉一、謹奉状、不宣、沙門空海状上、

四月五日

陸州徳一菩薩法前謹宣（空）

この書状は弘仁六年（八一五）ごろのものとみられ、「陸州徳一菩薩」のもとに弟子の康守を遣わして密教経典を送るという内容である。

（3）「菩薩」「禅師」の呼称

関東地方におけるこうした僧侶の活動は、どのように位置づけることができるか。道忠が「化主」、広智や徳一が「菩薩」と呼ばれたことに着目しよう。

「化主」は、衆生や信者を教え導く布教僧のことで、「知識」という信者集団とともに史料に登場する。日本最古の現存する古写経は、丙戌年（六八六）に「教化僧宝林」が「川内（河内）国志貴評内」の「知識」と協力して書写した『金剛場陀羅尼経』（『古写経綜鑒』一〇七頁）である。また『多度神宮寺伽藍縁起資財帳』（『平安遺文』二〇号）によると、私度の沙弥の法教が天応元年（七八一）に伊勢・美濃・尾張・志摩の道俗「知識」を引導し、法堂・僧房・大衆湯屋を造立している。また「菩薩」は、一切衆生とともに悟りを開くべく修行中の者という意味で、行基など民衆に布教した僧は生存中から「菩薩」と呼ばれた[25]。

道忠や広智が多くの弟子を抱え、「化主」「菩薩」と呼ばれたことは、関東において多くの信者を獲得した布教僧であったことを示しているのであろう。また徳一も、空海からの書状で「菩薩」と呼ばれており、多くの支持者がいたことを窺わせる。

なお広智は伴国道から「沙弥」、空海や円澄から「禅師」と呼ばれている。「沙弥」は、広智が相応の年齢まで正式に得度の手続きを取っていなかったからであろう。「禅師」は、下野国の大慈寺が山中に位置しており、広智が山岳修行者と捉えられたことを示している。

七・八世紀にみられた菩薩・化主と知識との関係に代わって、九世紀には天台宗・真言宗が組織的に地方に教線を拡張する動きが確認できる。第一に、諸国講読師に天台宗・真言宗の僧が補任されるようになったことで、先の徳円は天長二年（八二五）に下野国講師をつとめており、『類聚三代格』（巻三）承和二年（八三五）十月十五日官符で天台僧の諸国講師補任のことが正式に決まっている。そして承和十一年（八四四）には安恵が出羽国講師をつとめたことが、その伝記から知られる。第二に、天台宗の別院が各地に設けられたことである。『続日本後紀』『日本三代実録』などで確認できるもののうち東日本の主要なものを挙げると、承和六年（八三九）伊勢国多度神宮寺、嘉祥三年（八五〇）の上野国聖隆寺、元慶五年（八八一）の信濃国観音寺・陸奥国弘隆寺などが指摘できる[26]。

以上のように、九世紀初頭は天台宗が関東地方に教団組織を形成しつつある時期であった。すなわち、信仰を同じくする集団が「知識」、主導僧が「化主」「菩薩」と呼ばれていた段階から、天台僧が諸国講師に補任されたり、天台宗の別院が各地に設けられるような段階へと転じたのである[27]。

二　経塚と東城寺

（1）経塚と経筒銘文

現在の東城寺の裏山に所在する経塚遺跡は明治二十三年（一八九〇）に発見され、同三十五年（一九〇二）に発掘調査がなされた。そこから出土した経筒や経典は東京国立博物館に保管されている。保安三年（一一二二）八

月十八日、天治元年（一一二四）十一月十二日の二点の経筒の銘文は次の通りである。(28)

・保安三年大歳壬寅八月十八日甲辰、如法経書写供養、願主(生)聖人僧明覚、大檀(壇)越平朝臣致幹、為二□法界衆生平等利益一所レ奉二遂果一如レ右、敬白、

・天治元年歳次甲辰十一月十二日乙酉、奉レ安二置銅壺一口一、行者延暦寺沙門経暹、大檀(壇)那蔭(陰)子平致幹、銀作(散位)三国将時、

また経筒に納められていた『法華経』には、書写した「僧慈意」の名が記されている。

保安三年（一一二二）の経筒に「願主聖人僧」として登場している「明覚」については、悉曇学を研究した天台僧で「加州隠者」とも呼ばれた明覚のこととも考えられる。松本文三郎の研究によると、明覚は『悉曇大底』識語に応徳元年（一〇八四）に二十九歳であったと記しており、天喜四年（一〇五六）の生まれであることがわかる。また承徳二年（一〇九八）に記した『梵字形音義』が嘉承元年（一一〇六）に書写されており、そこには「先師入滅後」の記事があるので同年には没していたとも考えられる。ここで取り上げている保安三年（一一二二）の東城寺経筒にみえる明覚が、同一人物か否かについて、松本文三郎は同一人物であるとすれば、六十六歳以上になるとしている。(29) 牛山佳幸も加賀国温泉寺に関連して明覚に言及しているが、東城寺経塚の明覚はそれとは別人と考えている。(30)

保安三年の経筒に「大檀越」、天治元年の経筒に「大檀那」と記された「平致幹」は、桓武平氏で常陸大掾を世襲した在庁官人（常陸大掾氏）の家系に属する人物である。この家系と延暦寺との関係については、『続左丞抄』（第一）寛和三年（九八七）正月二十四日官符に、平繁盛が延暦寺に『大般若経』六〇〇巻を奉納することが記されている。そして『常陸大掾系図』によると、次のように、致幹はその四代目の子孫である。

国香―繁盛―維幹―為幹―繁幹―致幹―直幹―義幹

また、『奥州後三年記』（上）に「常陸国に多気権守宗基といふ猛者あり、そのむすめをのづから頼義《（源）》朝臣の子をうめることあり」という記事がある。「宗基」は「致幹」とともに「むねもと」と読め、致幹は『常陸大掾系図』に「薩摩守多気権守」と記されている。常陸国筑波郡の多気や水守の地は、平維幹の時から常陸大掾氏の拠点として知られている。その娘が源頼義（九八八～一〇七五）の子を産んだという記事からすると、平宗基（致幹）は十一世紀半ばの人物とみられる。[31] そうすると、東城寺経塚出土の経筒と年代的に合致しないことになる。

以上のことから、保安三年（一一二二）の経筒にみえる願主聖人明覚、同経筒および天治元年（一一二四）の経筒にみえる大檀越平致幹は、いずれも同時代の人物ではなく、それより一世代ほど前の人物である可能性が生じる。その理由は明らかでないが、経塚を発願したが完成まで歳月を要した、あるいは次世代の人物が明覚や平致幹を顕彰する意味から両名の名前を刻銘したことが考えられる。いずれにしても平安後期の東城寺が、常陸大掾氏の支持を受け、延暦寺僧とも関係していたことが判明した。

(2) 平安後期の地方寺院と東城寺

東城寺を平安後期の寺院史のなかに位置づけるとどうなるのか。

第一に、天台宗系列の地方寺院の展開という視点から考えよう。『僧妙達蘇生注記』は、東国を題材にした説話集で、十世紀に時代を設定し、七十余人の生前の作善行為・悪行と死後・来世のことを記しており、大多数は陸奥国・出羽国から中部地方までの東国の話である。天治二年（一一二五）の書写奥書からそれ以前の成立であることがわかる。[32] また東寺観智院本『三宝絵』中巻の追記「妙達和尚ノ入定シテヨミガヘリタル記」も、それと同内容である。

前半は、俗人の作善行為（僧に供養、写経、造寺、造仏、五穀絶）と、その功徳による死後の異国への転生が記されている。造寺について堂舎の規模（三丈〜六丈の御堂や三重塔など）が記されているが、寺院名は登場していない。一方の後半は、僧侶・俗人の善悪行為と応報に関する内容で悪報が多く、平将門も登場する。僧名や「座主」、寺院名（信濃国善光寺、越後国岡前寺、下野国大光寺・菩提寺、上野国妙見寺など）や「天台別院」が記されている。

前半に属する記事に、常陸国の人物が次のように登場している。

・常陸国新治郡東条竹馬郷居住藤原元景、六丈御堂并員菩薩像奉レ造、八部法花以二金泥一奉レ書、一万三千仏奉二画絵一、依二是功徳一、帝印国第五人、被レ定レ縁者、大唐王可レ生、

・同国伴常連、五丈御塔一宇、并三尺弥勤《勒》仏・左右仏菩薩像、百部法花以二金泥一奉レ書也、依二是功徳一、大国生也、

・那珂郡居住大中臣佐真、二丈五尺御堂作二薬師・左右菩薩像一、奉二安置一、又八部法花奉レ書也、仏即伴金色経又一部書了、残七部書写之間、経師飲酒、加以遂果之内、不浄人以二食物一、備二置師前一也、因レ之不レ被レ納二竜蔵一ト宣、

なお『三宝絵』では、配列が異なり、伴常連が「常陸国シチノ《新治カ》郡ニアリシ大領伴恒クニ」、新治郡の藤原元景が「同国《常陸》掾藤原元景」、那珂郡の大中臣佐真が「常陸国ナコ《那珂》ノ郡ノ郡司大中臣助真」と表記されている。

『僧妙達蘇生注記』は、東国の地方豪族の仏教信仰を、天台宗の別院のネットワークを介して情報収集したとみられる説話集である。その前半部からは、地方豪族が建てた「御堂」は、まだ寺名が確定していなかったとも理解できる。一方、東城寺では常陸大掾氏と延暦寺僧が連携して『法華経』を書写させ、経筒に納めている。『僧妙達蘇生注記』にみえるような信仰形態を東城寺について連想することが可能かもしれない。

第二に、在庁官人との関係という視点から考えよう。西口順子の研究「いわゆる「国衙の寺[33]」」は、平安末期に在庁官人が支持した神社「一宮」に対応するような寺院として、讃岐国善通寺・大隅国台明寺・備前国金山寺・紀伊国粉河寺・武蔵国浅草寺などを指摘したもので、それらは国司や国内の安穏を祈る機能を担い、必ずしも古代の定額寺の系譜を引くものではないと主張している。常陸国において、「いわゆる国衙の寺」を想定すると、どの寺院がそれに該当するか。明確なかたちで文献史料に残っていないが、鹿島神宮寺は、一宮の神宮寺で、その経塚から独鈷杵・五鈷杵・五鈷鈴などの密教法具が出土しており[34]、密教修法を行って国内の安泰を祈っていたことが想定できる。また在庁官人の主要な構成員である常陸大掾氏が支持したという点では、東城寺もその候補といえよう。

第三節　鎌倉時代以降の東城寺

一　鎌倉・室町時代の東城寺

ここでは、文献史料や東城寺に残る遺物をもとに、鎌倉時代から室町時代の同寺の状況を概観することにしよう。

(1)『沙石集』『雑談集』

無住が記した『沙石集』（巻五本—七）「学生世間事無沙汰事」に、

常州ノ東城寺ニ、円幸教王房ノ法橋ト云テ、寺法師ノ学生有ケリ、他事ナク、聖教ニ眼ヲサラシ、顕密ノ勤行怠ナキ上人ナリ、

とあり、また同著の『雑談集』（巻三）に、

幼年ニ三井寺ノ円幸教王房ノ法橋ニ、倶舎頌疏処々聞レ之、

と記されている。[35]

つまり無住は、幼少の時に常陸国の東城寺で円幸（教王房は房号、法橋は僧綱位）の講説を聞いた、円幸はもとは三井寺（園城寺）の僧であった、という内容である。無住は関東地方の出身で、梶原氏ともいわれ、若い時に常陸に移り、その後、京都の東福寺、尾張国の長母寺、伊勢国蓮華寺などに住み、嘉元三年（一三〇五）に八十歳の時に長母寺で『雑談集』を脱稿している。従って、『沙石集』『雑談集』にみえる円幸への師事は十三世紀の前半のことであり、そのころ東城寺が園城寺の影響下にあったことが知られるのである。

写真１　東城寺の伝広智坐像

（2）広智坐像膝下墨書銘

東城寺に伝わる木造伝広智坐像（写真1、像高七五・七センチメートル）の嘉禎三年（一二三七）・永仁六年（一二九八）・寛延元年（一七四八）の墨書銘は次の通りである。[36]

・南野荘小田之住人藤原氏、依二夢想之告一所二綵色一也、如二□夢想之告一、早令レ成二就□所願一仍之状如レ件、

永仁六年戊戌三月七日

願主藤原氏

□(并カ)□

・東城寺

嘉禎三年丁酉正月、右志者為□□現□(当カ)□(二カ)□(世カ)、悉地□所□也、

・奉二再興一之(也)、寛延元戊辰天十月八日

遠州掛川住回国行者照順

嘉禎三年銘は、この広智坐像が造られた時に記されたのであろう。「東城寺」という寺名が、同時代の史料で確認できる最初のものである。永仁六年の記事は、「南野荘小田之住人藤原氏」がこの坐像に彩色したという内容である。南野荘は、安元二年（一一七六）の八条院領目録に「常陸国南野牧」（『平安遺文』五〇六〇号）とみえる筑波郡・新治郡に所在した荘園で、常陸大掾氏が在地の管理者であったようであるが、鎌倉時代には小田氏が地頭職となったとみられる。(37)

（3）東城寺・般若寺・三村寺の結界石

東城寺および般若寺（土浦市宍塚）・三村寺（三村山清冷院極楽寺）跡（つくば市小田）には、いずれも建長五年（一二五三）銘の結界石が残っている。

すなわち、東城寺の第Ⅰ碑には「建長五年癸丑、大界外相、九月二十九日」、第Ⅱ碑・第Ⅲ碑・第Ⅳ碑・第Ⅴ

碑には各々「大界外相」との刻銘が、また般若寺の第Ⅰ碑には「建長五年癸丑七月二十九日」「大界外相」、第Ⅱ碑には「大界外相」とある。三村寺の第Ⅰ碑には「三村山、不殺生界」、第Ⅱ碑には「三村山、不殺□□」、第Ⅲ碑には「建長五年癸丑、三村山、不殺生界、九月十一日」との刻銘が確認できるのである。それらの文字については同筆であると、高井悌三郎が指摘している[38]。

これらの結界石は、忍性によって建てられたとみられる。忍性は西大寺を拠点に戒律の復興運動を展開した叡尊の弟子で、建長四年（一二五二）に関東へ出向き、常陸三村寺（極楽寺）に住み、小田時知の保護を受けている[39]。『忍性菩薩略行記（性公大徳譜）』に「六十二歳、弘安元、椎尾山ノ頂ニ建ツ宝塔ヲ、堀出礫石ヲ数十六」と記されている[40]。椎尾山は薬王院（桜川市に現存）のことである。

また『関東往還記』によると、叡尊も弘長二年（一二六二）に鎌倉に下向している。二月六日に叡尊は近江国蒲生郡鏡宿に到着し、七日には「常陸国三村寺僧道篋比丘」から届いた書状を受け取っている。そこには尾張国長母寺の新発意僧三十余人が律法を行うので逗留を望むとあり、叡尊は十日に同寺に到着している[41]。この常陸国三村山の「道篋」は、『沙石集』『雑談集』の筆者の無住（無住道暁）のことと考えられる[42]。

東城寺・般若寺の結界石と、三村寺のそれを比較すると「大界外相」と「不殺生界」の文言に相違がある。松尾剛次の研究によると、「大界外相」はその領域内の僧に対して布薩への参加を義務づけるもので、律宗寺院であることを象徴するといい、また「不殺生界」は俗人に対してまで、領域内での殺生を禁止することであり、「大界外相」より厳しい結界であるという[43]。つまり、忍性が三村寺を建てたのに伴い、東城寺もその影響下に入ったのである。

（4）常陸国方穂荘

三千院（京都市）は、天台宗の梶井坊（梨下坊）の門流を伝える寺院である。そこに伝わる正中二年（一三二五）の承鎮法親王の付属状は、寺領・聖教・仏具などを尊雲法親王に相伝するとの内容で、同年十一月二十五日の注進状に寺領が列挙されている。そのうち「日吉社領」には近江・美濃・駿河・常陸・但馬・肥後の荘園が挙がっており、常陸国について「方穂荘号二東盛寺一」と記されている。(44) 方穂荘は、筑波郡が北条・南条に分かれたうちの南条の大部分を占める荘園で、南野荘によって東西に分断され、「東盛寺」（東城寺）が属する東側は筑波山系に属するため、「山荘」とも呼ばれた。(45)

この承鎮法親王の付属状によると、東城寺とその周辺が鎌倉後期に日吉神社領になっており、それは常陸大掾氏がこの土地を延暦寺に寄進したことによるのであろう。なお東城寺の近くには日枝神社が現存している。

（5）『十軸鈔』書写奥書

叡山文庫（滋賀県大津市）には、近世初頭に天台宗の再興を推進した天海が所蔵していた典籍が保管されている。そのうち『十軸鈔』第一冊末には、次のような書写奥書がある。(46)「御本云、永享八年二月十九日、筆者宗祐、於二濃州不破郡垂井談義所一令二書写一畢、常州小田千光寺住時節、東盛寺釈迦院御本ニ而写レ之了」「于レ時天文十五年丙午九月二十八日、豪伝四十三歳、右筆秀盛」「于レ時天正十九年太歳辛卯五月中旬書レ之畢、墨付八十五丁」。また同書第三冊末にも、「御本云、応永二十六年七月十七日、美濃国於二□垂井之談所一写レ之、右筆宗祐、常州小田千光寺住之時分、山荘東盛寺以二釈迦院御本一写レ之、本消物殊外不レ読故書換多レ之々々、筆者中将豪賢」「于レ時天文十五年丙午十一月六日、（下略）」と記されている。

『十軸鈔』一〇冊の各末尾の書写奥書を総合すると、応永二十六年（一四一九）から永享八年（一四三六）の間に、宗祐が美濃国不破郡垂井談義所において、常州小田千光寺に住んでいた時に写した東盛寺（東城寺）釈迦院の本をもって関係者に書写させたことがわかる。そしてさらに同書は天文十五年（一五四六）に豪伝・豪賢らが、天正十九年（一五九一）から同二十年の間に右筆秀盛が書写を重ねているのである。

美濃国垂井談義所は、現在の岐阜県垂井町に所在した寺院であろうが、他の史料で裏付けることはできない。垂井は美濃国府が所在した場所で、また西には関ヶ原を越えた近江国坂田郡に、成菩提院（滋賀県米原市に現存）という天台宗の談義所が存在していた。垂井談義所も、成菩提院に近接した天台宗の談義所とみてよかろう。

常陸国小田千光寺は、つくば市大曽根に星庭山千手院千光寺として現存し、創建時は小田に所在し、永禄年間（一五五八～七〇）に小高村に移り、天正年間（一五七三～九二）に大曽根に移動したといわれる。[47] また稲敷市の逢善寺所蔵の『檀那門跡相承資』にも、享徳四年（一四五五）の記事に続けて「小田千光寺覚尊」が逢善寺の門下に入っていたとの記事がある。[48]

『十軸鈔』第三冊末によると、東城寺は「山荘東盛寺」と呼ばれており、そこに釈迦院が存在したことも知られる。高井悌三郎によると、東城寺の近辺には「釈迦院」「地蔵」「極楽院」の小字が残り、「極楽院」の場所に永正十二年（一五一五）の五輪塔が立っているという。[49]

また、叡山文庫天海蔵の『山王秘記』書写奥書には「永和二年卯月十七日、遍照金剛了瑞於㆓常州椎尾山㆒書写畢、十二月二十二日朝慶亮清」「応永二年乙亥十二月二十三日書写了、心什、常州筑波山麓青鳥山熊野堂談所ニテ書㆓写之㆒、比叡山南山無動寺於㆓覚恩坊㆒書㆓写之㆒」の記事もみえる。[50] 永和二年（一三七六）の記事にみえる椎尾山は、椎尾山薬王院のことである。

以上のように、十四世紀末から十五世紀前半に、「東盛寺」（東城寺）・「椎尾山」（薬王院）・「筑波山麓青鳥山熊野堂談所」（所在定地不詳）といった天台宗の寺院が筑波山周辺に所在していたことが、叡山文庫天海蔵の典籍の書写奥書から判明した。

なお、十六世紀になると天台宗の地方寺院のうち、常陸国千妙寺（茨城県筑西市に現存）・上総国長福寺（千葉県長南町に長福寿寺が現存）・下野国宗光寺（栃木県二宮町に現存）・常陸国逢善寺（稲敷市に現存）・武蔵国喜多院（埼玉県川越市に現存）のように、朝廷に申請して僧正や僧都の僧綱位を獲得したり、祖師に追贈する寺院が登場した。これらは、『本光国師日記』寛永九年（一六三二）三月十九日条にも僧正を輩出する寺院として登場するように、江戸時代にも関東の主要な寺院としての地位を維持し、談義所とも呼ばれた。[51] しかし東城寺は、そのような天台宗の主要寺院にはならなかったといえる。

二　最仙・広智の伝承

（1）徳一と円仁

最仙・広智の伝承を考える前に、最澄と論争した徳一が筑波山寺（中禅寺）を建立したとの伝承、広智の弟子である円仁が出羽国や関東の寺院を建立したという伝承にも触れておきたい。

徳一の活動拠点については、十二世紀初頭成立の『今昔物語集』（十七巻二十九）に「今昔、陸奥国ニ恵日寺ト云フ寺有リ、此レハ興福寺ノ前ノ入唐ノ僧、得一菩薩ト云フ人ノ建タル寺也」と記されており、陸奥国の恵日寺が知られる。同寺は福島県磐梯町に現存し、また勝常寺（福島県湯川村）には徳一の坐像が安置されている。

徳一が常陸国に筑波山寺を建立したと記す史料は、以下の四系統に分類できる。

（甲）陸奥国清水寺（恵日寺）を創建し、のちに常陸に移って筑波山寺を開いたとする史料。『私聚百因縁集』（愚勧住心編、正嘉元年〈一二五七〉成立）、『南都高僧伝』（十三世紀成立）。

（乙）筑波山寺を開き、のち陸奥国清水寺（恵日寺）で没したとする史料。『元亨釈書』（虎関師錬編、元亨二年〈一三二二〉成立）、『東国高僧伝』（貞享五年〈一六八八〉成立）、『本朝高僧伝』（卍元師蛮編、元禄十五年〈一七〇二〉成立）、『和漢三才図会』（正徳二年〈一七一二〉成立）。

（丙）南都から常陸に下り、「筑波山四十八ヶ所霊場」を建立したとする史料。『神明鏡』（南北朝期～永享六年〈一四三四〉成立）。

（丁）筑波寺を開いたという記事のみの史料。『扶桑隠逸伝』（元政編、寛文三年〈一六六三〉成立）。

徳一の寺院創建伝承には、「大同二年」という年号を伴っていることが多く、坂上田村麻呂伝説と一体化して、近世に東国に伝播していったと考えられている。[52]

円仁については、『慈覚大師伝』に天長六年（八二九）の記事に続けて「自遥向二北土一、弘二暢妙典一、更帰二叡岳一」という記事があり、円仁が東北地方へ出向いたことが知られる。これを受けてか、『私聚百因縁集』の「慈覚大師事」に「諸国ニ建二立シ寺院一ヲタマフ、其ノ後、只非ス二山上洛下畿内近国耳一ニ、化導遥ニ過二東夷ノ栖一ヲ、利生遠ク及二フ北狄ノ境一ニ、所謂出羽ノ立石寺、奥州ノ松島寺等ナリ」、『渓嵐拾葉集』（巻二十二、光宗、十四世紀前半）に「覚大師（円仁）於二安房国清澄寺一、得二悉地一給、彼寺大師御建立也」と記されている。ここに記された立石寺（山形市に現存）・瑞巌寺（宮城県松島町に現存）・清澄寺（千葉県鴨川市に現存）だけでなく、円仁が建立したといわれる寺院は東北・関東地方に多く分布している。[53]

（2）最仙

最仙は、平安時代末までに成立した文献史料では、その存在が確認できない。一方で、最仙が建立したといわれる寺院を、今瀬文也『茨城の寺』で探すと、西蓮寺（行方市玉造）・宝憧院（行方市玉造）・薬王院（桜川市）・東城寺（土浦市）・円長寺（行方市北浦）・北斗寺（つくば市栗原）が確認できる。(54)

最仙や最仙が建立した寺院についての史料を列挙すると次のようになる。

『元亨釈書』（巻十四）（虎関師錬編、元亨二年〈一三二二〉成立）(55)

釈最仙、嘗任二常州講師一、戒行備足、四衆帰崇、性抱二利済一、修二寺院一、掃二堂宇一、夷二嶮途一、架二絶梁一、走レ急救レ危、切二於己一、逢二旱澇一、不レ待二延請一、祈求修法、屢有二感応一、問レ疾餉レ餓、存活之者多、俗号二悲増大士一、

賛曰、吾法有二荘厳仏土之句一、是大心士之事業也、諸師営二新宇一、修二廃寺一、夷二嶮塗一、架二絶橋一、皆是也、佳乎、彼荘厳者、此荘厳也矣、

『本朝高僧伝』（巻六十四）（卍元師蛮編、元禄十五年〈一七〇二〉成立）(56)

釈最仙、戒恵兼蘊、任二常州講師一、延暦元年建二西蓮寺於常州行方郡一、弘二通教法一、利済切レ己、修二寺院一、掃二堂宇一、夷二嶮途一、架二絶梁一、走レ急救レ危、毎レ逢二旱澇一、不レ待二延請一、祈求修法、屢有二感応一、問レ疾餉レ餓、存活特多、俗号二悲増大士一、

『常州東城寺来由記』（実相軒霊天編、享保五年〈一七二〇〉～同八年成立）(57)

・最仙上人草創之梵利（刹）也、抑最仙上人者台嶺之学匠・法華之行者也、曾赴二化于当国一、

・徳行不レ孤、聿達二天聞一、桓武皇帝勅任二常州之講師一、延歴（暦）之末、奏レ創二一伽藍於当山一、帝乃詔許矣、（中略）

捨二封由（ママ）三千戸一、永為二仙僧之供資一、

・最仙上人開基此地住持十余蛍、性好二遊化一、赴二他山之請一、于レ時有二大慈寺之僧広智律師一、慈済温寛、而世称二菩薩一、慈覚大師髫歯之師也、（中略）大同第二丁亥、祀招屈附二属寺務一也、

『常福寺縁起』（寛政六年〈一七九四〉成立）[58]

人王五十代桓武天皇の頃最仙上人此処江来り、薬師如来の木像一刀三礼にて彫刻し給ひぬ、

『新編常陸国誌』（巻六十九）（中山信名・色川三中編、栗田寛増補、明治三十四年〈一九〇一〉成立）[59]

・西蓮寺（行方郡西蓮寺）の項

常陸考云、延暦元年、依二桓武帝勅願一、伝教大師（最澄）高足最仙上人開山也、

・薬王院（真壁郡椎尾村）の項

常陸考云、徳一開基伝称ス、桓武帝ノ勅願所也、薬師堂ノ横額ニ、桓武天皇勅願所最仙上人開基トアリ、

［補］正徳四年鐘銘ニ、延暦皇帝詔二沙門最仙一使レ創、蓋為二祝釐之道場一也、

これらを比較してみると、『元亨釈書』の記事では、常陸国の講師である最仙は、戒律を守り、寺院を修造、道・橋を整備し、災に際して修法を行ったという内容である。次の『本朝高僧伝』では、延暦元年（七八二）に行方郡に西蓮寺を建立したという記事が加わっている。そして『常州東城寺来由記』では最仙を「台嶺之学匠・法華之行者」と表現して、天台僧と捉え、さらに『新編常陸国誌』が引く「常陸考」には「伝教大師（最澄）高足最仙上人」と記されている。

最仙のことを記す最初の史料『元亨釈書』の記事を、批判的に読むならば次のようにいえる。①オリジナルの情報は、最仙が常陸国講師であったことだけである。②高僧伝に頻出する事績や常套表現として、持戒や寺院再

興が指摘できる。③六国史など古代の史料には類例のない記事として「俗号㆓悲増大士㆒」を捉えることができる。

それでは、最仙は架空の人物であろうか。『元亨釈書』（巻十四・檀興）に載る一九人は、行基（和泉国菅原寺）・慶俊（山城国愛宕山）・真紹（山城禅林寺）・観喜（和泉人）・最仙・勝道（下野補陀落寺）から重源（東大寺）までで、その配列からすると最仙は平安初期の人である。最仙は六国史に登場しないが、それだけで架空の僧とは断定できない。『日本後紀』が四〇巻のうち一〇巻しか残っていないからである。

最仙の創建伝承をもつ寺院に着目すると、それらは茨城県の霞ヶ浦から筑波山の周辺、すなわち国府・国分寺・一宮（鹿島神宮）に近い場所に限られている。それは、徳一を開山とする寺院が関東・東北地方に多数存在するのとは対照的である。それは最仙が常陸国講師であったことを反映しているのかもしれない。

諸国講師は、中央から各国に派遣された地方僧官で、大宝二年（七〇二）に「諸国国師」として設置され、延暦十四年（七九五）に講師と改称した。『類聚三代格』（巻三）弘仁三年（八一二）三月二十日官符によると、延暦十四年から講師は経典の講説のみを仕事とし他事に関与しなかったので、寺院の堂宇は頽壊してしまったといい、弘仁三年からは諸国講師が国分寺・国分尼寺を検校することになっている。『日本後紀』弘仁三年三月戊寅（二十日）条にも「自㆑今以後、部内諸寺、宜㆑令㆔講師永加㆓検校㆒」とあり、五月乙酉（二十八日）条には「令㆔河内国講師便検㆓校和泉国部内之定額諸寺㆒、又上総国検㆓校安房国之諸寺㆒、越中国検㆓校能登国之諸寺㆒、為㆔元来不㆑置㆓講師㆒也」と、河内国講師が和泉国分寺・定額寺を、上総国講師が安房国諸寺を、越中国講師が能登国諸寺を、それぞれ検校することになったと伝えている。国講師が派遣されていなかった和泉・安房・能登についての特別策である。要するに、諸国講師が管内の国分寺・定額寺・諸寺の伽藍維持を担うことが、弘仁三年に明文化されたのである。その時期に常陸国講師をつとめた最仙の具体的な実績は知りえないが、『元亨釈書』は、「賛曰」として「営二新宇一、修二廃寺一」という讃辞を副えたのである。

もちろん、それを考慮したうえでも、なお『元亨釈書』の記事には史料批判が必要である。『元亨釈書』の鎌倉時代の記事は禅僧に偏重しており、また平安時代の記事にも空海による義空招聘など虚構の付加が認められるという。(60) 最仙の周辺記事については、巻十三（明戒）の末尾において叡尊・忍性を大きく取り上げている。特に忍性が常陸国清涼院で戒律を広めたことや、生涯にわたる事績として伽藍修造八三所・塔婆二〇基・架橋一八九所などを挙げている。そして最仙が載る巻十四（檀興）では、畿内や地方で活動し、寺院の建立・修復、布教活動に当たった僧を取り上げている。下野国に神宮寺・華厳精舎を建立し、上野国講師となり、旱魃に際して雨を祈ったという勝道の記事は『遍照発揮性霊集』を典拠としているようである。しかし、その前に配置される観喜と最仙は、出典が不明である。さらに『元亨釈書』十四巻に載る僧のうち、観喜・最仙の二人は具体的な寺院名を伴っていない。批判的に解釈するならば、忍性の常陸国での活動を前提に、平安時代にも最仙が同地において伽藍修造・架橋を担ったと、主張したかったのかもしれない。

『元亨釈書』にみえる最仙による伽藍修造記事には寺院名が伴わない。そのため、『本朝高僧伝』が西蓮寺という具体的な寺名を加え、さらにそれが増幅していったと考えるべきであろう。しかし『元亨釈書』に載る「悲増大士」という俗称は、『本朝高僧伝』を除いて後世に継承されていない。そのことも『元亨釈書』最仙伝の大きな特徴である。

（3）広智

『私聚百因縁集』　広智は『元亨釈書』『本朝高僧伝』に登場せず、近世の人々にとっては知名度の高い僧でなかったのかもしれない。しかし、広智の知名度を高めた出来事として、『私聚百因縁集』の版本での刊行が指摘できる。同書は、末尾に「時暦正嘉元丁巳七月中、於二常陸一集記」とあるように、愚勧住心が正嘉元年（一二五七）に常陸国で編集した説話集である。和朝部の「慈覚大師事」には、『日本三代実録』『慈覚大師伝』と同じように円仁の誕生に関する話が記されており、

于レ時彼国名ク二高徳ト一至ッテ聖僧ニテ在マシキ云フ二広智菩薩ト一小野寺根本是也、兼テ知リ二玉フ是ノ事ヲ一慈覚大師（円仁）未レ生セ以前ニ、向ッテ二彼ノ父母ニ一言ク、胎内ノ子非二只人ニ一、出胎ノ時必ス告ケヨレ我ニ、清浄ニ可レ奉ルレ養也ト、懃ニ契約ス、

と、広智が父母に胎児がただ者でないことを告げた話が加わっている。(61)

このように広智の事績を拡大して紹介した『私聚百因縁集』が、承応二年（一六五三）に刊行されると、常陸国で読まれたと考えられる。

『常州東城寺来由記』　最仙・広智が東城寺の創建に関係したとする史料に『常州東城寺来由記』がある。最仙に関する最初の箇所は前掲の通りである。それ以後の主要な記事を抄出すると次のようになる。

・弘仁中智公（広智）嬰二于微疾一、自造二寿像一附二与弟子一、就而告曰、我臨終不レ遠、当請二円仁師一為二主盟一、曾在二野州一之日、法契之厚不レ恥、陳雷爾等勿、戒言畢永逝矣、依レ是円仁師入二当国一、兼管二西蓮・東成（城）二天伽藍一也、以二最仙一為二開基一、以二広智一為二開山一、請二於慈覚大師（円仁）一為二第三世一也、
・寿永中、当国刺史八田金吾源知家卿之妾、坤徳貞特之烈女也、知家卒去之後薙髪住、
・応永元年藤原氏夢謁二広智菩薩一菩薩誥曰、我像遍体常寒、宜レ修二衣座一、
・応仁・文明之天丁、日本兵革之運、（中略）満堂漸々零落、蓋就二此荒廃一、台徒捨レ寺離散、
・弘治・永禄之運、郡里江山入二戦図一、水戸有二佐竹義宣一当郡有二小田氏治一、合戦連年不レ絶、依レ焉寺門或成二

軍場一、
・伝謂、往昔弘安之比、有二教王坊之法橋一名二円幸一、晒二眼経論一、委二身止観一、一山雖レ震二学匠之名一、性有二僻見之失一耶、
・慶安丙申（ママ）祀、別当・衆僧嗟二而霊軸之陵頽一、託二事於前大守横山内記某一、逮レ奏二達於幕府之高聴一台寿一聞、寄二賜山園荘田一、是則征夷大将軍源家光公之印璽也、（中略）建二一宇之仏閣一、
・正徳四年秋、上（土カ）木功成而肆二入仏之法延一、予幸預二此嘉会一、三日之供養荘厳、（中略）又拝二広智菩薩之寿像一、高相厳粛、有レ威不レ猛、我生二千歳之末一、不レ得レ偶二若人一、雖レ然幸有二寿影之在一、点二一弁之香一、祈二幽玄之鑑一者也、
・享保第五庚子年、当国之大刺土浦之城主土屋京兆源陳直朝臣巡レ狩之序、枉二輿於当岳一、（中略）大守曰、中古記述一廃、而先輩不レ継、先輩不レ継（衍）、故今人憾レ之、今人不レ記者、亦令二後人憾一レ之、曷以二子之平昔所一レ聞書、不レ貽二昆葉一乎、
・実相軒霊天記、時享保八年猛陬望謄、執筆鳳仲、東□（成カ）院現住祐栄、

これらの内容は、前掲の最仙の記事と合わせて、次のように纏めることができる。①最仙は天台僧で常陸国に東城寺を建立した。②広智が晩年に自身の像を造らせた。③広智ののちは円仁が西蓮寺・東城寺を管理した。④八田知家の妻が落飾して寺に住んだ。⑤広智が夢告を発し、藤原氏が坐像に彩色した。⑥教王坊円幸が住んだ。⑦佐竹・小田などの合戦で伽藍が倒壊し住僧も散在した。⑧慶安（一六四八〜五二。ただし丙申は明暦二年〈一六五六〉）のころ別当・衆僧の訴えで、徳川家光から寺領を安堵された。⑨伽藍の修造が正徳四年（一七一四）に一段落し、落慶供養が行われた。広智坐像も安置されていた。⑩享保五年（一七二〇）に土浦藩主の土屋陳直が参詣

し、東城寺の由来を書き記しておくことを命じた。⑪享保八年に本書が完成した（もしくは書写された）。『常州東城寺来由記』の成立契機は、慶安から正徳のころの伽藍再建を経たのち、享保五年に土浦藩主が参詣し、寺院の由来を書き残すよう勧めたことによる。出典や参照した史料については、⑥は『沙石集』に載る話で、同書を参照したことが確実である。⑤は伝広智坐像銘文を参照したようであるが、年代を誤っている。登場する人物・事項の特徴として、第一に桓武天皇・八田氏などの外護者が多く登場することで、史実とはみなせない桓武天皇の封戸三〇〇〇戸の施入も登場している。第二に、最仙を天台僧とし、また円仁が西蓮寺・東城寺の二つの寺院を管理したという記事で、これも史実とはいえない。

要するに、『常州東城寺来由記』からは、（一）東城寺は西蓮寺とともに最仙によって創建された、（二）東城寺は、広智や円仁が住持となった天台宗の主要な寺院である、との主張が読み取れるのである。

そのことの意味を考えるために、まず当時の本末関係に注目しよう。すなわち東城寺は、寛永十年（一六三三）の「関東真言宗新義本末寺帳」に、醍醐寺末の大聖寺（土浦市に現存）の孫末寺、北斗寺（つくば市に現存）の末寺として、「山荘　東盛寺　寺領拾五石」と記されている。[62]一方で、最仙が建立したといわれる西蓮寺・薬王院については、『寛文朱印留』（天台宗寺領目録留）によると、いずれも天台宗で各々三〇石・一〇〇石の寺領を受けている。[63]こうした関係から東城寺は真言宗寺院になっているが、もとは天台宗であったと、『常州東城寺来由記』は強調していると捉えることができる。

また、承応二年（一六五三）に『私聚百因縁集』が版本で刊行されたことも、重要である。常陸国東城寺の周辺にいた読者は、①筑波山の中禅寺は徳一の創建であるという記事、②円仁の幼年時の師・広智が「小野寺根本是也」と記されていること、③円仁も各地に寺院を建立したという記事に注目したのであろう。『私聚百因縁集』

の広智の説明記事「小野寺根本是也」は、すでにみたように下野国大慈寺のことを指している。しかしその一方で、常陸国東城寺の麓にも「小野」の地名が存在する。「小野寺」は東城寺であると誤読し、東城寺はもともと天台宗の寺院であったとの認識とが重なり、僧名不詳の坐像を広智坐像とみなし、『常州東城寺来由記』に広智・円仁の話が展開したのではなかろうか。

おわりに

本章の論旨を纏めて、結びとしたい。

東城寺旧跡地から国分寺系瓦が発見されたことの背景として、平安初期における山岳修行者の呪力への期待、山寺までを対象に含んだ祈雨命令、修行場・山岳寺院の定額寺への昇格といった事象が指摘できる。筑波山系の山岳寺院の成立については、周辺・麓に位置する東城寺・薬王院が先に寺院の体裁を整え、それに遅れて筑波山の中腹に筑波山寺（中禅寺）が建てられたことが想定できる。

広智は、関東地方の信仰集団の主導僧で「菩薩」と呼ばれ、最澄やその弟子たちを外部から支えた人物である。諸国講師への補任、別院の設定といった天台教団の組織的な伸張策が登場する前に活躍したことに、その存在意義がある。

十二世紀の東城寺経筒にみえる願主僧明覚・檀越平致幹は、延暦寺僧と国衙在庁官人との結合を示す事例であり、『僧妙達蘇生注記』に載る天台別院や地方豪族の造寺活動の延長上に成立したものと考えられる。鎌倉・室町時代の東城寺は、忍性など西大寺流律宗の影響下に入ったが、その後も天台宗の寺院として確認できる。

最仙が『元亨釈書』に寺院修造に活躍したと記されたのは、諸国講師が管内寺院の伽藍修造の責任者と位置づけられた時期に常陸国講師をつとめていたことによる。また、勝道の神宮寺建立や上野国講師としての活動、叡尊・忍性の古代寺院復興を伴う戒律布教が、『元亨釈書』最仙伝に影響しているとも考えられる。

徳一や円仁の創建と伝える寺院は関東・東北地方に多数存在し、最仙の創建と伝える寺院は常陸国に限られるが複数存在する。これらはおもに近世の歴史認識を示すもので、古代の実情とは距離を置いたものと捉えたほうがよい。一方、広智の創建といわれる寺院は、下野国大慈寺・常陸国東城寺であり、極めて少ない。それでは広智が東城寺を開いたという認識はどの段階で生成したのか。その判定は難しいが、①広智坐像の墨書銘に「広智」とは記されていないこと、②徳一・円仁・広智の事績を拡大して紹介した『私聚百因縁集』の版本が十七世紀半ばに刊行されたこと、③『常州東城寺来由記』の成立以前に、伽藍再建・本末関係などをめぐって、東城寺が天台宗であったと強調していたことが想定できること、それらを認識しておく必要がある。

註

（1）本田諭「古代東国の寺院と仏教」（鈴木靖民編『円仁とその時代』高志書院、二〇〇九年）。
（2）黒澤彰哉「常陸の古代山岳寺院」（『茨城県立歴史館報』一九号、一九九二年）。
（3）菱田哲郎「考古学からみた古代社会の変容」（吉川真司編『日本の時代史5　平安京』吉川弘文館、二〇〇二年）。
（4）武内孝善「空海と広智禅師」（『空海伝の研究』吉川弘文館、二〇一五年、初出一九八〇年）が広智に関する先駆的な研究であるが、佐伯有清『慈覚大師伝の研究』（吉川弘文館、一九八六年）で詳細な分析がなされている。また筆者は「『徳円印信之類』と徳円」（『日本仏教史学』二六号、一九九二年）において「徳円印信之類」を紹介し、徳円とその関係者について論じた。『僧妙達蘇生注記』については、菅原征子「僧妙達蘇生譚に見る十世紀の東国の仏教」（『日本古代の民間宗教』吉川弘文館、二〇〇三年、初出一九九一・九九年）が基礎研究である。本書第一編第一章第三節も参照されたい。

（5）難波俊成「報恩大師と備前四十八ヵ寺伝承」（岡山民俗学会編『岡山民俗文化論集』一九八一年）。

（6）高井悌三郎「常陸東城寺・般若寺結界石」（『史迹と美術』三一七号、一九六一年）、同「常陸国分寺の軒瓦とその同系軒瓦の分布について」（『茨城県史研究』八号、一九六七年）、同「平安仏教の展開」（『茨城県史　原始古代編』茨城県、一九八五年、五六六頁）。

（7）黒澤彰哉「常陸の古代山岳寺院」（前掲註（2））。

（8）菱田哲郎「考古学からみた古代社会の変容」（前掲註（3））。

（9）『国士舘考古学』五号（二〇〇九年）は、「古代の寺院・官衙遺跡と定額寺」の特集を組んで、出雲・上野・常陸・陸奥の事例を対象とした五論文を掲載している。

（10）『茨城県史　原始古代編』（前掲註（6））四九四頁・五〇五頁、『仏のすまう空間』（上高津貝塚ふるさと歴史の広場、一九九八年）一四～一七頁。

（11）定額寺については、速水侑「定額寺の研究」（『北大史学』六号、一九五九年）、中井真孝「定額寺の原義」（『日本古代仏教制度史の研究』法藏館、一九九一年、初出一九七六年）、西口順子「定額寺について」（『平安時代の寺院と民衆』法藏館、二〇〇四年、初出一九六五年）、荒井秀規「奈良時代の定額寺制度について」（『日本宗教史研究年報』七号、一九八六年）、石村喜英『日本古代仏教文化史論考』（山喜房仏書林、一九八七年）を参照。

（12）村落内寺院については、須田勉「平安初期における村落内寺院の存在形態」（滝口宏編『古代探叢Ⅱ』早稲田大学出版部、一九八五年）、笹生衛「集落遺跡における仏教施設の分類と信仰内容」（『神仏と村景観の考古学』弘文堂、二〇〇五年、初出一九九四年）、『仏のすまう空間』（前掲註（10））五一～五八頁を参照。

（13）『千葉県の歴史　通史編　古代2』（千葉県、二〇〇一年）五八二頁。

（14）『仏のすまう空間』（前掲註（10））二二頁、『神の寺・山の寺・里の寺』（上高津貝塚ふるさと歴史の広場、二〇一〇年）一〇～一一頁。
(15)　山岳修行と山岳寺院については、古江亮仁「奈良時代に於ける山寺の研究」（曾根正人編『論集奈良仏教　第四巻　神々と奈良仏教』雄山閣出版、一九九五年、初出一九五四年）、薗田香融「古代仏教における山林修行とその意義」（『平安仏教の研究』法藏館、一九八一年、初出一九五七年）、三舟隆之「「山寺」の実態と機能」（『『日本霊異記』説話の地域史的研究』法藏館、二〇一六年、初出二〇〇四年）を参照。
(16)　内供奉十禅師については、小山田和夫「内供奉十禅師職と円珍」（『智証大師円珍の研究』吉川弘文館、一九九〇年、初出一九八二年）、本郷真紹「内供奉十禅師の成立と天台宗」（『律令国家仏教の研究』法藏館、二〇〇五年、初出一九八五年）を参照。
(17)　藤田經世編『校刊美術史料　寺院篇上巻』（中央公論美術出版、一九七二年）一九五頁。
(18)　黒澤彰哉「常陸の古代山岳寺院」（前掲註(2)）。
(19)　嵯峨井建「日吉神宮寺遺跡の発掘と成果」（梠山林継先生古稀記念論集刊行会編『日本基層文化論叢』雄山閣、二〇一〇年）によると、平成十七年（二〇〇五）からの発掘調査によって該当地において、九世紀の土器片や、室町時代の遺構が確認されている。
(20)　『尊経閣善本影印集成34　類聚国史三』（八木書店、二〇〇二年）三四四頁、飯田瑞穂「尊経閣文庫蔵『類聚国史』抄出紙片について」（著作集4『古代史籍の研究下』吉川弘文館、二〇〇一年、初出一九七〇年）も合わせ参照。
(21)　園城寺編『園城寺文書　第一巻』（講談社、一九九八年）。以下、園城寺文書は本書によって番号で示す。
(22)　『高野雑筆集』所収の書状は、『続群書類従　十二輯上』七二～七三頁をもとに、高木訷元『弘法大師の書簡』（法藏館、一九八一年）四四～四五頁、四〇頁を参照して傍注と返点を付した。
(23)　『大日本仏教全書　一二五冊』一五六頁。
(24)　田村晃祐「道忠とその教団」（同編『徳一論叢』国書刊行会、一九八六年、初出一九六六年）。
(25)　吉田靖雄「菩薩僧と化主僧の実体」（『日本古代の菩薩と民衆』吉川弘文館、一九八八年、初出一九七三年）。

(26) 高木豊『平安時代法華仏教史研究』（平楽寺書店、一九七三年）四六頁、本書第一編第一章を参照。
(27) この点は、池田敏宏「「いわゆる道忠系天台教団」に関する基礎的研究」（『特別展　誕生一千二百年祈念慈覚大師円仁』壬生町立歴史民俗資料館、一九九四年）の見解を参照した。
(28) 『平安遺文　金石文編』二〇八・二二五号をもとに、関秀夫『平安時代の埋経と写経』（東京堂出版、一九九九年）四二四頁の判読を傍書で示した。『図説　新治村史』（新治村教育委員会、一九八六年）五八頁にも写真と判読が載っている。
(29) 松本文三郎「賀州隠者明覚と我邦悉曇の伝来」（『仏教芸術とその人物』同文館、一九二三年）。なお同「賀州隠者明覚」（『先徳の芳躅』創元社、一九四四年）も同内容。六地蔵寺編『六地蔵寺善本叢刊　第五巻　古代韻学資料』（汲古書院、一九八五年）に『梵字形音義』の、柴佳世乃『読経道の研究』（風間書房、二〇〇四年）に明覚流の法華経誦経の論考が含まれている。明覚については本書第一編第二章も参照されたい。
(30) 牛山佳幸「信濃青滝寺と加賀温泉寺」（『長野市立博物館紀要』二号、一九九四年）。
(31) 『常陸大掾系図』は『続群書類従　第六輯上』四四頁、『奥州後三年記』は『新校群書類従　第十六巻』二五頁。平宗基（致幹）の活動年代については、小野真嗣の教示による。
(32) 『僧妙達蘇生注記』の該当箇所は『続々群書類従　第十六　雑部』三〇五頁。東寺観智院本『三宝絵』は『新日本古典文学大系　三宝絵』四七九頁。
(33) 西口順子「いわゆる「国衙の寺」」（『平安時代の寺院と民衆』法藏館、二〇〇四年、初出一九八一年）。
(34) 『茨城県史料　考古資料編　奈良・平安時代』（茨城県、一九九五年）八〇～八四頁、『茨城県史　原始古代編』（前掲註(6)）五七九頁。なお、正安元年（一二九九）十月の関東祈祷寺注文案（『鎌倉遺文』二〇二七九号）に、「常陸国、鹿島」が「下総国、神宮寺」「近江国、楞厳院」「信濃国、善光寺」「上野国、一宮」「下野国、日光山」などとともに登場しているのも、同寺の祈祷寺としての性格を示している。
(35) 『沙石集』は『日本古典文学大系』、『雑談集』は『中世の文学』（三弥井書店、一九七三年）による。無住については、大隅和雄『日本の中世2　信心の世界、遁世者の心』（中央公論新社、二〇〇二年）を参照。

(36)『筑波町史　史料集　第8篇』(筑波町史編纂委員会、一九八四年)一六頁。『茨城の文化財　第二九集』(茨城県教育委員会、一九九一年)一〇頁、『茨城彫刻史研究』(茨城大学五浦美術研究所『五浦論叢』別冊・美術5、二〇〇二年)にも釈文があり、判読に若干の相違が認められる。
(37)網野善彦ほか編『講座日本荘園史5　東北・関東・東海地方の荘園』(吉川弘文館、一九九〇年)一二〇頁。
(38)高井悌三郎「常陸小田　三村山結界石」(『史迹と美術』二八三号、一九五八年)、同「常陸東城寺・般若寺結界石」(前掲註(6))。
(39)和島芳男「常陸三村寺と忍性」(『金沢文庫研究』一九五号、一九七二年)。
(40)田中敏子「(極楽寺史料紹介の一)忍性菩薩略行記(性公大徳譜)について」(『鎌倉』二一号、一九七三年)。
(41)『関東往還記』(『史籍雑纂　第一』一頁)。『東洋文庫　関東往還記』四二～五三頁も同様。
(42)土浦市立博物館『中世の霞ヶ浦と律宗』(一九九七年)四三頁。
(43)松尾剛次「常陸三村寺結界石と称名寺結界絵図」(『勧進と破戒の中世史』吉川弘文館、一九九五年、初出一九九二年)。
(44)三千院文書(東京大学史料編纂所蔵写本、請求番号三〇七一―六二―一〇―三)。
(45)『講座日本荘園史5　東北・関東・東海地方の荘園』(前掲註(37))一一三頁、『日本歴史地名大系8　茨城県の地名』(平凡社、一九八二年)五七〇頁。
(46)叡山文庫調査会編『叡山文庫　天海蔵識語集成』(二〇〇〇年)五一頁。
(47)寺嶋誠斎『土浦史備考　第三巻』(土浦市教育委員会、一九九四年)三二五～三二六頁。
(48)『茨城県史料　中世編Ⅰ』四八八頁、『千葉県史料　中世篇　県外文書』二七六頁。
(49)高井悌三郎「常陸東城寺・般若寺結界石」(前掲註(6))。
(50)『叡山文庫　天海蔵識語集成』(前掲註(46))一四六頁。
(51)小笠原隆一「中世後期の僧位僧官に関する覚書」(『寺院史研究』四号、一九九四年)、拙稿「長福寺の住持と寺格」

（『千葉県の文書館』一六号、二〇一一年）。

(52) 小林崇仁「東国における徳一の足跡について」（『大正大学大学院研究論集』二四号、二〇〇〇年）、追塩千尋「徳一伝説の意義」（『中世説話の宗教世界』和泉書院、二〇一三年、初出二〇〇五年）。

(53) 追塩千尋「慈覚大師廻国・寺院草創伝説について」（『日本中世の説話と仏教』和泉書院、一九九九年、初出一九九七年）。なお『私聚百因縁集』は『大日本仏教全書　一四八冊』一三三～一三四頁、『渓嵐拾葉集』は『大正新脩大蔵経』七六巻五七二頁中段による。

(54) 今瀬文也『茨城の寺』（一）～（三）（太平洋出版・秀英書房、一九七一・七五年）。

(55) 『新訂増補国史大系　元亨釈書』二〇七頁。

(56) 『大日本仏教全書　一〇三冊』八一六頁。

(57) 国立公文書館内閣文庫所蔵（請求番号一九二―二九九）。内題は「常州筑波郡朝望山東成寺来由記」で、一頁に一二文字・六行で書かれており、本文は二〇丁（四〇頁）からなる。

(58) 寺嶋誠斎『土浦史備考　第一巻』（土浦市教育委員会、一九八九年）二三二頁。

(59) 『復刊　新編常陸国誌』（宮崎報恩会、一九六九年）三七二頁。

(60) 康昊「『元亨釈書』の歴史構想における顕密仏教と禅宗」（『日本史研究』六六五号、二〇一八年）。

(61) 『大日本仏教全書　一四八冊』一三一頁。

(62) 『大日本近世史料　諸宗末寺帳　上』（東京大学出版会、一九六八年）八五頁。

(63) 国立史料館編『寛文朱印留　下』（東京大学出版会、一九八〇年）二一八頁・二二四頁。

第八章　備前国児島の五流修験

はじめに

まず児島修験についての一般的な理解を、宮家準の記述を引用して、紹介しよう[1]。

五流修験は岡山県南部の児島半島に本拠を持つ修験集団である。その濫觴は平安時代中期熊野本宮長床に依拠した長床衆と呼ばれる熊野修験に求めることが出来る。長床衆は熊野本宮の神領中最大の児島荘に熊野権現を勧請し、これに奉仕する修験集団を形成した。この集団は役小角の高弟、義玄・義学・義真・寿元・芳元のそれぞれを開祖に仮託した、尊瀧院、太法院、建徳院、伝法院、報恩院の五ケ寺を中心としていることから五流と呼ばれた。その後平安時代末頃には児島の五流は、一時衰退した。しかし鎌倉時代初期、承久の乱により、児島に配流された頼仁親王の皇孫によって五流の五ケ寺が再興された。以後中世期を通して、五流修験は五流とそれをとりまく公卿からなる長床衆、社僧などを中心とする一山として繁栄した。五流山伏は、児島のみでなく熊野にも拠点をもち、皇族の流れをひくことから皇孫五流、あるいは公卿山伏と呼ばれ、院や貴族の熊野詣にあたっては先達として活躍した。

こうした一般的な説明とは別に、児島修験の中世、とりわけ室町時代の実情を紹介・分析した研究が、相次いで発表されている。榎原雅治は、室町時代に東寺再建の棟別銭を児島山伏が集めた事実を紹介した[2]。また三宅克広は、南北朝期の東寺の御影供に児島山伏が参加したことや、その山伏が京都・児島を往来していたことを指摘している。[3]それらを受けて長谷川賢二は、（一）徳島県勧善寺所蔵の大般若経奥書にみえる「三宝院末流」「熊野山長床末衆」の文言に着目し、『山伏帳』所載の修験者から児島山伏の具体名を推定し、（二）児島山伏宋弁の東寺御影供勤仕拒否問題を素材として、寺門流・真言宗に両属する中世の修験者の特色を指摘した。[4]また近藤祐介は、（一）『山伏帳』の僧名から本宮長床衆に児島山伏が存在していたこと、（二）児島山伏の京都での活動拠点が新熊野社であり、室町時代の児島修験は熊野三山検校を門主としながらも東寺門徒を名乗る両属的な関係を維持していたこと、（三）智蓮光院宣深が備中国新見荘（東寺領）・万寿荘（新熊野社領）のみならず豊後国津守荘（紀伊熊野長床領）の経営に関わっていたことを指摘し、海上交通の要所である児島の位置づけに論究したのである[5]（図8参照）。

しかし、未解明な問題も多い。まず児島修験の草創期についてである。冒頭で引用した宮家準の記述では、平安末期までの事実関係が不明瞭である。一方で筆者は、青蓮院所蔵の聖教を素材として、延暦寺僧の薬仁が承徳二年（一〇九八）に備前国児島の諸興寺を訪れて経典の注釈書を記した事実を紹介したことがある。[6]諸興寺は、倉敷市林の熊野神社に近接して、元禄年間（一六八八〜一七〇四）まで存在した寺院で、熊野神社・諸興寺・瑜伽山蓮台寺が紀州熊野の本宮・新宮・那智になぞらえて建てられたといわれている。[7]つまり、十一世紀末に諸興寺が存在したという史実の指摘が、児島修験の草創を解明する素材になるか否か、という課題を筆者は抱えているのである。

次に「五流」「宿老」「公卿」[8]など、児島修験に固有の呼称や役職の歴史的解明が不十分なことである。近年の研究では「児島山伏」という中世の史料用語を尊重しているが、それらの呼称について説明がなされていない。

また江戸時代についても、「備前国児島や豊前国求菩提山の山伏たちは、それぞれ旧来の一山組織を温存させたまま本山派組織に包摂されており、近世の中に中世の色彩をとどめている」といった高埜利彦の概説的な記述[9]を、具体的に深化させる研究が立ち遅れているように見受けられる。

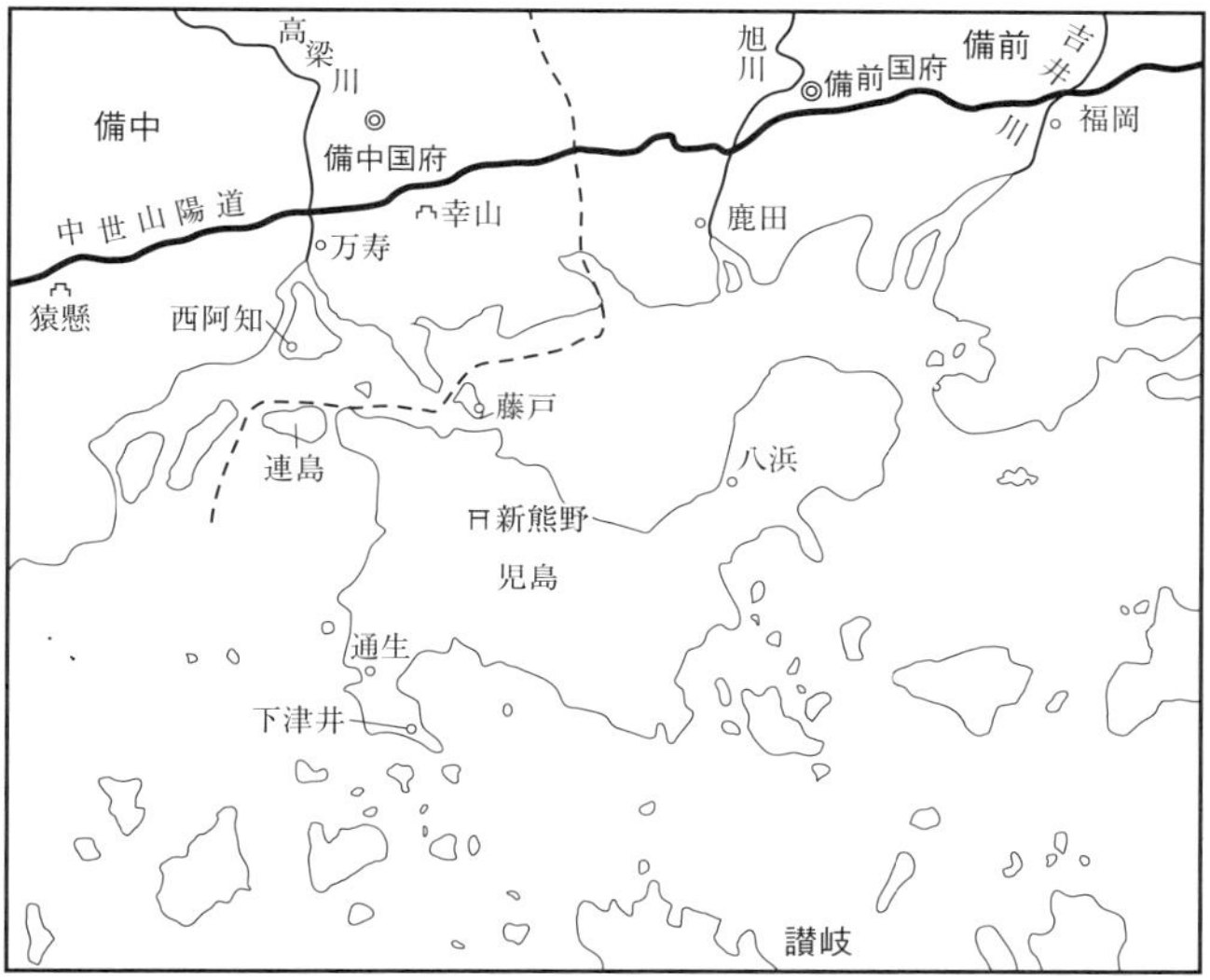

図８　古代中世の児島周辺図　（海岸線は推定、－－は国境）
（三宅克広「中世瀬戸内の水運と備前児島周辺」『倉敷の歴史』３号、1993年をもとに作成）

こうした問題の根源には、近世に記された由緒書・縁起・地誌などの記事をもとに、児島修験の概要が説明されてきたことがある。古代や近世についての理解が従来の編纂物の記述を無批判に受け入れたままの状態では、全体像の把握には至らず、また中世の史実解明をも不十分に終わらせる危険性を孕んでいるのである。

そこで本章では、次の手順で、児島修験を再検討することにしたい。第一に近世に記された由緒書・縁起・地誌を紹介し、その史料批判を行う。第二に、児島修験の実像を可能な限り、信憑性の高い史料によって具体的に跡づける[10]。第三に、本書第一編第二章で紹介した平安末期における天台僧の修行巡礼と、近世の児島修験の霞（檀那場）とを比較することで、山岳宗教の変遷を考えることにしたい。古代から近世までの時間的な流れと、西日本という地理的な広がりを視野に入れ、児島修験の具体像を解明し、吉備地方の特質を論じる素材を提供したい。

第一節　近世史料が描く児島修験

一　天和三年書上と『備前記』『備陽記』

児島修験の概要を、役小角の弟子から説き起こして説明した最古の史料は、天和三年（一六八三）の書上である。[11] これは『和気絹』（宝永六年〈一七〇九〉序）[12]や『岡山紀聞』[13]に引用されたかたちで伝来している。まず全文を紹介しよう（底本は『和気絹』。『岡山紀聞』によって補足した文字を（　）で示す。便宜上条文に①～⑳を付した。⑬は文字の割付を変えてみやすくした）。

備前国児島郡、新熊野山十二所権現、是如院補陀寺并五流公卿山伏由来大概、

①一、人皇初神武天皇より四十二代帝文武天皇御宇、役行者伊豆大島へ配流のとき、五流八家十二家の山伏、朝家を奉レ恨、評定を企といへども、事ならず、五・八・十二家の山伏、権現の御神体其外宝物を御舟に奉レ乗、児島に来り、為レ求二勝地一、御船寄所に残す、幣帛今に在り、淡州六島権現・讃州多度権現・予州御崎権現是也、児島の内四十九所、王子の社皆是奉レ休二神輿一所也、同御宇大宝元辛丑、役行者蒙二勅許一帰洛、其後渡レ唐帰朝、天平宝字五年依二勅免一、五流公卿山伏無二相違一大峯執行修験道司職、為二勅宣一、此年御社立、寺院草創如レ右、熊野山作（伏）道の地に、五流の屋敷今に有レ之、

②一、役行者、五人の直弟子有り、義学・義真・寿玄・玄芳・玄美、右五人を以て、根本とする也、

③一、大峯に五鬼五流に一人宛の仕合也、

五流の紋

丸の内に三柏大(太)法院、瓜報恩院、鳩酸草建徳院、酢将草伝法院、立葵立剣尊瀧院、

右五紋根本として、天下の先達此紋の外不レ用、爰を以て紋下といふ、国々の下山伏、右五紋を用ふ事不レ成也、

④一、五流五家の荘官、熊野より供侍三宅を加へ、六堂の荘官と号す、

⑤一、五流より下山伏へ免許補任状之事、

権律師・権小(少)僧都・権大僧都・院号・法印・一僧祇・二僧祇・三僧祇、此三山伏道家官也、此外山伏道器物持物袈裟色々品々有り、略レ之、

⑥一、五流先達、聖護院殿、御一代一度御入峯の儀式、一世に一度伯州大仙(山)へ参詣、然れ共一山衰微、近年懈怠、失二規模一也、近国の天台・真言寺院へ大(山)先達(ノ)免許補任状、往古より下し来る也、

⑦一、五流聖護院殿御末寺に成事、白河法皇熊野三山検校先達司職勅宣、以レ是自然に末寺と成也、寛治年中以来、

⑧一、五流、元亀・天正頃迄、家々僧正也、当時宿老此熊野一山に限り、天下に児島の五人の外なし、

⑨一、新熊野山に、後鳥羽院御石塔あり、院の皇子覚仁法親王桜井宮、役行者より廿五代の先達、当山御住持御建立也、後鳥羽院は延応元年己亥二月廿三日崩御、覚仁は宝治元丁未四月十二日入滅、山内御墓あり、五流の内尊瀧院を御庵室といふ也、

⑩一、五流下公卿山伏之事、公卿と号するなり、代々聖主熊野御幸より此号有り、国々の山伏の様に無縁勧進なし、四国之内旦那有レ之、是を以て渡世とする也、

⑪一、崇仏天台・真言の出家同事也、胎金両部峯行也、

⑫一、五流公卿の勤、春は葛城峯修行、秋は大峯修行、第一家業とす、天下泰平・国土安民・五穀成就の為也、困窮故修行闕如、失二本意一也、

⑬一、霞と云袈裟下の事、

備前瓶井山・金山・脇田・武(牟)佐・御野・小豆島・作州本山・槇山、除二日向一　右、大(太)法院、

予州一国、安芸之内豊田郡、紀州之内日高郡、　右、報恩院、

備前岡山、并四十八寺、作州本山、槇山西山寺、　右、建徳院、

讃州・備後二ケ国、并備中之内浅口郡、　右、伝法院、

塩飽七島、備中之内松山、連島七浦、肥後、　右、尊瀧院

備中児島は五流手同行と云ふ、古来より入組也、

⑭一、山年中行事、毎月朔日権現出仕、御宝前読経、七日役行者講・本地縁日権現講、十七日御託宣連歌講、十八日権現出仕・同読経、廿八日荒神講、其外入レ夏供花、一夏九旬、五流公卿共に番々日参無二懈怠一、

⑮一、正月朔日より三日まで、於二神前一修正の法といふ行有り、曽原村有南院をはじめ、昔古の社領十七ケ村の出家出仕執行、五流より社官といふ事を免許、座定色々作法有て、三昧僧といふ社内勤仕の僧中へ、五流より黄衣を免許す、其外、神子宮仕、不レ残五流支配也、かゝる古例も近年神主に付て闕(如)知す、

⑯一、従二往古一延年の舞といふ事、一山の勤め衰微故、寛永十五年已来懈怠、

⑰一、権現御社領、往昔児島不レ残といふ、其外四国・九州之内、寄附の証（文）家々ニ有レ之、中興隣郷十七ケ村社領の所に、毛利家の士《(侍)》上野肥後《(前)》守落レ之、然れ共天正年中まで曽原村・福江村・林村知行所之処、備中高松陣に、秀吉《(羽柴)》公、蜂須賀彦六をして、御味方被レ乞所同心せず、依レ是已来三ケ村被二召上一也、

⑱一、此節社領高百石、前大《(太)》法院増隆、天正十年より在京、同十七年山伏為二堪忍領一、右聖護院道隆をして達レ之、其後、当国前大守宇喜多秀家より、慶長年中検地入て、右百石の内高六十石出る、（検地奉行国府内蔵允、右ノ地）大願寺預る、修理免レ是也、御宮の修理に用ゆる事なり、寛永九《(ママ)》壬申武州《(池田)》利隆君より検地入て、百六十石より（高）三十石出る、百九十石の折紙出る所に、備《(播)》州・因州御国替、右（ノ）折紙は前寺社奉行に渡し置也、

⑲一、承元四年児島の内波佐川を、佐々木盛綱と諍論、鎌倉より長床本意之御教書有レ之、

⑳一、当山大峯執行、中興より有レ之といへども、或は真言の行人、廻国の聖、大峯執行、本山と云、対二名義一当山と号す、醍醐寺三宝院を当山の本寺とするは慶長十七年巳来也、右九百八十余年、盛衰は時節也、然共近年家々衰、児島郡林名山五流之法灯消方に成也、仍如レ件、

天和三年癸亥歳（六月日）

長床政所　覚城院　在判
同　知《(智)》蓮光院　同
長床五流　尊瀧院　同
同　伝法院　同
同　建徳院　同
同　報恩院　同

（寺社奉行江）

同　大法院《（太）》　同

この書上の作成主体は、長床政所（覚城院・智蓮光院）と長床五流（尊瀧院・伝法院・建徳院・報恩院・太法院）であり、提出先は「寺社奉行」つまり幕府の寺社奉行、もしくは岡山藩のそれである。

内容は二〇箇条からなり、第一条は創建の由来で、文武天皇の時代に役小角が伊豆に流罪になったため、弟子が神体を児島に遷したことや、天平宝字五年（七六一）に大峯修行が許され、同年に社・寺院が建立されたことが記されている。なお役小角の伊豆への配流は『続日本紀』文武天皇三年（六九九）五月丁丑（二十四日）条にみえるが、それ以外の記事は同書では確認できない。第二条から第四条までは、五流の説明で、役小角の五人の弟子に由来する太法院・報恩院・建徳院・伝法院・尊瀧院がそれであるという。第五条から第八条までは、僧正などの階級に関する記事である。五流は、補任状で配下の下山伏に僧綱位・院号・衣を認可している。五流先達は、以前は伯耆国大山に参詣していた。聖護院の末寺になったのは、白河法皇の寛治年間（一〇八七〜九四）である。五流山伏は、元亀・天正までは僧正に昇進していた、という。第九条は後鳥羽上皇供養塔のことで、その子の覚仁法親王が建立したというのである。

第十条から第十二条までが公卿山伏という、児島特有の上級の修験者のことである。公卿山伏は、天皇の熊野参詣に由来する。天台・真言ともに、両部の峯（葛城・大峯）の修行を実践している。公卿山伏は大峯・葛城で修行に励んでいるが困窮のため厳しい状況にあるという。第十三条は、霞（檀那場）の記事である。[14]第十四条から第十六条までは、年中行事の紹介である。第十七条から第十九条までは所領の記事で、往古に比べて減少したと記している。第二十条は真言系の当山派修験が慶長十七年（一六一二）に成立したことや、児島修験の衰退傾向を述べている。全体としては、児島修験は往古に比べて衰退している、大峯・葛城での修行を重視している、所領の回復を希望するといった主張を読み取ることができる。

この内容構成は、それ以後に成立した地誌や寺社縁起においても、基本的に踏襲されている。特に岡山藩で児島郡などの郡代をつとめた石丸定良が編集した地誌『備前記』（元禄十三年〈一七〇〇〉編纂開始）と『備陽記』（享保年間〈一七一六～三六〉）[15]の記事は、この天和三年書上と同文といってよいほど類似している。

二　「五流伝記略」『長床縁由興廃伝』『新熊野権現御伝記』

天和三年（一六八三）の書上と比べて、記事内容が豊富な寺社縁起として、「五流伝記略」『長床縁由興廃伝』『新熊野権現御伝記』が指摘できる。

「五流伝記略」は、『備陽国誌』（元文四年〈一七三九〉成立）や『吉備温故秘録』（寛政年間〈一七八九～一八〇一〉成立）[16]に引用されたかたちで伝わっている。『長床縁由興廃伝』は、五流尊瀧院に伝わる史料である。七巻からなり、そのうち第六巻・第七巻を宮家準が『長床縁由興廃伝』と題して翻刻し、また未刊部分についても同氏が内容を紹介している。[17]元禄年間までの記事がみえ、宮家準は近世初頭に伝承や記録がまとめられ、近世中期ごろにそれらが筆写されたと考えている。『新熊野権現御伝記』は、倉敷市の個人蔵の史料で、原三正によって翻刻・紹介されており、『長床縁由興廃伝』と類似の内容であるという。[18]「孝謙天皇御宇天平宝字（元文三年迄九百五十五年になる）（追記カ）辛丑五年」と注記を伴った記事があるので、元文三年（一七三八）の書写もしくは成立と考えられる。

以上三点の寺社縁起の記事を天和三年書上と比較すると、以下の八点の顕著な相違点が指摘できる。

第一に、天和三年書上（第一条）では天平宝字五年（七六一）に社寺が創建されたというだけの記事が、「五流伝記略」や『長床縁由興廃伝』『新熊野権現御伝記』では、熊野・諸興寺・瑜伽寺の三山が整ったと具体名まで記している。『備陽国誌』所収「五流伝記略」は次の通りである。(19)

五流伝記略に曰、(中略)孝謙天皇天平宝字五年に、大に造営有り、亦木見村に宮殿を建て新宮諸興寺といひ、山村に宮殿を建て那智山を移して、新熊野瑜伽寺といふ、是を新熊野三山とす、諸興寺は廃して今はなし、瑜伽寺は寺僧を除て、今瑜伽山蓮台寺といふ、

また『長床縁由興廃伝』には、同年の伽藍整備の他に、円融天皇の天禄年間(九七〇～七三)の青瀧八幡宮の勧請や、永観年間(九八三～八五)の寺院の滅亡を伝えている。

第二に、天和三年書上(第九条)では覚仁法親王が父親の後鳥羽上皇の供養塔を建てたという記事だけであったのが、「五流伝記略」や『長床縁由興廃伝』『新熊野権現御伝記』では頼仁親王の子が覚仁法親王の弟子になり五流を復興したと記されており、「皇孫の五流」という文言も登場している。「五流伝記略」の記事に、(20)

頼仁親王冷泉の宮と云、後鳥羽院の皇子、は、此の島へ流され給ふ、宝治元年丁未四月十二日、尊瀧院にて薨じ給ふ、木見村諸興寺に葬り隠し、徳光院と申奉るは、此の御事也、其所を若宮御霊殿といふ、(中略)頼仁親王の御子を覚仁親王の弟子になし給ふ、道乗僧正是なり、覚仁親王の遺跡を継給へり、後御子六人を五流の院々へ主たらしめ、是より皇孫の五流と称す、世々子孫是を継ぎ、他姓を以て五家を継がず、公卿も又此種を続て他姓をまじへず、故に長床衆徒の種姓、頼仁親王より出たり、(下略)

とあり、『長床縁由興廃伝』にも、(21)

頼仁親王ヲ冷泉ノ宮ト号奉ル御事也、御子ヲ御叔父覚仁親王ヘ投シ玉フテ御弟子トナシ玉ヘリ、道乗大僧正是也、覚仁ノ遺跡ヲ継玉ヘリ、在二後房一生二六子一、主《タラシム》二五流之院々一ニ、是称二ス皇孫之五流一、是ヨリ世々子孫継レ之以二他

姓ニ不レ継二五家一ヲ任二代々僧正一ニ、

と記されているのである。

なお覚仁法親王について、天和三年書上（第九条）では入滅を宝治元年（一二四七）四月と記しているが、『寺門伝記補録』（第十四）[22]によると文永三年（一二六六）四月の誤りである。また天和三年書上の「山内御墓あり」の記事を継承してか、『備前記』に児島の新熊野山に覚仁法親王の墓が所在すると記されている。[23]また『長床縁由興廃伝』では弘長三年（一二六三）三月に薨じた覚仁法親王を境内池の中島に葬ったと記されているが、[24]覚仁法親王が児島に居住したことを他の史料で裏付けることはできない。

第三に、天和三年書上（第八条）では、元亀・天正のころまで、僧正の位にあったと記しているだけであったが、『長床縁由興廃伝』や「五流伝記略」では、それは頼仁親王の子の道乗から始まると説明している。『長床縁由興廃伝』の記事を紹介しよう。[25]

道乗大僧正ヨリ以来、五流ハ代々任二僧正一、不レ継二他種地下一ヨリ、故ニ僧正転任ノトキ摂家・清華等ノ子ト称スル事ヲ不レ用、無双ノ矩模也、是後鳥羽院ノ皇孫ニシテ代々堂上ナル故也、

なお道乗は『東寺長者補任』[26]によると、頼仁親王の子で、安貞二（「嘉禄四」）年（一二二八）に権大僧都、仁治元年（一二四〇）に権僧正、宝治元年（一二四七）に僧正、建長三年（一二五一）に大僧正となり、文永十年（一二七三）に異国調伏の祈祷を行い、同年十二月十一日に五十九歳で入滅した僧である。

第四に、天和三年書上（第五条）において、児島修験が配下の下山伏に補任状を発給して僧綱位などを認可しているというだけの記事が、『長床縁由興廃伝』では、それは宇多上皇の院宣によると記されている。該当記事は以下の通りである。[27]

延喜五年九月宇多法皇金峯山并熊野三山御幸之時、宣曰、修験一道行者以レ堪二其器一可レ任二僧宦（官）一不レ及二毎事奏聞一、僧都以下権宦（官）、法橋・法眼・法印叙位、永可レ令《シト》レ下二レ行許詞一、依レテ是ニ山伏道僧宦（官）、従二五流一補任云、次第ハ、法橋綾地結袈裟、権律師具緒、権少僧都院号、法眼桃地結袈裟、権大僧都・法印金襴地、（金襴地ハ近代聖御門主御家督御所所望ニテ差上ル、）一僧祇・二僧祇・三僧祇、墨房、以上ノ十階ハ次第也、

第五に、天和三年書上（第十三条）と『長床縁由興廃伝』とでは、霞の地名が異なる。『長床縁由興廃伝』には次のように記されている(28)。

作州・西伯者・備前之内少分、　太法院
讃州・備後　伝法院
備前多分　建徳院
伊賀・備中松山　尊瀧院
備中除二松山一、　吉祥院
予州・芸州豊田郡納処邑　報恩院

このうち、伊賀国については、岡山藩が管理していた山伏関係の文書によると、享保十六年（一七三一）になって尊瀧院の霞に追加されたものである（『岡山藩山伏留』二五七頁）(29)。また吉祥院は、宝永二年（一七〇五）に報恩院から分立した新たな寺院で塩飽諸島に所在した（『岡山藩山伏留』七二〜七八頁）。これらのことから、天和三年から享保十六年までの間に、霞の増減や入替えがあったことがわかる。従って『長床縁由興廃伝』の成立は、享保十六年以降であるといえる。

第六に、天和三年書上（第十九条）が、波佐川荘をめぐる佐々木盛綱との争いについて、承元四年（一二一〇）

の鎌倉からの御教書があるという記事で終えているのに対して、「五流伝記略」は、児島の波佐川荘が元暦元年（一一八四）に佐々木盛綱に与えられたのを長床衆が不服として、鎌倉に訴えた記事があり、次の二点の文書を引用していることである[30]。

備前国児島の内波佐川荘の事、随二天平聖主（聖武天皇）永勅一、再令レ寄二与長床一畢、宜下任二古往之旨趣一、被中復領上候、累訴二積鬱一令二遠察一候也、謹言、

九月十九日　　御判

五流中

備前児島郡の内波佐川荘事、佐々木兵衛尉盛綱法師被レ罷二地頭職一候、以二此旨一可レ令レ披二露長床給レ之由一、鎌倉殿御消息候也、依以執達如レ件、

承元四年九月十九日　　散位中原在判

真瀧坊法眼御房

これらの文書は寛政年間（一七八九～一八〇一）に編纂された『黄薇古簡集』にも収録されている[31]が、様式や文言から鎌倉時代のものとはいえない。

第七に、天和三年書上（第二十条）に記されている真言宗系統の当山派修験のことについては、「五流伝記略」『長床縁由興廃伝』『新熊野権現御伝記』には記されていない。

第八に、上皇の熊野参詣に児島の修験者が先達をつとめたという記事が、『長床縁由興廃伝』や『新熊野権現御伝記』で登場していることで、これは天和三年書上にはみられない記事である。『新熊野権現御伝記』の記事

は以下の通りである。[32]

帝熊野行幸の時は以下先達として、

平城天皇　三度、（中略）

宇多天皇　一度、延喜七年十月三山御先達は長床宿老尊瀧院義玄大僧なり、同五年法皇金峯山御幸の時先達となるなり、是天子御入峯の始なり、

花山院　五度、正暦元年四月三山御幸先達は長床宿老伝法院天蔵僧正、長徳三歳三月御幸先達は同右、

白河院　三度、寛治四年正月三山御先達は聖護院増誉大僧正、同六年七月金峯山御幸熊野還幸先達長床宿老報恩院恵覚僧正なり、（中略）

鳥羽院　七度、（中略）大治二年九月御幸先達は長床宿老建徳院永実僧正、（中略）

後白河院　三十三度、永暦元年御幸先達は長床宿老吉祥院法印大僧都玄栄、其後度々の年月未詳、長床宿老の達勒なり、

宮家準が『長床縁由興廃伝』の記事をもとに上皇の参詣とその先達を一覧表にして紹介したのに対して、村山修一は史実とはみなせないと指摘している。[33]参詣の史実が確認できない平城・花山[34]などを立項していることや、後白河上皇の項にみえる「吉祥院」が宝永二年（一七〇五）に報恩院から分立して成立した寺院であることからも、村山説を支持すべきであろう。『新熊野権現御伝記』の成立は宝永二年をさかのぼることはなく、本文中の年代に追記された元文三年（一七三八）が成立年代を示していると考えられる。

以上の比較検討から、『長床縁由興廃伝』は享保十六年（一七三一）以降の成立、『新熊野権現御伝記』は元文三年（一七三八）の成立であることが判明した。[35]天和三年書上に記されず、「五流伝記略」『長床縁由興廃伝』『新

熊野権現御伝記』になって初めて登場した記事には、史実とはいえないものや、慎重に扱うべきものが多いといえる。また天和三年書上についても、寺社奉行に対して自身の立場を高くみせるための主張や誇張が含まれていることを考慮しなければならないであろう。

第二節　修験組織の歴史的変遷

一　熊野長床領荘園と政所・荘官――鎌倉時代――

鎌倉時代における備前国児島は、紀伊国熊野の社領として史料に登場する。第一に『三輪上人行状』である。慶円は貞応二年（一二二三）に没した僧で、その伝記が建長七年（一二五五）に成立した。それには、[36]

伯耆国桜山寺住僧厳朗千明房、伝下聞有二即身成仏秘法一云事上、発願求心、忽出二々(山カ)門一、赴二洛陽方一、漸越二山川一、到二備前国小島(児島)一、是熊野長床之御領也、其所レ崇若王子、霊験掲焉云々、仍数日参籠、祈二誓受法之師縁一、託宣曰、願求之法、高野山千手院東別処理覚房伝授之仁也、早行至可二懇請一哉、

と記されている。つまり、伯耆国桜山寺の厳朗が、児島を経て高野山に向かった。児島は紀州熊野の荘園であり、そこの若王子は霊験が顕著で、参籠して高野山の僧に学ぶようにとの託宣を受けたという。第二に『新編追加』で、「熊野御領備前小島(児島)荘田畠越境、地頭加治太郎左衛門尉押二領之一」という記事があり、[37] 紀州熊野の荘園として児島の地が位置づけられている。第三に倉敷市曽原の清田八幡宮に残る嘉慶元年（一三八七）十一月の遷宮を伝える棟札で、「元久二甲子(ママ)後鳥羽禅定法皇御宇、有二当島本宮□□□(熊野山)御寄進□□□□(而成長床之)御領一」と、児島は元久二

年（一二〇五、甲子は元年）に本宮熊野山長床衆の所領になったと記されている。[38]

その荘園組織については、まず「在庁」が知られる。文永元年（一二六四）八月には「新熊野在庁俊増」が備中国二万郷地頭に宛て、その住人による苅田狼藉に抗議しており、同文書の端裏には「児島在庁」と記されている。[39]また弘安二年（一二七九）の『長床六十三箇条式目』[40]から「政所」「荘官」が確認できる。すなわち第二条に「両政所・荘官」とあり、第三条・第五条・第十一条・第二十条・第三十三条にも両職が合わせて登場している。そして第三十三条には「政所者三山之代官、荘官従㆓三衣㆒補職也」と、政所は紀州の熊野三山の代官で、荘官も三衣（山伏）が任命する職であるとの説明がみえるのである。

僧団の形成についてはどうであろうか。『長床六十三箇条式目』の末尾には、次のように二一人の僧が連署している。[41]

隆意	大夫法印	
衆方法印	少納言法印	仙兼
石黒法印		顕□（色・定カ）
法印大和尚位	大輔法印	任宗
権少僧都	少将僧都	実祐
権少僧都	宰相僧都	教快
権少僧都	兵部卿僧都	増（僧カ）兼
権少僧都	中納言御幸	山臥
法眼和尚位	真浄坊	浄尊

夏一法眼　加賀　厳豪
法眼和尚位　大輔　長親
権律師　伊《伊予カ》興　良玄
権律師　卿　隆慶
権律師　所司三乃　朝盛
権律師　少輔　澄親
法橋上人位　南滝坊　泰禅
法橋上人位　佐渡　全雅
阿闍梨　越後　信兼
阿闍梨　大弐　宗舜
阿闍梨　播磨　玄弁
大法師　三位　隆幸

以上廿一人

これらの僧は、僧綱（法印・僧都・法眼・律師・法橋）、阿闍梨、大法師の三グループからなり、各人が僧綱（または阿闍梨、大法師）・君名（または坊号）・実名で表記されている。僧綱は本来は仏教界の代表者としての僧官で、僧正・僧都・律師から構成されていたが、法印・法眼・法橋の僧位と同質化して、僧正・法印・僧都・法眼・律師・法橋が僧界での序列を示す肩書きに転じた。また君名（公名）は、貴族出身僧が父親の官職・位階を通称に含めることに端を発していた。[42]いずれも僧界での優位を示す肩書きである。この『長床六十三箇条式目』に連署した僧綱・阿闍梨・大法師は、紀伊国熊野の僧であり、児島在住の僧ではない。

しかしそのことは、紀伊国熊野が児島の荘園経営に重要な関心を示したことの証左である。この式目は、年貢・灌漑など荘園経営に関する内容がおもなものであるが、とりわけ第七条で塩の運上を命じ、第十二条で荘務が在京の身で荘家役として得分を京都に運上することを禁じ、第五十条で荘務・代官が熊野常住の親類を用いることを停止させている。

鎌倉時代にどの程度の僧団が形成されたかは明確ではない。『長床六十三箇条式目』第三十五条の霜月大師講は智顗の忌日（十一月二十四日）、第四十七条の六月会は最澄の忌日（六月四日）に行われる天台宗の法会であり、[43]また第五十五条の大乗会は後鳥羽上皇の追善のための法会である。これらの仏事を執行する僧が児島に常住した、もしくは定期的に畿内近国と児島を往来したと考えてよかろう。[44]

二　東寺・新熊野・紀州熊野との関係——南北朝・室町時代——

南北朝期については、三宅克広が指摘するように、児島山伏が東寺で三月に行われる御影供（空海の忌日法要）に参加して重要な役を担っている。その山伏は表16の通りである。

この東寺御影供に参加した僧は、『東寺私用集』によると、仁和寺・大覚寺・醍醐寺・安祥寺・勧修寺・随心院など京都近辺に所在する真言宗の主要寺院であり、備前の児島だけが地方に存在している。[45]その児島山伏は、僧正の僧綱位をもち、覚王院や智蓮光院という坊号で呼ばれている。そして児島に居住する一方で、京都の新熊野神社にも所属していた。新熊野神社は、後白河上皇が紀州熊野から京都に勧請した神社で、京都市東山区に現存する。

これらの僧や児島山伏を検討するには、『山伏帳』との照合が有効であると、長谷川賢二や近藤祐介が指摘している。(46)『山伏帳』は下巻だけ室町時代の写本が聖護院に残るもので、紀州熊野本宮の諸職をつとめた僧名を列記した前半部と、入峯次第を記した後半部とからなり、前半部には「已前途極官」「已前途宿老新熊野別当任補」「衆使」「経二所司・夏一・執行等三職一之仁」などの項目が立っており、応永二十四年（一四一七）ごろまでの記事がみられる。(47)

近藤祐介によると、康応二年（一三九〇）に東寺御影供に勤仕した宣有は、『山伏帳』「衆使」の項に「宣有大夫僧正、号二智蓮光院一」、「加入山伏」の項・貞治元年（一三六二）条に「宣有大夫僧正、加入」とみえるという。また永享八年（一四三六）の宣深は、「已前途宿老新熊野別当任補」の項に「宣深僧正、助」、「衆使」の項（宣有の五代後）に「宣深助僧正、号二智蓮光院一」、「経二所司・夏一・執行等三職一之仁」の項に「宣深助大僧都」と記されている、と近藤は指摘している。また長谷川賢二は『山伏帳』に所見する覚王院・智蓮光院・尊瀧院・伝法院の号は児島山伏を指すと推定しており、その指摘に従って「衆使」の項をみると、「宗縁大輔僧正、三職、号二覚王院一」「宣有大夫僧正、号二智蓮光院一」「隆縁宮内卿僧正、号二覚王院一」「朝宴宮内卿僧正、号二尊瀧院一」「隆教大納言僧正、号二伝法院一」「宣深　助僧正、

表16　東寺御影供の勤仕に関係した児島山伏

年（西暦）	記事（「小島」「山臥」「山伏」の表記は原文に従う）	出典
貞治3年（一三六四）	小島山臥覚王院宋弁僧正・新熊野前別当山臥	東寺私用集・東寺長者補任
康応2年（一三九〇）	小島山臥宣有僧正・山臥宣有僧正	東寺私用集・東宝記
応永16年（一四〇九）	今熊野山伏昭賀僧正号栗木坊、相当臈次、備州児島ニ居住	東寺執行日記
応永33年（一四二六）	小島山伏亮宋号覚王院	東寺長者補任
永享8年（一四三六）	智蓮光院僧正御房備前小島山伏・僧正宣深	東寺灌頂院御影供執事注進并差文請文案
応仁3年（一四六九）	小島山伏智蓮光院僧正光宣	東寺執行日記

号₌智蓮光院₌」が知られる。要するに、東寺御影供の役職をつとめた児島山伏の名が『山伏帳』に確認できることは、本宮長床衆の構成員に児島山伏が含まれていたことを示すのである。

東寺御影供に参加した児島山伏の存在は、真言宗の醍醐寺を本拠地とする当山派修験の形成を考えるうえでも重要な事項である。長谷川賢二は、徳島県勧善寺に残る写経奥書に「三宝院末流」「熊野山長床衆」の文言がみえることから、この問題に取り組み、寺門派に属しながらも真言宗小野流を相承するという曖昧さが中世の修験の実態を示していると評価している。また近藤祐介は、新熊野社は児島山伏の京都での活動拠点であり、室町時代の児島山伏は熊野三山検校を門主としながらも、東寺門徒を名乗る両属的な関係を維持していたと指摘している。従うべき見解と受け止めたい。

また永享八年（一四三六）に東寺御影供に勤仕した宣深（智蓮光院宣深僧正）について、近藤祐介は『山伏帳』の記事（「助僧正、号₌智蓮光院₌」）だけでなく、応永八年（一四〇一）備中国新見荘領家方代官職に「宣深」がみえ、同十六年、備中国万寿三箇荘西方政所に「宣深僧都」とあり、同十九年、聖護院門跡道意の熊野本宮長床執行職補任状に「助大僧都御房」とあり、同二十六年、長床領豊後国津守荘を「宣深法印」が知行しており、同三十四年（一四二七）、聖護院門跡令旨で熊野本宮権三昧のことについて「智蓮光院僧正御房」が伝達を命じられていると指摘している。つまり宣深は備中国新見荘（東寺領）・万寿荘（新熊野社領）のみならず豊後国津守荘（熊野長床領）の経営に関わっていたのである。近藤が指摘するように、児島は瀬戸内海の中央に位置しており、交通の要所であった。児島山伏の活動は荘園経営や輸送にも関係していたのである。

児島山伏が本宮長床の経営に参加していたことを示す事例は他にもある。『備陽記』『吉備温故秘録』『撮要録』は、いずれも『長床六十三箇条式目』に次いで、次のような記事を掲載している。(48)

①前途饗・権現講・仏名・立春などの饗応の費用。
②入峯時の法螺貝緒の色を僧正・法印・僧都の区分によって規定した五月二十一日付の熊野三山検校僧正御房の御教書。宛所は「本宮長床執行法印御房」。
③大師講での椀飯（垸飯）の人数。
④任符開事の費用（延文二年〈一三五七〉の評定）。
⑤「晦山臥神事饗膳事」饗応の経費（暦応四年〈一三四一〉の京都での評定によるとの注記あり）。末尾に応永二十五年（一四一八）の年代と「荘務観乗院僧正宋《（宗深也）》染之」の奥書。
⑥天正六年（一五七八）・慶長十七年（一六一二）・享保十年（一七二五）の書写奥書。

仏名（十二月）から立春にかけての行事がみえることや、「晦山臥神事饗膳事」という表題からみて、これらの記事は冬に峯に入る晦山伏[49]の饗応経費に関する文書である。法螺貝緒の色を規定した熊野三山検校の御教書を合わせて、応永二十五年（一四一八）に記されたのである。この記事と類似した内容を『山伏帳』後半部の入峯次第に見出すことができる。すなわち、そこには「弘長元年、（中略）大晦日参着之処、山伏垸飯送レ之、而露払以後、（後略）」、「一、双林寺大宮御入峯之時、令レ引二浅黄御貝緒一之給也、凡白色并紫等者常様也、御年闌之由歟、珍敷云云」、「一、頼秀法印常住院僧正御房道昭御入峯、御先達之時引二浅黄貝緒一、不審□□」などと記されている。[50]

要するに『備陽記』『吉備温故秘録』『撮要録』が『長床六十三箇条式目』に続けて伝える記事は、大峯・葛城で修行する晦山伏の饗応費と人員、入峯の際の僧正・僧都の法螺貝緒の色の規定という、熊野本宮が把握しておくべき重要事項なのである。そのなかに、京都での評定が登場していることや、書写奥書に天正六年（一五七八）の聖護院門跡道証の披見、慶長十七年（一六一二）の駿府（徳川家康）への提出がみえることも、この記事（および『長床六十三箇条式目』）の重要性を示している。

また、応永二十五年にこれを記した「荘務観乗院僧正宋染之(也)」について、『山伏帳』から該当者を探すと、「衆使」の項に「宗深 大弐僧正、号二観乗院一」がおり、それは前述した宣深の二代前の衆使である。[51] さらに『山伏帳』の編者に注目すると、その末尾に「宣守、花押」とあり、「衆使」の最末尾にも「宣守大輔権僧正」が登場しており、『山伏帳』の編者は宣守であると考えられている。一方、倉敷市曽原の清田八幡宮蔵棟札には、応永二十九年（一四二二）二月六日付で「両荘務、伝法院僧正大納言隆教、執行法印大輔宣守」の記事がある。[52] この「執行法印大輔宣守」こそ、『山伏帳』を編集した「宣守大輔権僧正」ではなかろうか（従って『山伏帳』の「権僧正」の肩書きは、応永二十九年以後のものであろう）。

三　聖護院との関係——室町～江戸時代——

聖護院と児島修験との直接的な関係が確認できるのは、道興の時代になってからである。すなわち、応仁元年（一四六七）には聖護院の道興が尊瀧院夏一法印御房に対して買得田畑を安堵した文書を発給している。[53]

道興は、文明十八年（一四八六）から翌年にかけて北陸から関東を巡行し、『廻国雑記』を記しており、また明応二年（一四九三）に道興は備前児島や讃岐を訪れたことが道興の兄・近衛政家の日記『後法興院記』から知られる。『後法興院記』同年四月十九日条には「小島(児島)山伏両人来、昨日、聖門(道興)上洛御供也」[54]とあり、児島山伏二人が道興に従ったことがわかる。道興は東国や備前・讃岐を廻ることで、各地の山伏を把握したのであり、児島山伏はその腹心と位置づけられたようである。

聖護院門跡への扈従ということでは、『山上雑用明鏡』によると、大永四年（一五二四）に聖護院門主の道増が初めて金峯山に入って修行した際に、「此年大宿若王子殿、二宿小島《（児島）》ノ報恩院、三ノ宿ハ六角勝林坊」[55]とあり、児島の報恩院がそれに従ったことが知られる。また、江戸時代にも児島山伏は聖護院門主の法親王が初めて大峯・葛城の峯に入るのに供奉している。すなわち『備陽記』や『吉備温故秘録』によると、貞享四年（一六八七）には道祐法親王に太法院秀誉・報恩院隆証が、元禄六年（一六九三）には道尊法親王に報恩院堯海・建徳院心誉が、正徳三年（一七一三）には道承法親王に報恩院堯海が従っているのである。[56]

児島修験の地位を示す事件が、住心院文書のなかにみえる。すなわち永禄七年（一五六四）ごろの聖護院道増の書状には、「児島衆与勝仙院与、於二峯中次第一相論之儀、更ニ申事可レ在之儀ニ如レ言候、自二道興御代一、法度殊堅固候」[57]と、入峯の順序のことで争っている「児島衆」と「勝仙院」に対して、道興の時に定めた法度を守るよう命令している。これは大峯や葛城での修行の順序や期間についての取り決めのことで、実際、道興が延徳二年（一四九〇）閏八月に定めた峯中法度が残っており、[58]そこにも「長床衆并諸先達」「遠国之輩」などのことが記されている。この一件から知られることは、各地の修験者が大峯・葛城の峯に入って修行することが普通になり、それらの順序や期間を聖護院が規定するようになり、そのなかで「児島衆」は、聖護院門主の腹心で京都に所在した勝仙院と地位を争うに至っている、ということである。室町時代の十五世紀末から十六世紀になると、京都の聖護院が修験道を全国的な規模で統轄する動きをみせ始めた。[59]そのなかで、児島修験は、相応の地位を確立したのである。

四　五流の変遷——室町～江戸時代——

南北朝・室町時代の児島修験は、覚王院や智蓮光院を名乗り、その一方で「児島山伏」と総称されていた。それでは児島修験の「五流」はいつ成立したのであろうか。

表17は、児島修験の院・坊の史料上の初見を、十六世紀までを対象として一覧にしたものである。(60) これによると、五流が揃って登場した例はなく、一般に知られる五流とは異なる院名もみえる。一方、「五流伝記略」が伝える波佐川荘を児島熊野社領と認定した鎌倉将軍発給文書の宛所に「五流中」とあったが、書式が鎌倉時代のものではなく、宛所の文言も疑わしい(61)。近世初頭についてみると、文禄三年（一五九四）の清田八幡宮の棟札に、建徳院・尊瀧院・覚城院・智蓮光院・伝法院の五つの名前が記されている(62)。また慶長四年（一五九九）の「廊之坊諸国旦那帳」には「備前国□□一円」として「小島見徳院（児島建徳院）門弟引二一円一」が、元和元年（一六一五）の宿坊売券には「小島先達建徳院・尊龍（瀧）院・学王（覚）院」が、みえる(63)。要するに、児島修験の「五流」が具体的な名前が揃って登場するのは、天和三年（一六八三）の寺社奉行宛の書上（政所＝覚城院・智蓮光院、五流＝尊瀧院・伝法院・建徳院・報恩院・太法院）が初見であり、それ以前、特に中世には「五流」は確立していなかったのである。

表17　児島修験の院・坊の初見

院・坊	年（西暦）	記事	出典
覚王院	貞治3年（一三六四）	小島山臥覚王院宋弁僧正	東寺私用集
観乗院	応永25年（一四一八）	荘務観垂（乗）院僧正宋染（深）	備陽記
伝法院	応永29年（一四二二）	両荘務　伝法院僧正	清田八幡棟札
智蓮光院	応永34年（一四二七）	智蓮光院僧正御房	熊野本宮権三昧職補任状
尊瀧院	応仁元年（一四六七）	尊瀧院夏一法印御房	聖護院道興安堵状
報恩院	大永4年（一五二四）	小島ノ報恩院	山上雑用明鏡

五流の成立を考えるために、室町時代に成立した史料三点の記事を取り上げてみよう。

第一は、『古今熊野記録』である。そのうち永正十五年（一五一八）の記事には、聖護院の雑掌が智蓮光院を名乗る宣世の非法を訴えた一件があり、「又五流之沙汰者(64)」と記されている。文意を取るのが難しいが、宣世が智蓮光院に属する僧であるか否かを調べるなかで、「五流」の文言が登場しているのである。これは「五流」という文言が児島山伏に関係して登場する初見史料である。

第二は、『東寺私用集』である。同書は東寺に関する文献で、文明年間（一四六九～八七）までの記事がみられる。そのうち児島山伏に関連する記事は、次の通りである。(65)

備前国小島（児島）方山臥之内、影供之執事参勤子細事、役行者之御弟子五人之内、一﨟ハ千宝坊東寺方、二﨟ハ僧南坊《峯ノ庵室名尊瀧院、》三井方、（中略）千宝坊末流ノ内、智蓮光院《峯ノ庵室之家》・覚王院両院者、必執事頭勤ㇾ之、

つまり、役小角の五人の弟子は東寺系列と三井寺系列の二派に分かれ、東寺系列に千宝坊（その末流に智蓮光院・覚王院が存在する）、三井寺系列の聖護院に僧南坊＝尊瀧院が属している、と説明しているのである。

第三は、『両峯問答秘鈔』で、同書は猷助の撰、十六世紀の成立で、延享四年（一七四七）の写本が現存する。また『熊野長床宿老五流』（元禄年間〈一六八八～一七〇四〉成立の「修験道山彦」の一部）にも関連する記事がみえる。該当記事を次に掲げよう。

『両峯問答秘鈔』巻上(66)

問云、彼先途誰人始ㇾ之哉、答云、（中略）

保延三年丁巳、相澄法橋、相泉房、長床執行職初、直㆓任之㆒、（中略）

嘉応二年庚寅、行宗僧都、僧南房、四十四、遂㆓山臥㆒直㆓任執行㆒、岩籠、峯三十八度、八十五卒、（中略）

寿永二年癸卯、定仁法印、真龍房、法橋、法眼執行、長谷親王静忠第二度御先達、并桜井親王覚仁御先達、

『両峯問答秘鈔』巻下(67)

問云、当道五流云云、其次第如何、答云、当道先三流也、

尊　行宗　僧南房、晦山臥、　前少僧都、長床執行、前大僧正覚宗弟子也、記在レ別、承元五年二月四日入滅、八十五歳、峯三十八度、
報　定慶　千宝房、晦山臥、　阿闍梨、法橋、所司、夏一執行、大峯三十八度、
太　玄印　瀧印房、晦山臥、　阿闍梨、所司、夏一執行、於二夏一一三箇還任レ之、玉木小守権現奉二造供養一、令レ引二僧供一云云、峯三十八度、
　已上三流之次第如レ此、此外加二二流一、称二五流一、
建　覚南　覚如房、晦山臥、　阿闍梨、法橋、法眼、夏一、入峯三十三度、
覚　定仁　真龍房、晦山臥、　阿闍梨、法橋、法眼、法印、執行、
　已上五流之次第如レ此云云、

『熊野長床宿老五流』(68)

尊隆院行宗　僧南坊、前小(少)僧都、長床執行、峰修行三十五度、晦日山伏、前大僧正覚宗弟子、承元五年二月四日卒、春秋八十五歳、
建徳院定慶　千光坊、阿闍梨、法橋所司、晦日山伏、夏一修行、峰修行三十八度、
伝法院玄印　瀧印坊、阿闍梨、所司、夏一修行、於二夏一後一還二任三度一、晦日山伏、修行三十八度、玉置小守権現奉二造立供養一、令レ引二僧供一云云、
報恩院覚南　覚如坊、阿闍梨、法橋・法眼、晦日山伏、夏一、峯三十三度、
大(太)法院定仁　真龍坊、阿闍梨、法橋・法眼位、晦日山伏、

これらから読み取れることは以下の三点である。①『両峯問答秘鈔』巻下・『熊野長床宿老五流』ともに五流

の祖師を示した記事である。行宗・定慶・玄印・覚南・定仁の五人は一致しているが、各院との対応関係に齟齬がみられる。②『両峯問答秘鈔』巻下に登場する「行宗 僧南房」「定慶 千宝房」「玄印 瀧印房」「定仁 真龍房」の記事は、『山伏帳』でも確認することができる。すなわち「経二所司・夏一・執行等三職一之仁」の項に「定慶 千宝房法橋」「玄印 瀧印房法橋、夏一、三度還補」、「直任執行」の項に「行宗、僧南房僧都」「定仁、真龍房法印」と記されているのである。つまり『両峯問答秘鈔』巻下の該当記事は、五流の次第はどうなのかという問いに対して、『山伏帳』（およびその関連史料）をもとに、五流の祖師僧を探し出したものとみられる。『両峯問答秘鈔』巻上に行宗・定仁の事跡が詳細に記されていることも参考になろう。一方の『熊野長床宿老五流』の記事は簡略であり、『両峯問答秘鈔』巻下に比べて、やや史料性に劣るのかもしれない。③『両峯問答秘鈔』巻下では、五流が揃って成立したのではなく、先に三流があり、のちに二流が加わったと説明している。頭書の「尊」「報」「太」「建」「覚」は、尊瀧院・報恩院・太法院・建徳院および覚王院（近世には覚城院）のことを示しており、編者以外の後世の別人による追記の可能性もある。これは五流の呼称に変遷があったことを示している。

以上のことから、十六世紀ごろに、五流の淵源や祖師僧を明確にするという関心に基づき、平安末・鎌倉初期の僧を該当者として選び出す作業がなされ、『両峯問答秘抄』の記事が成立したといえる。そのことは、『古今熊野記録』の永正十五年（一五一八）の記事、つまり智蓮光院を自称する宣世の所属確認において初めて「五流」文言が登場したのと関係するのかもしれない。また僧南房・千宝房などの、いわゆる旧称や、祖師との対応関係は確定できなかったようである。『東寺私用集』では、東寺系列の千宝坊の末流が智蓮光院・覚王院で、三井寺系列の僧南坊が尊瀧院であると説明していたが、『両峯問答秘鈔』巻下では千宝房に「報」（報恩院）の頭書があり、『熊野長床宿老五流』では「千光坊」が建徳院定慶と記されている。『東寺私用集』『両峯問答秘鈔』『熊野長床宿老五流』の五流についての説明は食い違っているのである。これまでの考察からすると、紀州熊野で確立した五流が特定の時期に揃って児島に移住したのではないといえよう。宮家準は、鎌倉時代から五流の活動が紀伊の本宮でみえなくなると述べている[69]。それは、もともと紀州本宮でも五流が成立していなかったからである。

五流の変遷については、近世についても検討しなければ十全ではない。まず天和三年（一六八三）の書上の末尾には、政所として智蓮光院と覚城院が、五流として尊瀧院・伝法院・建徳院・報恩院・太法院が連署していた。五流とは別枠で「政所」の二つの院が存在することについてみよう。「政所」は弘安二年（一二七九）の『長床六十三箇条式目』に記された紀州熊野による管理職（「三山之代官」）と同じ名称である。また智蓮光院は南北朝期に東寺の法会に出仕した児島山伏の肩書きで、覚城院も同様に覚王院が転じた名称のようである。天和三年書上の第二十条は、真言宗の修験「当山派」が慶長十七年（一六一二）に醍醐寺三宝院を拠点に確立したという内容であり、読み方によっては、この児島修験もその真言宗当山派に属する智蓮光院と覚城院が最高管理者になったとも解釈できる。

近世の岡山藩関係文書には聖護院が児島五流に発した御教書が含まれているが、元禄・宝永ごろの事例では宛所に智蓮光院や覚城院は含まれていない[70]。聖護院に属する五流と、真言宗との関係をもつ智蓮光院・覚城院とが共存するかたちで児島修験は成り立っていたのかもしれない。

しかし、その後は政所が次第にみられなくなり、享保十九年（一七三四）には智蓮光院に限って五流先達のなかに含めることを聖護院が許可している（『岡山藩山伏留』二六六〜二七一頁）。また宝永二年（一七〇五）には、塩飽諸島に吉祥院が増設されており、それは報恩院の弟子であったと記されている（『岡山藩山伏留』六九〜七三頁）。そして、享保二十一年（一七三六）の葛城修行次第において、修行の順番や期間が定められた際には、次のように五流のみならず智蓮光院や吉祥院が加わっている（『岡山藩山伏留』二七五～二七六頁）。

第一	備前児島	伝法院	第十二	武州榛沢	覚円坊	第廿三	富士	浄蓮院
第二	同所	建徳院	第十三	武州川越	十玉院	第廿四	洛東	円成寺
第三	同所	尊瀧院	第十四	相州小田原	玉滝坊	第廿五	吉野山	南陽院
第四	吉野山	喜蔵院	第十五	武州笹井	観音堂	第廿六	水戸	密蔵院
第五	備前塩飽島	吉祥院	第十六	武州越生	山本坊	第廿七	水戸	二階堂
第六	江戸	大聖院	第十七	奥州仙台	東光院	第廿八	播州船越	南光坊
第七	京	伊予坊	第十八	江戸	大乗院	第廿九	奥州仙台	良覚院
第八	備前児島	報恩院	第十九	備前児島	知（智）蓮光院	第三十	薩州	蓮光院
第九	吉野山	真如院	第二十	江戸	実成院	第卅一	備前児島	太法院
第十	武州幸手	不動院	第廿一	箕面山	岩本坊	第卅二	会津	南岳院
第十一	武州足立	玉林院	第廿二	京	大善院			

また文化十一年（一八一四）の葛城嶺修行順番定[71]にも、報恩院・吉祥院・尊瀧院・太法院・智蓮光院・伝法院・建徳院とある。児島修験は五流といいながら、十八世紀からは実質的には七つのグループによって構成されていたのであり、実際「五流七ヶ院」（『岡山藩山伏留』四〇五頁）という文言も確認できる。

なお近世の本山派修験における児島の卓越性について付言すれば、右に掲げた享保二十一年（一七三六）の葛城修行次第では、三二の地方修験のうち七を児島が占めている。大峯・葛城への入峯の秩序は、道興が延徳二年（一四九〇）に定めた峯中法度や、永禄七年（一五六四）ごろの勝仙院との争いなどを踏まえ、享保年間に日本列島各地の修験を編成して入峯の順序が定められたのであろう。また青谷美羽の研究によると、明治維新期の本山派修験は、法親王の廃止に伴う新体制を明治三年（一八七〇）三月七日に法務所（聖護院）が諸国先達に伝えており、そこでの地方先達は「九州と四国を欠き、武蔵国中と備前児島が突出している」という。(72)こうした児島修験の高い地位をあらためて認識しなければならないのである。

五　児島修験の虚像と実像

第一節・第二節第四項までの成果を踏まえると、児島修験についての従来の理解は、虚像と実像とが交錯した状態であったといえる。ここでは、それを克服するために不可欠な事項を整理しておきたい。

第一に、近世史料にしかみえない記事の虚構性についてである。天平宝字五年（七六一）に熊野三山に模して伽藍が整備されたという記事は根拠に乏しい。また古代・中世の児島に「五流」という特定の修験寺院が揃って存在したというのは、近世になってからの理解で、頼仁親王の子孫が覚仁法親王の弟子となって五流を復興したというのも史実とはいえない。(73)児島の修験者が宇多・花山・白河・鳥羽・後白河といった上皇の熊野参詣の先達をつとめたというのは虚構である。それらのことを記す『長床縁由興廃伝』『新熊野権現御伝記』は享保（一七一六～三六）以降、元文（一七三六～四一）ごろの成立であり、「五流伝記略」も同時期のものとみられる。

そうした記事が書かれた背景として、次のようなことが指摘できる。まず岡山藩との緊張関係である。岡山藩主の池田光政は正保四年（一六四七）に熊野神社本殿を再建する一方で、承応三年（一六五四）に大願寺（社僧寺院の筆頭）・三昧僧神宮寺・山伏覚城院の追放を命じるなど、社僧勢力の一掃を企てている。それは達成されなかったが、寛文六年（一六六六）に備前一宮の神職が送り込まれ、山伏・大願寺・神職の三者による運営がなされるようになった[74]。また寛文六年（一六六六）に始まった岡山藩の廃寺政策のなかで諸興寺などが廃止されたが、享保六年（一七二一）には大願寺と報恩院が岡山藩に後鳥羽上皇供養塔の修繕を願い出ている（『岡山藩山伏留』二一三頁）。次に江戸幕府が推進した修験道の本山派・当山派の二頭体制への反発である。吉祥院の玄仙が享保十年（一七二五）ごろに記した『修験本当偽邪弁論』には、永禄二年（一五五九）の後北条氏発給文書、諸先達から崇伝への言上、慶長十八年（一六一三）の修験法度、寛文八年の修験下知状などを引用して、七五三祓は天台・真言両派が執行していた、当山派は慶長十八年までは存在しなかった、伊予国の霞や伯耆大山への先達役の権益が侵食されているとの主張がみえる。同書の後半で児島修験の高い地位を示す前例や古文書を引いているが、虚実相半ばする内容になっている[75]。

第二に、児島修験の成立期をどのように捉えるかについてである。近世の寺社縁起の虚構や不正確さを強調するだけでは説明がつかないことも多い。近世史料の記事が一定度の史実を反映しているという逆の観点に立って考えることも必要であろう。ここでは覚仁法親王に注目したい。『寺門伝記補録』（第十四）によると、覚仁法親王は、後鳥羽上皇の子、頼仁親王の弟で、桜井法親王の号で呼ばれ、建保五年（一二一七）に園城寺で前僧正覚朝から灌頂を受け、園城寺長吏となり、宝治二年（一二四八）に熊野三山および新熊野の検校を兼務し、文永三年（一二六六）四月十二日に五十九歳で薨去しており、『歴代皇紀』によると、建長七年（一二五五）三月に後嵯峨上皇の熊野参詣の先達をつとめている[76]。また、前掲『両峯問答秘鈔』巻上には、「寿永二年癸卯、定仁法印、真龍房、法橋、法眼執行、長谷親王静忠第二度御先達、并桜井親王覚仁御先達」とあり、五流の祖師として挙がる定仁（真龍房）が、覚仁法親王の先達をつとめているのである。

熊野三山検校に法親王として初めて就任した覚仁については、高橋修が次のような見解を提示している。円満院門跡覚仁法親王の代官として紀伊国阿弖川荘の経営に当たった願蓮は伊予国古美新宮（熊野神社、愛媛県四国中央市に現存）も領有しており、また土佐国の熊野神社領に所在した長徳寺（遺跡が高知県本山町に所在）は、弘安十一年（一二八八）時点で院主や先達が「熊野検校宮」によって補任されたと主張している。中世前期の熊野三山検校職は名誉職にすぎないという評価は誤りで、「すでに鎌倉時代のうちに、熊野系の地方霊場の高位の管理権を握り、そこを拠点に修行する修験者（山伏）の組織化をある程度達成していた」と捉えるのである。[77] 高橋も指摘するように、倉敷市林の五流尊瀧院宝塔（後鳥羽上皇供養塔）は現地だけでは完成できないものであり、[78] 児島修験の成立を考えるうえで覚仁法親王の重要性を再認識しなければならない。つまり、児島が紀州熊野の荘園というだけでなく、僧団を形成するに至った契機として、覚仁法親王による後鳥羽追善石塔の建立があった、また同時期に伊予・土佐の別宮に対する管理強化も並行して行われた、と捉えることができるのである。

第三に、児島修験の地位の変化、特にその指標となる「僧正」の存否についてである。児島山伏が元亀・天正（一五七〇～九二）ごろまで代々「僧正」であったという記事が、天和三年（一六八三）書上（第八条）にみえた。それに関して『長床縁由興廃伝』は、道乗（頼仁親王の子）の時から代々僧正であったとするが、その記事は道乗の子が五流を再興したという話と連動していて信憑性に乏しい。しかし、弘安二年（一二七九）の『長床六十三箇条式目』に連署した二一名のうち一七名が僧綱位（法印・僧都・法眼・律師・法橋）を保持していた。僧正・僧都・律師は、本来は国家の仏教行政を担う僧官で、朝廷から補任されていたが、平安末期には特定寺院にその叙任権を委ねる永宣旨僧綱が登場し、また法印・法眼・法橋の僧位も含めて僧界の上下関係を示す肩書きに転じた。[79] 紀州熊野の場合、『本朝世紀』仁平三年（一一五三）三月五日条に、「僧事、院御熊野詣賞」として、本宮（権大僧都有観ほか計四名）、新宮（法橋範智）、那智（法橋尊誉ほか計二名）というように三山の僧が僧綱に補任されていう。また十六世紀に猷助が書き留めた「熊野贈状之留」を参照すると、「猷助」「所レ被二補任一執行判所記」「官位之案」「阿闍梨有職御免事阿闍梨御免事」「律師初任事律師御免事」「僧都転任事僧都御免事」「法印転剣（任）事法印御免事[80]」という記事がある。これらから、紀州の熊野三山にも僧綱に任命される僧が登場し、やがて熊野三山が僧綱・阿闍梨の叙任権を獲得したことがわかる。いずれにしても、児島在住の修験者が僧綱位を保有していたのは、紀州本宮との往来や、本宮の叙任権掌握に端を発するのであろう。南北朝期に東寺御影供に参加したり、『山伏帳』に登場した児島山伏は僧正の肩書きを帯びていた。また清田八幡宮棟札にも、至徳四年（一三八七）の「衆方僧正兼遵」、応永二十九年（一四二二）の「伝法院僧正大納言隆教」など僧正が確認できる[81]。僧正の地位は、京都や紀州熊野と児島を往来した僧に顕著にみられるのである。

近世については、貞享四年（一六八七）に聖護院門主が入峯した際、京都からの出駕の列では児島先達が「僧正中之次」に騎馬で供奉するとあり（『岡山藩山伏留』二二頁）、僧正に次ぐ地位に甘んじている。その後、寛政三年（一七九一）になって聖護院は児島五流を院室に取り立てて僧正に補任する方針を示したが、岡山藩の反対で実現していない[82]。また天和三年の『職原抄支流』（巻五）には「又問、修験俗曰二山伏一先達ノ相当如何、答曰、本山・当山共ニ法印マデニ至也、コトニ法印モ勅任ニアラズシテ多クハ山々ノ私官也[83]」と、山伏の僧綱位は勅許によるものではなく法印までであるとしており、同様の記事が『祠曹雑識』（巻十九）にもみえる[84]。要するに、児島山伏は南北朝・室町時代には、紀州の本宮熊野でも活動した僧が僧正として確認できるが、近世には僧正に昇進せず法印までの僧綱位に留まったのである。おそらくそれは、近世の児島山伏が熊野や京都の僧ではなく、在地の僧とみなされるようになったからであろう。

第四に、児島修験に特徴的な僧職「宿老」「先達」「公卿」の呼称と実態とについてである。天和三年（一六八三）書上によると、児島修験の最上部は「五流先達」（第六条）であり、それに次ぐのが「宿老」（第八条）、「公卿」（第十条・第十二条）で、さらに下級山伏として「下山伏」（第三条・第五条）がいたことがわかる。また享和二年（一八〇二）の『諸宗階級』（下・本山修験法﨟階級法服之次第書）が本山派修験の僧職を列記するなかで、「宿老」「公卿」は備前児島だけに存在すると説明している。(85)

「宿老」は、天和三年書上（第八条）に、僧正の記事に続けて「当時宿老此熊野一山に限り、天下に児島の五人の外なし」と記されている。宿老の淵源は、熊野那智大社文書の永仁六年（一二九八）権少僧都導覚紛失状から窺うことができる。同文書は紛失した文書を列記して宿老に署判を求めたもので、そこに執行一名、滝本執行一名、在庁二名のほか、僧綱位を有する僧九名（権少僧都一・法眼四・権律師四）が署判を加えており、(86)申請者の権少僧都導覚を含めた一〇人が宿老で、僧綱位をもつ、執行職などの経験者であろうと阪本敏行が推定している。(87)つまり「宿老」は、紀州熊野で寺院経営に参与するような僧綱位を有する僧に対する敬称やグループ名であったといえる。

近世の児島については、『備陽記』に載る貞享四年（一六八七）・元禄六年（一六九三）・正徳三年（一七一三）の聖護院門主の入峯に供奉した僧がいずれも宿老の肩書きを帯びている。また正徳四年（一七一四）に「長床宿老報恩院宣養大峯大先達」「同宿老建徳院宣祐大峯大先達」「同宿老尊瀧院澄玄大峯大先達」（『岡山藩山伏留』一七六頁）といった人物が確認でき、「宿老」は特定の高僧に付随し、五流・先達と共存する肩書きとなっている。そして寛政八年（一七九六）には聖護院から「五流一同院室ニ取立被㆓仰付㆒、宿老之内壱人ツヽ、被㆑撰㆓其器量㆒、古来也、通僧正迄昇進候様」（『岡山藩山伏留』三〇八頁）と、宿老のなかから僧正に昇進させるとの案が提示されているのである。以上の事例やこれまでの成果を総合すると、児島修験は、近世には僧正に昇進しない寺院と位置づけられたが、以前は本宮と頻繁に往来していて僧正の地位にある僧が児島でも活動していた、本宮で経営に参画した僧綱位をもつグループの呼称「宿老」が児島には現在も残っている、というのが天和三年書上の主張であろう。

「先達」は、本来は熊野参詣の案内役を指す語であった。一方、『諸宗階級』では先達について「入峯四ヶ度ニ至而大先達ト称ス、入峯三度迄を未先達ト称ス」[88]とあり、先達が修験者の階級を指す語として使用されている。これに対して近世の児島修験では、多くの場合、最上部の五箇寺を指す語として定着しており、享保十九年（一七三四）には、それに智蓮光院が加わっている。「公卿」は、天和三年書上の第十条に「代々聖主熊野御幸より此号有り」とあり、第十二条・第十四条にも葛城・大峯で修行し、年中行事を執行する役と位置づけられている。『長床縁由興廃伝』では、「往古代々ノ天子熊野御幸、金峯御修行ノ時、供奉ノ近臣三公九卿悉着二結袈裟篠懸一、頂二頭襟一成二山伏ノ行則一、是公卿山伏ト云」[89]と、天子（上皇）に供奉した公卿に由来すると記されているが、享保十二年（一七二七）の公卿山伏と岡山藩役人とのやりとりには「公卿と申候ハ、御門主御入峯之時分、近習を相勤申役之由承知仕候」と、聖護院門主の入峯に供奉するもので、さらに一三人からなる直末の者で、そのなかに「中老」がいるとしている（『岡山藩山伏留』二五〇頁）。信憑性が高い史料での「公卿」の初見は、文禄三年（一五九四）の清田八幡宮棟札銘文で、宝積坊・真如院・少弐公・常楽院・帥公・常住院がそれとしてみえる[90]。そして『備陽国誌』では、覚城院・南瀧坊・常住院・本成院・青雲院・常楽院・大泉坊・千手院・正寿院・大善坊を挙げて「以上是を公卿といふ」[91]としており、『吉備温故秘録』もそれと同内容である。常住院・常楽院の二院のみが文禄三年の棟札銘と一致することは注目すべきである。

「先達」「公卿」に共通しているのは、①特定の僧侶個人を指す用語、それを含めた寺院やグループを指す用語の二義が混在していること、②その淵源が上皇の熊野参詣に由来すると認識されていることである。そして②については、天和三年書上では公卿についての簡略な記事だけであったが、遅れて成立した『長床縁由興廃伝』『新熊野権現御伝記』では、牽強付会ともいえる詳細な説明が加えられている。以上のことを踏まえて「公卿」を捉えるならば、児島修験の最上部の寺院を総称して「先達」と呼ぶようになると、それに次ぐグループにも呼称が必要となり、「公卿」の名が登場したとは考えられないであろうか。いずれにしても、文禄三年（一五九四）の清田八幡宮棟札銘文に、両荘務として建徳院・尊瀧院、両政所として覚城院・智蓮光院・伝法院が、公卿として宝積坊・真如院・少弐公・常楽院・帥公・常住院が挙がっているのは、五流先達・公卿という近世特有の児島修験の上層部が確立していく過渡期を象徴しているのである。

第三節　歴史地理学からみた児島修験

一　児島修験の霞と補任状

児島修験の中世・近世の実像を紹介し、虚像との関係を整理してきた。それでは、冒頭で触れた平安末期における天台僧の修行巡礼と、児島修験との関係はどのように捉えればよいのか。ここでは、平安末期の僧侶の修行巡礼と、江戸時代の児島修験とについて、中核になる霊場、そこに集まる僧侶の地理的な広がりを比較してみたい。

まず、近世の児島修験の霞に着目しよう。本山派修験では十五・十六世紀から、特定地域を霞として編成している[92]。児島修験の場合、それが明らかになるのは近世になってからで、天和三年（一六八三）の書上と『長床縁由興廃伝』の記事が基本史料であるが、両者の間に異同がみられる（表18参照）。『長床縁由興廃伝』の霞の記事は、享保十六年（一七三一）に尊瀧院に付された伊賀国（『岡山藩山伏留』二五七頁）を記しているので、それ以降の成立である。『長床縁由興廃伝』だけにみえる西伯耆（太法院）も、天和三年以降に追加されたと判断できる。一方、天和三年書上に登場して『長床縁由興廃伝』にみえない霞のうち、美作（建徳院）・肥後（尊瀧院）・紀伊国日高郡（報恩院）は削除されたようである。また宝永二年（一七〇五）に報恩院から分立した吉祥院は、尊瀧院に属した備中国（松山を除く）を霞として受け継いでいる（『岡山藩山伏留』六二頁）。また塩飽七島は吉祥院の所在地であり、その霞になったようである。伝法院に属した備中国浅口郡についても、吉祥院がそこの修験者に補任状を発給しており（後述）、やはり吉祥院の霞となったことがわかる。尊瀧院に属した連島も吉祥院の霞に転じたのかもしれない。

このうち報恩院に属した伊予国についてみると、貞享三年（一六八六）に伊予国は報恩院の霞であるが一部が当山派に従っていたという（『岡山藩山伏留』一九〜二〇頁）。また次に掲げる寛文八年（一六六八）の修験下知状[93]でも、

寛文八年申十二月二十六日、伊予国当山・本山両派之者出入ニ付、彼国之者へ渡下置候御書付写、

但、当山派之者本山派へ自属ニ付、事起候由申伝候、

表18　五流修験の霞

五流	天和三年書上・長床縁由興廃伝	長床縁由興廃伝のみ	天和三年書上のみ
太法院	備前・美作	西伯耆	
伝法院	讃岐・備後		備中浅口郡
建徳院	備前		美作
尊瀧院	備中松山	伊賀	塩飽七島・連島七浦・肥後
報恩院	伊予・安芸豊田郡		紀伊日高郡
吉祥院		備中（松山を除く）	

と、伊予国は本山派の霞であると命じられている。それを受けてか、明治四年（一八七一）の西条県の調査『伊予本山当山修験調』によると、備前国児島郡報恩院の末寺が管内の新居・宇摩・周敷の三郡に四五箇寺確認できる[94]。伊予国は報恩院の霞として定着したのである。

霞の成立事情は定かでないが、視野に入れるべき点を指摘しておきたい。第一に荘園である。尊瀧院の霞に肥後国が含まれていたことと、天文元年（一五三二）ごろに肥後国詫摩郡および河尻荘が尊瀧院の神領として確認できることは無関係ではなかろう[95]。そうすると、養和元年（一一八一）に京都新熊野神社に寄進された荘園（備中国万寿荘・佐方荘・多気荘、安芸国三入荘）[96]や、東寺領荘園の備中国新見荘の存在も、霞が形成される一因と捉えることができよう。第二に、熊野那智大社文書の檀那売券などにみえる「檀那（旦那）」や「門弟」である。例えば、備前国連島は康正二年（一四五六）・享禄三年（一五三〇）の売券に、備中国浅口郡は年未詳の備中国先達書立写に、備前国小豆島は文明十五年（一四八三）の借銭状に、といったように児島修験の霞に当たる地名が散見する。そして慶長四年（一五九九）の「廓之坊諸国旦那帳」には、「一、備前国□□一円、小島見徳院（児島建徳院）門弟引二一円」と、建徳院の門弟たちが備前国の檀那を率いていると記されているのである[97]。室町時代の師檀関係が、霞につながったことは否定できないであろう。第三に、特定の社寺の存在である。伊予国は報恩院の霞で、その東部に報恩院の末寺が多く確認できた。その地域には第二節第五項で触れたように、古美新宮が鎌倉時代から存在しており、紀州熊野の分社ということで児島と密接な関係を有していたとも考えられる。また後述するように、伯耆国大山については、その参詣先達を児島修験が認定しており、大山への経路上に位置する美作国などにも霞が設定されたとみられるのである。

この霞と連動したシステムとして、補任状の発給が指摘できる。寛文八年（一六六八）の修験下知状には、先

の伊予国の当山派・本山派の紛争記事の後に、

一、同行者本山・当山之袈裟筋并以㆓所持之補任状㆒、相㆓改之㆒、近年本山へ雖㆑附㆓随之㆒、当山之袈裟筋於㆑無㆑紛者、其師匠へ可㆑返㆑之、当山亦可㆑為㆓同前㆒、然上者以㆓才覚㆒同行ヲ互ニ不㆑可㆓奪取㆒事、

とある。つまり同行者（山伏）は、袈裟筋および所持の「補任状」をもって、本山派か当山派かを取り調べる、本山派に属していても当山派であることが明らかな場合、またその逆の場合は、師匠へこれ（補任状）を返せ、同行を奪い合うことを禁止する、という内容である。ここから、本山派・当山派それぞれが同行者（山伏）に「補任状」を与えていたことが窺える。

補任状は、本山派修験では聖護院（三山検校）やその配下の若王子（三山奉行）が十六世紀から発給しており、また出羽三山（羽黒派）に固有の文言を伴う例も知られている。[98] それらは、山伏個人に対して、袈裟の色、院号、法眼・僧都・法印などの僧綱位を認可したもので、いわば山伏の階級証や身分証である。

児島修験についても、宮家準が紹介したものを含め、次のようなものが確認できる。[99]

①金地袈裟之事

尤可㆑有㆓着用㆒者也、仍執達如㆑件、

寛文四年八月吉日

長床太法院増誉（花押）

権大僧都教国坊

②補任　宗泉房　権律師

右、以㆓彼人㆒所㆑補㆓権少僧都㆒、寺家宜㆔承知、敢勿㆓違失㆒、故以下、
　寛延四年（一七五一）八月日
長床宿老大先達尊瀧院覚道（花押）　（印四あり）

③補任　新宮順徳

右、以㆓彼人㆒所㆑叙㆓法橋位㆒而已、免㆓許綾地結袈裟㆒也、寺家宜㆔承知、敢勿㆓違失㆒、故以下、
　文政三年（一八二〇）正月日
長床五流大先達吉祥院玄信（花押）
　　　　備中国浅口郡西大島村宝春房　（印四あり）

これらは、尊瀧院や吉祥院が霞内の山伏に対して発給したもので、聖護院や若王子の関与はなく、児島独自の様式と文言である。児島修験は、聖護院・出羽三山と並んで霞内の山伏に対して補任状を発給し、その身分や階級を証明する役割を担っていたのである。霞のなかには天台宗の寺院だけでなく、真言宗の寺院も存在したようで、補任状は天台・真言の宗派の枠組みではなく、修験に特有の霞という領域を対象に機能したのであろう。先にみたように児島修験には天台・真言の両者が併存していた。そのために、真言色の強い伊予国の寺院も霞として定着させることができたのではなかろうか。

そして、この補任状が最も必要になる場面は、大峯・葛城に出向いて修行する際ではないかと考えられる(100)。言い換えれば、聖護院や醍醐寺による修験道の統轄機能を象徴するのが、大峯・葛城における修行であった。そし

てこの場合、各地の山伏を大峯・葛城に送り出す仲介役をつとめるのが、補任状発給者の児島修験であったといえる。慶長十八年（一六一三）の修験法度は、諸国の山伏を当山（醍醐寺三宝院）・本山（聖護院）の「筋目」に従って入峯させるという内容であったが[101]、実際には真言系・天台系が交錯した中国・四国地方の特定地域では、修験者を統轄する機能を児島修験が担ったのである。

なお、霞と補任状に関連して、天和三年書上（第六条）の「近国の天台・真言寺院へ大（山）先達（ノ）免許補任状、往古より下し来る也」の記事について付言しておこう。これは伯耆国大山への参詣者を案内する先達について、児島修験が補任状を出して認可しているという記事である[102]。一方、天保三年（一八三二）成立の『鈴懸衣』によると、伊勢・熊野・富士・白山・愛宕・三島・日光の七社参詣の引導を本山派修験がつとめることが、寛永十六年（一六三九）に幕府から認められている[103]。これと同じように、伯耆国大山への参詣者は児島修験が先導するのが慣例になっていたのである。この点からも、児島修験は本山派修験のなかでも独自の位置にあったといえるのである。

二　平安末期の修行巡礼と近世の児島修験

次に、平安末期の天台僧の修行・巡礼に目を転じよう。「はじめに」で言及した天台僧の修行巡礼は、具体的には①延暦寺僧の薬仁が承徳二年（一〇九八）に備前国児島諸興寺、天仁二年（一一〇九）に因幡国高庭清冷院で『瑜祇経』関係の典籍を記したこと、②延暦寺僧の円長が長寛年間（一一六三〜六五）に伯耆国大山寺に赴き、同寺の基好が迎えたこと、③基好が治承四年（一一八〇）に備前国日応山瑜伽寺（岡山市に日応寺が現存）で栄西書写の『瑜祇経』関係典籍を書写したこと、である（本書第一編第二章第二節）。

平安末期の天台僧は中国地方の山岳寺院を廻っており、その核となったのは伯耆国大山寺である。『大日本国法華経験記』（中巻八十）には、法隆寺僧の明蓮が長谷寺・金峯山・熊野で修行したのち、住吉明神の託宣に従って大山に参詣した話が載っている。また『梁塵秘抄』では四方の霊験所として、伊豆走湯・信濃戸隠・駿河富士山・伯耆大山・丹後成相などが登場している。それ以外の動向としては、寛治八年（一〇九四）閏三月八日に伯耆国大山寺の僧三〇〇人が同寺の座主を訴えて上京したことが『中右記』に記されている。[104]また『門葉記』（巻一四〇・雑決一）によると、鎌倉初期の天台座主慈円の建暦年間（一二一一～一三）の譲状に、大山寺や出雲国鰐淵寺が延暦寺の末寺として確認できる。[105]さらに南北朝期に成立した『大山寺縁起』にも、薬仁・基好を大山の高僧として慈円が慕ったと記されている。[106]要するに平安末期の僧侶の往来は、中国地方の山岳そのものが重視され、延暦寺がそれらを末寺に組み込む動きを示したのである。

以上のように、平安後期における畿内や比叡山の僧の修行巡礼においては、伯耆国大山が一つの軸になっていたことがわかる。それに対して、近世の児島修験は中国・四国地方の山伏を大和国の大峯・葛城に送り出す役割を担い、大山に近い西伯耆をもその対象にしていた。第一節に引用した天和三年（一六八三）書上の第六条の前半部に次のような記事がある。すなわち「五流の先達は、聖護院門跡が一代一度、大峯・葛城の峯に入る儀式をしているように、かつては一世に一度伯耆の大山に参詣していた。しかし、それは廃れてしまった」、また第十二条にも「公卿山伏は春は葛城、秋は大峯で修行に励んでいる」と記されている。これらは、以前に重視していた伯耆国の大山を軽視するようになり、その一方で大和国の大峯・葛城での修行を最優先するようになったことを示しているのである。

おわりに

本章では、近世の寺社縁起が描き出す古代史像に史料批判を加え、一次史料からその実像を探った。具体的にいえば、児島修験には、①鎌倉時代に紀州熊野の荘園となり僧団を形成した段階、②東寺御影供に勤仕し、京都・備前を往来する僧正の山伏が活動した段階、③聖護院道興による諸国山伏の序列化のなかに位置づけられた段階、④江戸時代に霞が固定され配下の山伏に補任状を発給する機能を担った段階、があったといえる。そして④の段階になって、宿老・公卿といった独自の僧職（肩書き）を取り上げて自己の優越性を誇示するようになり、さらに十八世紀の寺社縁起においては、古代的・貴族的権威を伴った誇張や虚構が展開したのである。

地域史や宗教史を扱う場合、このように純粋な古代史研究の枠から外れるテーマに遭遇することがある。吉備地方についていえば、奈良時代に報恩大師という僧が備前国に四十八寺を建てたという寺院縁起の記事がある。難波俊成は、その縁起の書かれた中世末の状況を踏まえて、報恩大師像が増幅していった様相を解明している[107]。本章も、その手法に学んだものであり、そうした研究テーマの重要性を主張しておきたい。

また本章では、近世の児島修験が、備前・備中・美作・讃岐・伊予・伯耆・安芸などを霞とし、そこの修験者に補任状を発給し、大和国の大峯・葛城での修行に送り出す役割を担ったことや、伯耆国大山を核にした平安末期の修行巡礼との相違を指摘した。これに関連して、次の二点を付け加えておきたい。

児島やそれを含む吉備・瀬戸内海の位置づけについていえば、古代においては、都や畿内近国の僧が、中国山地で修行・止住した例が知られる。これまで取り上げた事例以外にも、①玄賓が九世紀に備中国湯川山寺に止住し、伯耆国会見郡に阿弥陀寺を建立、②成尋が十一世紀に備中国新山寺に止住、③定秀が比叡山から各地を巡礼し備中国新山別所に籠って修行、などの事象が挙げられる。[108]古代の吉備は、畿内近国の延長上に位置していたともいえる。中世においては、紀伊国の熊野神社が水運を利用して瀬戸内海を往来し、備前国児島・備中国万寿荘・豊後国津守荘などを社領とした。近世の児島修験が、備前・備中・備後・美作・伯耆・讃岐・伊予、さらに肥後・紀伊までを霞にしていたのも、中世熊野の海上交通が背景にあったといえる。しかし肥後や紀伊は児島修験の霞から消えていったようである。その一方で児島修験は、聖護院や羽黒修験と同じように独自の補任状を発給している。発給先は特定地域の山伏で、天台・真言の両者を含んでいた。近世の児島修験は、特定地域に対して影響力をもつ独立した存在であったといえる。

山岳宗教の歴史的展開についての見通しを述べるならば、次のようになる。山岳修行は古代から存在した。第一段階は僧侶がそれぞれの山を選んで修行する初歩的な段階で、奈良時代から平安初期である。吉備地方で例を探すなら、倉敷市の日差山の遺跡などがそれに当たるのかもしれない。[109]そして第二段階として、『梁塵秘抄』に登場するような特に優れた霊場を対象として修行巡礼するという平安末期が指摘でき、伯耆国大山寺への巡礼がその典型で、備前の児島は、その経路に組み込まれていた。[110]そして第三段階として、大和国の大峯・葛城こそが修験道の聖地であるとの認識を根付かせて、各地の修験者を全国的に取りまとめる動きであり、それは十六世紀ごろに起こり、江戸時代になって完成した。児島修験は聖護院のもとにあって、その一翼を担ったといえるのである。

註

（1）宮家準「五流修験の成立と展開」（同編『山岳宗教史研究叢書12　大山・石鎚と西国修験道』名著出版、一九七九年）。宮家は以下の論文や書籍でも児島修験に言及している。「熊野修験の地方的展開」（『大峰修験道の研究』校成出版社、一九八八年）、「熊野信仰と児島修験」（『岡山県史　第四巻　中世Ⅰ』岡山県、一九九〇年）、『熊野修験』（吉川弘文館、一九九二年）、「本山派内の一山組織」（『修験道組織の研究』春秋社、一九九九年）、『修験道と児島五流』（岩田書院、二〇一三年）。宮家以前の研究としては、和歌森太郎「小島法師について」（著作集二『修験道史の研究』弘文堂、一九八〇年、初出一九三九年）がある。

（2）榎原雅治「山伏が棟別銭を集めた話」（『日本中世地域社会の構造』校倉書房、二〇〇〇年、初出一九八六年）。

（3）三宅克広「中世後期の山伏と東寺」（中野栄夫編『日本中世の政治と社会』吉川弘文館、二〇〇三年）。倉敷市史研究会編『新修倉敷市史　第二巻　古代・中世』（倉敷市、一九九九年）五五八～五七五頁（同氏執筆）も合わせ参照。なお『新修倉敷市史　第二巻　古代・中世』は、以下『新修倉敷市史　第二巻』と略称する。

（4）長谷川賢二「阿波国における三宝院流熊野長床衆の痕跡とその意義」（『修験道組織の形成と地域社会』岩田書院、二〇一六年、初出二〇〇五年）、同「熊野信仰と天台宗・真言宗」（同上、初出二〇一一年）。

（5）近藤祐介「室町期における備前国児島山伏の活動と瀬戸内水運」（『修験道本山派成立史の研究』校倉書房、二〇一七年、初出二〇一〇年）。

（6）拙稿「平安末期における天台僧の修行巡礼」（『倉敷の歴史』一九号、二〇〇九年、本書第一編第二章第二節に収録）。

（7）『長床縁由興廃伝』（五来重編『山岳宗教史研究叢書18　修験道史料集Ⅱ　西日本篇』名著出版、一九八四年）三八三頁によると、新熊野新宮は諸興寺のことで、元禄年間（一六八八～一七〇四）に破壊され、新宮那智山は瑜伽寺であるという。瑜伽寺は現在の瑜伽山蓮台寺のことである。同寺が那智に擬されるのは、やや離れた場所（倉敷市児島由加山村～玉野市滝）に滝があることによるという（佐藤みつゆきの教示）。

（8）享和二年（一八〇二）の『諸宗階級』（下・本山修験法﨟階級法服之次第書）には、宿老や公卿は備前児島のみに存在するとの説明がみえる（『続々群書類従　第十二　宗教部』四三九頁）。

（9）高埜利彦「江戸幕府と寺社」（『近世日本の国家権力と宗教』東京大学出版会、一九八九年、初出一九八五年）。

（10）近世の岡山藩関係文書がマイクロフィルムで閲覧可能になり（岡山大学附属図書館編『改訂増補池田家文庫マイクロ版史料目録』丸善株式会社、一九九二・九三年）、それと同時期に三宅淳彦が『再訂増補岡山藩山伏留』（私家版、一九九六年、初版一九九〇年）、『五流山伏　改訂版』（私家版、一九九一年、初版一九八九年）といった修験関係の活字史料集を刊行しており、児島修験の実情解明に寄与するところが甚大である。

（11）室町時代から記述が始まる史料はここでは検討の対象から除外する。具体的には次の二点である。「大願寺由来」（『再訂増補岡山藩山伏留』一頁）、『紀州熊野三所大権現由来　備前国児島郡郷内村大字林』（岡山県立図書館蔵、請求番号KL一八二・九―一）。後者は、安政六年（一八五九）の勧進帳や、寛文～文政の文書を「別当大智院大願寺後宮本小刀」が昭和十年（一九三五）に書写したものである。なお永山卯三郎編『倉敷市史　第二冊』（名著出版、一九七三年）三三五～三四四頁収録の「紀州熊野三所大権現由来」は寛文五年（一六六五）の年紀を有するが、元禄年間の諸興寺の亡破や、「大宝元年より今年迄凡一千百六十八年也」といった記事があり、明治二年（一八六九）のものと判断できる。

（12）『吉備群書集成　第壱輯』（吉備群書集成刊行会、一九二一年）七七～八〇頁。

（13）岡山県立図書館蔵『岡山紀聞』（請求番号KW二〇四―一）。同書は、「当国初リ」「吉備前鏡　御野郡金寺由来」「五流之事」など、記事の抜書集である。『和気絹』と『岡山紀聞』とを比べると次の相違が指摘できる（文字の校異は省略）。『和気絹』の第二条・第三条を『岡山紀聞』は「役行者五人ニ直弟子有、義学・義玄・義真・寿玄・芳玄、此五人ヲ以テ五流ノ根本トス、五流ノ紋、丸ノ内ニ柏、（下略）」と、名前・順序が異なる五人を挙げ、五流の紋の説明に続け一条で構成している。第九条（『和気絹』の条文数で表記する）に続けて「役行者ヲ小角ト云、此墓京都寺町通禅道寺浄土宗ノ境内有」の追記がある。第十三条で報恩院・建徳院の霞を逆に記し、末尾の「備中児島」以下の一文がない。第十四条の「権現出仕・同読経、廿八日」が脱落している。第十八条の検地奉行の名前、書上末尾の天和三年「六月日」「寺社奉行江」が『和気絹』にみえない。『和気絹』とは異なり、「天和三年六月癸亥六月日」を長床政所と長床五流の間の上部に配置している。『和気絹』は平仮名で『岡山紀聞』は片仮名で送仮名を記している。『岡山紀聞』の記事は、正確な書写という点では『和気絹』に劣るが、底本は『和気絹』より原本に近いものを用いたことがわかる。

(14) 第十三条の瓶井山は岡山市国富。金山は岡山市金山寺。脇田は赤磐市松木か。牟佐は岡山市牟佐。御野は御野郡か。作州本山は美咲町の本山寺か。槙山は美作市真木。塩飽七島は児島の南、香川県の島。松山は高梁市。連島は倉敷市連島。第十五条の有南院は倉敷市曽原の一等寺。

(15) 『備前記』（児島郡林村）。刊本は就実女子大学近世文書解読研究部編『備作之史料（四）備前記　全』（備作史料研究会、一九九三年）を参照。『備陽記』（巻四・児島郡之内神社之事・熊野大権現）。刊本は『備陽記』（日本文教出版、一九六五年）を参照。以下、同書によって頁を示す。

(16) 『備陽国誌』の刊本は『吉備群書集成　第壱輯』（前掲註(12)）、『吉備温故秘録』の刊本は『吉備群書集成　第八輯』（吉備群書集成刊行会、一九三一年）を参照。

(17) 『山岳宗教史研究叢書18　修験道史料集Ⅱ　西日本篇』（前掲註(7)）三八〇～三八九頁、宮家準「修験と寺社縁起」（『国文学　解釈と鑑賞』四七巻三号、一九八二年）。同史料は宮家準『修験道と児島五流』（前掲註(1)）にも収録。

(18) 原三正「新熊野権現御伝記（上）（下）」（『倉子城』創刊号・二号、一九六九年）。原は（上）において、五流尊瀧院蔵の『長床縁由興廃伝―別名、長床古往今来記』と類似しており、『長床縁由興廃伝』のほうが分量・記事が多いので、『新熊野権現御伝記』をもとに『長床縁由興廃伝』が編集されたのではないかと述べている。

(19) 『吉備群書集成　第壱輯』（前掲註(12)）二四〇頁。

(20) 『吉備群書集成　第壱輯』（前掲註(12)）二四〇～二四一頁。『吉備群書集成　第八輯』（前掲註(16)）六四頁。

(21) 『山岳宗教史研究叢書18　修験道史料集Ⅱ　西日本篇』（前掲註(7)）三八五頁。

(22) 『大日本仏教全書　一二七冊』三四四頁。

(23) 『備作之史料（四）備前記　全』（前掲註(15)）三四六頁。

(24) 註(21)に同じ。なお、永山卯三郎編『倉敷市史　第二冊』三五七頁によると、明治四十四年（一九一一）から翌年にかけて、宗教団体の福田海が覚仁法親王の墓に石崖を築いて、他所から移動させた十三輪塔を置いたという。十三重石塔については、森章「桜井塚層塔の研究」（『倉敷の歴史』六号、一九九六年）の研究がある。中山薫『岡山県修験道小史』（日本文教出版、一九八八年）八〜九頁によると、覚仁法親王の児島への来訪・居住については、賛否両論が存在する。

(25)　『山岳宗教史研究叢書18　修験道史料集Ⅱ　西日本篇』（前掲註(7)）三八六〜三八七頁。なお、小笠原隆一「中世後期の僧位僧官に関する覚書」（『寺院史研究』四号、一九九四年）によると、室町時代には僧正補任に出自が問われるようになり、貴族の猶子になることがみられたという。「摂家・清華等ノ子」の記事は、それを指しているのであろう。

(26)　『東寺長者補任』正嘉二年（一二五八）条（『続々群書類従　第二　史伝部』五九九頁）。

(27)　『山岳宗教史研究叢書18　修験道史料集Ⅱ　西日本篇』（前掲註(7)）三八六頁。

(28)　同右。

(29)　三宅淳彦『再訂増補岡山藩山伏留』（前掲註(10)）二五七頁。以下、略号と頁で示し、本文中に組み込むことにする。

(30)　『吉備群書集成　第壱輯』（前掲註(12)）二四一〜二四二頁、『吉備群書集成　第八輯』（前掲註(16)）六五頁。

(31)　倉敷市史研究会編『新修倉敷市史　第九巻　史料古代・中世　近世（上）』（倉敷市、一九九四年）一八〇頁。以下同書は『新修倉敷市史　第九巻』と略称する。

(32)　原三正「新熊野権現御伝記（上）」（前掲註(18)）五九〜六〇頁。

(33)　宮家準「五流修験の成立と展開」（前掲註(1)）、同「熊野修験の地方的展開」（前掲註(1)）。村山修一「児島五流修験」（『修験の世界』人文書院、一九九二年）。

(34)　倉本一宏「花山院の修行説話をめぐって」（『白山史学』五一号、二〇一五年）が、花山上皇の熊野参詣説話に言及している。

(35)　註(18)の原三正の説によると『長床縁由興廃伝』の成立はさらに年代が下ることになる。なお『備陽記』が引用する寛保元年（一七四一）の「児島郡新熊野山補陀落寺尊瀧院開帳略縁起」には、宇多上皇の永宣旨による補任状の発給、頼仁親王の子による五流の再興や「皇孫ノ五流」の文言が確認できる（『備陽記』〈前掲註(15)〉一一七頁）。

(36)『続群書類従　第九輯上』六二頁、『新修倉敷市史　第九巻』一八二頁。
(37)『中世法制史料集　第一巻』三六八頁、『新修倉敷市史　第九巻』二〇〇頁。
(38)『岡山県古文書集　第三輯』三一九頁、『新修倉敷市史　第九巻』二九一頁。
(39)『鎌倉遺文』九一四一号、『新修倉敷市史　第九巻』二〇三頁。
(40)『備陽記』六〇一～六〇七頁、『吉備温故秘録』六八～七五頁、『撮要録』(文政六年〈一八二三〉完成、刊本は日本文教出版、一九六五年)一四二四～三〇頁に収録。田中修實「史料紹介「長床六十三箇条式目」」(『岡山民俗』二〇一号、一九九四年)が、中世の在地法としての重要性を指摘し、訓読を作成している。引用は『備陽記』に従う。なお、いずれの刊本でも「一、」の条文は六二であり、表題の「六十三箇条」とは異っている。
(41)『備陽記』六〇七頁。三人目の「石黒法印　顕□」について『撮要録』は「石見法印顕立」と判読している。
(42)君名(公名)については、拙稿「奈良・平安時代の出家」(服藤早苗編『王朝の権力と表象』森話社、一九九八年)を参照されたい。
(43)延暦寺で行われた六月会・霜月会については、拙稿「延暦寺六月会・霜月会の竪義について」(速水侑編『奈良・平安仏教の展開』吉川弘文館、二〇〇六年)を参照されたい。
(44)瑜伽山蓮台寺所蔵の打掛札(永山卯三郎『続岡山県金石史』岡山県金石史刊行会、一九五四年、一三二～一三三頁、第六六図、『新修倉敷市史　第九巻』二二四～二二五頁)には、弘安元年(一二七八)に寺領の四至を定め、正安三年(一三〇一)十月十五日に執行法印権大僧都・法印権大僧都・夏一法印権大僧都(以上無記名)、法印権大僧都親兼・権大僧都隆遍・権少僧都隆禅・権律師隆有(以上花押、裏面に僧名)・宋助がそれを認証したことが刻銘されている。これを紹介した上記二書はいずれも検討を要すると記している(当時の文書を忠実に伝えていない、もしくは後世の創作の疑いがあるということであろう)。判定は難しいが、次の二点を指摘しておく。第一に『長床六十三箇条式目』から類推すると、執行法印権大僧都以下の連署者は、児島在住僧ではなく紀伊国熊野の僧とみるべきである。第二に、法印権大僧都親兼・権少僧都隆禅・権律師隆有の三人は、尊瀧院文書『五流正統尊瀧院正系』(東京大学史料編纂所架蔵写本、〈請求番号二〇一六—一二二二）の頼仁親王—道乗（二世）—澄意（三世）の系図に登場する。つまり澄意・頼宴は道乗の子で、さらにその弟として観乗院親兼・太法院隆禅・報恩院隆有と建徳院昌範が記されているのである。

(45)『東寺私用集』（東京大学史料編纂所架蔵写本〈請求番号二〇一五—五二五〉、『新修倉敷市史　第九巻』二七四～二七五頁）。

(46) 長谷川賢二「阿波国における三宝院流熊野長床衆の痕跡とその意義」（前掲註(4)）、同「熊野信仰と天台宗・真言宗」（前掲註(4)）、近藤祐介「室町期における備前国児島山伏の活動と瀬戸内水運」（前掲註(5)）。

(47) 日本大蔵経編纂会編『修験道章疏　三』（名著出版、一九八五年）三八五～四〇〇頁。

(48)『備陽記』（前掲註(15)）六〇七～六〇九頁。以下の通りである（①～⑥の番号は筆者が付した）。

①

前途饗　四膳　廿二貫文　権現講　二膳　但依㆑地同人数　五拾四貫文
仏名初日如㆓八講初日㆒　廿七貫百文　同結願　廿七貫百文
僧綱之（饗カ）　二膳如㆓権現講㆒　廿三貫文　一門客料　四拾貫文
公達饗　拾三貫六百文　八乙女饗　拾六貫文
庚申　百六拾五貫四百文　田楽饗　廿五貫三百文
露払　二貫文　大先達　五貫文
　　如㆓僧綱饗㆒　但住各へ在㆑之
立春饗　廿五貫文　帰立　百貫文
　　常住方役
衆徒垸飯　拾石十貫　三位（三昧カ）僧役　拾貫十石
名僧饗料　二石五斗　一貫四百文　布施講直加㆑之
玉木御戸開　拾貫　同　衆徒役　五拾貫文

古屋役十貫文　御子色々役堂下鏡突《ママ》　以下
都合千五百五拾七貫文　大概也
此外検校進物百五拾貫文也

②

一、入峯貝緒事

宿老

僧正黄色　法印浅黄　大僧都同前　少僧都以下可レ用レ茜

入峯貝緒事、二紙被二注進一候、以後可レ被レ守二此規式一之由、検校僧正御房御気色所レ候也、

仍執達如レ件、

五月廿一日　　　　法印尊顕

謹上　本宮長床執行法印御房

③

一、大師講垸飯　下行人数　人別饗升一升飯
手水一人　礼殿一人　堂下拾二人　無縁神子・白石神
子卅八人　花摘十七人　山籠六人　冬花六人　皷打一人
斎灯八人　鐘突一人　橋聖一人　湯峯聖一人　香
聖一人　童子聖一人
以上九拾七人

④

一、任符開事　四拾貫　装束代五貫　半減後　延文二年仏名初日於二饗膳当座一評儀云々、
廿貫或廿三貫、或廿五貫、依レ人随レ宜而所レ有二其沙汰一也、而当年延文二山臥右府禅師定昭

為二清花上者一、以二二拾貫一可レ被レ引レ之、自余不レ可レ用二此相違一矣、

⑤

晦山臥神事饗膳事

　暦応四年於二京都惣衆評定一被レ注定レ之歟

任補開(符開事カ)四拾貫　装束代伍貫文　請取饗百貫文
落着饗代　廿五貫四百文　　後朝五拾貫七百文大概少二権現講一
八講代　廿七貫百文　客料加レ之　　同五貫代拾九貫四百文
同結願　廿七貫百文　如二初日一　　皆集会廿七貫百文如二八講初日一
大先達饗　廿五貫五百文　　有職ニ卅一貫六百文なり
船振　廿三貫三百文　　大師講垸飯　拾二貫五百文
集会ニ　拾六貫文　　宿老会合振舞　七貫文
公達集会　七貫文　　朔外居　五拾貫七百文
行者講拾五貫八百文　　初虚　二拾九貫文
霊饗　廿三貫文　　又同　廿三貫文
公達庚申　四拾一貫六百文　　不断経初日　廿七貫百文　如二八講一
同結願　拾九貫四百文、同客料　　十日夜道　四拾一貫六百文如二公達庚申一
人数饗廿三貫文　如二霊饗一　初夜終押□(寄)九貫文事料也
応永廿五年戊戌正月日　荘務観乗院僧正宋染(宗深也カ)之

⑥

天正六年三月九日書二写之一畢、
右、古本者聖護院門跡道証公為二御披見一京都江指上、当時之為レ覚写置者也、

一、本山長床年中行事、同御代々京都ニ上ス
一、大峯送峯之記一帖、右同前ニ上ス
一、本山・当山於二駿府一御公事時、系図書物上中二札ハ大仏炎焼之時、御寺同前ニ炎焼ニヤク、
　　慶長十七年八月十日　為覚と玄順書置畢、
新熊野山六月会、来拾五日也、
東西南北保之内、不諍《浄カ》輩不レ可レ来者也、
右之掟書式目、林五流之内、建徳院所二持之一、所二年久敷一故損シ有レ之ニ付、享保十年乙巳年田中庄兵衛書写させ、
林権現江寄二進之一写也、　石丸令帰（定良）

②の御教書の奉者、法印尊顕は、『新熊野別当次第』に「六十一尊顕　康暦元年（一三七九）五月八日任」（『修験道章疏　三』三五八頁）とみえる。④と⑤には「任符開事、四拾貫　装束代五貫」という重複した記事があり、その間に、延文二年（一三五七）の前例や、「晦山臥神事饗膳事」という表題と「暦応四年於二京都惣衆評定一被レ注定レ之歟」という注記が挟まれている。おそらくこの箇所は、本文に追記が混在して書写されたのであろう。④⑤は「任符開事、四拾貫　装束代五貫」の記事で両者がつながっていたか、あるいは「晦山臥神事饗膳事」の表題を頭に据えた文書が錯簡を生じたのかであろう。

(49)『熊野山略記』の「本宮晦山臥事」には、天平宝字二年（七五八）に婆羅門僧正が神勅を受けて観久筑前禅師を入峯させたのが晦日山伏の濫觴で、それは毎年十二月二十七・二十八・二十九日の三日夜に、熊野山備里水天山嶺において熊野権現（伊弉諾尊・伊弉冉尊）と天照大神が対面するのに合わせたものであると記されている（地方史研究所編『熊野』一九五七年、四二二頁）。『山伏帳』（巻下）は、承安元年（一一七一）以下の「晦日山伏被レ入次第」を収録している。

(50)『修験道章疏　三』三九五・三九七頁。

(51)『山伏帳』（巻下）「衆使」の該当箇所をあらためて示しておく。「宗縁　大輔僧正、三職、号二覚王院一」（三人略）「宣有　大夫僧正、号二智蓮光院一」「隆縁　宮内卿僧正、号二覚王院一」「朝宴　宮内卿僧正、号二尊瀧院一」「宗深　大弐僧正、号二観乗院一」「隆教　大納言僧正、号二伝法

院二」「宣深助僧正、号二智蓮光院一」（一人略）「宣守大輔権僧正」（『修験道章疏　三』三八六頁）。

(52)『岡山県古文書集　第三輯』三三二頁、『新修倉敷市史　第九巻』三三三頁。

(53) 尊瀧院文書（『岡山県史　第四巻　中世Ⅰ』五七七頁、『新修倉敷市史　第九巻』三六三～三六四頁）。

(54)『増補続史料大成　後法興院記　三』八三頁。道興については、萩原龍夫「道興准后の生涯と信仰」（『中世東国武士団と宗教文化』岩田書院、二〇〇七年、初出一九八〇年）を参照。

(55) 首藤善樹編『金峯山寺史料集成』（総本山金峯山寺発行、国書刊行会、二〇〇〇年）一〇五頁。

(56)『備陽記』（前掲註(15)）一一一頁、『吉備群書集成　第八輯』（前掲註(16)）六八頁。

(57) 首藤善樹ほか編『住心院文書』（思文閣出版、二〇一四年）四四頁。住心院文書研究会「史料紹介「住心院文書」」（『史学研究集録』二二号、一九九七年）、『新修倉敷市史　第二巻』八二七～八二八頁も同様。

(58)『古文書纂』（『大日本史料　八編之三十八』四一七～四一八頁）。

(59) 近藤祐介「聖護院門跡と「門下」」（前掲註(5)書、初出二〇一一年）は、道興の二代後の道増（近衛尚通の子）が、天文年間（一五三二～五五）に将軍使節として列島各地を巡り、年行事補任状を発給しており、そのころに在地山伏の直接掌握が進んだと述べている。同「修験道本山派組織構造の成立」（前掲註(5)書、初出二〇一〇年）も合わせ参照。

(60) 出典のうち熊野本宮権三昧職補任状は、熊野贈状之留（『国立国会図書館所蔵　貴重書解題　第六巻』国立国会図書館、一九七四年、八三頁）。

(61) また『新修倉敷市史　第九巻』三九三頁所収の大願寺中興天誉長老御影記銘写に「五流」と記されているが、『新修倉敷市史　第二巻』八二二頁で「三ヶ村」の誤読と訂正している。

(62)『岡山県古文書集　第三輯』三二二頁、『新修倉敷市史　第九巻』五五〇頁。

(63)『史料纂集　熊野那智大社文書　第五』八〇頁、『新修倉敷市史　第九巻』五六一頁、『金峯山寺史料集成』四〇三頁（喜蔵院文書）。

(64)『古今熊野記録』（東京大学史料編纂所架蔵写本〈請求番号二〇一二―二五四〉、『新修倉敷市史　第九巻』四〇五～四〇六頁）。

(65)『東寺私用集』（前掲註(45)、『新修倉敷市史　第九巻』二七五頁）。

(66)『修験道章疏　二』五九六頁。なお『両峯問答秘鈔』『熊野長床宿老五流』については『修験道章疏解題』（国書刊行会、二〇〇〇年）を参照。

(67)『修験道章疏　二』六一六頁。

(68)『修験道章疏　三』三六〇頁。なお、書名に「抄出元禄年間某人撰修験道山彦」の割注がある。

(69)宮家準『山伏』（評論社、一九七三年）七九頁に「ところがその後、熊野本宮には、熊野長床宿老五流の記録はほとんど存在しない」とある。

(70)元禄二年（一六八九）八月二十九日、宝永三年（一七〇六）四月二十一日、同年四月九日、正徳三年（一七一三）三月七日聖護院門跡御教書（『岡山藩山伏留』二四頁、七〇頁、一〇三頁、一五八頁）。

(71)宇高良哲編『武蔵越生山本坊文書』（東洋文化出版、一九八五年）一六〇～一六一頁。ここでも三二の地方修験のうち七を児島（吉祥院は塩飽と記される）が占めている。

(72)青谷美羽「明治初年における修験道本山の動向」（『山岳修験』三七号、二〇〇六年）。

(73)ただし、覚仁法親王の活動と合わせて、道乗（頼仁親王の子、東寺長者、大僧正）の評価は再検討の必要がある。尊瀧院文書『五流正統尊瀧院正系』（前掲註(44)）も参考になる。

(74)別府信吾「近世前期の新熊野山」（『岡山藩の寺社と史料』岩田書院、二〇一三年、初出一九九三年）。

(75)『修験本当偽邪弁論』については、首藤善樹『修験道聖護院史辞典』（岩田書院、二〇一四年）一一二～一一三頁に解説がある。それによると、首藤善樹所蔵本が原本で、玄仙による本文に、若王子院主とみられる注記が加わっている。冒頭に「近代の俗書、取捨すべき者也」と朱書されているという。一方、『狭山市史　中世資料編』（埼玉県狭山市、一九八二年）二八～六二頁に、武蔵国笹井観音堂の篠井家に伝来した寛政五年（一七九三）書写・文政十三年（一八三〇）の重写本をもとに翻刻がなされている。本文のほか「玄仙考」「註曰ク」（「註曰」「註シテ曰」）「難曰」「不審曰」「予曰」の注記があり、それらが本文を上回る量になっている。後半には、建久三年（一一九二）の源頼朝発給文書（『狭山市史　中世資料編』五八頁）など明らかな偽文書が含まれ、『修験山彦』からの引用記事（四五～四七頁）も信憑性を検証する必要がある。しかし「為二本山先達一被レ相二定峰中度々一事」に、「大宿」「二宿」「三之宿」、「大宿報恩院宣朝」とあるのは（四四頁）、報恩院宿老が天文年間（一五三二～五五）の宣朝まで僧正になっていたという記事（四五頁）と合わせて留意すべきである。首藤善樹が指摘するように、本山派修験の好史料であり、その内容の検討が必要であろう。

(76)『改定史籍集覧　第十八冊』二六八頁。

(77)高橋修「中世前期の熊野三山検校をめぐる一考察」（紀南文化財研究会『くちくまの』八七号、一九九一年）。典拠は『紀伊国阿氏河荘史料』二二七号、『鎌倉遺文』一六五三六号。同「阿弖川庄の「馬入道願蓮」」（『ヒストリア』一二六号、一九九〇年）も合わせ参照。

(78)五流尊瀧院の宝塔は様式からみて鎌倉時代のものであり、そのなかから火葬骨・歯牙・香木などが発見されている（『重要文化財五流尊滝院宝塔修理工事報告書』一九七一年、『新修倉敷市　第二巻』三二二頁）。

(79)海老名尚「中世僧綱制の基礎的研究」（『学習院大学文学部研究年報』三九輯、一九九二年）によると、僧綱は本来朝廷が任命する僧官であったが、安元三年（一一七七）の園城寺を早い例として、その叙任権を特定寺院に委ねる永宣旨僧綱が登場したという。僧綱位の僧界での意義については、拙著『平安時代の国家と寺院』（塙書房、二〇〇九年）の第二編「僧官身分秩序の形成」において論じたので参照されたい。

(80)『国立国会図書館所蔵　貴重書解題　第六巻』（前掲註(60)）八〇頁。

(81)『岡山県古文書集　第三輯』三一九頁、三二一頁、『新修倉敷市史　第九巻』二九〇頁、三三三頁。

(82)別府信吾「近世後期、児島五流の昇進問題」（前掲註(74)書、初出一九九四年）。なお、同論文註(13)で言及している院家・院室の語の混在については、僧正補任について「院家・先達任レ之候事」と記す『祠曹雑識』（巻十九）の記事や、院室兼帯と合わせて考えるべきであろう。院室兼帯は、地方の有力寺院や住職が財力を提供して、門跡寺院から寺格や待遇（僧綱位・色衣）を認定されるもので、江戸時代の新義真言宗寺院の例が知られている（坂本勝成「院室兼帯寺院について」『立正大学文学部論叢』三八号、一九七〇年）。
(83) 東京大学史料編纂所架蔵本（請求番号押小路家本―し―三二―二）。
(84) 『内閣文庫所蔵史籍叢刊　祠曹雑識（一）』（汲古書院、一九八一年）四三七頁。
(85) 「宿老」の項に「備前児島ニ有レ之、余国ニ無レ之」（『続々群書類従　第十二　宗教部』四三九頁）とあり、「公卿」の項もほぼ同文である。
(86) 『史料纂集　熊野那智大社文書　第一』六号（五～七頁）。
(87) 阪本敏行『熊野三山と熊野別当』（清文堂出版、二〇〇五年）五四～五八頁。
(88) 註(85)に同じ。
(89) 『山岳宗教史研究叢書18　修験道史料集Ⅱ　西日本篇』（前掲註(7)）三八七頁。
(90) 註(62)に同じ。
(91) 『吉備群書集成　第壱輯』（前掲註(12)）二四〇頁。
(92) 森毅『修験道霞職の史的研究』（名著出版、一九八九年）一一六～一二二頁では、応仁元年（一四六七）若王子神社文書に、聖護院門跡が諸国の霞に先達・年行事を置き法式を守らせるとあるのが、霞に関する早い史料であるとし、檀那の売買文書を念頭に置いて、「所領としての檀那」という観念が「所領としての霞同行」「弟子を仮住と名付」ける観念につながったと述べている。
(93) 梅田義彦編『改訂増補日本宗教制度史　近世篇』（東宣出版、一九七二年）二七七頁。
(94) 『社寺取調類纂』（藤井貞文編、圭室文雄校訂マイクロフィルム版、雄松堂フィルム出版、一九八三年）による。『愛媛県史　資料編　学問・宗教』（愛媛県、一九八三年）八七四～八八二頁の史料紹介も参照。
(95) 尊瀧院文書（『岡山県史　第二十巻　家わけ史料』四五～四六頁、『新修倉敷市史　第九巻』四一一～四一二頁）。
(96) 後白河院庁下文案（新熊野神社文書、『平安遺文』四〇一三号）。
(97) 以上『史料纂集　熊野那智大社文書　第一』三五一号、『同　第三』八五三号・九四六号、『同　第四』七九号（一八八～一八九頁)、『同　第五』四号(八〇頁)。『新修倉敷市史　第九巻』三五五～三五六頁・四一〇頁・四一一頁・五六一頁。

(98) 新城美恵子「補任状から見た修験道本山派の組織構造」(『本山派修験と熊野先達』岩田書院、一九九九年、初出一九九四年)によると、年行事職等の補任状は応永年間(一三九四～一四二八)、僧綱位の補任状は永正十四年(一五一七)が初見であるが、院号および結袈裟等の補任状は近世に入ってからで、寛文・延宝期(一六六一～八一)から目立つという。森毅「三陸沿岸修験資料と解説」(『山岳修験』一二号、一九九三年)では、元禄(一六八八～一七〇四)以降の院号・僧綱位・結袈裟に関する補任状を紹介し、検校宮・三山奉行の関与した本山派の補任状と、そうではない羽黒派独自の補任状との別を指摘している。

(99) ①は五流尊瀧院蔵で宮家準「五流修験の成立と展開」(前掲註(1))、同「熊野修験の地方的展開」(前掲註(1))に写真が掲載されている。②③は個人蔵。

(100) 藤田定興「補任状取得の入峰道中と費用」(『近世修験道の地域的展開』岩田書院、一九九六年、初出一九九三年)は、当山派に属する陸奥国の花京院が醍醐寺から補任状を受けて大峯修行に出向いた事例を紹介している。

(101) 梅田義彦編『改訂増補日本宗教制度史　近世篇』(前掲註(93))二五一～二五二頁。

(102) 中山薫『岡山県修験道小史』(前掲註(24))の第七章「伯耆大山と山伏寺」では、現在の五流尊瀧院に大仙智明権現が祭られていることや、大山信仰に関連する岡山県内の山伏寺を紹介している。また三浦秀宥「伯耆大山と民間信仰」(前掲註(1)『山岳宗教史研究叢書12　大山・石鎚と西国修験道』所収)や、三浦秀宥・雲内威雄『岡山の大山みち』(山陽新聞社、一九八一年)二四頁では、真庭市落合に残る「五流法印の墓」を児島修験と関係するものと捉え、高瀬舟で旭川をさかのぼって大山に向かう旅人もいたと推測している。これらも児島修験と大山との関係を示すものであろう。

(103) 五来重編注『東洋文庫　木葉衣・踏雲録事他』(平凡社、一九七五年)二五四頁、二六八～二六九頁。なお『埼玉県寺院聖教文書遺品調査報告書Ⅱ　解説・史料編』(埼玉県教育委員会、一九八四年)二四四頁の七六四号も、同内容の寛文三年(一六六三)の聖護院裁許状である。

(104)『中右記』に記された「座主」は一般的に天台座主と理解されてきたが、米子市史編さん協議会編『新修米子市史　第一巻　通史編　原始・古代・中世』(米子市、二〇〇三年)五八九〜五九四頁(錦織勤執筆)によると、大山寺座主と考えるべきであるという。

(105)『門葉記』(巻一四〇・雑決一、『大正新脩大蔵経　図像十二巻』三六八頁上中下段)。

(106)『山岳宗教史研究叢書18　修験道史料集Ⅱ　西日本篇』(前掲註(7))三三二頁。

(107)難波俊成「報恩大師と備前四十八ヵ寺伝承」(岡山民俗学会編『岡山民俗文化論集』一九八一年)。

(108)①『日本後紀』『類聚国史』などによると、玄賓は興福寺僧で、伯耆国に隠棲したが、桓武天皇の病気平癒のため召還され、のちに備中国哲多郡の湯川山寺に住み、晩年に伯耆国に阿弥陀寺を建立している(本書第一編第一章参照)。②成尋の『参天台五台山記』熙寧五年(一〇七二)十月二十二日条に「日本備中国新山」がみえる。③『拾遺往生伝』(巻下・二十一)に比叡山楞厳院(横川)に属した定秀が、土佐国鹿苑寺や諸山を巡行したのちに新山別所に一二年間籠ったと記されている。新山寺については、『総社市史　通史編』(総社市、一九九八年)三六四〜三七五頁を参照。

(109)『新修倉敷市史　第二巻』二六四〜二六六頁。その他にも浅原安養寺とその付近、児島地区の山上などにも候補地があるという。それ以外の山上寺院については、近藤義郎編『岡山県の考古学』(吉川弘文館、一九八七年)三七九〜三八三頁に紹介されている。なお牛山佳幸「信濃における里山系寺院の成立と展開(上)(下)」(『信濃』六二巻一二号、六三巻二号、二〇一〇・一一年)は、平地以外に立地する寺院を「霊山系寺院」「里山系寺院」という分類で考えることを主張している。

(110)『三輪上人行状』の伯耆国から備前児島を経て高野山に向かった記事からすると、『大日本国法華経験記』にみえる住吉明神の託宣による大山参詣も船で備前児島に至ったことが想定できる。天和三年書上(第六条)に記される大山参詣先達の補任状の歴史的前提といえよう。

結論

地方寺院の歴史をいかに描くか。本書では、地方寺院を支配する中央主要寺院の競合関係、本末関係が抱える矛盾、各地を巡る僧侶、それらの「交流」に着目した。また国土観・宗教観が交わった観念世界や、開祖や皇族が登場する古代的権威といった「表象」（シンボル）を取り上げた。これまでの考察に若干の補足を加えて、交流と表象をめぐる論点と、寺院史研究の課題を提示して、本書の結びとしたい。

一　地方寺院の交流

地方寺院の交流というのは、僧尼集団の基礎単位としての寺院や、構成員の僧尼が、他の集団・個人といかなる関係・交流をもったかということである。それを論じる前提として、寺院の類型に留意しなければならない。

(1)　寺院の類型

およそ平安時代の地方寺院を論じる際には、「定額寺」「天台・真言別院」「堂」「別所」がその素材であった。「定額寺」は八・九世紀に約七〇の指定が確認でき、灯分料・修理料の施入、常住僧の設置、寺額・寺号の賜与などの権益が伴い、一方で伽藍維持が課せられた。その権益と義務が、「寺院」の必要条件であったのである[1]。「天台・真言別院」は九世紀に合計約二〇の指定が確認できる。「堂」は僧尼が常住しているとは限らず、布教活動の際だけ利用される簡易な施設である。『僧妙達蘇生注記』に登場する地方豪族が建立した「御堂」「寺塔」がこれに当たる（第一編第一章）。また観音像を安置する目的で建てられたが、常住僧・伽藍が整った摂津国総持寺のような例もある[2]。「別所」は、新たに開発された土地に建てられた寺や宗教施設を指している（序論）。備中国新山別所がそれに当たる（第四編第八章）。

しかし、本書が重点的に扱ったのは、それらではなく、次のような寺院である。

第一に、「国大寺と講読師設置寺院」である。古代国家が設定した国大寺・有封寺・諸寺の寺格のうち、国大寺に該当するのが、筑前国観世音寺である。観世音寺は斉明天皇の追善のために天智天皇によって建立され、朱鳥元年（六八六）に封戸が施入され、大宝四年（七〇四）には三綱が設置されていた（第二編第三章）。また宇佐八幡宮弥勒寺は、天平勝宝元年（七四九）に年分度者、天長六年（八二九）に講読師が設置され、九世紀には観世音寺とともに西海道仏事の中心的な立場に立っている（第一編第一章）。そこで「講読師設置寺院」という類型を設けるならば、観世音寺・宇佐弥勒寺および下野国薬師寺の三箇寺がそれに該当する。

第二に「山岳寺院」である。山腹や山頂に建てられた寺院が定額寺に指定されたり（紀伊国金剛峯寺・大和国長谷寺・近江国伊吹山護国寺）、寺号を与えられた例（近江国延暦寺・摂津国忍頂寺）が九世紀に登場している。しかし最初から堂塔や財源が整っていたわけではない。最澄は比叡山麓の神宮禅院で修行を始めており、山麓寺院が登場し、その後徐々に山上伽藍が整備されていったと考えられる（第四編第七章）。摂津国勝尾寺は九世紀には「勝尾山」と呼ばれ、十一世紀に「住僧」、十二～十三世紀に「年行事」が登場した。それは同寺の構成員が常住僧ばかりでなかったことを示している。勝尾寺は比叡山妙香院の配下に入ったことで寺領を確保し、伽藍を整備するに至ったのである（第二編第四章）。

第三に、山伏集団の基礎単位「院」である。備前国の児島修験は、十三世紀に紀伊国熊野神社の「御領小島荘田」など荘園名として登場し、十四世紀には「小島山臥」「小島山臥覚王院宋弁僧正」、十五世紀には「観乗院僧正宋染（宗深）」「伝法院僧正」「智蓮光院僧正」「尊瀧院夏一法印」などが知られる（表17）。つまり山伏集団の最小単位が「院」で、小島（児島）の地名と某「院」でそれらを表現していたのである。十六世紀には「児島衆」がみえるが、尊瀧院・伝法院・建徳院・報恩院・太法院が「五流」の総称を伴って登場する初見は天和三年（一六八三）である。僧正の肩書きからわかるように児島山伏は僧侶である。十七世紀には別当寺の大願寺が確認できるが、山伏集団の基礎単位が「院」であったことを再認識しなければならない（第四編第八章）。

このように、「地方寺院」には、①古代国家から組織・財源を保証されていたもの、②そうではなく山岳に僧侶が定住して徐々に組織・寺域・財源を拡充させたもの、③本宮（本寺）と荘園との間を往来する僧（修験者）のグループが、某院・某衆と呼ばれ、近世になって集合体が確立したもの、といった類型が存在したのである。

（2）競合関係、僧侶の往来、経営をめぐる矛盾

第一に、天台・真言・南都の教線拡大をめぐる競合関係と、それによる地方寺院の盛衰である。九世紀には、諸国講読師補任、別院の設置、下野国薬師寺、国分寺僧への授戒、四天王法・五壇法執行をめぐって、天台・真言・南都が競っている。天台僧が下野国講師や出羽国講師に進出したのを受けて、下野国薬師寺は東大寺と連携して講読師を設置し、東大寺戒壇院の十師（律宗僧）から同職を選任するという対抗策を打ち出している。それにもかかわらず下野国薬師寺は、十一世紀後半には伽藍が維持できない状態に陥っている（第一編第一章）。一方、筑前国観世音寺は、十二世紀に東大寺の末寺になるが、その経営は複雑である。末寺化の前後にわたって、石清

水八幡宮寺・延暦寺などの中央主要寺院、安楽寺・竈門山寺のような在地寺院、勧進僧が、その主導権を争う状態が続いているのである。下野国薬師寺と筑前国観世音寺との相違は、西海道と東国という地理条件や政治的要因を合わせて考えるべき事項である。また観世音寺の主導権をめぐる諸勢力の競合は、同時に諸勢力の共存関係を示すものでもあった（第二編第三章）。

第二に、帰属寺院から離れ各地を往来する僧侶である。これは、国家の仏教政策を遂行する諸国国師（講読師）や、民間の遊行僧という既存の枠組みの議論に終始しがちであるが、本書では「国司随身の僧」という範疇に入る皇慶に着目した。伊予・丹波で国司のために祈祷したのは、斗藪を好んだというだけでなく、比叡山の同房や同族の僧侶がそれを支援したことによる。また皇慶は天台僧であるが真言宗の密教を学ぶことを望み、筑前国でそれを達成し、合行灌頂など密教僧の修行階梯の儀式を整え、それを伊勢国に赴いて弟子に伝授している。皇慶の系譜に連なる薬仁は、備前・因幡・伯耆・筑前を往来し、その間に密教経典の口決を著し合行灌頂の作法を伝えており、栄西もその末流に位置している。さらに忠済が尾張、源延が伊豆を拠点として、皇慶の密教を信濃・相模・上総に伝え、源延は鎌倉幕府から帰依を受けた。聖教奥書から知られるこれら僧侶の往来は、皇慶が台密に新境地を開き、それが地方に伝播していったことに他ならない（第一編第二章）。

聖教奥書から僧侶の往来を解明するという点では、長元二年（一〇二九）に大和国金峯山の石蔵、同五年に備中国英賀郡仏性寺において仁範が書写した密教典籍が金剛寺（大阪府河内長野市）に残っており、仁範は『粉河寺大卒塔婆建立縁起』に勧進僧として登場する。そのようなことが久米舞子によって指摘されている。[3] また天台僧の地方移住については、保安年間（一一二〇〜二四）に永救（仏泉上人）が比叡山から三河国に下向して瀧山寺を創建し、弟子を養成したことが『瀧山寺縁起』にみえる。[4] それらを前述の類例と比較してどのように位置づけるか、今後の検討課題である。

第三に、本末関係が抱える矛盾である。観世音寺は東大寺の末寺となり、年貢米を運上し、それが東大寺法会の財源となった。しかし、その税負担が観世音寺の伽藍修造を困難にさせる事態が生じている。東大寺から敵視された勧進僧が観世音寺側では伽藍修造の功労者であったことは特筆すべきである（第二編第三章）。摂津国勝尾寺は十三世紀に、伽藍整備・四至確定・禁制制定などの動きをみせている。その寺院経営の伸張の背景には、妙香院・浄土寺という山門の貴種僧が属する寺院の存在があった。妙香院の尊忠・良快（ともに九条家関係僧）の保護ののち、妙香院・浄土寺の両者を管領した慈禅（近衛家出身）が美河原・外院などの荘園から勝尾寺に仏性米を納めさせた。しかし、妙香院・浄土寺を同一人物が管領した時代が終わると、勝尾寺と浄土寺が寺領をめぐって争うことになった。勝尾寺は本寺の矛盾を逆手にとって寺領拡大を企てたのである（第二編第四章）。

二　地方寺院の表象

地方寺院が自己の優越性を主張するために、どのような教えや権威をもってしたのか。いわば各寺院の宣伝文句となる表象（シンボル）は何であったのかを取り上げた。

（1）国土意識・宗教的世界観・地域共同体

地方寺院が自己の優越性を自己主張する場合、優れた「霊場」であるとの文言を伴うことが多い。「霊場」をいかに定義するかは難しいが、日本国という国土意識や、仏菩薩や冥界につながる場所という宗教的世界観と、少なからず結び付いている。これまでの考察の素材から、その点を再確認しておきたい。

第一に、国分寺や天下三戒壇とは異なる国土意識や、畿内近国に対する独自の認識が、九～十二世紀に形成され、「七高山」「観音三十三所霊場」といったグループのなかで各々の寺院を位置づけて考える思惟方法が発達したことである。

律令国家は、日本列島を六〇余の国に区画して国分寺・国分尼寺を建てて護国経典を読ませ、東大寺・下野国薬師寺・筑前国観世音寺に戒壇院を建て授戒を管理する体制を構築した。観世音寺は十一世紀に「九国綱所、鎮護国家之砌」と、自己の権威を主張しているが、国分寺や戒壇院の文言をもって自己主張のキーワードとした例は僅少である。それとは別に最澄は、上野（東）・下野（北）・豊前（南）・筑前（西）および山城・近江（中）の六所に宝塔を建てて『法華経』を安置し、国土を護ると主張している（第一編第一章）。自己の国土観をもって、護国仏教の実現を主張する僧が登場したのである。

一方で、承和年間（八三四～四八）には、比叡・比良・伊吹・神峰・愛宕・金峯・葛木の七高山で薬師悔過を勤修することが始まった。これら七高山は、現在の京都・奈良・大阪に流れ込む水の分水界に当たっており、攘災招福の祈願場所として重視された（第三編第六章）。また清和上皇が宗叡に案内されて山城・大和・摂津の諸山・名所を巡礼したのをはじめとして、上皇・女院・藤原道長らの貴顕や貴種僧による諸山・名所参詣が始まった。参詣・巡礼の対象は、およそ七高山や熊野より外に及ぶことはなく、覚忠が応保元年（一一六一）に巡った観音三十三所がその範囲を象徴している。貴顕が諸山・名所に参詣・巡礼する地理的な広がりが形成されたのである。それらの領域は、京都から一定の距離に収まり、律令制の五畿内とやや異なる、新たな畿内近国の意識である。

第二に、独自の畿内・国土観と連動した、冥界への入口が意識されるようになったことである。『道賢上人冥途記』には、金峯山は蔵王権現が住む地獄への入口であり、醍醐天皇も地獄に墜ちたと記されていた。また『僧妙達蘇生注記』は、出羽国竜華寺の妙達が地獄をみて帰還した話で、平将門・藤原忠平・尊意も地獄に墜ちたと述べている（第一編第一章）。金峯山は十巻本『伊呂波字類抄』に「七高山其一也」[5]とあり、畿内の中心に位置し、大峯から熊野に達する山岳修行者の拠点でもある。また出羽国は日本の最北端と認識されていた。そうした点を踏まえると、宇多から始まり白河・鳥羽・後白河らによって繰り返された熊野参詣は、畿内（日本国）最南端の地に上皇が参詣するという特別な意味をもっていたと解釈できる。[6]『大日本国法華経験記』や『梁塵秘抄』には、日本列島各地の山岳寺院・岩洞・滝・岩窟が登場し、そのなかに立山地獄のような冥界への入口も含まれている。平安貴族社会が日本列島の地理を理解する際に、そうした寺院や霊場が必ず存在したのである。

修験道の形成・確立に関して、山岳修行者の呼称、修行形態、社会的地位から平安時代が重要な位置を占めていることを解明した（第三編第五章）。そこでは、山岳修行者自身が久修練行・安居・巡礼といった修行形態を始めたことだけではなく、山岳に対する神秘性の付与（地獄への入口、女人の登山を拒む、開山の宗教者が存在する）が、上皇の参詣や文人貴族の活動によってなされたことが重要であることを強調した。それも、独自の国土認識や宗教的世界観と不可分に結び付いている。

第三に、十六世紀の筑前国観世音寺でみられた四十九院のような、子院群の形成についてである。序論で触れたように、法道仙人の開基伝承をもつ寺院が播磨に、報恩大師の四十八寺開基伝承が備前国に分布しており、それらは地域編成の問題と密接に関わっていた、と先行研究が指摘している。[7]西海道の仏事を統轄する講読師や戒壇院の授戒が観世音寺を象徴していた時代が終わり、太宰府一帯が地域共同体の時代を迎えると、観世音寺子院の四十九院が連合しているように擬制したのである。弥勒菩薩の兜率天や行基四十九院に由来するとみられる四十九院は、実数とはいえない。しかし、摂津国満願寺に四十九院が存在したというような事例が知られている。(8)また『神明鏡』（上）が伝える常陸国「筑波山四十八ヶ所霊場」（第四編第七章参照）もその類例である。これらは中世後期に「三十三郷」「六十六郷」などの地域表示が登場することと合わせて、考えるべき事項である。(9)

なお、第一・第三の視点に絡めて、坂東三十三所について付言しておく。それは相模・武蔵・上野・下野・常陸・下総・上総・安房の観音霊場三十三所を巡るものである。八槻都々古別社木像十一面観音（福島県棚倉町）の台座銘に、沙門成弁が天福二年（一二三四）に三十三所霊場修行をなし、常陸国八溝観音堂でこの像を建立したと記されている。それが坂東三十三所巡礼の初見史料であり、また源実朝が坂東三十三所を建立したという近世史料も存在する。(10)つまり鎌倉幕府の成立を契機として、畿内に対置する坂東という広域概念が重視され、それが観音三十三所霊場というかたちで可視化したのである。

（2）仏像・高僧・皇族

寺院が自己の優越性を強調する場合、神仏の霊験、創建時の祖師、その後の歴史を素材として具体的な物語に仕上げ「寺院縁起」を編集することがある。

十二世紀後半に成立した十巻本『伊呂波字類抄』(11)に載る約三〇〇の寺院については、既存の寺院縁起の一部を引用した記事もみられる。そして、開祖、仏像、檀越氏族や天皇・朝廷・国司、寺域の四至などが随所に記されている。役小角（摂津国箕面寺）、行基（伯耆国大山）、空海（伊豆国桂谷寺）らがすでに各地の祖師として流布していたことがわかる。天皇の行幸や勅使の派遣、貴顕の参詣、四至の確定は畿内近国の寺院に限られ、神仏習合に関する記事は地方寺院に多い（伊豆国伊豆山、筑前国筥崎、下野国二荒、常陸国鹿島社神宮寺、筑後国高良など）。

摂津国勝尾寺の場合、寛喜二年（一二三〇）四月二十四日付太政官牒に、創建譚として善仲・善算、開成皇子が登場し、観音像について、百済国皇后が勝尾寺の観音に祈って白髪が黒髪に戻った話が載る。また寺領について、貞観年間（八五九～七七）に清和天皇が行幸し、荘園と水田を施入したと記されている。観音像の霊験譚は、勝尾寺の本寺であった総持寺の観音像（藤原山蔭が大神御井に黄金を託して唐から香木を求め、刻ませたもの）を意識し、それに比肩する存在であると主張するための創作である。[12] これらの話は、寛元元年（一二四三）五月二十一日の『沙弥心空筆勝尾寺古流記』でさらに拡大しており、それは同月に観音像を京都に運び、絵巻を製作して勝尾寺再建の勧進を行ったことによる。勝尾寺を含む北摂寺院群の創建者伝承については、十三世紀末の写経に忍頂寺を建立した三澄が登場しているが、十八世紀初頭の『摂陽群談』では開成皇子のみが創建者になっている。そうした表象物の変遷が、同時に寺院群や支持者の歴史的変化を示しているのである（第二編第四章）。

常陸国東城寺の場合、その草創に最仙・広智が関わったといわれ、同寺に広智坐像が安置されている。最仙の史料上の初見は常陸国講師に任じられ寺院を修造したという『元亨釈書』の記事で、それ以上の詳細な記事は十八世紀の『本朝高僧伝』『常州東城寺来由記』によるしかない。広智は円仁の師であるが、東城寺との関係を示す史料は『常州東城寺来由記』のみである。『常州東城寺来由記』は、十七・十八世紀に寺領・伽藍が整い、土浦藩主が参詣した際に寺院の由来を尋ねて書かれた寺院縁起である。高僧による創建、各時代の権力者による保護、真言宗であるが本来は天台宗であったとの自己主張が、そこに盛り込まれたのである。また十三世紀に常陸国で編集され、広智・円仁が登場する『私聚百因縁集』が十七世紀半ばに版本で刊行されたことも、広智伝説誕生の大きな要因であった（第四編第七章）。

備前国の児島修験の場合、天和三年（一六八三）の寺社奉行宛の書上に、役小角の五人の弟子に由来し、白河上皇の熊野参詣時からその末寺になり、寺僧が元亀・天正年間（一五七〇～九二）まで僧正に任じられていたとあり、元文三年（一七三八）成立の『新熊野権現御伝記』には、宇多・花山・白河・鳥羽・後白河の熊野参詣の先達を児島修験の僧がつとめたと記されている。しかし、「院」を五つに限定して「五流」と名乗るのは天和三年が初見であり、役小角の五人の弟子は近世になってからの付会である。また後白河上皇の熊野参詣に供奉したという吉祥院は、十八世紀初頭に報恩院から分立しており、上皇参詣の先達記事そのものが創作である。そうした虚構の一方で、承久の乱で後鳥羽上皇の皇子・頼仁親王が児島に配流され、その弟の覚仁法親王が後鳥羽上皇供養塔を造立し、近世の児島修験は聖護院門跡の大峯入の先達をつとめた、という史実も存在する。つまり、ある程度の史実をもとにそれを増幅させた寺院縁起がつくられたのである。その背景には、江戸幕府が修験道を本山派（天台宗）・当山派（真言宗）の二派に分けたことから生じた不利益や、後鳥羽上皇供養塔の修繕を岡山藩に願い出たことなどが指摘できる。児島修験における古代的権威の創出は、中世の史実と近世の危機意識から生じたのである（第四編第八章）。

以上から、仏像・高僧・皇族がその寺院の表象となった例が多いといえる。また堂塔伽藍の整備、寺領の確保、権益の保持を目的として、史実から離れた誇張や創作がなされたことがわかる。

三　寺院史研究の課題

およそ地方寺院の歴史を説明する場合、創建記事が載る寺院縁起の内容紹介から始めることが多い。また事実関係が明らかでない時期については、一般的に知られている仏教界の動向を説明したり、本寺の著名な僧の紹介で行間を埋める手法もみられる。寺院の案内書や自治体史（通史編）では、そのようにしなければ、理解しやすい記述にならないからである。しかし、そのような媒体の記述だけでは、史実の解明や、系統的な知識の構築は不可能である。

一方、歴史学の立場からは、構造的・大局的な把握を志向し、古代の国家仏教が衰退して中世の民衆仏教へ移行した、といった構図の見直しに注目が集まっている。古代国家の仏教統制を過大視した「国家仏教論」を相対化し、また中世仏教の主流は新仏教ではなく旧仏教であったとする「顕密体制論」に基づいた個別研究や、その学説の有効性と限界の指摘、それを超える方法論の模索がなされているのである[13]。しかし、地方寺院とは何か、といったことを論じた研究は皆無に近い。各地域・各時代の個別研究は蓄積されているが、それらを踏まえて「地方寺院」という漠然とした語を吟味するのは、容易な作業ではないからであろう。

本書の各章・各節を構成する論文を個々に執筆した際には、天台宗の発展過程、寺院組織論、修験道史、聖教奥書からみた僧侶の往来など、既存の研究領域を念頭に置いていた。しかし、そうした枠に収めることが難しい素材が多いことと、既存の枠に収めてしまうことで有機的な関連性が把握できなくなる危険性に気付いた。「地方寺院」「交流と表象」といった抽象概念を用いて、複雑な諸様相を整理する必要を感じたのである。「競合関係と僧侶の往来」「経営をめぐる地方・中央の矛盾」「観念世界」「古代的権威の創出」、突き詰めれば「交流と表象」こそ、地方寺院の歴史研究に不可欠な研究視角であると主張したい。

「地方寺院」と同じように、大きな概念を扱った研究として「修験道」があり、時枝務ほか編『修験道史入門』（岩田書院、二〇一五年）が成果と方法の整理に取り組んでいる。また「都市と寺院」や「霊場」のテーマで文献・考古・地理の要素を合わせたシンポジウムの記録が刊行されているが、論点の整理はまだ進行中である[14]。「寺院縁起」も、個別事例の分析がなされてはいても、その方法論を文学・歴史学などの学問領域を越えて論じる作業がさらに必要な分野といえる[15]。既存の枠組みのなかでなされた研究蓄積と、新たな実証研究とを総合し、諸事象を整理するための大概念やキーワードの提示が、今後の寺院史研究に求められているのである。

註

（1）序論で触れたように、『続日本紀』霊亀二年（七一六）五月庚寅（十五日）条に、房舎を整備せずに寺額・寺田を求める動き、堂塔があっても僧尼がおらず仏事が行われず、檀越が寺田を私有する現状とそれに対する政策がみえる。その記事から寺院の必要条件として、伽藍（資財）の整備と維持、寺僧の常住が指摘できる。なお昭和十四年（一九三九）制定の宗教団体法に、一一の届出事項がある。主要なものを挙げると、①名称、②所在地、③本尊、⑥教義宣布・儀式執行、⑦住職、⑧檀徒・教徒・信徒、⑩財産である。ここからも寺院の重要な構成要素として、僧尼（聖職者）・堂塔伽藍（建築物）・宗教活動・檀越（信者）・仏像（宗教的表象物）・寺名・財産が指摘できる。

（2）拙稿「摂津国総持寺と藤原山蔭・摂関家・浄土寺」（大隅和雄編『仏法の文化史』吉川弘文館、二〇〇三年）。

（3）久米舞子「金剛寺聖教にみえる僧仁範の足跡」（加藤謙吉ほか編『日本古代の地域と交流』臨川書店、二〇一六年）。

（4）『新編岡崎市史　史料　古代中世6』（新編岡崎市史編さん委員会、一九八三年）八五六～八五七頁。

（5）藤田經世編『校刊美術史料　寺院篇上巻』（中央公論美術出版、一九七二年）二一三頁。

（6）それは桓武天皇が河内国交野で郊祀を行ったように（『続日本紀』延暦四年（七八五）十一月壬寅（十日）条、六年十一月甲寅（五日）条）、国土の統治者が南天を祀るという中国思想の影響を受けているようである。

（7）久野修義「中世寺院と社会・国家」（『日本中世の寺院と社会』塙書房、一九九九年、初出一九九三年）。

（8）『川西市史　第一巻』（兵庫県川西市、一九七四年）三九八頁。

（9）長塚孝「中世後期における地域概念の一事例」（『戦国史研究』二〇号、一九九〇年）。

（10）『福島県史　第七巻　資料編2』金石文一〇二号、『浄土門末寺院』。齋藤慎一「東国武士と中世坂東三十三所」（峰岸純夫監修『東国武士と中世寺院』高志書院、二〇〇八年）を参照。

(11)　十巻本『伊呂波字類抄』の寺院については、たなかしげひさ『奈良朝以前寺院址の研究』（白川書院、一九七八年）六九〇～六九五頁、田島公「「東人の荷前」（「東国の調」）と「科野屯倉」―十巻本『伊呂波字類抄』所引「善光寺古縁起」の再検討を通して―」（吉村武彦編『律令制国家と古代社会』塙書房、二〇〇五年）が参考になる。

(12)　勝尾寺縁起については、源健一郎「源平盛衰記と勝尾寺縁起」（『日本文学』四四巻九号、一九九五年）、同「『平家物語』と天台系観音信仰寺院」（『日本文芸研究』五一巻四号、二〇〇〇年）、原美和子「勝尾寺縁起に見える宋海商について」（『学習院史学』四〇号、二〇〇二年）、佐藤等「「勝尾寺縁起」の一考察」（駒沢大学大学院国文学会『論輯』三一号、二〇〇三年）、池上洵一「長谷寺対外霊験譚の構造」（著作集四『説話とその周辺』和泉書院、二〇〇八年、初出二〇〇六年）、同「勝尾寺百済王后説話の構造と伝流」（同上、初出二〇〇七年）の研究がある。しかし、いずれも総持寺の観音像との関係に着目していない。

(13)　拙著『平安時代の国家と寺院』（塙書房、二〇〇九年）序論を参照されたい。

(14)　吉井敏幸ほか編『中世の都市と寺院』（高志書院、二〇〇五年）、東北中世考古学会編『中世の聖地・霊場』（高志書院、二〇〇六年）。時枝務『霊場の考古学』（高志書院、二〇一四年）の序章・終章において霊場の概念、類型、霊場遺跡の構成要素、出土遺物、空間論、霊場の中世と近世、史跡としての霊場などの事項が整理されている。

(15)　寺院縁起については、堤邦彦・徳田和夫編『寺社縁起の文化学』（森話社、二〇〇五年）、徳田和夫編『中世の寺社縁起と参詣』（竹林舎、二〇一三年）、小林真由美ほか編『寺院縁起の古層』（法藏館、二〇一五年）などの論集が刊行されている。一方、拙稿「延暦寺諸院記録の生成事情」（『駒沢史学』八七号、二〇一六年）では、『叡岳要記』『山門堂舎』などの成立事情と性格を、誰が誰に何を伝えるための史料か、何を材料としてどのように文章を構成したのか、という視点から考察した。寺院縁起の類型・変遷・分析方法についての検討は未成熟な状況にあると考える。

あとがき

本書は、『平安時代の国家と寺院』（二〇〇九年）に続く私の二冊目の単著である。前著において中央主要寺院に焦点を当て、本書では地方の寺院を主題に据えた。ただ、当初からこのような構想があったわけではない。前著の刊行時に井原今朝男先生・永村眞先生から、また数年を経て鈴木靖民先生から、早く二冊目の著書を纏めるようにとの言葉をいただいた。特に永村先生の助言は、一九八八・九〇年に発表した観世音寺に関する二本の論文を、修正して他の研究者の便に供するようにとの趣旨であった。長い期間を要して、ようやく刊行が報告できることになった。

本書のうち、観世音寺以外は、二〇〇九年以降に公表したものである。初出との関係を示すと次の通りである。

序論　新稿
第一章　新稿
第二章　第一節は新稿。第二節は「平安末期における天台僧の修行巡礼―聖護院門跡吉水蔵聖教にみえる備前・因幡・伯耆―」（『倉敷の歴史』一九号、二〇〇九年）。第三節は「平安末期における天台僧の東国往来―忠済・源延と尾張・信濃・伊豆・相模・上総―」（『史聚』四九号、二〇一六年）
第三章　「筑紫観世音寺の寺院機構」（『日本歴史』四八六号、一九八八年）、「観世音寺の東大寺末寺化について」

（『寺院史研究』創刊号、一九九〇年）
第四章　新稿
第五章「平安時代の山岳修行者」（『国史学』二二二号、二〇一七年）
第六章「七高山薬師悔過と七高山阿闍梨」（『延喜式研究』三〇号、二〇一五年）
第七章「常陸国東城寺と最仙・広智に関する考察」（『土浦市立博物館紀要』二一号、二〇一一年）
第八章「児島修験の再検討」（『吉備地方文化研究』二二号、二〇一二年）
結論　新稿

初出論文のある章には、いずれも修正を加えた。特に多くの方々の助言や教示によって執筆した箇所については、執筆の経緯とそれに関する自身の研究の歩みを述べて、御礼に代えたい。

〔関東地方に関する研究〕

第一章「天台宗の地方展開と南都・真言宗」の第一～第三節は、二〇一七年一月二十九日に開催された茨城県古河市歴史シンポジウム「古河川戸台遺跡をめぐる諸問題～対蝦夷戦争・天台教団・平将門の乱～」における報告「天台教団の展開と東国社会」を増補したものである。古河市牧野地の川戸台から、九世紀の製鉄・鋳造遺跡が発見され、その遺物に「弥勒」銘の盤状鋳型が含まれていた。シンポジウムでは、平将門の乱（高橋修氏）・古代製鉄遺跡研究（穴澤義功氏・長谷川渉氏）・陸奥国の製鉄遺跡（飯村均氏）・出羽元慶の乱（内山俊身氏）の講演・報告に続いて私が発表した。「弥勒」の鋳型を天台宗の動向と関連付けて説明できないか、との要請を内山俊身氏から受けたことに端を発している。

第七章「常陸国東城寺と最仙・広智」の初出論文は、上高津ふるさと歴史の広場（茨城県土浦市）第十五回企画展示「神の寺・山の寺・里の寺―古代仏教信仰のひろがり―」に関連した二〇一〇年四月十七日の講演「古代仏教の展開と常陸国」の内容を整理・増補して、『土浦市立博物館紀要』に掲載したものである。同館学芸員の堀部猛氏から、東城寺と広智との関係解明を含めた講演を、と依頼されたので、それに対する私なりの解答を出したつもりである。その準備段階で、寺院史研究会で要旨を発表し菊地大樹氏・伊藤宏之氏らから意見を頂戴し、また書面で追塩千尋氏に教示を仰いだ。小野真嗣氏には東城寺とその周辺を案内していただいた。

それらの基礎になったのは、一九九〇年に東京国立博物館で展示された園城寺文書を素材として執筆した「徳円印信之類」と徳円」（『日本仏教史学』二六号、一九九二年）である。偶然であるが、徳円の出身地・下総国猿島郡に当たる茨城県猿島町（現坂東市）の『猿島町史　資料編　原始古代・中世』（一九九三年）の編纂に加わる機会を得た。「古代文献史料（編年史料・徳円関係史料・平将門関係史料）」を古谷紋子（上杉紋子）氏と担当し、また『猿島町史　通史編』（一九九八年）に「天台僧徳円」を執筆した。なお古谷紋子氏・小野真嗣氏および根本隆一氏とは、『野田市史　資料編　古代・中世Ⅰ』（千葉県野田市、二〇一〇年）の編纂において作業をともにした。

〔九州地方に関する研究〕

第三章「筑前国観世音寺の組織と経営」は、駒澤大学大学院に提出した修士論文のうち俗別当制の研究に端を発している。またそれ以前の大学一年時に、観世音寺を題材とした先輩の卒業論文の準備発表に接し、奈良・平安時代の史料が多く残る観世音寺の特性を認識していた。二本の論文を書いたのち、一九九一年十月に福岡県で開催された地方史研究協議会の大会に参加した。その見学会で、高倉洋彰（石田琳彰）氏に観世音寺の境内や仏像を案内していただいた。その後、財団法人古都大宰府を守る会から、戒壇院の修造に関連して観世音寺の歴史を概観した記事を求められ、「観世音寺戒壇院の歴史」を『都府楼』一五号（一九九三年）に掲載し、また堀池春峰監修『東大寺文書を読む』（思文閣出版、二〇〇一年）に「文書の蓄積」「末寺―筑前観世音寺」の記事を寄せた。そして森哲也氏から観世音寺文書の研究が送られてくるたびに、旧稿の増補・修正が必要なことを痛感してきた。

なお、観世音寺の論文が縁になり、正木喜三郎先生から『宗像市史　通史編　第二巻　古代・中世・近世』（福岡県宗像市、一九九九年）のうち「中世の仏教文化」の執筆を依頼された。自然石板碑、色定法師一筆一切経、阿弥陀経石、各宗の展開、神仏習合など、平安時代から戦国時代までを記述した。刊行直後に千々和到先生に目を通していただいた。板碑や古写経に関する知識を、『あらかわの板碑』（東京都荒川区、一九八七年）、『川崎市史　通史編1　自然環境・原始・古代・中世』（神奈川県川崎市、一九九三年）の千々和先生の文章から学んでいたからである。その後、鈴木靖民編『古代日本の異文化交流』（勉誠出版、二〇〇八年）に「宗像社僧の写経活動と入宋」を掲載した。宗像に関する研究は本書に収録しなかったが、合わせて参照していただきたい。

〔近畿地方に関する研究〕

第四章「勝尾寺と摂津国の山岳寺院」は、「摂津国総持寺と藤原山蔭・摂関家・浄土寺」（大隅和雄編『仏法の文化史』吉川弘文館、二〇〇三年）から派生したテーマである。「聖の住所」勝尾寺が隠遁聖の住む場所であったとすれば、鎌倉時代に急速に発展を遂げた理由は何か、という素朴な疑問に端を発して執筆した。上記の拙稿を受けたかたちで、「北摂の天台宗寺院」という概念を原田正俊氏が提示したことや、『箕面市史』が優れた自治体史であっても、その有効性と限界性を認識して新たな問題設定をすべきであるとの大田壮一郎氏の指摘が、大きな刺激となった。『新修茨木市史　第四巻　資料編　古代中世』『新修茨木市史　第一巻　通史Ⅰ』（大阪府茨木市、二〇〇三・一二年）に関する情報を櫛木謙周氏からいただいたことも、記憶に新しい。

〔中国地方・瀬戸内地方に関する研究〕

第二章第二節「薬仁・基好・栄西と皇慶流密教の伝播」のもとになった論文は、青蓮院聖教に児島という私の出身地の名をみつけたことに端を発している。『倉敷の歴史』は公募原稿を査読して掲載を決める雑誌であり、査読などを担われた方々にお世話になった。栄西の著作が名古屋市の真福寺で発見された時期であり、その翻刻・内容分析を進めていた末木文美士氏に、私の研究を利用していただくことになった。二〇一三年刊行の『中世禅籍叢刊　第一巻　栄西集』で紹介された『改偏教主決』に関する記事（第二節六）は、今回あらたに加えたものである。また聖教奥書の読解について修正を加えた箇所がある。

第八章「備前国児島の五流修験」のもとになった論文は、二〇一一年十月三十日の就実大学吉備地方文化研究所「古代地域史フェスタ」での発表原稿である。『倉敷の歴史』に論文を掲載していたことで、苅米一志氏から発表を依頼されたが、論題を児島修験に決めるには少し逡巡した。役小角の五人の弟子に由来するという児島修験のことは、早くから知っていたが、文献史料の扱いを学び始めた大学時代にその解明は困難と考えたからである。しかし、長谷川賢二氏ら複数の中世史研究者がその課題に取り組んでいたこと、『新修倉敷市史』が関係史料の整理を進めたことに気付き、意を決した。先行研究の把握については高橋修氏らに配慮をいただいた。発表当日は曾根正人氏・川崎剛志氏・佐藤みつゆき氏ら多くの方から教示をいただいた。その後、別府信吾氏に『岡山藩の寺社と史料』（二〇一三年）で拙稿に言及していただいた。また宮家準先生から、國學院大学において、修験道史研究、宗教学や日本史の研究方法、現在の宗教団体としての修験道などについて教示をいただく機会を得た。それらの場で指摘をいただいた前稿の誤記は、本書で修正した。

なお「宗像大社一切経奥書にみえる瀬戸内海の地名」（『芸備地方史研究』二六三号、二〇〇八年）では、宗像社の色定法師が建永二年・嘉禄二年（一二〇七・一二六）に、長門関、安芸国太方・小方、備後国鞆、讃岐国馬引、淡路国沼島、紀伊国比井で書写した経巻を紹介した。本書に収録していないが、ここに追記しておく。

古代の文献史学から研究の世界に入った私が、「中世地方寺院の交流と表象」というタイトルの著書を刊行することに、違和感を感じる読者もいらっしゃるであろう。古代の地方寺院の解明は考古学の守備範囲であり、古文書を素材として寺院経営の実態解明ができるのは、中世以降のことである。寺院縁起が記す古代の記載は、およそ史実とはいえない。寺院の関係史料は、教理や宗派の事情に通じた者でなければ理解できない特殊な世界が広がっている。私も以前はそう考えていたし、一般論としてはまさにその通りである。また私の研究は、特定の地域や寺院・宗派に対象を絞って考察を積み重ねる立場ではなく、どの分野においても客分の存在である。

しかし、活字史料集の刊行によって多くの文献史料が参照できる時代になった。また個別の地方史・寺院史の研究成果を踏まえ、さらに独自の個別研究を加えれば、中央と地方、地方と地方の相互交流という観点から地方寺院について論じられるはずである。さらに古代史・中世史・近世史という各々の研究領域を、壁や桎梏として固定しなければ、寺院縁起にみえる祖師神話・霊験譚などの表象物の生成・変遷を捉えることができる。客分であるからこそ、自由に全体を見渡すことができる。そのように考えたのである。

歴史学の研究動向に目を向けると、一九八〇年代に「国家」というキーワードに代わって、新たに「地域」が浮上したといわれる（佐藤弘夫編『概説日本思想史』ミネルヴァ書房、二〇〇五年、二八八頁）。私もその動向の枠内に位置している。日本国を統治する政治と密接に関係する中央主要寺院の分析から、日本列島各地域の寺院、それと中央寺院との関係、寺院間の相互関係を考察する方法へと、比重を移したのである。

本書は、そのような歴史学の一部を構成するものであるが、「地方寺院」ということに関連して、触れておかなければならない点がある。地域の実情や特質、地域間の相互関係、中央・地方の格差や矛盾について考えなければならないのは、まさに今ではないか、ということである。鵜飼秀徳『寺院消滅』（日経BP社、二〇一五年）によると、各地で寺院経営が立ち行かなくなっているのは、人口減少によって地域社会そのものが消滅の危機に瀕しているからであるという。また研究に欠かせない活字史料集には、地方自治体や寺社が刊行した書籍が多いが、そのような修史事業が今後も維持され発展していくのかというと、不安要素も多い。つまり、寺院経営や歴史書刊行は、地域社会のありかたを反映しているのである。本書は過去の出来事の分析に主眼を置いた研究書であるが、読者の方々には、そうした現代の観点からも検討していただき、忌憚のない叱正をお願いしたい。

本書は多くの研究者との交流をもとに生まれたものである。また講師をつとめる國學院大学・駒澤大学・埼玉大学・法政大学・明治学院大学の方々、勉強会や論文の抜刷を通して刺激を与えてくださる同学からの恩恵を、あらためて認識している。

史料の閲覧と翻刻、写真の掲載について、関係の機関・所蔵者・団体からの御好意をかたじけなくした。また原稿の完成後に、並木和子先生・田村航先生から助言を頂戴した。校正と索引作成については、山岸健二氏の助力を仰いだ。この場を借りて謝意を表したい。

本書の書名は、編集部の寺島正行氏の助言をもとに決定した。その点を含め、前著と合わせて刊行をお引き受けいただき、御配慮をいただいた塙書房の方々に深く感謝を申し上げる次第である。

二〇一九年六月

岡野浩二

索　引

あ行

か行

さ行

た行

な行

は行

ま行

や行

ら行

わ行

岡　野　浩　二（おかの　こうじ）

1961年　岡山県に生まれる
1989年　駒澤大学大学院博士後期課程単位取得退学
現在　國學院大学大学院兼任講師
國學院大学・駒澤大学・埼玉大学・法政大学・明治学院大学非常勤講師
博士（文学）（総合研究大学院大学）

主要著作
『平安時代の国家と寺院』（塙書房　2009年）
「長福寿寺の住持と寺格」（『千葉県の文書館』16号、2011年）
「天台座主円珍の教団経営」（『日本仏教綜合研究』15号、2017年）
「中国と日本の国家仏教」（佐藤長門編『古代東アジアの仏教交流』勉誠出版、2018年）
「延暦寺前唐院の円仁法文と台密諸流の形成」（小原仁編『変革期の社会と九条兼実』勉誠出版、2018年）
「仏教法会の概観」（岡田莊司編『事典古代の祭祀と年中行事』吉川弘文館、2019年）

中世《ちゅうせい》地方《ちほう》寺院《じいん》の交流《こうりゅう》と表象《ひょうしょう》

2019年11月20日　第1版第1刷

著　者　岡　野　浩　二
発行者　白　石　タ　イ

発行所　株式会社　塙　書　房

〒113-0033　東京都文京区本郷6丁目8-16
電話　03(3812)5821
FAX　03(3811)0617
振替　00100-6-8782

亜細亜印刷・弘伸製本

ISBN978-4-8273-1306-2　C3021